中国改革研究报告 2020—2021

中国消费

构建双循环新发展格局

迟福林◎主编

CHINA'S CONSUMPTION

ESTABLISHING A NEW DEVELOPMENT PARADIGM WITH DUAL CIRCULATIONS

中国工人出版社

图书在版编目（CIP）数据

中国消费：构建双循环新发展格局 / 迟福林主编.
—北京：中国工人出版社，2021.4
ISBN 978-7-5008-7639-7

Ⅰ.①中… Ⅱ.①迟… Ⅲ.①居民消费—研究报告
—中国—2020—2021 Ⅳ.①F126.1

中国版本图书馆CIP数据核字（2021）第063789号

中国消费：构建双循环新发展格局

出 版 人	王娇萍
责任编辑	左　鹏　孟　阳　王晨轩
责任印制	黄　丽
出版发行	中国工人出版社
地　　址	北京市东城区鼓楼外大街45号　邮编：100120
网　　址	http://www.wp-china.com
电　　话	（010）62005043（总编室）　（010）62005039（印制管理中心）
发行热线	（010）62005996　82029051
经　　销	各地书店
印　　刷	北京美图印务有限公司
开　　本	710毫米×1000毫米　1/16
印　　张	26.25
字　　数	330千字
版　　次	2021年6月第1版　2021年6月第1次印刷
定　　价	88.00元

目 录

China's Consumption
Establishing a New Development Paradigm with Dual Circulations

前 言

总 论 消费新时代的中国

“十四五”是我国迈向现代化新征程的第一个五年，也是我国进入消费新时代的重要五年。面对日益复杂多变的国际形势，赢得我国发展新的战略机遇期，需要客观把握我国进入消费新时代的大趋势。城乡居民消费结构升级，是人民对美好生活向往和追求的重要内容，是我国走向高质量发展的重要标志。构建以国内大循环为主体、国内国际双循环相互促进的新发展格局，关键在消费。要务实推进消费导向转型下的结构性改革，加快形成强大国内市场。

第一章 全球最大消费市场

进入消费新时代，作为14亿人的大国，我国仍是全球最具成长潜力的新兴消费市场。习近平总书记在省部级主要领导干部学习贯彻党的十九届五中全会精神专题研讨班开班式上发表重要讲话时强调：“要建立起扩大内需的有效制度，释放内需潜力，加快培育完整内需体系，加强需求侧管理，扩大居民消费，提升消费层次，使建设超大规模的国内市场成为一个可持续的历史过程。”坚持扩大内需，全面促进消费，进一步做实超大规模市场，是我国中长期的战略选择。

我国进入消费新时代，最大的亮点在于14亿人的消费结构正从以物质型消费为主向以服务型消费为主升级的趋势和特征十分明显。“十四五”时期，我国步入服务型消费社会。消费结构升级是一场深远的革命，意味着全社会生活方式、生产方式、商业模式的深刻变革，意味着新消费和新业态将不断涌现。

第三章 城市拉动消费

改革开放初期，与工业化进程相适应，我国城市承载了较多的生产功能。进入消费新时代，我国城市发展演进呈现新的时代特征。城市承载的消费功能逐步增强，能够有效集聚人口的消费型城市逐步崛起。人口和消费向中心城市和都市圈集聚的特点日益突出，我国有望涌现一批区域性消费中心城市和国际消费中心城市。

第四章 全面促进农村消费

2019 年底，我国拥有 5.5 亿农村人口，即使 15 年后城镇化进程到了相对稳定的阶段，农村人口数量仍将有 3.5 亿人左右。随着农村实现全面建设小康，农村消费加速升级，耐用消费品在农村仍有较大市场空间。电子商务加速覆盖农村，全面促进农村新型消费既有利于激活农村消费，又有利于促进城乡消费市场融合。

第五章　消费催生产业变革

我国进入消费新时代，消费在经济增长中的作用明显增强，消费对产业结构变革的牵引作用和对投资结构的引领作用日益提升。未来5~10年，要适应消费结构升级的新变化，有效发挥消费牵引作用，促进投资结构的优化，形成产业结构转型升级的新动力，形成以新消费引领新供给、以新供给创造新需求的良性循环格局。

第六章 消费拉动经济增长

消费在拉动经济增长中的作用突出，是新发展阶段经济增长的重要特征。当前，14 亿人的消费大市场成为我国经济发展的突出优势，消费已成为拉动经济增长的主要动力。构建以国内大循环为主体、国内国际双循环相互促进的新发展格局，重在充分发挥 14 亿人消费大市场的规模效应和集聚效应。

第七章 消费导向转型下的结构性改革

推进消费导向转型，涉及经济领域重大关系的再平衡，涉及社会结构的深刻变化，涉及重大利益关系调整。这需要深化以服务业市场全面开放为重点的供给侧结构性改革，破解有需求、缺供给的突出矛盾；需要加强需求侧管理、注重需求侧改革，在有效应对疫情短期冲击的同时，形成中长期消费潜力释放的长效机制；需要深化收入分配制度改革，明显增大中等收入群体比重。

第八章　中国消费：世界经济增长的重大利好

14亿人口、4亿多中等收入群体的全球最大最有潜力的新兴市场，是世界的市场、共享的市场、大家的市场。未来10~15年，消费市场的扩大和开放，不仅能够有效形成我国经济增长的持久动能，也将对世界经济增长产生重要影响；不仅为我国以高水平开放促进深层次市场化改革提供更大空间，也将有利于全球分享我国改革开放的红利；不仅成为推动全球自由贸易进程的重要力量，也将对大国关系的调整及世界经济格局产生积极影响。

前 言

加快构建以国内大循环为主体、国内国际双循环相互促进的新发展格局，关键在于扩大内需，在于14亿人的消费升级。

自2006年以来，中改院一直关注并持续研究我国经济转型中的消费问题。例如，2006年9月，在向中央有关部门提交的《加快建立社会主义公共服务体制（18条建议）》中提出我国正从生存型社会向发展型社会转变；2007年，受联合国开发计划署（UNDP）委托，我院撰写的《中国人类发展报告2007—2008：惠及13亿人的基本公共服务》中提出城乡居民的消费需求开始从生存型消费为主向发展型消费为主转型，从物质型消费为主向服务型消费为主升级；2009年，我在东北大学的专题学术讲座中提出从生产大国走向消费大国的基本判断；2010年，在向中央相关部委提交的《加快从生产主导型向消费主导型增长方式的历史转变》研究报告中提出要把扩大消费需求作为转变经济发展方式的重大任务。结合以往的研究建议，2012年，发布以《消费主导——中国经济转型大战略》为主题的年度改革研究报告，对消费做了较为系统的研究；2014年，中改院课题组完成国家社科基金重点项目研究课题《推进消费主导的经济转型——我国经济增长方式转变的路径研究》；2018年，向国家相关部委提交《释放内需的巨大增长潜力——加快完善社会主义市场经济体制的建议（24条）》；同年，又形成《我国城乡居民服务型消费：现状与趋势》的研究报告；同年6月，我在中央电视台《中国经济大讲堂》栏目解读“如何迎接消费新时代”。

2020年的新冠肺炎疫情给我国消费带来严重冲击。在这个背景下，未来5~10年我国消费的增长趋势如何？消费结构将发生哪些重要变化？消费在构建双循环新发展格局中扮演何种角色？全面促进消费面临哪些结构性矛盾和改革任务？对此，结合以往的研究，适应新发展阶段的需求，我院以《中国消费》为主题形成2020—2021年度改革研究报告，对上述问题作出研究分析并提出相关的政策性建议。

全书由总论和八章组成。第一章分析未来5~10年消费的变化趋势；第二章以步入服务型消费社会为重点研究分析我国消费结构变化的主要趋势；第三章研究分析城市拉动消费的现状与趋势；第四章研究如何全面促进农村消费；第五章研究分析消费与产业变革的内在关系；第六章研究消费拉动经济增长的主要作用；第七章研究提出消费导向转型下结构性改革的重大任务；第八章研究探讨14亿人消费对世界经济增长的重大影响。

首届中国国际消费品博览会将于2021年5月在海口召开。我院以《中国消费》向首届消博会献礼，并且计划在每年消博会举办之际推出中国消费的系列研究报告，以便为政策决策者、国内外投资者、企业、消费者以及关注中国消费的各方提供参考。

本研究报告是我院研究团队集体创作的成果。由我担任主编，主要撰写者包括方栓喜、匡贤明、张飞、郭达等。陈所华、回亮、刘铁奇、范诗雯、胡雷、马禹、邢晓卫、桂梅、崔燚等参与了本书的编辑修改工作。中国工人出版社对本书的出版给予了大力支持，在此一并表示感谢。

对于本书引用的数据和研究成果，在此也一并向相关单位表示谢意！

迟福林

2021年3月26日

China's Consumption

总论

消费新时代的中国

“十四五”是我国迈向现代化新征程的第一个五年，也是我国进入消费新时代的重要五年。面对日益复杂多变的国际形势，赢得我国发展新的战略机遇期，需要客观把握我国进入消费新时代的大趋势。城乡居民消费结构升级，是人民对美好生活向往和追求的重要内容，是我国走向高质量发展的重要标志。构建以国内大循环为主体、国内国际双循环相互促进的新发展格局，关键在消费。要务实推进消费导向转型下的结构性改革，加快形成强大国内市场。

把握我国进入消费新时代的客观趋势，全面促进消费，是我国“加快构建以国内大循环为主体、国内国际双循环相互促进的新发展格局”的重大任务，是我国赢得国际竞争合作新优势的关键。这就需要务实推进消费导向转型下的结构性改革，破解制约消费潜力释放、消费结构升级的结构性矛盾。

一、消费新时代的主要趋势

随着我国进入新发展阶段，城乡居民消费水平不断提升，消费结构升级不断加快，消费规模快速扩张，我国开始进入消费新时代。

1. 消费水平的快速提升

（1）城乡居民人均可支配收入持续快速增长。据统计，1978—2020 年，我国城乡居民人均可支配收入从 171. 1 元增长到 32189 元，年均增长 13. 28%。其中，城镇居民人均可支配收入由 343. 4 元增长到 43834 元，年均增长 12. 24%；农村居民人均可支配收入由 133. 6 元增长到 17131 元，年均增长 12. 25%①。

（2）全国居民人均消费支出首次突破 2 万元。改革开放以来，人均消费支出稳步提升，尤其是党的十八大以来，社会政策调整加快推进，带动全国居民人均消费支出从 2013 年的 13220 元增长到 2019 年的 21559 元，年均增长 8. 5%，城乡居民人均消费支出年均增长率分别为 7. 20%

① 根据国家统计局《中国统计年鉴 2020》《中华人民共和国 2020 年国民经济和社会发展统计公报》统计数据计算得出。

和 10.09%[1]。

（3）全国居民人均消费支出水平有望接近 3 万元。受新冠肺炎疫情影响，2020 年第一季度和第二季度我国居民消费支出水平出现较大幅度的下降，第三季度实现正增长。由于前期跌幅较大，到 2020 年底，居民消费支出水平尚未恢复到 2019 年的水平。考虑到 2021 年 1—2 月消费市场的快速回暖，2021 年第二季度恢复到原有增速是大概率事件，第三到第四季度有可能恢复至疫情前的增速（2015—2019 年平均增速为 6.5%）。预计到 2025 年，居民人均消费支出有可能接近 3 万元。

2. 消费结构的重大变化

（1）服务型消费全面快速增长。近年来，城乡居民对教育、医疗、养老、文化、信息、旅游等服务型需求全面快速增长。2013—2019 年，我国人均服务型消费年均增长 11.1%，高于同期人均消费支出增速 3 个百分点左右；服务型消费占消费支出的比重由 39.7% 上升至 45.9%[2]。这表明服务型消费全面快速增长的态势明显。

（2）数字消费全面快速增长。据统计，2018 年，我国成为全球 B2C 电子商务最大市场，销售额达 1.36 万亿美元；同期，我国线上购物人数达 6.1 亿人次，是线上购物人数最多的国家[3]。移动支付不仅使广大消费者支付更为便捷，而且推动我国成为全球网络经济的领跑者。数据显示，截至 2020 年 12 月，我国网络支付用户规模达 8.54 亿人，占网民数量的 86.4%；手机网络支付用户规模达 8.53 亿人，占手机网民的 96.5%[4]。2015—2019 年，我国移动支付交易规模由 108.2 万亿元增至 347.1 万亿元，年均增长超过 30%。

---

① 国家统计局．中国统计年鉴 2020［M］．北京：中国统计出版社，2020.9.

② 同上。

③ 贸发会议报告：2018 年中国成全球 B2C 电商最大市场［N］．经济参考报，2020-04-29.

④ 第 47 次中国互联网络发展状况统计报告［R］．2021.2.

（3）到2025年，开始进入服务型消费社会。受疫情冲击，2020年我国服务型消费占比下降至42.6%。但综合各方情况看，疫情不会改变服务型消费中长期增长的态势。预计到2025年，城乡居民服务型消费占比将由2019年的45.9%提升到52%，我国开始进入服务型消费社会；到2030年，城乡居民服务型消费占比有可能为55%~60%；到2035年，城乡居民服务型消费占比有可能提升至65%。

（4）消费结构升级带来的经济社会变革。形成以服务型消费为主的新结构，将促进生活方式、生产方式、商业模式、社会利益结构的深刻变化。从生活方式看，人们更加追求生活品质、绿色和健康、教育和文化品位。从生产方式看，社会生产的本质越来越趋近于服务，社会生产从大批量生产开始走向大规模定制化时代，“互联网+”正在前所未有地颠覆和重构传统产业。从社会结构看，服务型消费深刻改变原有的城乡结构、利益结构，推动发展成果惠及大多数人。

3. 消费规模的快速增长

（1）社会消费品零售总额突破40万亿元。从2012年到2019年，我国社会消费品零售总额从21.03万亿元增长到40.80万亿元，基本实现规模倍增，年均增长10.94%①。

（2）疫情没有改变消费升级趋势。2020年全年社会消费品零售总额较2019年下降3.93%②。但增速逐季反弹，2021年1—2月，社会消费品零售总额同比增长33.8%③，并且升级类消费品在疫情期间呈逆势增长。随着疫情得到有效控制，预计2021年底，社会消费品零售总额增长速度将恢复至2020年前的水平。

（3）2025年，社会消费品零售总额有望提升到55万亿~60万亿元。

---

① 根据历年《中国统计年鉴》数据计算得出。

② 国家统计局．中华人民共和国2020年国民经济和社会发展统计公报[M]．北京：中国统计出版社，2021.3.

③ 国家统计局．1—2月份国民经济保持恢复性增长[EB/OL]．国家统计局网站，2021-03-15.

通过构建模型进行定量分析，初步测算结果表明，到 2025 年，我国社会消费品零售总额有望接近 60 万亿元①。

二、消费升级促进高质量发展

消费升级拉动的经济增长，是人民生活水平提升基础上的增长，体现了高质量发展的时代要求。“十四五”时期，构建国内国际双循环新发展格局，关键是全面促进消费，以消费结构升级推动高质量发展。

1. 以消费升级形成经济增长的重要动力

（1）消费成为经济增长的第一拉动力。2014—2019 年，消费对经济增长的拉动点数分别高出投资 0.8 个、3.3 个、1.5 个、1.4 个、1.6 个和 1.6 个百分点②，消费连续 6 年成为经济增长的最大推动力。

（2）服务型消费成为经济增长的新引擎。从近年来的情况来看，服务型消费领域的产业发展速度不仅高于传统工业发展速度，而且高于 GDP 增长速度。初步测算表明，2017 年，服务型消费增长对 GDP 增长的贡献率达 25.33%，2013—2017 年贡献率平均为 22%③。2019 年，我国 GDP 增速为 6.1%，其中第二产业增速为 7.6%，服务型消费领域的相关产业大都保持两位数的增速④。

（3）最终消费支出对经济增长的贡献率仍有 10%左右的提升空间。目前，欧美发达国家最终消费支出对经济增长的贡献率一般在 70%～80%。2019 年，我国最终消费支出对经济增长的贡献率为 57.8%，不仅低于部分发达国家，而且也低于某些发展中国家。充分发挥消费对经济增长的支撑作用，最终消费支出对经济增长的贡献率应不低于 70%。未来 5～10 年，我国最终消费支出对经济增长的贡献率仍有 10%左右的提升空间。

---

① 中改院课题组通过相关数据计算得出。

② 国家统计局．中国统计年鉴 2020［M］．北京：中国统计出版社，2020.9.

③ 中改院课题组．我国城乡居民服务型消费：现状与趋势［R］．2018.8.

④ 国家统计局．中国统计年鉴 2020［M］．北京：中国统计出版社，2020.9.

2. 以消费升级促进产业变革

（1）以消费升级助推现代服务业发展。一方面，我国进入工业化后期，服务业加快发展是一个大趋势，由此带动服务型消费快速提升；另一方面，居民服务型消费需求全面快速增长，又倒逼服务业发展进程。2013—2019 年，我国服务业占 GDP 的比重由 46.9%提升至 53.9%，提高了 9 个百分点。同期，居民服务型消费支出占比由 39.7%提升至 45.9%，提高了 6.2 个百分点①。

（2）以消费结构升级助推服务型制造发展。进入服务型消费社会，企业不仅要专注于产品生产，更要专注于满足消费者的服务需求，推动企业从以生产产品为主向“制造+服务”转型升级。近年来，我国服务型制造的新业态快速发展。据统计，2007—2018 年，我国服务型制造企业数量占制造企业总数的比重由 1%提高至 38%，年均增长 3.4 个百分点②。

（3）以消费结构升级促进科技变革。14 亿人的消费大市场为科技发展提供了巨大的应用市场。以机器人发展为例，2018 年，我国工业机器人的产量达 14.8 万台套，占全球产量的比重超过 38%，位居全球第一③。未来 5 年，随着消费结构持续升级，大力发展服务型科技，推动科技在消费领域的广泛应用，将促进“中国智造”形成产业链。

（4）以消费结构升级促进绿色产业发展。适应消费结构绿色转型的大趋势，加快绿色产业发展，走出一条绿色发展的新路子，将为我国实现碳达峰和碳中和打下重要基础。

3. 以消费升级促进城乡融合发展

（1）我国人口城镇化仍处于加速发展区间。从国际经验看，城镇化率在 30%~70%，处于加速发展区间。2019 年，我国常住人口城镇化率为

---

① 国家统计局. 中国统计年鉴 2020 [M]. 北京：中国统计出版社，2020.9.

② 吴猛，刘凯琳. 服务型制造[J]. 纺织导报，2021（01）.

③ 2018 年我国工业机器人产量达 14.8 万台套居全球第一[EB/OL]. 每日经济新闻，2019-10-11.

60.6%，户籍人口城镇化率为 43.8%[①]，均处于加速发展区间。预计到 2030 年，常住人口城镇化率将达 70%左右。

（2）城镇化蕴藏着巨大的消费升级需求。我国城镇化进入新阶段，人口加速向中心城市尤其是都市圈集聚的特点突出。预计到 2030 年，我国新增 2.2 亿城市居民中大约 50%将集中在长三角等五大都市圈。预计到 2025 年，上海、北京、广州、深圳、成都等基础比较好的城市，将率先建成国际消费中心城市；杭州、重庆、武汉、南京、西安、苏州、厦门、天津、长沙、昆明等城市将发展成为区域消费中心城市，逐步达到国际消费中心城市标准；西北的兰州，东北的沈阳、大连、哈尔滨、长春等城市，强化区域消费中心城市建设，以便在扩大内需、促进消费中发挥核心增长极作用。

（3）农村是个消费大市场。一方面，要全面促进农村公共消费。激活农村消费大市场，公共消费是关键点、着力点。全面促进农村公共消费，需要把农村基础教育、基本医疗和公共卫生、基本养老保障等公共消费纳入新基建的范畴，并尽快实现基本公共服务标准统一、制度并轨。另一方面，要全面促进农村新型消费。未来 5～10 年，要把促进和激活农村消费新业态作为重点发展方向，推进农村社会生活方式和生产方式的革命性变革，在畅通城乡经济循环前提下放大农村经济的功能，为全面融合的新型城乡关系奠定坚实的经济基础。

三、推进消费导向转型下的结构性改革

消费导向转型是以释放 14 亿人的消费潜力为基础的，并由此形成经济持续增长的重要支撑。面对错综复杂的国际环境和我国经济发展的阶段性特征，我国要加快推进消费导向的经济转型，以实现建设强大国内市场的重大突破。这就需要深化结构性改革，着力破解制约消费潜力释放、消费

---

① 国家统计局．中国统计年鉴 2020［M］．北京：中国统计出版社，2020.9.

结构升级的结构性矛盾。

1. 推进服务业市场开放进程

（1）用市场的办法扩大消费有效供给。我国从短缺时代跨越到消费新时代，主要的实践就是充分利用市场的力量，在市场作用范围不断扩大中扩大商品与服务供给。全面促进消费，关键是要用市场的办法来扩大消费有效供给。也就是说，市场决定资源配置与扩大消费相互促进。市场在资源配置中的决定性作用发挥得越好，就越能满足城乡居民不断升级的消费需求。

（2）加快服务业市场全面开放。按照“非禁即准”的要求，凡是法律、行政法规未明令禁止进入的服务业领域，应向社会资本开放，鼓励引导社会资本参与发展服务业，打破服务业领域市场垄断与行政垄断。要进一步完善公平竞争的市场环境，消除不同产业间政策的差异，为服务业平等发展创造良好的社会环境。

（3）加大优质国际服务和商品供给。习近平主席在首届中国国际进口博览会开幕式上的主旨演讲中提出，“预计未来 15 年，中国进口商品和服务将分别超过 30 万亿美元和 10 万亿美元”。满足城乡居民消费结构升级的趋势需求，既要依靠国内市场，也离不开国际市场，离不开进一步扩大国际优质商品和服务进口。这就需要加快推进服务业对外开放进程。在加快服务业市场化改革的基础上，大幅缩减外资准入负面清单中的限制性条目，清理并大幅削减服务业领域的边境内壁垒。在有条件的地区，如海南，率先引入国际先进的医疗药品、旅游娱乐、体育养老等重点服务业的管理标准，并实现资格互认；全面推广跨境服务贸易负面清单，允许负面清单外的境外企业在我国提供相关服务。

2. 显著扩大中等收入群体

（1）中等收入群体是消费的主力军。目前，我国中等收入群体占全国总人口的29.4%，其消费总支出占比达46.5%[①]，远高于人口规模占比。研究结果表明，2018年，我国中等收入群体消费率约为74.1%，同年全国居民消费率不足60%；2014—2018年，中等收入群体消费率上升10个百分点左右，远高于同期居民消费率3个百分点的上升幅度[②]。全面释放14亿人消费升级的巨大市场潜力，要在扩大优质产品和服务供给的同时，着力扩大中等收入群体。

（2）实现中等收入群体倍增。国家“十四五”规划和2035年远景目标纲要明确提出“全体人民共同富裕取得更为明显的实质性进展”，其中“中等收入群体显著扩大”。建议把中等收入群体倍增作为重要的政策目标，在制定促进共同富裕行动纲要时明确扩大中等收入群体的阶段性目标；争取到2035年，中等收入群体占比提升到55%左右，实现倍增。

（3）推动更多农民和农民工成为中等收入群体。农民和农民工是扩大中等收入群体的重要来源。从现实情况看，农民最大的财产是土地，土地财产性收入是农民最重要的收入增长来源。中长期内，我国农村改革的主线仍然是处理好农民和土地的关系。为此，要在严格农村土地用途管制和规划限制的前提下，在法律上明确并做实农民土地使用权的物权属性；尽快打破城乡建设用地的市场分割，统一城乡用地市场。同时，深化户籍制度改革，使城乡二元户籍制度尽快退出历史，全面实施居住证制度，统一城乡基本公共服务制度，为农民工融入城市创造条件。

3. 全面增加公共消费

（1）我国仍处于公共消费相对不足阶段。近年来，我国居民公共产品短缺问题得到了较大程度的缓解，但与城乡居民需求相比仍有差距，人均公共消费支出不足的矛盾依然突出。公共消费不足制约着城乡居民消费潜力的释放。据统计，2014年、2019年，城乡居民教育文化娱乐、医疗保健

① 李实，杨修娜．中等收入群体与共同富裕[R].2020.11.

② 李长安．中等收入群体消费的新趋向[J]．人民论坛，2021（04）.

的人均消费支出年均增长率分别为10.3%、12.7%，高于其他消费支出项目；教育文化娱乐、医疗保健居民人均消费支出占消费支出总额的比重从2014年的17.8%提高到2019年的20.5%①。社会保障体系建设直接影响城乡居民的消费预期。例如，2020年底，我国家庭储蓄率从2019年的30%左右跃升至33.9%②。

（2）全面促进消费对公共消费提出新要求。进入消费新时代，增加公共消费既是扩大消费的需求，也是稳定消费预期的重大任务。人口老龄化需要公共消费较快增长。根据联合国人口署预测，2025年中国65岁及以上人口占总人口的比例将达14.03%，进入深度老龄化社会；2050年将达34%③。面对快速增大的养老保障需求，既需要调整退休政策，也需要政府适当增加养老公共消费。

（3）"十四五"要完善公共消费体系。"十四五"时期，首先要加大公共消费支出力度，扭转公共消费增速下滑局面。与此同时，要进一步优化公共消费结构。争取到2025年，教育、医疗卫生、社保就业、保障性住房四项基本公共服务的财政支出占全国财政总支出的比重由2020年的38%提高到45%，占GDP的比重由9%提高到12%左右。

4. 以高水平制度型开放形成消费新环境

（1）适应消费升级优化消费环境。数据显示，2015—2020年，我国消费者服务类投诉数量由18.7万件增加到49.9万件，年均增速达21.6%，是消费者投诉数量平均增速的2.4倍；占消费者投诉数量的比重由29.3%提升至50.9%④。2021年《政府工作报告》提出，要"稳步提高消费能力，改善消费环境，让居民能消费、愿消费，以促进民生改善和经济发展"。随着城乡居民服务型消费需求的全面快速增长，推动包括市场监管

① 国家统计局. 中国统计年鉴2020[M]. 北京：中国统计出版社，2020.9.

② 高盛：中国家庭在疫情期间积累的额外储蓄达2万亿元[EB/OL]. 凤凰网，2021-03-16.

③ 海通证券. 如何应对加速的老龄化？[R]. 2020-05-27.

④ 根据2015—2020年《全国消协组织受理投诉情况分析》统计数据整理得出。

在内的消费环境建设，成为消费导向转型的重大任务。

（2）推进规则、规制、标准与国际对接。近年来，我国消费领域的一些现象，如海外就医、求学等，深刻反映了我国产品、服务等领域的规则、规制、标准等仍不适应消费者不断升级的消费需求。尤其是在医疗、健康、旅游、金融、会计等领域内相当一部分行业仍低于国际标准，由此造成了大量服务型消费外流。

推进制度型开放将为优化服务消费环境带来新动力。服务的核心竞争力在于标准。为此，要加快制定与国际标准相衔接的服务业管理标准。在大幅放宽市场准入的同时，最大限度取消准入后限制，建立既准入又准营的服务规则、标准，并分类推进服务业领域规则、规制、管理、标准等与国际对接。比如，系统梳理产品生产与服务标准，形成企业标准查询系统；重点强化旅游、医疗健康、文化娱乐、教育、金融及专业服务业等领域内的设施、环境、信息、技术、程序、安全、评价等服务质量控制标准和行业管理标准，为企业法人承诺事项及事中、事后监管提供基本依据。

（3）推动市场监管主要对象由以商品为主向以服务为主转变。在我国服务型经济以及服务型消费快速增长的背景下，市场监管的主要对象需要尽快由以商品为主向以服务为主转变，全面加强医疗健康、文化、教育、养老等服务业领域的市场监管。要尽快提升服务业领域市场监管的国际化水平。完善服务业重点领域标准认证认可制度，以服务贸易为重点，大力推行高端品质认证，在旅游、健康、教育、金融、电商等领域加快探索推进服务认证活动。鼓励各类服务业企业参与服务认证，引导各类服务业企业特别是中小型服务业企业获得服务认证，帮助更多服务业企业提升质量管理水平。要以深化监管体制改革为重要保障。在新一轮监管体制改革基础上，如何以处理好综合监管与专业监管为重点，形成统一高效的综合市场监管与专业科学的专业市场监管的协调配合，成为新发展阶段市场内监管变革的关键。为此，需要尽快建立跨部门联合审查、监管、执法机制；依托大数据实现靶向性、协同化市场监管；以赋予行业组织更大的自主权为重点提升社会监管参与度。通过监管体制创新，营造新发展阶段的新消费环境。

消费导向转型下的结构性改革，必将全面促进消费规模与消费水平的提升。此将成为世界经济增长的重大利好。根据《经济学人》和波士顿咨询公司预测，到 2021 年，中国消费市场为 6.1 万亿美元的规模；2016—2021 年中国消费增长量达 1.8 万亿美元，相当于 2021 年英国的消费市场规模[①]。也就是说，我国这 5 年间的消费增量将相当于一个英国市场。预计未来 5～10 年，我国对全球经济增长的贡献率仍有望保持在 25%～30%[②]，仍是拉动全球经济增长的“主引擎”。

---

① 台媒称大陆消费市场未来井喷：五年增量相当于一个英国[N]. 参考消息，2017-06-30.

② 专家：未来 5～10 年中国对全球经济增长贡献率仍有望保持在 25%～30%[EB/OL]. 中国新闻网，2020-11-29.

China’s Consumption

第一章

全球最大消费市场

进入消费新时代，作为14亿人的大国，我国仍是全球最具成长潜力的新兴消费市场。习近平总书记在省部级主要领导干部学习贯彻党的十九届五中全会精神专题研讨班开班式上发表重要讲话时强调："要建立起扩大内需的有效制度，释放内需潜力，加快培育完整内需体系，加强需求侧管理，扩大居民消费，提升消费层次，使建设超大规模的国内市场成为一个可持续的历史过程。"坚持扩大内需，全面促进消费，进一步做实超大规模市场，是我国中长期的战略选择。

改革开放以来，随着城乡居民收入的不断增长，我国消费规模呈快速增长态势。与过去有很大的不同，城乡居民消费呈现历史性新变化，我国开始进入消费新时代。“十四五”是我国消费潜力释放的关键时期，要着力推进消费导向的经济转型，努力构建以扩大内需为战略基点的新发展格局，打造全球最大的消费市场。

第一节　进入消费新时代

消费不仅仅是满足城乡居民的需求，更是综合衡量经济社会发展的一面镜子。改革开放40多年来，我国各类市场主体活力不断释放，消费供给能力不断增强，在较短的时期内告别了“短缺经济”。随着城乡居民消费升级不断加快，我国开始进入消费新时代。

一、消费规模持续扩大

随着全球进入后工业化时代，决定一个经济体竞争力的不仅仅是工业化生产能力，更是有支付能力的需求规模。衡量一个经济体的实力有多种指标，消费规模指标是其中一个相当重要的指标。随着改革开放的不断深入，市场活力、社会活力的不断释放，我国的消费规模日益扩大，城乡居民需求逐步得到满足。从社会消费品零售总额来看，我国消费市场规模明显扩大。

1. 消费规模突破40万亿元

（1）改革开放之前，城乡消费规模有所扩大，但总体处于“短缺经济”时代。数据显示，我国社会消费品零售总额由1952年的277亿元增长到1978年的1559亿元，年均增长6.8%。其中“一五”至“五五”时期年均增长7.6%（见图1.1）。基于多种原因，尽管规模不断扩大，但城乡居民生活资料严重短缺，农副产品以统购统销为主，消费品实行调拨分配，大多物资凭证定量供应，市场处于全面紧张状态①。

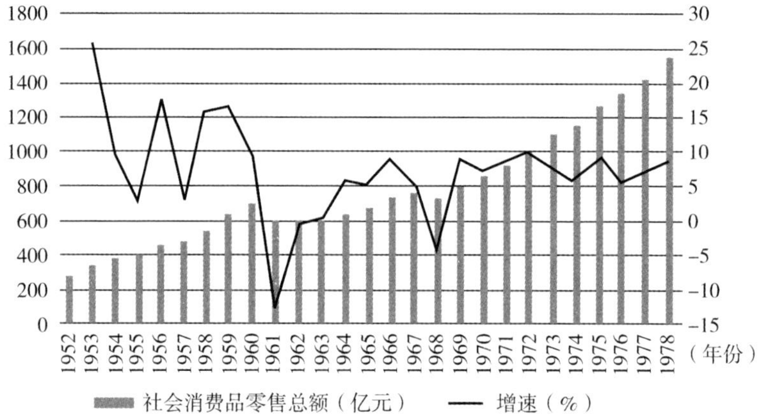

图1.1 1952—1978年我国社会消费品零售总额及增速

数据来源：东方财富Choice数据库。

（2）改革开放之初，消费市场规模首次突破万亿元关口。我国实行农村改革后的短短几年时间，就迅速告别“短缺经济”时代，告别凭票供给时代。全社会消费需求强劲，购销活跃，消费总量持续扩大，社会消费品零售总额从1978年的1559亿元增长到1992年的10994亿元，首次跨越万亿元台阶，年均增速为14.97%（见图1.2）。

① 消费市场日益强大 流通方式创新发展——新中国成立70周年经济社会发展成就系列报告之十一[EB/OL]. 国家统计局网站，2019-08-02.

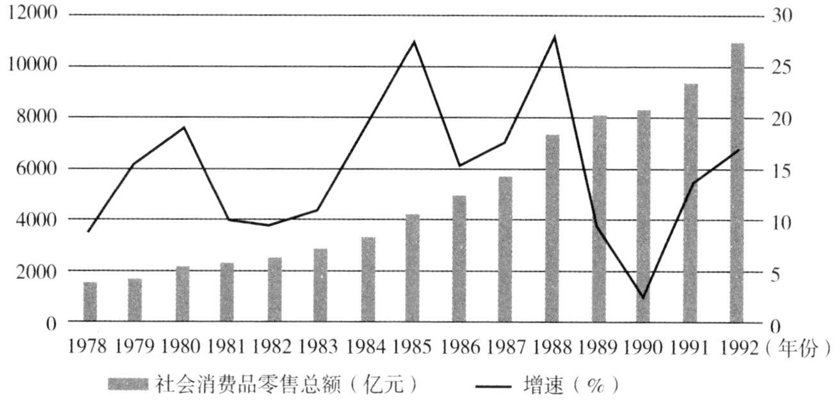

图 1.2　1978—1992 年我国社会消费品零售总额及增速

数据来源：国家统计局．中国统计年鉴 2020［M］．北京：中国统计出版社，2020. 9.

（3）20 年间消费市场规模突破 20 万亿元。1992—2012 年，随着社会主义市场经济体制改革目标的确立和一系列重大改革的全面展开，城乡居民收入持续增长，消费市场进入突飞猛进的时代。社会消费品零售总额从 1992 年的 10994 亿元增长到 2012 年的 210307 亿元（见图 1.3），首次突破 20 万亿元，20 年间年均增长 20%。在这 20 年，我国城镇居民开始逐步进入耐用消费品阶段，家庭耐用消费品数量显著增长。城镇居民每百户摩托车、洗衣机、电冰箱、彩色电视机的拥有量分别从 1992 年的 13 辆、80.58 台、48.7 台、68.41 台增长到 2012 年的 91.02 辆、97.05 台、97.23 台、135.15 台，每百户小汽车拥有量从 1997 年的 0.19 辆增长到 2012 年的 21.54 辆；农村耐用消费品规模也在逐步增长。

（4）耐用消费品消费从城市向农村普及。据统计，2012—2019 年，社会消费品零售总额从 21.03 万亿元增长到 40.80 万亿元，基本实现了规模倍增，年均增长 10.94%（见图 1.4）。在此阶段，城市耐用消费品进一步增长并朝着高端化、品质化的方向迈进，农村开始进入耐用消费品时代。以家用汽车为例，2019 年，农村每百户汽车拥有量达 24.7 辆，接近城镇居民2014年的水平①。

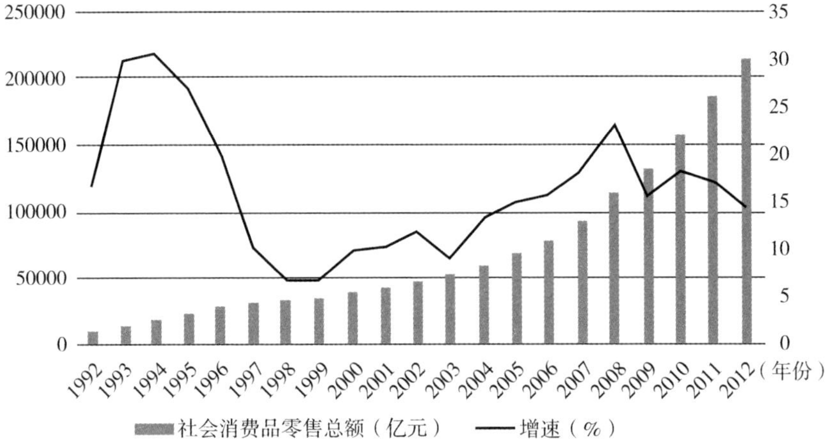

图1.3　1992—2012年我国社会消费品零售总额及增速

数据来源：国家统计局．中国统计年鉴2020[M]．北京：中国统计出版社，2020.9.

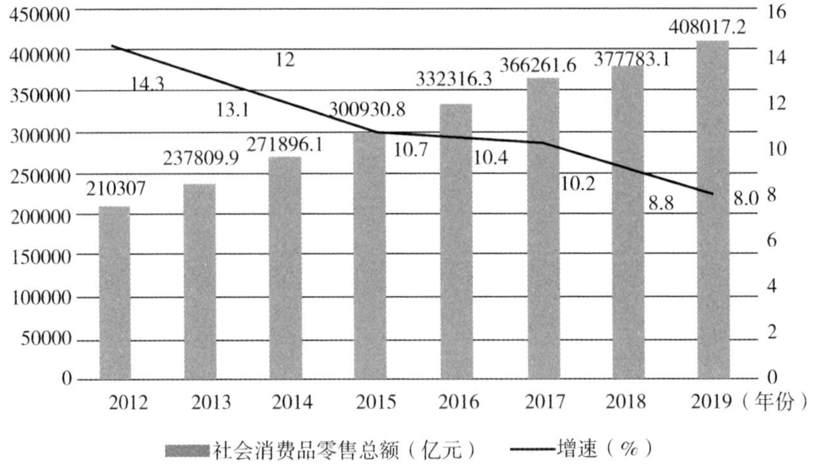

图1.4　2012—2019年我国社会消费品零售总额及增速

数据来源：国家统计局．中国统计年鉴2020[M]．北京：中国统计出版社，2020.9.

---

① 补短板强弱项 促消费潜力进一步释放[EB/OL]．新华网，2021-01-13.

2. 改革开放以来社会消费品零售总额年均增速接近 15%

（1）改革开放以来社会消费品零售总额年均增速高达 14.5%。1978 年以来，我国社会消费品零售总额从 1559 亿元增长到 2019 年的 40.80 万亿元，年均增长 14.5%。其中，1978—1992 年以及 1992—2012 年两个阶段增长极为迅速，年均增速分别为 15%和 20%①。

（2）各省市市场规模均实现了较快增长。从数据分析看，1978—2019 年各省市社会消费品零售总额均实现 13%～16%的增长。最快的是浙江，年均增速达 16.79%；最慢的青海也有年均 12.64%的增长（见表 1.1）。

（3）社会消费品零售总额过万亿元的省市有 14 个。2019 年，北京、辽宁、河北、上海、江苏、浙江、安徽、福建、山东、河南、湖北、湖南、广东、四川 14 个省市社会消费品零售总额均超过 1 万亿元（见表 1.1）。

表 1.1　1978 年、1992 年、2012 年、2019 年我国各省市社会消费品零售总额和年均增长

地　区	1978 年（亿元）	1992 年（亿元）	2012 年（亿元）	2019 年（亿元）	年均增长（%）
北　京	44.17	430.01	7702.82	12270.1	14.71
天　津	25.2	181.2	3921.4	5516.1	14.05
山　西	42.22	240.57	4506.8	7909.2	13.61
内蒙古	36.83	168.69	4572.5	7610.6	13.89
辽　宁	71.2	540.6	9304.2	15008.6	13.94
吉　林	38.56	261.47	4772.9	7777.2	13.82
黑龙江	61.8	403	5491	9898.4	13.18
河　北	83.68	497.19	9254	17934.2	13.99
上　海	54.1	464.82	7412.3	15847.6	14.86
江　苏	84.79	704.52	18411.1	35291.2	15.85
浙　江	46.86	493.87	14199.6	27176.4	16.79
安　徽	46.71	285.04	6142.8	13377.7	14.80
福　建	30.56	289.38	7256.5	15749.7	16.45

① 国家统计局．中国统计年鉴 2020［M］．北京：中国统计出版社，2020.9.

续表

地 区	1978 年（亿元）	1992 年（亿元）	2012 年（亿元）	2019 年（亿元）	年均增长（%）
江 西	33.93	197.62	4123.3	8421.6	14.40
山 东	79.73	653.23	19651.9	35770.6	16.06
河 南	71.79	414.53	10915.6	22733	15.08
湖 北	59.84	411.51	9682.4	20224.2	15.26
广 西	33.59	243.62	4516.6	8873	14.57
湖 南	53.73	393.19	8318.7	17239.5	15.11
广 东	—	984.16	22677.1	42951.8	16.33
海 南	—	55.02	950.2	1808.3	14.28
重 庆	—	203.11	4403	8667.3	15.05
四 川	61.58	453.43	9622	20144.3	15.17
贵 州	21.23	106.75	2266.3	4174.2	13.75
云 南	28.38	204.6	3597.9	7539.2	14.59
西 藏	2.45	15.23	277.9	649.3	14.58
陕 西	33.37	208.37	4581.6	9598.7	14.81
甘 肃	20.72	128.26	2064.4	3692.4	13.48
青 海	6.68	35.29	480.3	880.8	12.64
宁 夏	5.04	32.17	590.5	984.5	13.73
新 疆	21.89	138.25	1916.1	3361.6	13.06

数据来源：国家统计局．中国统计年鉴 2020［M］．北京：中国统计出版社，2020.9.
注：广东、海南、重庆增长率为 1980—2019 年的。

3. 人均消费水平突破 2 万元

（1）改革开放之前：尚未根本解决温饱问题。从住户调查的角度衡量居民消费支出水平，1957—1978 年，我国城乡居民人均消费支出分别从 222 元和 70.86 元增长到 311.16 元和 116.1 元（见图 1.5），不考虑价格因素，年均增速分别为 1.62% 和 2.38%[①]，低于同期经济增长速度。虽然城乡居民的生活水平有所提高，但总体上看仍未全面解决广大城乡居民的温饱问题。

① 根据东方财富 Choice 统计数据计算得出。

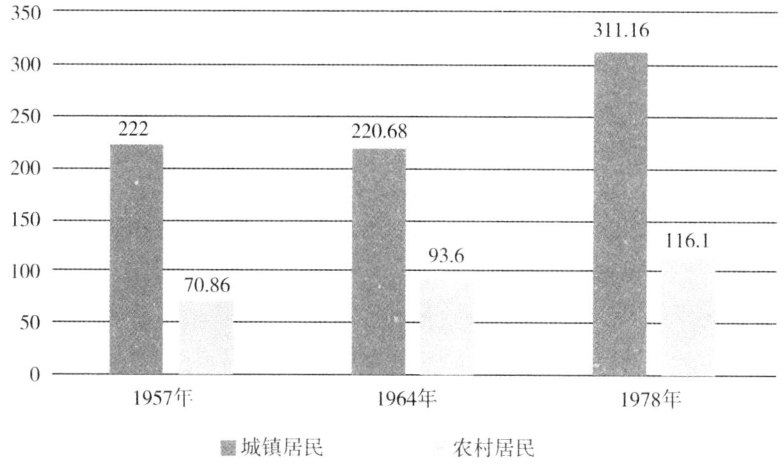

图 1.5　1957 年、1964 年、1978 年我国城乡居民人均消费支出水平（单位：元）

数据来源：东方财富 Choice 数据库。

（2）1978—1992 年，城乡居民人均消费支出明显提升。党的十一届三中全会以后，随着农村家庭联产承包责任制在全国的推行、城市国有企业自主经营权扩大和一系列收入分配改革措施的出台，城乡居民收入和生活水平明显提高，带动城乡居民人均消费支出分别从 311.16 元和 116.1 元增长到 1671.73 元和 656.79 元（见图 1.6）。不考虑价格因素，这一期间城乡居民人均消费支出年均分别增长 12.76%和 13.21%。改革开放十几年时间，不仅全面解决了广大城乡居民的温饱问题，而且人们的生活水平有了较大提升。

（3）1992—2012 年，城乡居民人均消费支出快速提升。1992 年，邓小平“南方谈话”后，改革开放掀起新热潮，经济活力明显释放，带动城乡居民收入增长。1992—2012 年，我国城乡居民人均消费支出分别从 1671.73 元和 656.79 元增长到 16674 元和 5908 元（见图 1.7），不考虑价格因素，年均分别增长 12.19%和 11.58%。

（4）2012—2019 年，城乡居民人均消费支出首次突破 2 万元。党的十八大以来，社会政策调整加快推进，尤其是全面推进精准扶贫、精准脱贫，城乡居民收入进一步增长，带动全国居民人均消费支出从 2013 年的 13220.4 元增长到 2019 年的 21558.9 元（见图 1.8），年均增长 8.5%；城乡居民人均消费支出年均增速分别为 7.20%和 10.09%。

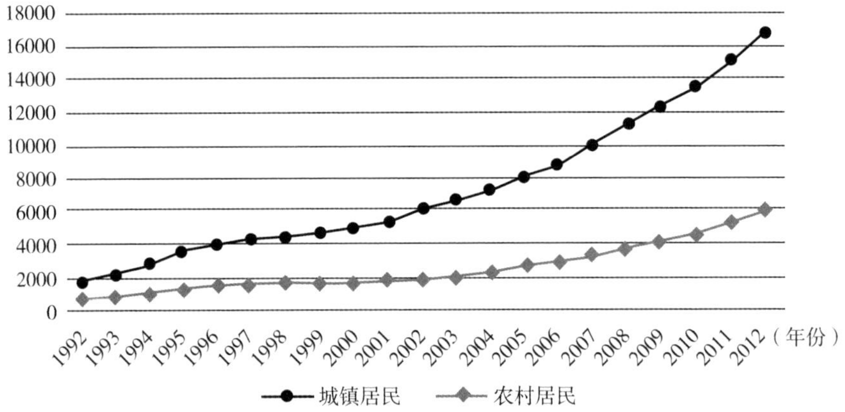

图 1.7　1992—2012 年我国城乡居民人均消费支出水平（单位：元）

数据来源：国家统计局．中国统计年鉴 2020［M］．北京：中国统计出版社，2020. 9.

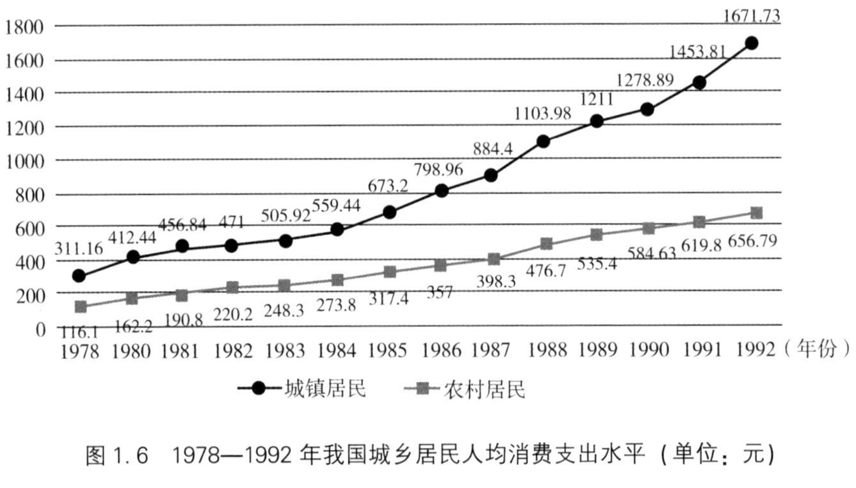

图 1.6　1978—1992 年我国城乡居民人均消费支出水平（单位：元）

数据来源：国家统计局．中国统计年鉴 2020［M］．北京：中国统计出版社，2020. 9.

二、新型消费全面快速增长

我国消费规模在快速增长的同时，也呈现出鲜明的特点，现代信息技术广泛运用于消费领域，从而推动新型消费快速增长。

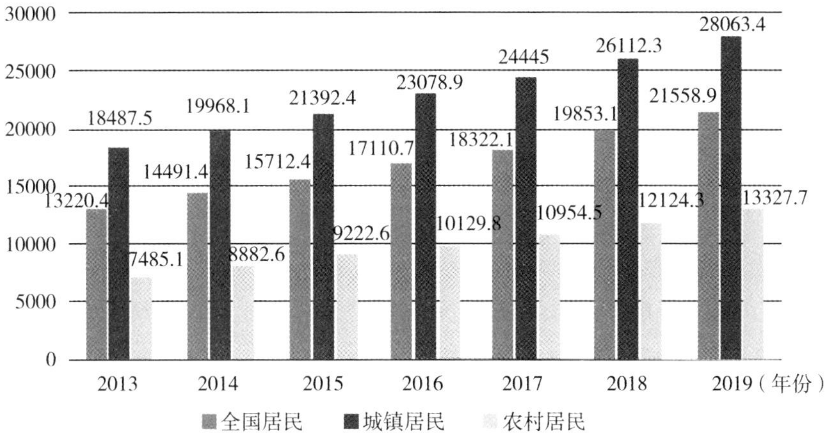

图 1.8　2013—2019 年我国城乡居民人均消费支出水平（单位：元）

数据来源：国家统计局．中国统计年鉴 2020［M］．北京：中国统计出版社，2020.9.

1. 线上消费迅猛发展

（1）网络销售占比不断提升。2020 年，我国实物商品网上零售额为 97590 亿元，按可比口径计算，比 2019 年增长 14.8%，占社会消费品零售总额的 24.9%，接近 1/4。2015 年以来，这一比重不断提升，5 年间从 10.77%提升到 24.9%，平均每年提高 2.8 个百分点（见表 1.2）。

表 1.2　2015—2020 年我国实物商品网上零售额情况

年份	实物商品网上零售额（亿元）	同比增长（%）	占社会消费品零售总额比重（%）
2015	32424	31.60	10.77
2016	41944	25.60	12.60
2017	54806	28.00	15.00
2018	70198	25.40	18.40
2019	85239	19.50	20.70
2020	97590	14.80	24.90

数据来源：2015—2020 年《中华人民共和国国民经济与社会发展统计公报》。

（2）网络购物规模进一步扩大。我国网络购物交易规模从 2011 年的 0.77 万亿元增长到 2018 年的 6.6 万亿元（见表 1.3），年均增长率高达 35.83%。其中 C2C 年均增长率为 29.91%，B2C 年均增长率为 48.74%。

表 1.3　2011—2018 年我国网络购物交易规模

年份	总规模		C2C		B2C	
	当年值（亿元）	同比增长率（%）	当年值（亿元）	同比增长率（%）	当年值（亿元）	同比增长率（%）
2011	7735.60	67.80	5940.94	49.33	1794.66	184.16
2012	13040.00	68.57	9170.10	54.35	3869.90	115.63
2013	18409.50	41.18	11748.00	28.11	6661.00	72.12
2014	28145.10	52.88	15263.10	29.92	12882.00	93.39
2015	38000.00	35.01	19760.00	29.46	18240.00	41.59
2016	47000.00	23.68	25803.00	30.58	21197.00	16.21
2017	57000.00	21.28	32205.00	24.81	24795.00	16.97
2018	66000.00	15.79	37092.00	15.17	28908.00	16.59

数据来源：东方财富 Choice 数据库。

（3）社交电商市场快速增长。淘宝、京东、拼多多等社交电商平台发展迅速。2020 年，社交电商市场增长率为 60%，社交电商用户规模逼近 7 亿人，从业者人数超过 7000 万人。关于渗透率①，2020 年我国达 11.7%，远高于美国的 3.4%。

（4）消费新载体不断创新。进入 21 世纪以来，我国消费的一个突出亮点在于以消费节日为代表的服务不断创新，尤以“双 11”和“6·18”最为典型。“双 11”成交额从 2009 年的 0.5 亿元迅速增长到 2020 年的接近 5000 亿元（见图 1.9），成为名副其实的“消费狂欢节”。

2. 绿色消费快速兴起

阿里研究院 2016 年的一份绿色消费调研报告表明，绿色消费者占阿里

① 渗透率即社交电商零售额占电子商务零售总额的比例。

零售平台消费者的比重从 2011 年的 3.4%快速提升到 2015 年的 16.2%，人数超过 6500 万人，占平台活跃用户数的 16%，4 年中增长 14 倍；消费金额从 2011 年的 314 亿元增长到 2015 年的 3404 亿元，年复合增长率超过 80%，2015 年，占阿里零售平台的比例达 11.5%。绿色产品平均溢价达 33%，其中绿色住宅家居溢价超过了 60%①。绿色消费在汽车领域的趋势十分明显。2020 年，新能源汽车产销分别完成 136.6 万辆和 136.7 万辆，同比分别增长 7.5%和 10.9%，增速较上年实现由负转正（见图 1.10）。2021 年 1 月新能源汽车产销量延续强势，分别为 19.36 万辆和 17.91 万辆，同比分别增加 352%和 288%。预计到 2025 年，新能源汽车新车销售量为汽车新车销售总量的 20%左右②。

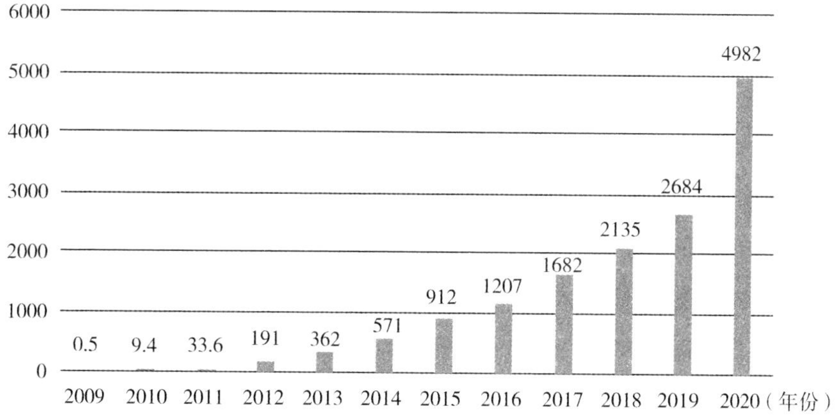

图 1.9　2009—2020 年天猫“双 11”成交额（单位：亿元）

数据来源：成交额 4982 亿元！2020 年天猫双 11 收官[EB/OL]. 每日经济新闻网，2020-11-12.

3. 共享消费逐渐成势

《中国共享经济发展报告（2021）》显示，2020 年我国共享经济市场

① 阿里研究院．中国绿色消费者报告[R]．2016.7.

② 百度大客户部，汽车行业整合营销策略部，IMS. 2021 百度营销新能源汽车行业洞察报告[R]．2021.3.

交易规模约为33773亿元。从市场结构看，生活服务、生产能力和知识技能三个领域共享经济市场规模位居前三，分别为16175亿元、10848亿元和4010亿元（见表1.4）。

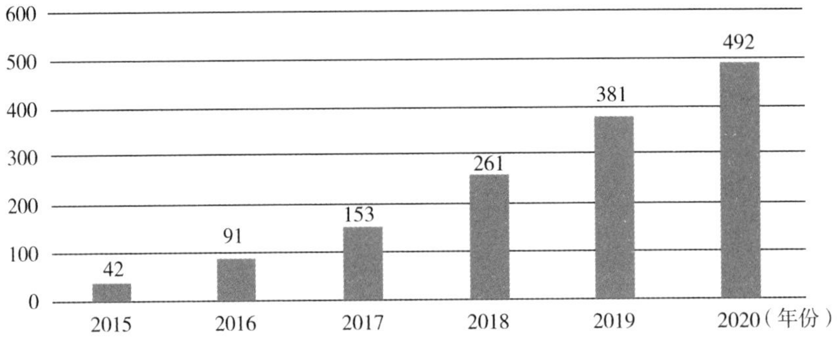

图1.10　2015—2020年我国新能源汽车保有量（单位：万辆）

数据来源：百度大客户部，汽车行业整合营销策略部，IMS.2021百度营销新能源汽车行业报告洞察[R].2021.3.

表1.4　2017—2020年我国共享经济发展概况

领域	共享经济市场交易额（亿元）				
	2017年	2018年	2019年	2020年	2020年同比增长
交通出行	2010	2478	2700	2276	-15.7%
共享住宿	120	165	225	158	-29.8%
知识技能	1382	2353	3063	4010	30.9%
生活服务	12924	15894	17300	16175	-6.5%
共享医疗	56	88	108	138	27.8%
共享办公	110	206	227	168	-26.0%
生产能力	4170	8236	9205	10848	17.8%
总　计	20772	29420	32828	33773	2.9%

数据来源：国家信息中心分享经济研究中心.中国共享经济发展报告（2021）[R].2021.2.

4. 消费场景不断创新

（1）新消费场景不断涌现。新消费场景可划分为线上消费、社交消费、直播带货、无人零售、业态融合“新物种”、定制消费等。消费场景类型及特征如表 1.5 所示。2011—2020 年，移动互联网日渐普及，移动支付、移动社交、移动出行、移动电商、共享经济、短视频、网络直播、在线教育等成为生活常态。大数据、人工智能、5G、云计算、区块链等新技术换代升级，加速应用于各行各业的新消费场景①。

表 1.5　新消费场景类型及特征

类型	特征
线上消费	核心逻辑：线上渠道占优的新消费模式快速发展。电商平台、直播带货、在线拼团、游戏、线上教育、线上医疗、远程办公等渗透率持续提升 代表案例：三只松鼠、韩都衣舍等一大批淘品牌；珀莱雅、完美日记、花西子等借助新媒体渠道（抖音、小红书）迅速崛起的国货化妆品品牌
社交消费	核心逻辑：下沉人群的新购物 代表案例：淘宝、京东京喜、拼多多、苏宁拼购为代表的电商平台
种草消费（直播带货）	核心逻辑：通过社交和分享形成消费圈子，重塑“货找人”商业逻辑 代表案例：淘宝直播（连续 8 季度翻倍增长，最近一年更是诞生了 177 位带货过亿的主播）、拼多多、抖音快手等流量平台
无人零售	核心逻辑：借助物联网、人脸识别、视频监控技术等使顾客无须排队结账。通过机器视觉和传感器自动识别顾客的商品，最后实现即买即走 代表案例：Take Go、便利蜂、京东无人便利店等
业态融合“新物种”	核心逻辑：以“超市+餐饮”的融合模式提供零售商品和服务 代表案例：盒马鲜生、超级物种等
定制消费	核心逻辑：传统消费模式出现颠覆式创新，C2M 重塑整个消费品产业链 代表案例：拼多多的拼工厂、京东京造、淘宝心选、必要商城等

资料来源：国泰君安证券．变革与创新：新消费时代[R]. 2021-02-19.

（2）短视频逐步从社交场景转变为消费场景。快手、抖音和视频号逐步加大内容消费的比重。短视频行业用户规模从 2013 年的 0.38 亿人快速增长到 2020 年的 7.22 亿人，带来巨大的商业变现空间。到 2020 年，快手电商成交总额（GMV）达 3327 亿元（前 11 个月），抖音电商成交总额接

① 国泰君安证券．变革与创新：新消费时代[R]. 2021-02-19.

近2000亿元[①]。

（3）社区团购成为新的消费重地。社区从传统的管理和治理场景逐步加大消费场景的因素，受到资本的高度重视。数据显示，24%的消费者在疫情期间开始使用社区团购平台购物；98%的消费者表示疫情后会继续使用社区团购；其中72%的消费者表示不会减少购买。《2020社区团购白皮书》显示，2020年社区团购市场发展迅猛，市场规模达720亿元；预计到2022年，我国社区团购市场规模将超过1220亿元，年增长率达28.4%[②]。

（4）新支付场景快速发展。近年来，我国移动支付、在线娱乐、线上教育、互联网医疗、互联网金融等加速发展。在移动支付方面出现了支付宝、微信、百度钱包、云闪付等多个移动支付平台，移动支付普及率快速提高，已在居民日常购物、出行、付费、购票等诸多生活场景中得到广泛应用，移动支付金额和笔数均大幅上升，年均增速分别高达81.7%和98.2%[③]。

三、新消费人群形成

随着人口结构的变化，新消费人群不断涌现，成为支撑消费快速增长的重要因素。以Z世代为代表的年轻消费群体登上舞台，新中等收入群体逐步扩大，包括新富阶层的快速增长，老龄化趋势下银发消费群体快速增长，是我国进入消费新时代的重要特征。

1. 千禧一代和Z世代成为消费舞台的新生力量

千禧一代是指出生于1982—2000年的年轻人，Z世代是指出生于1995—2009年的95后。这两个群体都成长于我国经济高速增长的年代。《2019年Z世代消费力白皮书》显示，2018年，我国Z世代总人数约为2.6亿人，约占年总人口的19%；其中95后约为9945万人，00后约为

---

① 艾媒咨询．2020—2021年中国短视频头部市场竞争状况专题研究报告[R]．2021.1.
② 凯度咨询．2020社区团购白皮书[R]．2020.6.
③ 王微．新消费为构建新发展格局注入强大动能[J]．新经济导刊，2020（04）．

8312 万人，05 后约为 7995 万人[①]。

从消费特点看，优越的成长环境让千禧一代、Z 世代对商品有了更多维度的追求，不断改善的家庭经济条件让这个年轻消费群体消费能力强、敢花钱、价格敏感度“历代最低”。比如，“90 后”更具有国际化视野且充满个性，在物质条件逐渐改善的情况下，更愿意去考虑商品的品质，追求满足个人偏好的小众商品，更愿意在美妆、宠物、保健品及数码设备等品类上进行投入。有研究表明，2019 年我国 20~40 岁的新生代人群在总人口中的占比为 28.9%，对未来 15 年我国消费增长的贡献将接近 40%[②]。

2. 中等收入群体持续扩大

（1）中等收入群体人口规模大约为 4 亿人。按照现行统计口径，中等收入群体是指三口之家一年收入处在人民币 10 万~50 万元的人群[③]。目前我国中等收入群体有 4 亿人左右，规模在全球居于前列。在上述收入区间，同样有上亿人口规模的经济体主要包括欧盟和美国，欧盟约为 2.1 亿人，美国约为 1 亿人，日本约为 8500 万人，韩国约为 2100 万人，加拿大约为 1150 万人，澳大利亚约为 1050 万人，新加坡约为 150 万人[④]。

（2）新中等收入群体正在不断崛起。70、80 后人群（年龄段为 31~51 岁）已经成为社会发展和消费市场的中坚力量。尼尔森报告显示，80 后、70 后的收入水平明显更高，36%的 80 后家庭月收入超过 1 万元。较好的经济状况使得 70 后、80 后消费者对自己的财物状况更加乐观，相比其他年龄段人群具备更强的消费力，是最受商家欢迎和重视的消费客户群。

（3）中等收入群体成为拉动消费的主力。当前中等收入群体消费支出占全国的比重接近 50%。2018 年 CHIP 数据结果显示，虽然我国中等收入群体的人口规模在全国仅占 29.4%，但中等收入群体的消费总支出约占全

① 国泰君安证券 . 变革与创新：新消费时代[R]. 2021-02-19.
② 王微 . 新消费为构建新发展格局注入强大动能[J]. 新经济导刊，2020（04）.
③ 刘世锦 . 把中等收入群体倍增作为重要发展目标[J]. 中国金融，2020（05）.
④ 李稻葵 . 中等收入群体倍增是中国经济王牌[N]. 凤凰网国际智库，2019-12-30.

国总体的46.5%。其中，居住消费支出占全国的47.7%，医疗支出占全国的43.2%，教育支出占全国的45.2%①。

（4）高收入群体明显扩大，不断引领消费新潮流。《2020方太·胡润财富报告》显示，除港澳台外，2020年我国内地拥有人民币千万元资产的“高净值家庭”数量达161万户，与2015年相比接近倍增。这个群体2020年总消费规模为3万亿元，意味着3‰的人口创造了3%的GDP。他们所引领的消费趋势，3~5年后将成为市场的投资热点②。

3. 老龄化趋势下的银发群体

（1）银发群体成为重要消费群体。调查数据显示，2020年我国移动互联网用户中，50岁及以上银发人口超过1亿人，增长速度远高于全网其他年龄段，每月人均上网时间达136小时③。在新消费场景中，50后的“新老年人”在逐步熟悉网络消费模式后，消费能力开始显现。

（2）银发群体的消费潜能巨大。在社会保障日益完善的条件下，老龄人口享受生活、追求健康的消费意愿较为强烈，在个人用品、健康产品与服务、文化旅游等方面有着大量的新需求。有研究预测，未来15年该群体的消费对我国消费增长的贡献或将超过20%，其消费潜能及对大量适老产品市场和服务业的带动能力不容忽视④。

四、新消费理念普及

改革开放40多年来，随着消费水平的不断提升，我国消费者的消费理念也发生了巨大的变化，从追求吃饱穿暖，到追求品质消费、个性消费、健康消费、绿色消费等。新消费理念类型及特征如表1.6所示。新消费理念的形成，成为经济社会变革的重要动力。

---

① 李实，杨修娜. 中等收入群体与共同富裕[R]. 2021.

② 胡润研究院. 2020方太·胡润财富报告[R]. 2021-02-08.

③ “银发经济”揭开万亿级市场App适老化改造站上风口[N]. 21世纪经济报道，2021-02-26.

④ 王微. 新消费为构建新发展格局注入强大动能[J]. 新经济导刊，2020（04）.

1. 品质消费理念

改革开放之初，我国城乡居民的消费以生存需要为主，消费主要表现为温饱型消费，生活必需品消费占据家庭收入的主要部分。随着经济发展和收入增加，温饱型消费逐步向品质型消费转变。城乡居民的消费不再仅限于满足最基本的生活需要，而是更加注重高品质的商品及服务质量，包括品牌的美誉度、消费体验以及人文理念。例如，在饮食消费方面，由过去的“吃得饱”转变为“吃得好”“吃得健康”；在穿衣、购买主要耐用消费品等方面，追求品牌化的消费。在品质消费理念普及的今天，产品和服务品质过硬的企业才能持续发展，而产品和服务品质差的企业越来越难以生存。

表 1.6　新消费理念类型及特征

新消费理念类型	特征
新国货崛起	核心逻辑：年轻一族撑起“新国潮” 看好方向：具有独特民族文化特征的消费品（白酒、中药等）、国货化妆品、国货服装（安踏、李宁、波司登等）、自主品牌汽车（蔚来、比亚迪、小鹏汽车等）、国货与 IP 化的结合（故宫博物院、大白兔等）
健康化消费	核心逻辑：追求健康是人类社会发展的永恒主题 看好方向：健康食品（乳制品、调味品、休闲零食、农产品的畜禽冰鲜等）、健康饮料（果汁、茶饮料、乳饮料）、健康家电、休闲娱乐、健康睡眠等
便捷化消费	核心逻辑：社会分工精细化背景下懒人经济成为新潮流 看好方向：在线教育（互联网将传统教育行业更便捷化地转移至线上）、便捷食品（速冻食品、预制食品）、便捷家电（扫地机器人、洗碗机）、生鲜电商、快餐与外卖等
个性化消费	核心逻辑：日渐崛起的年轻消费者更青睐彰显自我的品牌及商品 看好方向：创意小家电、彰显个人地位的奢侈品、定制家居、定制旅游、定制餐饮等
情感化消费	核心逻辑：消费沿着“量的消费→质的消费→情感消费”升级 看好方向：满足精神寄托和陪伴需求的宠物经济、具备社交和情感属性的高端白酒、年轻人追求新潮体验感的医美行业等

资料来源：国泰君安．变革与创新：新消费时代[R]. 2021-02-19.

2. 个性消费理念

随着年轻一代的兴起，追求个性化的消费，“不从众”“小众化”越来越成为普遍的消费理念。比如，随着我国汽车保有量突破 2. 75 亿辆、汽车驾驶人突破 4. 1 亿人①，国内汽车文化也逐渐走向成熟，玩车一族加速壮大，并助推玩车市场进一步扩张。目前做汽车个性化升级、改装的消费者，以 90 后、95 后的年轻人居多，“80 后讲情怀，90 后讲个性”。数据显示，2019 年，我国汽车后市场规模达 13227 亿元。在汽车后市场拉动下，2018 年，我国汽车改装市场产值已超 1600 亿元。但与发达国家约 80%的改装比例相比，我国汽车改装比例仅为 5%，仍然处于起步的高速增长阶段②。

专栏1.1

改装车的盛会

各种改装车展和聚会，包括苏州 GTSHOW、上海 CAS、东莞 AIT、珠海 THEELITE-PARTY、北京 iAcroParty 等，正吸引越来越多人的目光。

以 2020 年 8 月举办的 GTSHOW 为例，仅在抖音和微博两个平台，话题流量就已过亿。3 天时间里，GTSHOW 吸引了到场店家 11000 家，全球展商 235 个，疫情影响下，总观众人数仍为近 15 万人次。而在 2018 年，总观众人数还不到 8 万人次。

资料来源：许芸．隐秘的暴利：玩车玩出近 2000 亿，个性化汽车后市场藏着新蓝海[EB/OL]．创业最前线，2020-11-11.

3. 健康消费理念

（1）健康消费理念全面强化。随着城乡居民人均收入的不断增加，消费水平进一步提升，居民逐渐从过去满足基本的衣食住行需求，转变为现在日益重视健康消费，健康消费理念全面普及。尤其是 2020 年暴发

① 中国汽车保有量达 2. 75 亿辆 69 城保有量超百万[N]. 潇湘晨报，2020-10-20.

② 前瞻产业研究院 . 2021—2025 年中国汽车改装行业市场调研与投资预测分析报告[R]. 2021. 1.

的新冠肺炎疫情，使全社会对健康的关注全面增强。无论是产品使用还是生活方式，消费者普遍对带有健康、安全、品质等属性的选项格外重视。在产品使用方面，消费者对健康、品质、杀菌等方面的需求大幅提升，能够减少疾病、符合营养健康长期需求的商品越来越受消费者青睐，健康家电产品的需求持续上升，全民体育运动兴起使得健身器材热销。在生活方式方面，消费者对免疫力、体育运动、享受、家庭等方面的重视程度明显增加，这些都是“健康消费理念”的表现。

（2）对新健康消费的接受度不断提升。以基因检测为例，2019 年，我国消费基因累计用户规模为 220.7 万人。其中，一线及新一线城市渗透率约为 1.1%。消费基因人群画像整体特征表现为：女性占比为 60.1%，26~40 岁青年占比为 79.4%，已婚有子人士占比为 53.1%，本科及以上学历用户占比为 67.7%[①]。再以医美市场规模为例，随着医美产品及仪器技术水平的提升、医美知识的普及等，我国民众对整形美容的观念正在向积极态度转变，调研数据显示，2018 年，36.9%的受访者表示愿意微整，24.3%的受访者持欣赏态度（见表 1.7）。

表 1.7　2018 年我国大众对医美的接受度调查

可接受手术	可接受微整	欣赏	中立	不理解
4.9%	36.9%	24.3%	18.0%	15.9%

资料来源：东吴证券．医美行业专题报告：消费升级新赛道，颜值经济迎来风口[R].2021.2.

4. 绿色消费理念

（1）绿色消费意愿不断增强。企业采购、使用和销售环境友好的绿色产品和消费者购买安全放心的绿色产品的意愿不断增强，公众对绿色食品、绿色家装的关注度显著提升，消费者不仅愿意购买高品质的绿色产品，同时也关注生产方式对生态环境的影响。《中国公众绿色消费现状调查研究报告（2019 版）》显示，83.34%的受访者表示支持绿色消费行为，

① 艾瑞咨询．消费基因检测行业白皮书 2019［R］. 2019-12-19.

其中46.75%的受访者表示“非常支持”。消费者对“中国环境标志”的认知度从2014年的38.60%上升到70.95%①。另外，《2019绿色消费趋势发展报告》显示，2019年京东平台上绿色消费相关商品销量同比增幅较平台上所有商品销售增幅高出18%②。

（2）节约消费理念加快普及。当前，充分利用平台盘活闲置资源，“变浪费为消费”是一个重要趋势。近年来，涌现出以“闲鱼”为代表的一系列二手交易平台。据研究机构估算，2020年，我国二手交易市场规模为1万亿元，处于高增长轨道，90后甚至00后在闲置交易方面逐渐成为生力军。以闲鱼为例，2019年，闲鱼平台上达成交易1894亿元，日均商品发布量约为200万件，日均商品成交量逾100万件。据测算，2019年，闲鱼交易减少碳排放2491.2万吨③。

五、进入消费新时代的推动力

我国进入消费新时代，集中反映了改革开放40多年的重大成就。改革开放所带来的消费市场繁荣、收入快速增长、城镇化进程加快，以及农村大市场潜力的释放，构成了我国进入消费新时代的客观基础。

1. 改革开放促进消费市场繁荣

（1）改革开放改变“短缺经济”。在计划经济条件下，“短缺经济”是常态，消费市场规模有限。改革开放后消费市场逐步放开，多层次的消费市场逐步形成，为社会提供了大量丰富的物质产品。

（2）消费供给能力不断增强。早在2015年，我国消费品工业增加值占GDP的比重超过10%，消费品工业增加值和利润总额占全部工业的比重分别为31.9%和35.8%，比2010年分别提高3.6个百分点和8.9个百分

---

① 任勇．“十四五”推动绿色消费和生活方式的政策研究[J]．中国环境管理，2020（05）．

② 京东大数据研究院．2019绿色消费趋势发展报告[R]．2019-12-27．

③ 国务院发展研究中心资源与环境政策研究所．数字时代闲置资源优化利用模式研究[R]．2021-03-06．

点。我国生产的消费品有100多种产品产量居全球首位，家电、制鞋、棉纺、化纤、服装等产能占全球的50%以上，轻工、纺织出口占全球的30%以上①。

（3）消费配套服务不断增加。以消费金融为例，截至2019年末，消费金融公司资产规模为4988.07亿元，同比增长28.67%；贷款余额为4722.93亿元，同比增长30.5%。自2015年以来，消费金融行业规模迅速扩张。中国人民银行《金融稳定报告》显示，截至2019年末，我国消费贷款余额（不含房贷、经营贷）为13.91万亿元，较2015年的5.92亿元提升了约135%。2017—2019年，消费金融行业增速分别为38.13%、24.12%、15.92%。

专栏1.2

消费金融案例

案例一、医美服务消费场景

消费金融公司：中银消费金融

围绕齿科医疗场景积极会同合作方持续探索打造齿科分期标准业务模式，并与行业头部机构建立业务合作，通过整合双方专业优势，成功落地美牙分期项目，实现了在齿科分期场景的业务渗透。该项目已上线诊所一百余家，覆盖19个省市（自治区），截至2019年底，项目逾期率和不良率均为0。

案例二、健身服务消费场景

消费金融公司：捷信消费金融

健身产业是“消费升级”的代表产物，人们在满足了物质需求以后，开始追求更健康的体魄、更健美的形体。2019年开发了健身类消费金融服务，年服务1.7万人次，放款量达1.9亿元。该产品在满足客户日益增长的健康消费需求的同时，也促进了健身产业的发展。

案例三、电器销售场景金融

消费金融公司：海尔消费金融

公司联合海尔集团冰箱产业，助力商户零售。2019年五一期间，产融共创贴息活

① 中国100多种消费品产量居世界第一[EB/OL]. 中国新闻网，2016-06-01.

动首次在山西试点，山西地区选取16家优质商户开展试点，试点期间太原工贸全月销售额为1209万元，商户零售额逆势增长31.3%，客单价翻番提升、套购占比突破50%。5月试点以后，向全国开展，截至2019年12月准入1300家商户，冰箱贴息型号拓展至117款，活动助力商户零售提升销售额8898万元。

案例四、3C产品销售场景金融

消费金融公司：中原消费金融

2019年，中原消费金融与移动运营商及某金融科技公司三方合作，针对移动话费套餐分期的客户提供手机及家电类产品的消费金融服务。在合作期间，中原消费金融针对不同区域的客户制定不同策略，在河南省、湖北省、陕西省等区域进行投放，服务客户97527名，放款1.5亿元，笔均1506元，采取小额、分散的原则，在消费贷场景拓展方面进行实践，取得了较好的成果。

资料来源：中国银行业协会消费金融专业委员会．中国消费金融公司发展报告2020［R］. 2020. 8.

2. 城乡居民收入水平持续提升

（1）经济持续快速发展。1952年，我国国内生产总值仅为679亿元，人均国内生产总值为119元。1978年，我国国内生产总值增加到3679亿元，占世界经济的1.8%，居全球第11位。改革开放以来，我国经济快速发展，1986年经济总量突破1万亿元；2000年突破10万亿元大关，超过意大利成为世界第六大经济体；2010年为412119亿元，超过日本稳居世界第二位。到2020年，我国GDP首次超过100万亿元。按不变价计算，2018年国内生产总值比1952年增长175倍，年均增长8.1%。其中，1979—2018年年均增长9.4%，远高于同期世界经济2.9%左右的年均增速，对世界经济增长的年均贡献率为18%左右，仅次于美国居世界第二位①。

（2）城乡居民人均可支配收入持续快速增长。我国居民人均可支配收入从1978年的171元提升到2020年的32189元，年均增长13.28%（见表

① 沧桑巨变七十载 民族复兴铸辉煌——新中国成立70周年经济社会发展成就系列报告之一［EB/OL］. 国家统计局网站，2019-07-01.

1.8)。2015 年到 2020 年，我国居民人均可支配收入从 21966 元上升到 32189 元，5 年共上升 10223 元，平均每年增长 2000 元左右，为消费规模的快速扩张提供了坚实基础。

表 1.8　1978—2020 年我国城乡居民人均可支配收入（单位：元）

年份	全国	城镇	农村	年份	全国	城镇	农村
1978	171.2	343.4	133.6	2008	9956.5	15549.4	4998.8
1980	246.8	477.6	191.3	2009	10977.5	16900.5	5435.1
1985	478.6	739.1	397.6	2010	12519.5	18779.1	6272.4
1990	903.9	1510.2	686.3	2011	14550.7	21426.9	7393.9
1995	2363.3	4283	1577.7	2012	16509.5	24126.7	8389.3
2000	3721.3	6255.7	2282.1	2013	18310.8	26467.0	9429.6
2001	4070.4	6824.0	2406.9	2014	20167.1	28843.9	10488.9
2002	4531.6	7652.4	2528.9	2015	21966.2	31194.8	11421.7
2003	5006.7	8405.5	2690.3	2016	23821.0	33616.2	12363.4
2004	5660.9	9334.8	3026.6	2017	25973.8	36396.2	13432.4
2005	6384.7	10382.3	3370.2	2018	28228.0	39250.8	14617.0
2006	7228.8	11619.7	3731.0	2019	30732.8	42358.8	16020.7
2007	8583.5	13602.5	4327.0	2020	32189.0	43834.0	17131.0

数据来源：国家统计局．中国统计摘要 2020［M］．北京：中国统计出版社，2020.5.

3. 城镇化的快速发展

（1）城镇化为消费升级创造重要载体。一方面，城镇化伴随人口由收益率较低的农业向城市收益率较高的工业和服务业流动；另一方面，城镇化伴随商贸物流业和消费服务业的快速发展，为消费升级提供重要场景。

（2）城镇化的快速发展。我国城镇常住人口已经由 1978 年的 1.72 亿人增加到 2019 年的 8.48 亿人。41 年间，我国城镇人口增加了 6.76 亿人，城镇化水平由17.9%提高到60.6%①。

（3）“十四五”时期城镇化率将提高到65%。与发达国家相比，我国城镇化还有很长的路要走。“十四五”仍是城镇化快速发展的重要时期。按照国家部署，到2025年，常住人口城镇化率将提高到65%。未来5年，我国每年进城人数仍将达1000万人的规模。

4. 农村大市场潜力的释放

（1）我国农村人口众多。截至2019年，我国农村常住人口为55162万人，占总人口的40%左右。农村人口数量广、基数大，是我国消费市场的巨大“潜力股”，是培育完整内需体系的重要一极。

（2）农村市场规模持续快速增长。2014年以来，我国农村消费市场的平均增速快于城镇近1.2个百分点。2019年，全国农村消费品零售额为60332亿元，增长9%，比城镇消费品零售额增速高出1.1个百分点。2020年尽管受到疫情冲击，但农村消费市场表现出较强韧性，全年农村消费品零售额达52862亿元，部分地区增速由负转正，助力全国消费稳步复苏②。

第二节　疫情冲击下的消费

2020年的新冠肺炎疫情给我国经济社会发展带来严重冲击，尤其是因隔离导致的人流限制，给城乡消费带来前所未有的冲击。武汉等疫情严重的地方经济活动曾处于“速冻”状态。随着疫情逐步得到控制，国民经济社会发展将逐步回归正轨。从目前情况看，我国消费已实现深“V”反弹③，消费市场中长期增长的趋势不变。

① 国家统计局．中国统计摘要2020［M］．北京：中国统计出版社，2020.5.
② 同上。
③ 2020年中国经济“V型”反弹［N］．中国青年报，2021-01-19.

一、2020 年：消费受到疫情严重冲击

2020 年，在疫情影响下，我国消费市场遭遇重大冲击，改革开放以来首次出现消费规模下降。其中一些地区和行业遭遇极为严峻的冲击。

1. 社会消费品零售总额首次出现下降

2020 年上半年，受到疫情冲击，我国消费市场一度出现断崖式下跌，下半年消费开始逐渐回暖。2020 年 8 月，全社会消费品零售总额同比增长由负转正；12 月社会消费品零售总额为 40566 亿元，同比增长 4. 6%。2020 年全年社会消费品零售总额为 39. 2 万亿元，较 2019 年的 40. 8 万亿元下降 3. 93%。其中，城镇消费品零售额为 33. 9 万亿元，同比下降 4%；农村消费品零售额为 5. 3 万亿元，同比下降 3. 2%（见图 1. 11、图 1. 12、图 1. 13）。这是改革开放以来社会消费品零售总额增速首次转负。

2. 部分地区消费受到疫情严重冲击

2020 年，全国各省（区、市）社会消费品零售总额增速均先降后升。其中，有 16 个省（区、市）增速高于全国平均水平；贵州、江西、安徽、重庆、海南、上海六省（市）消费克服疫情影响实现正增长，增速分别为 4. 9%、3. 0%、2. 6%、1. 3%、1. 2%、0. 5%；山东省消费增速与上年持平。湖北、新疆、天津等省（区、市）消费持续恢复，但仍处于深度下降区间。作为受疫情影响的重灾区，在有效工作时间减少两个多月的情况下，湖北省消费恢复至上年的近九成，但仍大幅下降 20. 8%，居全国末位。新疆、天津也是受疫情影响较大的省市，2020 年社会消费品零售总额同比分别下降 15. 3%、15. 1%，分别较前三季度收窄 4. 3 个和 1. 7 个百分点①。

---

① 中国民生银行研究院．疫情推动新格局发展 各地启动“十四五”开局——2020 年我国各省（区、市）经济形势分析及 2021 年展望[R]. 2021-02-09.

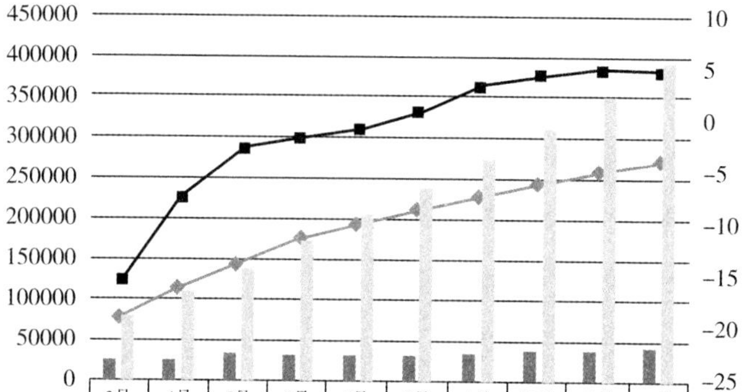

	3月	4月	5月	6月	7月	8月	9月	10月	11月	12月
当期值（亿元）	26450	28178	31973	33526	32203	33571	35295	38576	39514	40566
累计值（亿元）	78580	10675	13873	17225	20445	23802	27332	31190	35141	39198
同比增长（%）	-15.8	-7.5	-2.8	-1.8	-1.1	0.5	3.3	4.3	5	4.6
累计增长（%）	-19	-16.2	-13.5	-11.4	-9.9	-8.6	-7.2	-5.9	-4.8	-3.9

图 1. 11　2020 年 3—12 月我国社会消费品零售总额

数据来源：国家统计局网站。

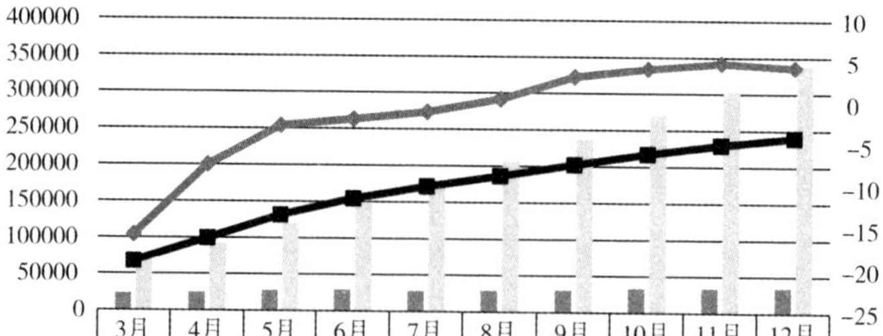

	3月	4月	5月	6月	7月	8月	9月	10月	11月	12月
当期值（亿元）	22974	24558	27881	29052	28025	29273	30200	33498	34072	34706
累计值（亿元）	67855	92413	12029	14934	17737	20664	23684	27034	30441	33911
同比增长（%）	-15.9	-7.5	-2.8	-2	-1.1	0.5	3.2	4.2	4.9	4.4
累计增长（%）	-19.1	-16.3	-13.5	-11.5	-10	-8.7	-7.3	-6	-4.9	-4

图 1. 12　2020 年 3—12 月我国城镇社会消费品零售总额

数据来源：国家统计局网站。

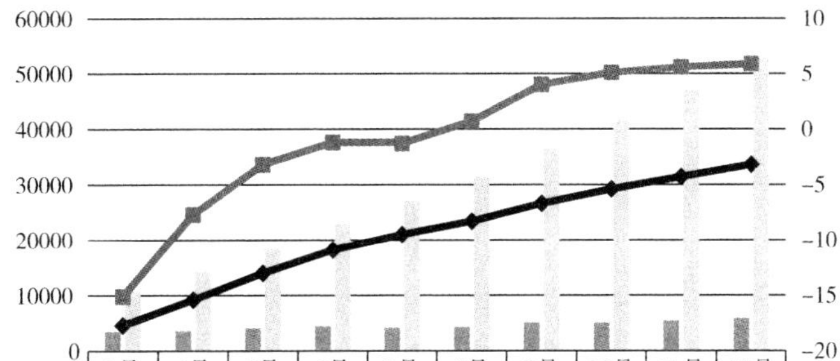

	3月	4月	5月	6月	7月	8月	9月	10月	11月	12月
当期值（亿元）	3476	3620	4092	4474	4178	4298	5095	5078	5442	5860
累计值（亿元）	10725	14345	18437	22911	27088	31386	36481	41559	47002	52862
同比增长（%）	-15.1	-7.7	-3.2	-1.2	-1.3	0.7	4	5.1	5.6	5.9
累计增长（%）	-17.7	-15.4	-13	-10.9	-9.5	-8.3	-6.7	-5.4	-4.3	-3.2

图 1.13　2020 年 3—12 月我国农村社会消费品零售总额

数据来源：国家统计局网站。

3. 餐饮、旅游、文化等部分领域消费受到严重冲击

（1）餐饮业遭受重创。2020 年餐饮业全年收入为 46721 亿元，比 2019 年下降 16.6 个百分点。仅有 10 月和 12 月克服疫情实现正增长，12 月餐饮业收入为 4949.7 亿元，同比增长 0.4%，比 11 月上升 1 个百分点，比第三季度提升 7.3 个百分点①。

（2）旅游业受到严重冲击。受隔离等防疫政策影响，2020 年全年旅游业受到严重冲击。国际旅游全年入境人数降幅达九成，国内旅游降幅超过一半。根据国内旅游抽样调查结果，2020 年国内旅游人数为 28.79 亿人次，比 2019 年减少 30.22 亿人次，下降 52.1%。其中，城镇居民出游 20.65 亿人次，下降 53.8%；农村居民出游 8.14 亿人次，下降 47.0%。各季度呈降幅收窄趋势，其中第一季度国内旅游人数为 2.95 亿人次，同比下降 83.4%；第二季度国内旅游人数为 6.37 亿人次，同比下降 51.0%；第三季度国内旅游人数为 10.01 亿人次，同比下降 34.3%；第四季度国内旅

① 智研咨询. 2020—2026 年中国互联网餐饮行业市场竞争状况及竞争战略分析报告 [R]. 2019.9.

游人数为9.46亿人次，同比下降32.9%①。

专栏1.3

疫情重创2020年旅游消费

国内旅游收入2.23万亿元，比上年同期减少3.50万亿元，下降61.1%。其中，城镇居民出游花费1.80万亿元，下降62.2%；农村居民出游花费0.43万亿元，下降55.7%。

人均每次出游花费774.14元，比上年同期下降18.8%。其中，城镇居民人均每次出游花费870.25元，下降18.1%；农村居民人均每次出游花费530.47元，下降16.4%②。

受到冲击更为严重的是国际旅游，全年入境人数降幅达九成。以北京为例，2020年12月北京星级饭店接待984540人次，同比下降33.3%，比上月下降17.9%；接待国内住宿人数969955人次，同比下降28%；接待入境住宿人数14585人次，同比下降均为87.9%。2020年12月收入40560.9万元，同比下降35.3%，全年收入下降52.4%。

资料来源：中改院课题组整理。

（3）文化产业受到较大影响。2020年，全国居民人均消费支出为21210元，其中，人均教育文化娱乐消费支出为2032元，下降19.1%，占人均消费支出的9.6%。以电影行业为例，2020年我国电影市场最终票房为204.17亿元，相较于2019年642.66亿元的票房下降68%；观影人数为5.48亿人次，仅为2019年的31.7%③。2020年1月26日到2020年7月19日，有长达半年时间电影院处于零观影、零收入状态。

① 2020年国内旅游人数28.79亿人次 同期下降52.1%[EB/OL].人民网，2021-02-19.

② 2020年国内旅游数据情况[EB/OL].文化和旅游部网站，2021-02-18.

③ 2020中国电影票房收入为204.17亿元，全球市场率先复苏[EB/OL].智研咨询，2021-01-13.

二、疫情未改变消费长期增长趋势

尽管疫情对消费市场造成的短期冲击不可低估，尤其是文化、旅游、餐饮服务等领域，不少企业元气大伤，但总的来看，随着疫情防控的常态化，以及居民收入的不断增长，我国消费长期增长的态势不会改变。

1. 疫情下的高端消费有效回流

（1）疫情吸引免税购物回流。2020 年疫情期间，高端消费持续回流，加上海南免税购物政策的调整，海南 2020 年离岛免税店销售额为 327.4 亿元，同比增长 127%；其中免税品销售额为 276.7 亿元，增长 104.2%[①]。

（2）奢侈品市场规模逆势反弹。疫情冲击下，出境旅游减少带动消费回流，使得一些奢侈品境内消费出现两位数甚至三位数的增长。2020 年，我国境内奢侈品市场增长 48%，接近人民币 3460 亿元，占全球奢侈品市场份额翻了约一倍，从 2019 年的 11%左右跃至 2020 年的 20%[②]。

（3）跨境电商大幅增长。2019 年，我国跨境电商零售进口总额为 918.1 亿元，同比增长 16.8%[③]。2020 年疫情期间，由于出境游“熔断”，进口消费回流提速，线上进口消费增长，并成为促进经济增长的最大动力。数据显示，2020 年 1—5 月天猫国际引入新品牌增速同比增长 64%；2020 年“6・18”期间，海外品牌成交同比增长 43%，超过 4000 个海外品牌同势上涨[④]。

（4）疫情中社交需求逐步释放。尤其是酒类消费大幅增长，销量大幅攀升。疫情期间在线社交出现视频云喝酒场景，带动酒类产品消费快速增长。越来越多的年轻人追求酒类的品质，通过跨境电商购买喜好的洋酒。

---

① 根据海南省商务厅统计数据整理得出。

② 贝恩公司，天猫奢品．2020 年中国奢侈品市场：势不可当[R]．2020-12-16.

③ 进口消费赛道杀出黑马，从 ACCESS 集团看海外“小众”品牌逆袭[EB/OL]．ASSESS 集团，2021-02-10.

④ 天猫国际：1—5 月引入新品牌增速同比增长 64%[EB/OL]．电商报网，2020-07-07.

数据显示，2020 年 1—7 月，洋酒销量同比增长 220%，其中清酒、力娇酒、白兰地、威士忌热销酒分别增长 470%、430%、220%、110%①。

2. 疫情下数字消费迅猛发展

（1）直播电商的兴起。疫情导致线下实体经济遇冷，但线上经济火速燎原，直播带货成为我国消费新趋势。一开始是网红主播和明星在隔离期间依靠着直播影响公众，在为产品带货的同时也提升了知名度。其后，许多农民、企业家及乡长、县长等党员干部也开始尝试直播带货。

专栏1.4

直播电商的特点

直播电商作为一种新兴业态，通过主播推荐商品，对商品进行专业讲解，用视频的方式来展现，用户能够更为直观、全面地了解产品的属性和用途，实现所见即所得，增加消费者购物的乐趣感。其特点是：

普惠：万物可播，人人可播，处处可播。一种新的经济业态要想实现长期的可持续发展最重要的是普惠性，即让大多数的商家能够赚到钱，让大多数消费者受益。

信任：重构消费者信任机制，主播推荐无疑在直播电商中起到了重要作用。在购物过程中，主播就像线下购物的导购，通过对商品功能、使用体验等进行专业讲解，给用户购物决策提供判断依据。

体验：可视、即时、双向互动提升消费者体验。直播电商在很大程度上打破了用户对产品看不见、摸不着、感受不到的苦恼，主播会把商品的详情、优缺点、使用效果用视频的方式展现出来，用户能够更为直观、全面地了解产品的属性和用途，实现所见即所得，避免“照骗”，降低试错成本。

资料来源：中改院课题组整理。

（2）直播电商发展势头迅猛。数据显示，2019 年，我国直播电商市场规模已达 3500 亿元。2020 年第一季度的电商直播规模高达 410 万场，

① 天猫洋酒销售同比增长 220%，背后隐藏着哪些消费新趋势？［EB/OL］. 第一财经，2020-11-10.

五一假期电商直播的场次同比增长了 1. 1 倍，直播中涉及的商品数量同比增长 4. 7 倍。2020 年直播电商市场规模高达 9610 亿元，是 2019 年的 2. 74 倍[①]。

（3）直播电商带动网上零售逆势增长。2020 年全国网上零售额为 117601 亿元。其中 1—2 月，网上零售额占社会消费品零售总额的 21. 5%，到 6 月网上零售累计占比高达 25. 2%。6 月至 12 月网上零售保持稳定发展态势。2020 年资本全产业链布局直播电商赛道，直播电商相关的投资数量及金额快速增长。数据显示，2020 年，我国直播电商领域共有 23 家平台获得融资，融资总额超 11. 7 亿元。2020 年实物商品网上零售额占社零比重如图 1. 14 所示。随着内容平台与电商交易的融合程度不断加深，预计 2021 年直播电商规模将扩大至 2 万亿元，渗透率达 15%[②]。

3. 疫情下升级类消费逆势增长

疫情不会改变我国消费市场的长期走势，主要在于我国消费升级势头已形成，没有极其特殊情况，这种势头很难改变。数据显示，消费升级类商品销售增速加快。2020 年 2—12 月，升级类消费品仍保持快速增长。例如，体育娱乐用品类的消费品大幅增长后随着疫情的缓解逐步下降，化妆品类、通信器材类、金银珠宝类的消费品快速复苏。2020 年第四季度限额以上单位通信器材类、化妆品类、体育娱乐用品类、金银珠宝类商品零售额同比分别增长 12. 9%、9. 5%、8. 4%、-4. 7%，分别比第三季度加快 5. 7、5. 0、1. 6、7. 8 个百分点[③]。以电影娱乐消费为例，在疫情得到控制之后，其呈现报复性反弹。《你好，李焕英》这部电影在 2021 年大年初一预售 2. 92 亿元，上映 28 天斩获 51. 69 亿元，成功跻身全球电影总票房榜

① 前瞻产业研究院 . 2020 年直播电商行业市场规模及发展趋势分析[EB/OL]. 2020-05-21.

② 网经社电子商务研究中心 . 2020 年中国直播电商融资数据榜[R]. 2021-01-06.

③ 2020 年四季度限额以上单位化妆品类和体育娱乐用品类商品零售额同比分别增长 12. 9%和 15. 4%[EB/OL]. 国家统计局网站，2020-06-15.

前100①。

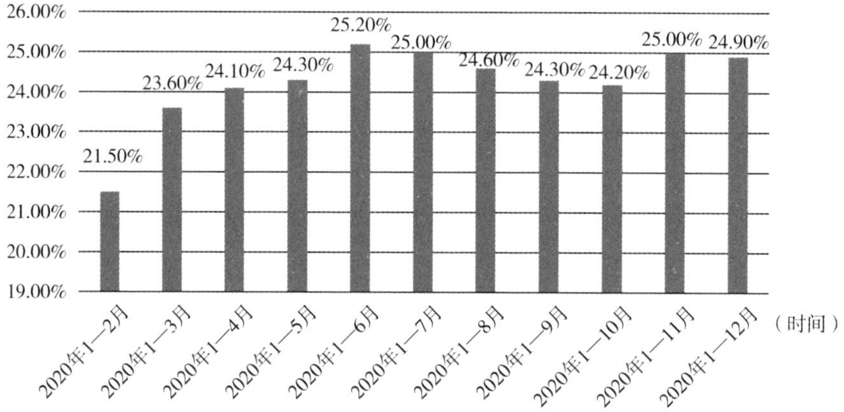

图1.14　2020年实物商品网上零售额占社零比重（单位：%）

数据来源：国家统计局网站。

第三节　“十四五”：消费将保持较快增长态势

尽管遭遇疫情冲击，但我国是一个成长中的消费大市场，拥有支撑消费市场不断增长的诸多有利因素。总的来看，“十四五”时期，我国有可能超越美国成为全球最大的消费市场。

一、消费市场持续增长

用社会消费品零售总额来衡量，在疫情防控常态化下，中性预计，我国消费规模增速预期在2021年恢复常态，到2025年为55万亿~60万亿元。如果国际疫情防控有重大进展，这个预期将会更乐观一些。

① 《你好，李焕英》进入全球票房榜前100［EB/OL］. 中国青年网，2021-03-11.

1. 社会消费品零售总额快速恢复常态

（1）社会消费品零售总额大幅反弹。2021 年 1—2 月，我国社会消费品零售总额为 69737 亿元，同比增长 33.8%，比 2019 年 1—2 月增长 6.4%，两年平均增长 3.2%。按经营单位所在地分，城镇消费品零售额为 60552 亿元，同比增长 34.9%，两年平均增长 3.4%；乡村消费品零售额为 9185 亿元，同比增长 26.7%，两年平均增长 1.3%（见图 1.15）。

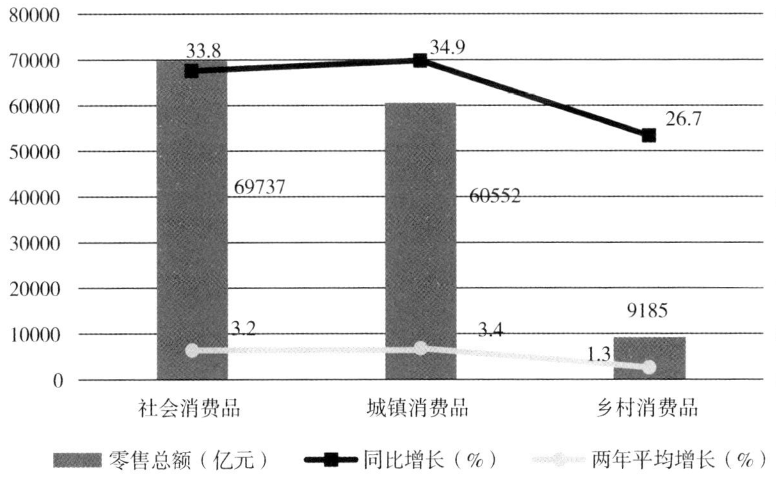

图 1.15　2021 年 1—2 月我国社会消费品、城镇消费品、乡村消费品零售总额及同比增长、两年平均增长

数据来源：1—2 月份国民经济保持恢复性增长[EB/OL]. 国家统计局网站，2021-03-15.

（2）商品和服务消费增长呈现较多亮点。2021 年 1—2 月，按消费类型分，餐饮收入为 7085 亿元，同比增长 68.9%，两年平均下降 2.0%；商品零售额为 62651 亿元，同比增长 30.7%，两年平均增长 3.8%①。

（3）消费升级类商品销售快速增长。2021 年 1—2 月，限额以上单位商品零售额中，18 个商品类别同比增速均超过 10%；通信器材类、体育娱乐用品类商品同比增速分别为 53.1%、45.6%，两年平均增速均为 18.2%。

① 1—2 月份国民经济保持恢复性增长[EB/OL]. 国家统计局网站，2021-03-15.

网上零售持续增加。2021 年 1—2 月，全国网上零售额为 17587 亿元，同比增长 32.5%。其中，实物商品网上零售额为 14412 亿元，同比增长 30.6%，占社会消费品零售总额的 20.7%。从环比看，2 月社会消费品零售总额比上月增长 0.56%[①]。

2. 2025 年社会消费品零售总额有望达到 55 万亿~60 万亿元

（1）2021 年底消费市场有望恢复常态。2020 年初，受疫情影响，社会消费品零售总额出现大幅下降，此后逐步反弹，到 2020 年 8 月实现正增长。但由于 2020 年上半年社会消费品零售总额下降幅度过大，到 2020 年底，累计同比仍然下降 3.9%。预计 2021 年底，社会消费品零售总额增长将恢复常态。

（2）“十四五”社会消费品零售总额年均增速将达 8%。我国社会消费品零售总额的常态增速可以参照 2015—2019 年的平均增速（6.5%），考虑到 2021—2023 年我国居民每年有 1000 亿美元左右的海外消费回流，提振国内消费 1~2 个百分点，加上国内消费升级等因素，未来 5 年我国社会消费品零售总额年均增长 8%左右是有条件的。

（3）“十四五”末社会消费品零售总额有望到 55 万亿~60 万亿元。2020 年全年社会消费品零售总额为 391981 亿元。中改院课题组通过构建模型进行定量分析，初步结果表明，到 2025 年，我国社会消费品零售总额将接近人民币 60 万亿元。如果 2025 年人民币兑换美元汇率为 6∶1，则我国消费市场规模相当于 10 万亿美元。

二、消费水平不断提升

用住户调查角度的居民消费支出衡量，预计居民消费支出将持续提升，到 2025 年将达 3 万元。未来 5 年，城乡居民消费信心将有望继续趋向乐观。

---

① 1—2 月份国民经济保持恢复性增长[EB/OL]. 国家统计局网站，2021-03-15.

1. 2021 年：居民人均消费支出水平增速开始恢复

受疫情影响，2020 年第一季度和第二季度居民消费支出水平出现较大幅度的下降，第三季度开始实现正增长。由于前期跌幅较大，到 2020 年底，居民消费支出水平仍然未到 2019 年的 21559 元。但 2020 年前三个季度消费增长分别为 2019 年各季度的 85%、89%和 94%；2021 年 1—2 月消费市场大幅反弹，这表明各季度消费水平正在稳步向原来的增长水平靠近。

2. 2025 年：居民消费支出水平有望接近 3 万元

从实际情况看，尽管 2020 年第四季度我国居民消费支出水平没有恢复到原有的增长水平，但差距已经明显缩小，相当于恢复到 98.4%。中改院课题组通过定量预测表明，居民人均消费支出在 2021 年第二季度有可能恢复到原有增长水平，第三季度有可能恢复至无疫情冲击下的增长水平。如果以 2020 年消费支出 21210 元为起点，采取中性预期，即 2021 年第三季度增长速度恢复至疫情前的水平（2015—2019 年平均增长 6.5%），到 2025 年，居民人均消费支出将接近 3 万元（见图 1.16）。

3. 消费信心继续保持较为乐观的趋势

受疫情影响，我国消费信心一度下降，但随着疫情防控、复产复工的有序推进，消费信心指数逐步恢复，到 2020 年 9 月复返 120 的位置，并且此后持续保持 4 个月。2020 年 12 月，消费信心指数为 122.1（见图 1.17）。总的来看，2020 年我国消费信心呈现出典型的“V 形”反弹。

麦肯锡消费者调查显示，中国消费者对经济复苏的净乐观度稳定在 50%左右，而美国约为 22%。从全球视角来看，中国消费者对疫情后恢复正常生活最有信心，其中 60%的受访者预计在两到三个月内即可恢复常态。相比之下，只有 13%的德国消费者和 5%的日本消费者预期可在相同时间内回归正常。而世界其他地区，80%的消费者认为恢复正常状态至少需要四个月时间①。

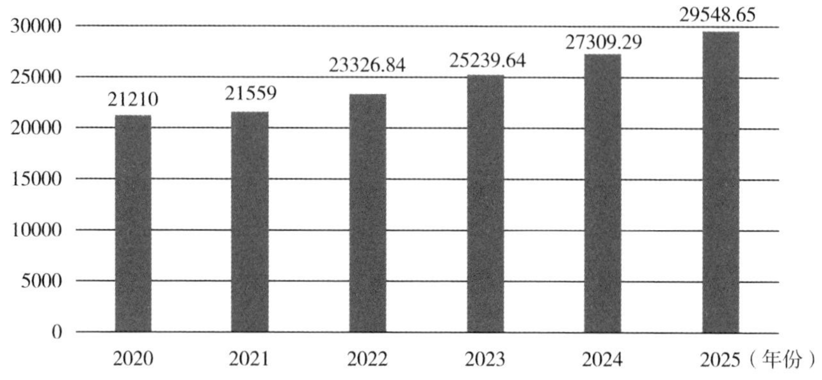

图 1.16　2021—2025 年我国居民消费支出水平预测（单位：元）

数据来源：中改院课题组测算。

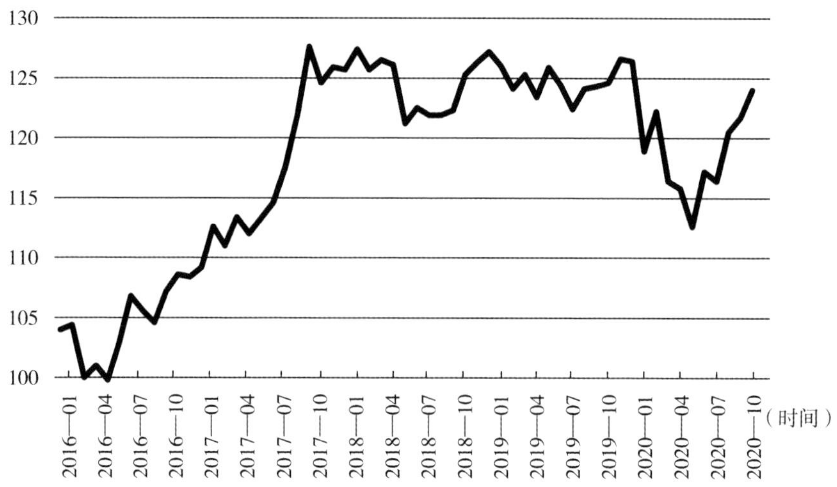

图 1.17　我国消费信心指数

数据来源：东方财富 Choice 数据库。

① 麦肯锡公司．后疫情时代中国消费市场纵横谈[R]．2021-02-03.

三、我国将成为全球最大消费市场

14亿人的消费大市场，有着巨大的增长潜力。随着扩大内需相关政策的出台，“十四五”时期，消费市场的巨大潜力将得到有效释放，我国将成为全球最大的商品消费市场和服务型消费新增市场。

1. 我国是成长中的新兴消费大国

（1）我国的人口超过所有发达国家人口的总和。我国拥有14亿人口，按照IMF的数据，2018年欧盟28国的人口约为5.11亿人，美国人口约为3.27亿人，日本人口约为1.27亿人，合计约为9.65亿人；再加上加拿大（3699万人）、韩国（5164万人）、澳大利亚（2517万人）；新加坡、以色列、新西兰人口合计大约超过1900万人，所有发达国家的人口全部加起来约为10.98亿人[①]。

（2）我国拥有规模庞大的中等收入群体。目前，我国中等收入群体超过4亿人。在国民收入倍增的条件下，未来10年可能翻番至8亿人。作为世界上规模最大的中等收入群体，对中高端商品和服务，对质量更优、性能更佳和内容更丰富的消费需求的增长将是任何一个国家所不可比拟的。

（3）我国快速成长为全球第二大实物商品消费市场。近年来，随着城乡居民收入水平的不断增长及购物便利度的不断提升，社会消费品零售总额呈高速增长态势。2009—2019年，我国社会消费品零售总额由13.3万亿元增至40.8万亿元，按美元计，由1.95万亿美元增至5.68万亿美元，年均增长11.9%，是美国同期年均增速的2.8倍[②]。2019年，我国社会消费品零售总额相当于美国的96%，比2009年提升了1倍，已成为全球第二大商品消费市场。

（4）我国在不少单项领域的消费市场已经达全球第一位。目前，我国

---

① 中国人口超过欧盟28国、美、日、韩、加、澳、新等国之和，这说明了什么？[EB/OL].看点快报，2019-11-27.

② 根据东方财富Choice统计数据计算得出。

已经在多个消费领域成为全球最大的市场。

——全球最大的网络零售市场。近 10 年来，我国电子商务快速发展，到“十三五”时期已全面融入国民经济和覆盖社会发展各领域。2019 年，全国实物商品网上零售额占社会消费品零售总额的比重上升到 20.7%，对社会消费品零售总额增长的贡献率达 45.6%，电子商务从业人数超过 5125 万人①。我国网络购物、直播带货等新模式快速发展，已经连续 8 年成为全球第一大网络零售市场。

——全球最大跨境电商消费市场。根据海关数据统计，随着 5G 时代的到来，人们的网上购物需求量一直在不断地提升，跨境电商市场已经成为我国外贸发展新的增长点。2019 年，我国进口跨境电商市场交易规模达 2.64 万亿元，同比上升 17.3%；2020 年进口跨境电商市场交易规模达 3.07 万亿元；2021 年预计达 3.55 万亿元。以淘宝为例，在 2019 年我国的海淘用户规模已经逼近 1.55 亿人，2020 年则快速扩大至 2.35 亿人。

——全球最大的移动支付市场。中国互联网络信息中心（CNNIC）第 46 次调查报告显示，2020 年上半年，我国移动支付金额达 196.98 万亿元，同比增长 18.61%，稳居全球第一位，我国移动支付交易规模连续三年居全球首位。

2. 我国将成为全球最大的商品消费市场

（1）情形一：我国消费市场年均增长 9.5%（2010—2020 年年均增速），美国市场年均增长 3.7%（2010—2020 年年均增速）。人民币兑换美元汇率按 6.6 计算，我国社会消费品零售总额将于 2021 年超过美国，成为全球第一大消费市场（见表 1.9）。

---

① 2019 年中国社会消费零售额、网上零售额、消费品结构分析及 2020 年线上消费情况[EB/OL].中国产业信息网，2020-03-26.

表 1.9　中美消费市场规模预测

年份	中国社会消费品零售总额（万亿元人民币）	中国社会消费品零售总额（万亿美元）	美国社会消费品零售总额（万亿美元）
2020	39.20	5.68	6.25
2021	42.92	6.50	6.48
2022	47.00	7.12	6.72
2023	51.46	7.80	6.97
2024	56.35	8.54	7.23
2025	61.71	9.35	7.50

数据来源：中改院课题组测算。

（2）情形二：我国消费市场年均增长 7.5%，美国消费市场年均增长 3.5%。人民币兑换美元汇率按 6.6 计算，我国消费品零售总额将于 2022 年首次超过美国，此后我国超过美国消费市场的规模将逐步扩大（见表 1.10）。

表 1.10　中美消费市场规模预测

年份	中国社会消费品零售总额（万亿元人民币）	中国社会消费品零售总额（万亿美元）	美国社会消费品零售总额（万亿美元）
2020	39.20	5.68	6.25
2021	42.14	6.38	6.47
2022	45.30	6.86	6.70
2023	48.70	7.38	6.93
2024	52.35	7.93	7.17
2025	56.27	8.53	7.42

数据来源：中改院课题组测算。

（3）情形三：我国消费市场年均增长 5.5%，美国消费市场年均增长 3.5%。人民币兑换美元汇率按 6.6 计算，我国社会消费品零售总额将于 2023 年首次超过美国（见表 1.11）。

表 1.11　中美消费市场规模预测

年份	中国社会消费品零售总额（万亿元人民币）	中国社会消费品零售总额（万亿美元）	美国社会消费品零售总额（万亿美元）
2020	39.20	5.68	6.25
2021	41.35	6.27	6.47
2022	43.63	6.61	6.70
2023	46.03	6.97	6.93
2024	48.56	7.36	7.17
2025	51.23	7.76	7.42

数据来源：中改院课题组测算。

3. 我国将成为全球最大的服务型消费新增市场

（1）情形一：新增服务型消费规模累计近 70 万亿美元。2013—2019 年，我国居民人均服务型消费支出年均增长 11.1%，同期美国服务型消费规模年均增长 2.5%。受疫情冲击，2020 年，我国服务型消费下降 8.6%，美国下降 5.6%。但我国的交通、通信、教育、文化、体育、娱乐及医疗健康等服务型消费需求已基本恢复。乐观估计，2021—2035 年我国服务型消费年均增长 12%，美国按 3%计算，到 2033 年我国人均服务型消费额将达美国同期的 24%，服务型消费规模为美国同期的 90%左右。

进一步估算，2021—2035 年，我国服务型消费增量（以 2020 年为基数）累计将达 69.6 万亿美元，是美国同时段服务型消费累计增加额的 1.8 倍；仅 2021—2023 年服务型消费增量累计值就达 2.7 万亿美元。

（2）情形二：新增服务型消费规模累计达 60 万亿美元。2021—2035 年，我国服务型消费年均增速保持过去 10 年的平均增速，即 11%，美国按 3%计算。按此预测，到 2035 年我国人均服务型消费额将达美国同期的 21%，服务型消费规模达美国同期的 74%。

进一步估算，2021—2035 年，我国服务型消费增量（以 2020 年为基数）累计将达 60.6 万亿美元，是美国同等时段服务型消费累计增加额的

1. 5 倍；仅 2021—2023 年服务型消费增量累计值就达 1. 83 万亿美元。

（3）情形三：新增服务型消费规模累计达 46 万亿美元。摩根士丹利预测，未来 10 年中国服务型消费年均增长率为 9. 2%[①]。按此增速，到 2037 年，我国人均服务型消费额将达美国同期的 18. 8%，服务型消费规模将达美国同期的 74%。

按此情形预测，2021—2035 年，我国服务型消费增量（以 2020 年为基数）累计值将达 46. 1 万亿美元，是同时段美国的 1. 2 倍；其中，2021—2028 年，我国服务型消费增量累计为 13. 9 万亿美元。

① 摩根士丹利 . 消费 2030："服务" 至上[R]. 2021. 1.

China’s Consumption

第二章

进入服务型消费社会

我国进入消费新时代，最大的亮点在于14亿人的消费结构正从以物质型消费为主向以服务型消费为主升级的趋势和特征十分明显。“十四五”时期，我国步入服务型消费社会。消费结构升级是一场深远的革命，意味着全社会生活方式、生产方式、商业模式的深刻变革，意味着新消费和新业态将不断涌现。

近年来，新的消费模式、新业态不断涌现，城乡居民从以物质型消费为主向以服务型消费为主升级的趋势十分明显，我国开始向服务型消费社会跨越，并由此引发生活方式、生产方式和商业模式的深刻变革。

第一节　以服务型消费为主的升级

我国进入新发展阶段，重要特征之一是服务型消费需求全面快速增长，城乡居民消费结构由以物质型消费为主向以服务型消费为主升级的趋势越来越明显。

一、物质型消费占比下降

随着我国供给能力的不断提升，城乡居民物质型消费需求逐步得到满足，我国已经从温饱阶段开始进入相对富裕的阶段。在这个特定背景下，城乡居民物质型消费在消费结构中的比重逐步降低。

1. 物质型消费需求增速趋缓

（1）城乡居民物质型消费需求总体得到满足。改革开放 40 多年来，随着我国逐步扩大生产，城乡居民物质型消费需求基本得到满足。根据联合国粮农组织的标准，恩格尔系数大于 60% 为贫穷；50%～60% 为温饱；40%～50%为小康；30%～40%属于相对富裕；20%～30%为富足；20%以下为极其富裕。1978—2019 年，我国城乡居民恩格尔系数持续下降：城镇从 57.5%降至 27.6%，农村从 67.7%降至 30.0%（见图 2.1）。城乡居民恩格尔系数的持续下降，表明我国已经从改革开放之初的温饱阶段开始进入富足的阶段。

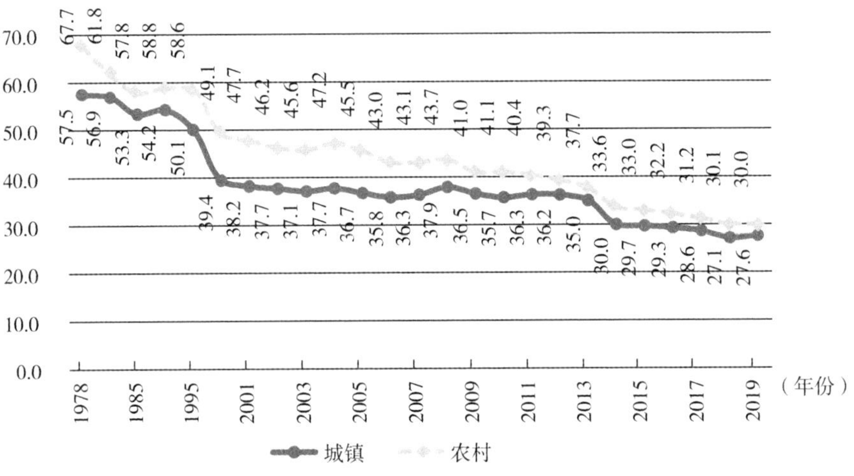

图 2.1　1978—2019 年我国城乡居民恩格尔系数（单位:%）

数据来源：国家统计局网站。

（2）城乡居民物质型消费增长速度明显趋缓。20 世纪 90 年代以来，随着城乡居民物质型消费逐步得到满足，城乡居民物质型消费增长逐步放缓[①]。从城镇看，1990—2000 年，城镇居民年人均物质型消费支出由 925.5 元增长到 3037.1 元，年均增长 12.62%；2000—2010 年，城镇居民年人均物质型消费支出由 3037.1 元增长到 7581.2 元，年均增长 9.58%；2013—2019 年，城镇居民年人均物质型消费支出由 10781.7 元增长到 14545.6 元，年均增长 5.12%。从农村看，2013—2019 年，农村居民年人

① 本数据来源于国家统计局《中国统计年鉴 2014》，其中物质型消费主要包括食品烟酒、衣着、居住三大项。本报告 2013 年以前的采取人均现金消费支出；《中国统计年鉴》自 2013 年开始有服务型消费支出的统计，据此，2013 年以来物质型消费支出 = 消费总支出 - 服务型消费支出。

均物质型消费支出年均增长 8.53%，明显低于 2000—2010 年 11.6% 的增速①。

2. 物质型消费需求占比下降

近年来，城乡居民耐用消费品的普及度不断提高，物质型消费总体上处于饱和状态。虽然城乡居民用于食品、衣着等的物质型消费支出规模在上升，但其在整个消费中的比重不断下降。据统计，2013—2019 年，我国居民人均支出中物质型消费支出占比由 60.3%降至 54.1%，年均下降 1 个百分点。其中，城镇居民人均支出中物质型消费支出占比由 58.3%降至 51.8%，下降了 6.5 个百分点；农村居民人均支出中物质型消费支出占比由 65.7%降至 60.3%，下降了 5.4 个百分点（见表 2.1）。这表明城镇居民物质型消费支出占比下降速度明显快于农村居民。

表 2.1　2013—2019 年我国居民物质型消费支出占比情况

年份	2013	2014	2015	2016	2017	2018	2019
全国居民	60.3%	59.7%	58.9%	58.2%	57.4%	55.8%	54.1%
农村居民	65.7%	64.9%	63.8%	63.0%	62.3%	61.7%	60.3%
城镇居民	58.3%	57.7%	57.0%	56.4%	55.6%	53.5%	51.8%

数据来源：国家统计局．中国统计年鉴 2020［M］．北京：中国统计出版社，2020.9.
注：物质型消费支出=消费支出-服务型消费支出。

3. 物质型消费供给由不足转向过剩

随着工业化进程的加快，我国作为全球第一制造业大国，物质型消费供给总体上由短缺走向过剩，一般的物质型消费产品供给趋于饱和。经过“井喷式”的消费扩张后，彩电、冰箱、空调、电脑、汽车等“大件”消费品进入寻常百姓家（见表 2.2），在物质型消费领域，很难再找到产品不过剩的行业。

① 根据国家统计局《中国统计年鉴 2014》《中国统计年鉴 2020》统计数据计算得出。

表 2.2　2013—2019 年全国居民平均每百户（年末）主要耐用消费品拥有量

年份	2013	2014	2015	2016	2017	2018	2019
家用汽车（辆）	16.9	19.2	22.7	27.7	29.7	33.0	35.3
摩托车（辆）	38.5	43.5	42.2	40.0	39.3	35.7	34.2
电动助力车（辆）	39.5	43.8	47.6	53.2	56.5	59.2	63.9
洗衣机（台）	80.8	83.7	86.4	89.8	91.7	93.8	96.0
电冰箱（柜）（台）	82.0	85.5	89.0	93.5	95.3	98.8	100.9
微波炉（台）	34.6	36.0	36.9	38.4	40.0	39.2	40.1
彩色电视机（台）	116.1	119.2	119.9	120.8	122.2	119.3	120.6
空调（台）	70.4	75.2	81.5	90.9	96.1	109.3	115.6
热水器（台）	64.2	67.7	71.2	76.2	78.6	85.0	86.9
排油烟机（台）	42.5	44.3	45.7	48.6	51.0	56.4	59.3
移动电话（部）	203.2	215.9	224.8	235.4	240.0	249.1	253.2
计算机（台）	48.9	53.0	55.5	57.5	58.7	53.4	53.2
照相机（台）	21.0	21.7	20.4	17.7	18.4	12.6	12.2

数据来源：国家统计局．中国统计年鉴 2020 [M]．北京：中国统计出版社，2020.9.

二、服务型消费全面快速增长

近几年来，城乡居民消费结构由以物质型消费为主向以服务型消费为主升级，突出表现为医疗健康消费、教育消费、旅游休闲消费、文化消费、信息消费等服务型消费全面快速增长。

1. 医疗健康消费的增长

人们对医疗健康的需求不断加大，大健康领域的消费支出呈稳步增长态势。尤其是 2020 年暴发的新冠肺炎疫情更是一次史无前例的全民健康教育，将促使消费者持续增加健康消费支出。据统计，2019 年，城镇居民人均医疗保健消费支出为 2283 元，占城镇人均消费支出的 8.1%；农村居民人均医疗保健消费支出为1421元，占农村人均消费支出的10.7%[①]。2020年，城镇居民人均医疗保健消费支出为2172元，占城镇居民人均消费支出的8.0%；农村居民人均医疗保健消费支出为1418元，占农村居民人均消费支出的10.3%[②]。尽管2020年受疫情影响，但是城乡居民医疗保健消费支出水平与2019年基本持平。

2. 教育消费的增长

（1）教育消费支出不断增长。城乡居民对教育的重视，推动家庭教育支出不断提升。2018年城镇居民人均教育文化娱乐消费支出为2974元，比1985年增长41.9倍；占城镇居民消费支出的11.4%。同年农村居民人均教育文化娱乐消费支出为1302元，比1985年增长104.0倍；占农村居民消费支出的10.7%，比1985年增加6.8个百分点。

（2）中等收入群体家庭子女教育支出占比持续提高。中等收入群体家庭既有重视教育的理念，又具备增加子女教育支出的能力，愿意为子女教育加大支出。调查显示，38.8%的受访家庭用于子女校外教育和培养的投入占家庭年收入的两到三成。很多家庭其他支出本质上也是为了子女教育，如购买“学区房”所支付的溢价。若考虑这些因素，教育支出在中等收入群体家庭可支配收入中的占比将进一步提高[③]。《2019新中产家庭消费与理财报告》显示，2019年，新中产家庭支出最多的三个领域依次是日常开销、房租房贷和子女教育。其中，55%的新中产家庭在子女教育方面的支出占总支出的10%~30%，有9.9%的家庭子女教育支出超过了总支出的50%[④]。

（3）线上教育培训消费支出不断加大。依托学习时间灵活、学习内容可回看等优势，线上教育市场近年来发展迅速，居民线上教育培训消费支

① 国家统计局．中国统计年鉴2020[M]．北京：中国统计出版社，2020.9.

② 国家统计局．中华人民共和国2020年国民经济和社会发展统计公报[M]．北京：中国统计出版社，2021.3.

③ 前程无忧．2019国内家庭子女教育投入调查[R]．2019-05-27.

④ 2019新中产家庭消费与理财报告[N]．21世纪经济报道，2020-01-08.

出持续加大。例如，2019 年，我国 K12 教育线上市场规模已达 400 亿元。其中，K12 智适应教育整体市场规模已达约 300 亿元[①]。

3. 旅游文化消费的增长

（1）旅游消费支出稳步增长。人们的旅游需求不断加大，带动了居民旅游消费支出的增长。据统计，1994—2019 年，我国城乡居民旅游总费用从 1023 亿元增长到 5.7 万亿元，年人均旅游消费支出从 195.3 元增长到 953.3 元，接近 1000 元。其中，城镇居民年人均旅游消费支出由 414.7 元增长到 1062.6 元，农村居民年人均旅游消费支出由 54.9 元增长到 634.7 元（见表 2.3）。

表 2.3 1994—2019 年我国城乡居民年人均旅游消费支出（单位：元）

年份	城乡全体居民	城镇居民	农村居民
1994	195.3	414.7	54.9
1995	218.7	464.0	61.5
2000	426.6	678.6	226.6
2001	449.5	708.3	212.7
2002	441.8	739.7	209.1
2003	395.7	684.9	200.0
2004	427.5	731.8	210.2
2005	436.1	737.1	227.6
2006	446.9	766.4	221.9
2007	482.6	906.9	222.5
2008	511.0	849.4	275.3
2009	535.4	801.1	295.3
2010	598.2	883.0	306.0
2011	731.0	877.8	471.4
2012	767.9	914.5	491.0

① 安永，博智隆．中国智适应教育行业白皮书[R]．2021.2.

续表

年份	城乡全体居民	城镇居民	农村居民
2013	805.5	946.6	518.9
2014	839.7	975.4	540.2
2015	857.0	985.5	554.2
2016	888.2	1009.1	576.4
2017	913.0	1024.6	603.3
2018	925.8	1034.0	611.9
2019	953.3	1062.6	634.7

数据来源：国家统计局．中国统计年鉴 2020［M］．北京：中国统计出版社，2020.9.

（2）文化消费支出快速增长。2018 年，我国居民用于文化娱乐的人均消费支出为 827 元，比 2013 年增长 43.4%，2014—2018 年年均增长 7.5%；文化娱乐消费支出占全部消费支出的 4.2%。文化娱乐消费支出快速增长带动了文化产业的发展。2018 年，我国文化产业实现增加值 38737 亿元，比 2004 年增长 10.3 倍；2005—2018 年文化产业增加值年均增长 18.9%，高于同期 GDP 年均增速 6.9 个百分点；文化产业增加值占 GDP 比重由 2004 年的 2.15%提高到 2018 年的 4.30%，在国民经济中的占比逐年提高①。

（3）游戏等新消费支出快速增长。相关机构调查报告显示，2017 年我国游戏玩家约有 5.6 亿人，比美国人口总数（3.23 亿人）还多；我国游戏玩家每年人均花费 143 美元（约合人民币 960 元），已经成为全球最大的游戏市场。而在 2014 年，我国游戏玩家仅为 4.4 亿人，其中仅有 35%的玩家愿意花钱，人均花费仅为 10 美元（约合人民币 67 元）。在短短的 3 年间，我国游戏玩家每年人均花费增长 10 余倍，游戏消费市场飞速成长②。

（4）观影消费支出快速增长。受益于电影大片供给的加大和影院设备

① 文化产业增加值在国民经济中占比逐年提高［EB/OL］．中国经济网，2019-07-26.

② 中国游戏玩家达 5.6 亿 人均花费 960 元/年［EB/OL］．每日经济新闻，2017-08-07.

的现代化，城乡居民观影需求不断增强，人均观影次数稳步增长。数据显示，2003—2017 年，我国年人均观影次数从 0.03 次增长至 1.17 次，其中一线城市达 3.7 次。电影总收入从 2002 年的 9.2 亿元增长到 2019 年的 642.66 亿元，年均增长 28.38%①。

4. 信息服务消费的增长

（1）交通通信消费支出快速增长。据统计，2018 年城镇居民人均交通通信支出达 3473 元，比 1985 年增长 393.7 倍；占消费支出的 13.3%，比 1985 年提升了 12 个百分点。2018 年农村居民人均交通通信支出为 1690 元，比 1985 年增长 300.8 倍；占消费支出的 13.9%，比 1985 年提升了 12.2 个百分点②。

（2）新型信息消费快速增长。近年来，随着直播电商、短视频、数字内容、在线教育、智能硬件等信息消费内容的日益丰富，城乡居民消费支出不断加大。数据显示，2016 年我国信息消费总额为 3.9 万亿元，2017 年攀升至 4.5 万亿元③，到 2018 年信息消费规模约为 5 万亿元，同比增长超过 11%，约为 GDP 增速的 2 倍，在最终消费中占比超过 10%④。目前，信息服务消费占信息消费的比重超过 50%，对信息消费增长的贡献超过六成，成为拉动信息消费增长的主动力⑤。

专栏2.1

我国信息消费发展的七大特征

信息技术加快与经济社会各领域深度融合，信息消费成为居民消费升级的重要方向。在政产学研共同推动下，我国信息消费持续提质扩容，信息消费各个领域亮点纷呈，总体呈现以下七大特征：

① 根据东方 Choice 统计数据计算得出。
② 人民生活实现历史性跨越 阔步迈向全面小康[EB/OL]. 新华网，2019-08-09.
③ 林州波. 面向 2020 年中国迈向“信息+消费”2.0 时代[J]. 上海信息化，2018（12）.
④ 我国信息消费规模约 5 万亿元[N]. 人民日报，2019-05-14.
⑤ 张丽. 2019 年中国信息消费发展呈现七大特征[N]. 人民邮电报，2019-12-13.

1. 消费结构持续优化升级。居民消费结构加速优化升级，吃穿住等生存型物质消费支出占比呈递减趋势，交通通信、教育文娱、信息消费等发展型服务型消费占比逐年提升。信息服务消费占信息消费的比重超过 50%，对信息消费增长贡献率超六成，成为拉动信息消费增长的主动力。

2. 消费形式更加丰富多元。一是全渠道融合趋势凸显。例如，苏宁易购先后在无锡、重庆开设苏宁极物旗舰店，聚集日用家居、游戏文创、书籍阅读、智能家电、餐饮咖啡等多形态产品，有效满足了用户一站式购物服务和沉浸式购物体验需求。二是直播电商购物方式兴起。目前已有超过 50% 的天猫商家通过直播获得新增长。

3. 消费空间横向、纵向延展。一是下沉市场增添消费新活力。2019 年以来，淘宝新增用户中超过 70% 来自三线及以下城市。京东推出独立 App“京喜”，并接入微信，产品聚焦下沉新兴市场消费人群，接入首日新用户中有 74% 来自下沉市场。二是夜间消费展现消费新魅力。电子商务领域，21 点至 22 点是淘宝成交最高峰，夜间消费占全天消费的比例超过 36%。

4. 品质消费渐成主流消费观。随着居民整体收入水平的提高和中等收入群体的崛起壮大，大众对信息产品的消费更加注重品质品牌，中高端价位的产品被越来越多的人群关注和购买。

5. 供给需求加速精准匹配。在消费水平不断提高和消费理念持续升级的趋势下，需求的个性化倒逼供给改革，使产品主动适应消费者，柔性化反向定制（C2M）产品越来越受消费者青睐。例如，苏宁根据户型、家庭人员情况等个性化需求，进行智能家居全屋定制。2019 年第一季度，苏宁中央集成智能家电全渠道零售增长 192%。

6. 信息技术能力稳步增强。云计算、大数据、物联网和人工智能等新一代信息技术赋能各行业各领域的能力进一步增强，为用户能消费、愿消费提供了坚实支撑和保障。例如，AI 技术在出行、教育领域的应用日益成熟，有效满足了用户个性、高效、便捷的消费需求。

7. 信息消费环境日趋完善。信息消费各领域“放管服”改革深入推进，新兴互联网业务融合监管力度不断加大，着力营造良好的市场秩序，保护消费者合法权益。通信服务、电子商务、网络出行、在线教育等领域的消费政策日趋完善。

资料来源：张丽．2019 年中国信息消费发展呈现七大特征[N]．人民邮电报，2019-12-13.

三、服务型消费占比不断上升

我国进入消费新时代，在物质型消费需求得到基本满足的基础上，服务型消费的全面快速增长成为我国消费领域的突出亮点，主要表现为城乡居民消费结构由以物质型消费为主向以服务型消费为主升级的趋势明显。

1. 服务型消费支出不断增长

随着我国进入新发展阶段，城乡居民对教育、医疗、文化、信息、旅游等服务型需求全面快速增长，由此带动居民服务型消费支出的快速增长。据统计，2013—2019 年，我国居民服务型消费年人均支出规模由 5245. 9 元增长到 9886. 0 元，年均增长 11. 1%。其中，城镇居民服务型消费年人均支出规模由 7705. 9 元增长到 13517. 7 元，年均增长 9. 8%；农村居民服务型消费年人均支出规模由 2567. 2 元增长到 5290. 2 元，年均增长 12. 8%[①]，不仅高于全国平均增速，也高于城镇居民增速。

专栏2.2

消费分类、服务型消费及消费升级

一、消费的不同类型

1. 根据消费支出的具体形式，可以把消费结构分为吃、穿、住、用、行等不同形式。国家统计局在历年《中国统计年鉴》和《中国住户调查年鉴》等权威统计中，均按照这种分类形式把居民消费支出分成八大类。具体为：①食品：包括粮食、肉类、蛋类、水产品、奶及奶制品等。②衣着：包括服装、鞋帽袜、布料等。③居住：包括住房、房租、水电燃料等。④家庭设备用品及服务：包括耐用消费品、家庭日用品及家庭服务等。⑤医疗保健：包括医疗费用、医疗器具、保健用品等。⑥交通和通信：包括交通工具支出、公共交通费、通信费、邮电费、网络费等。⑦教育文化娱乐：包括文化娱乐用品及费用支出、各类教育支出、书籍报刊费等。⑧其他商品和服务：包括其他用品支出、服务费等。与这一分类直接相关的是恩格尔系数，通常被用来刻画城乡居民消费

① 国家统计局．中国统计年鉴 2020［M］．北京：中国统计出版社，2020. 9.

结构。联合国粮农组织就以此作为判断生活丰裕程度的一个指标。

2. 根据消费的不同层次，可以把消费结构划分为生存型消费、发展型消费。中改院课题组在《消费主导》一书中采用了这种分类方法。具体为：①生存型消费满足的是消费者最基础的、最低层次的消费需求，通常指食品、衣物以及住房等。②发展型消费是为满足人们体力和智力发展所需要的更高层次的消费。比如，居民为接受教育，从事科技、文化、体育、卫生保健和社会交往等活动所进行的消费。同时也包括了满足人们更高层次的物质享受和精神享受的消费行为，如高雅娱乐、旅游等精神生活消费。

3. 根据消费对象的形态，可以把消费结构分为物质型消费和服务型消费。中改院在随后的研究中，进一步提出了物质型消费和服务型消费两类：①物质型消费是对有形产品的消费，其生产和消费环节可以分开。主要是指商品消费。②服务型消费一般是无形产品的消费，其生产和消费环节难以分开。主要是指服务消费。

二、服务型消费

服务型消费是指居民购买、享受市场主体提供的各种非实物性的服务。服务型消费和物质型消费不同，前者的劳动过程和消费过程在时间与空间上是同步的，服务的生产过程就是服务的消费过程。当然，一项消费活动中，有可能既包括实物购买也包括服务购买，如住宿业的商品和餐饮销售，邮政基本服务业的报刊发行和集邮业务，医院的药品销售，娱乐业的商品销售，等等。

三、消费升级

一般来说，消费升级主要表现在两个方面：一是对消费品质、消费标准、消费质量要求的提高；二是消费支出结构的变化，即居民用于不同消费项目的支出、增速及比重变化。

资料来源：迟福林．消费主导——中国转型大战略[M]．北京：中国经济出版社，2012. 2；中改院课题组．我国城乡居民服务型消费：现状与趋势[R]. 2018. 8.

2. 服务型消费占比的提升

（1）服务型消费占比超过 45%。伴随服务型消费规模的扩大，服务型消费支出占居民消费支出的比重呈现稳步提升的态势。据统计，2013—2019 年，我国居民服务型消费支出占比由 39. 7%提升至 45. 9%，年均提升约 1 个百分点。其中，城镇居民服务型消费支出占比由 41. 7%提升至

48.2%，年均提升约1.1个百分点，近两三年年均提升约2个百分点；农村居民服务型消费支出占比由34.3%提升至39.7%，年均提升0.9个百分点（见表2.4）。

表2.4 2013—2019年全国居民服务型消费支出水平及占比（单位：元）

年份	全国居民			城镇居民			农村居民		
	消费支出	服务型消费支出	服务型消费支出占比	消费支出	服务型消费支出	服务型消费支出占比	消费支出	服务型消费支出	服务型消费支出占比
2013	13220.4	5245.9	39.7%	18487.5	7705.9	41.7%	7485.1	2567.2	34.3%
2014	14491.4	5842.1	40.3%	19968.1	8438.5	42.3%	8382.6	2945.9	35.1%
2015	15712.4	6459.7	41.1%	21392.4	9192.4	43.0%	9222.6	3337.4	36.2%
2016	17110.7	7156.6	41.8%	23078.9	10068.1	43.6%	10129.8	3750.9	37.0%
2017	18322.1	7802.6	42.6%	24445	10854.5	44.4%	10954.5	4130.2	37.7%
2018	19853.1	8780.8	44.2%	26112.3	12130.4	46.5%	12124.3	4644.7	38.3%
2019	21558.9	9886.0	45.9%	28063.4	13517.7	48.2%	13327.7	5290.2	39.7%

数据来源：国家统计局．中国统计年鉴2020[M]．北京：中国统计出版社，2020.9.

（2）消费升级指数稳步提升。2013年以来，在服务型消费全面快速增长的推动下，我国消费升级指数稳步提升。根据相关测算，2013—2019年，我国居民消费升级综合指数由0.341上升至0.378，年均增长1.73%（见图2.2），这表明我国居民消费升级进程正在稳步推进。分地区看，各地区消费升级趋势也比较明显。数据显示，2019年，广东、北京、江苏、浙江四个省份位于第一梯队，上海、海南、福建三个省份位于第二梯队，第三梯队成员有24个。从2018年和2019年的对比来看，重庆、宁夏、青海排名显著上升①。

① 苏宁金融研究院，中国人民大学国际货币研究所．中国居民消费升级报告（2019）[R].2019.11.

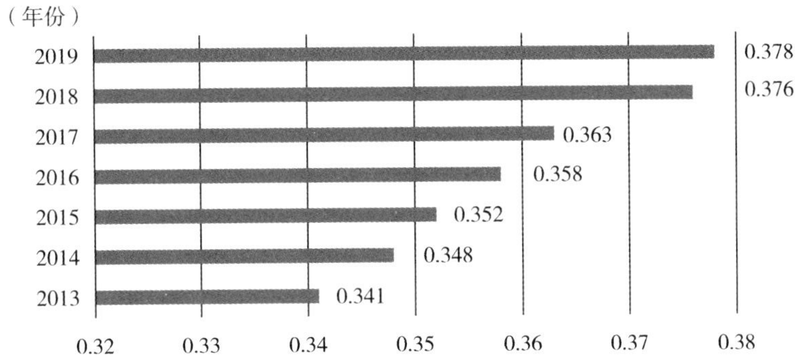

图 2.2　2013—2019 年全国居民消费升级综合指数

数据来源：苏宁金融研究院，中国人民大学国际货币研究所．中国居民消费升级报告（2019）[R].2019.11.

3. 物质型消费服务化趋势

（1）物质型消费服务化。法国古典经济学先驱者布阿吉尔贝尔认为，消费是一切财富的要素，财富是人们全部的享受。世上的一切财富，只是由消费组成的，地上最美味的果实和最珍贵的食物一旦未被消费，服务未被享受，就与废物无异①。因此，对于居民来说，财富和收入都是手段，消费是目的，消费的本质是享受相应的服务。以食品消费升级为例，不仅要吃得好，吃得安全，还要享受更优质的餐饮服务和饮食文化。现实中，能更好满足消费者所需服务的餐饮企业更受到市场欢迎，老百姓也愿意接受略高的价格。比如，“海底捞”就是凭借优质服务，成长为一家大型企业；而一些传统的餐饮企业品牌，由于服务跟不上，正日渐衰落。

（2）物质型产品融入服务元素。进入消费新时代，即便是传统的物质型消费，也需要融入服务元素才能满足客户需求。在物质型产品中大量融入增值服务，成为从传统消费向新型消费升级的突出特点；更多服务元素的植入也在快速改变传统产品的应用结构。例如，手机已不再是一种简单

---

① [法]布阿吉尔贝尔著，伍纯武、梁守锵译．布阿吉尔贝尔选集[M]．北京：商务印书馆，1984.10.

的通信工具，而是引入了各类互联网增值服务，各种线上线下服务已经远远超出手机本身的价值。再如，人们过去认为汽车就是传统交通工具，但今天汽车既是交通工具，更是新型的移动终端服务提供商。近年来，特斯拉汽车本身的销售价格逐步下降，而与汽车相关软件的价格不断提升。在这个背景下，未来汽车硬件价格不断下降，提供软件服务的价格不断提高将是个大趋势。

专栏2.3

从销售汽车到软件服务

汽车行业此前的商业模式是，卖一辆车就收一辆车的钱。要算清楚一家汽车公司能赚多少钱，只要知道它卖了多少辆车以及车的售价即可。收入=汽车的数量×价格，简单明白，但不朦胧美。

而特斯拉面世以来，除了动力系统，与传统车企最大的不同之处在于那块竖立的大屏幕以及由此实现的通过软件控制汽车的功能。从2012年10月特斯拉软件系统第一次更新以来，各种功能不断升级：司机座椅记忆、手机解锁汽车、自动车道保持、自动变道、自动泊车……

一个有趣的例子是在2016年，特斯拉通过软件升级，让Model X能够利用鹰翼门和车灯的灯光表演圣诞舞曲。随着软件功能越来越强大，软件服务成了一个消费者愿意买单的新盈利点。以辅助驾驶功能为例，2015年10月，特斯拉正式发布售价2500美元的Autopilot（自动辅助驾驶）。2019年，Autopilot分拆出两档售价，分别为定价3000美元的AP（自动辅助驾驶）和定价为5000美元的FSD（完全自动驾驶）。随着辅助驾驶功能的不断提升与完善，FSD软件包的解锁费用也越涨越高，从5000美元逐步增加，2019年5月增至6000美元，2019年11月增至7000美元，2020年6月增至8000美元，最新价格定为1万美元整。

与零售价不足4万美元的Model 3对比（标准续航升级版价格为37990美元），买软件包的价钱已经占到车价的1/4。而这可能并不是涨价的终点，马斯克在2020年10月的一条推文说道："我们离全自动驾驶越近，FSD软件包的售价就会越高。要我说，FSD软件包的价值甚至超过10万美元（实现自动驾驶的特斯拉汽车可用于租车赚钱)。”

除了辅助驾驶软件包以外，各种功能包都在等着用户付费解锁：花 300 美元可以解锁座椅加热功能，花 2000 美元可以提升百公里加速性能，每个月支付 10 美元的流量费可以免费使用流量……

结果是特斯拉的软件收入不断上涨。据安信证券测算，截至 2020 年第一季度，特斯拉仅凭 FSD 的累计现金收入已达 12.6 亿美元，车主的整体激活率超 25%。预计 2025 年 FSD 的收入为近 70 亿美元，占特斯拉汽车业务营业收入的 9%，贡献 25%的汽车业务毛利。

资料来源：吴晓波．特斯拉摸着石头过河 汽车老前辈们摸着特斯拉过河[EB/OL]．澎湃新闻，2020-12-01.

（3）跨界服务消费业态不断涌现。消费者在享受一种服务消费的同时，还希望得到其他类型的消费，使得跨界融合服务的需求不断加大。当前，“旅游+”“会展+”“农业+”等跨界服务不断涌现。例如，2007 年广西巴马的游客接待量仅为 26.2 万人次，随着“旅游+大健康”的快速发展，2016 年游客接待量猛增至 434.67 万人次，每年超过 10 万名“候鸟”前来度假养生，创造了广西旅游发展史上的“巴马现象”[①]。再如，各地在发展农业时，都把“农业+旅游”作为突出特色，希望在推动农村一、二、三产业融合发展的同时为城市消费者提供更多的服务。

专栏2.4

“+文化”消费

北京同仁堂知嘛健康零号店象·食·养·医现代中医体验基地，把传统文化与现代生活相融合，构建了烘焙坊、茶饮坊、咖啡坊、四季厨房等体验和消费的场景，易于游客了解春种、夏耘、秋收、冬藏的四季养生理念。这里已成为北京旅游的新热点，吸引许多游客前去拍照打卡。

在北京风雷京剧团，游客不仅可听到关于京剧历史、服饰、道具等方面的讲解，还可欣

① 大旅游推动大健康[N]．广西日报，2017-12-05.

赏京剧表演、学习京剧动作、体验京剧服饰和京剧妆容，全方位感受戏曲艺术的魅力。

2020年国庆期间，江西瑞金的“浴血瑞京”等互动体验式红色旅游景区接待游客占瑞金总旅游人次的80%，促进了红色旅游转型升级。“浴血瑞京”是赣州首个大型红色实景演艺项目，是江西省首个大型实战演艺项目，全景式展示了瑞金的苏区历史。瑞金在不改变革命旧址现状的基础上，运用AR、VR等新技术，整体提升叶坪、红井等主要景区的布展水平。游客们惊喜地发现，革命历史融合现代科技，从聆听历史到触摸历史，从游览历史到体验历史，大大增强了融入感。贵州遵义会议纪念馆通过4D全息投影、多通道投影、虚拟现实等技术，搭建沉浸式体验场景，让游客沉浸在特定情境、氛围与主题中，各种视听效果全方位作用于身心。

2020年被列为首批全国示范步行街的西安大唐不夜城步行街，为游客提供了沉浸式体验的好去处。街区所有景观都是唐风古韵，除《再回长安》等常态驻场演出外，步行街上还有许多小型舞台，晚上有杂技、曲艺、民乐演奏等演出，集文化、表演、餐饮、休闲、娱乐于一体，往来游客置身其中，一秒间穿越千年梦回长安。

目前，沉浸式的文化体验游有沉浸式街区、沉浸式主题公园、沉浸式博物馆、沉浸式演艺、沉浸式展览、沉浸式灯光秀、沉浸式体验馆和沉浸式夜游等丰富多样的内容，将成为文旅消费升级的强劲动力。

资料来源：文化体验游 好看更好玩[N]. 人民日报（海外版），2021-01-22.

第二节　走向服务型消费社会

改革开放之初，由于物质产品严重匮乏，生产的目的主要是满足城乡居民对基本物质产品的需要。通过40多年的市场化改革，我国在比较短的时期内解决了物质产品的供给问题，城乡居民的物质型消费需求总体得到满足。随着居民消费能力的不断提升和消费预期的持续增强，“十四五”，我国将跨越物质型消费社会，进入服务型消费社会。

一、走向服务型消费社会的趋势

一个经济体的发展历程，可以从不同角度划分。例如，罗斯托将经济发展阶段划分为传统社会阶段、准备起飞阶段、起飞阶段、走向成熟阶段、高额群众消费阶段和追求生活质量阶段。中改院课题组将改革开放后的发展阶段划分为生存型阶段和发展型阶段①。改革开放以来，从消费角度我国大致可以划分为物质型消费社会和服务型消费社会两个阶段。经过40多年的改革发展，我国正处在由物质型消费社会向服务型消费社会跨越的关键时期。

1. 从物质型消费社会向服务型消费社会的转型

（1）从生产型社会进入物质型消费社会。从新中国成立到改革开放之前，由于我国实行计划经济体制，全社会围绕生产计划开展经济活动，生产型社会的特点比较突出。改革开放以来，我国逐步摆脱生产型社会的模式，开始进入物质型消费社会。随着改革开放的深入推进，我国改变了重化工业导向的发展导向，逐步把解决城乡居民基本生活保障摆在经济工作的重要位置。在这个时代背景下，我国逐步放开民营企业发展，由此物质产品供给在短期内得到极大丰富。在这个阶段，城乡居民的“三大件”不断升级，但都属于物质型消费社会。从发达国家的发展历程看，无论是生活必需品阶段还是耐用消费品阶段，都属于物质型消费社会的范畴（见图2.3）。物质型消费产品的生产具有标准化、规模化的特点，可以用大生产的方式提供充足的供给。

---

① 联合国开发计划署．中国人类发展报告 2007—2008：惠及 13 亿人的基本公共服务［M］. 北京：中国对外翻译出版公司，2008. 11.

专栏2.5

我国“三大件”的历史变迁

1. 20 世纪 70 年代“三大件”：手表、自行车、缝纫机；
2. 20 世纪 80 年代“三大件”：彩电、冰箱、洗衣机；
3. 20 世纪 90 年代“三大件”：空调、电脑、录音机；
4. 21 世纪初“三大件”：汽车、房子、旅游度假。

此后，“三大件”的提法退出城乡居民消费领域。

资料来源：中改院课题组整理。

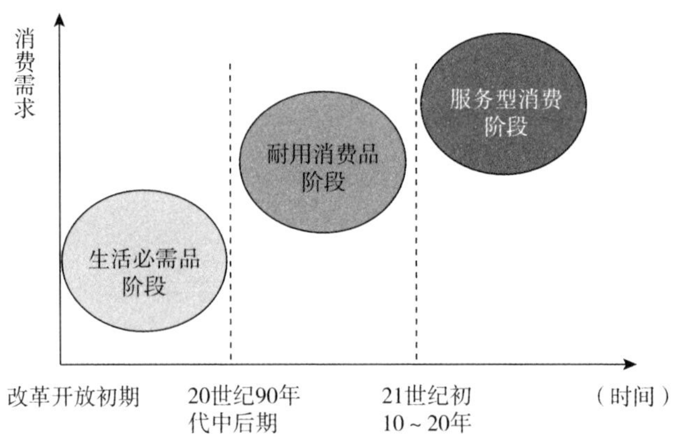

图 2.3　不同阶段的消费需求

资料来源：中改院课题组整理。

（2）走向服务型消费社会。从经济发展规律看，当耐用消费品在一个阶段出现饱和，全社会工业产能出现过剩是个必然趋势，由此可以判断居民消费结构出现优化升级的趋势。按照消费升级的一般规律，城乡居民消费升级将沿着“量的消费→质的消费→情感消费”的特定路径展开，人们逐渐从追求买得起的商品（量的消费）到追求质量好的品牌商品（质的消费），再到注重情感体验、对商品情绪价值的追求胜过功能价值（情感消费），更加重视精神的愉悦舒适及优越感①。进入21世纪以来，随着城乡居民耐用消费品的逐步满足，全社会更加关注人的自身发展，城乡居民服务型消费需求出现全面快速增长，消费结构升级的趋势明显，意味着我国开始迈向服务型消费社会。

专栏2.6

服务型消费社会的内涵

目前，学术界有“服务型社会”的概念，是指所有部门或行业，所有生产或消费的运行、管理与经营等均在服务的标准下以服务为理念、以服务为手段、以服务为形式、以服务为目的方能取得成功的这样一种社会类型。

中改院课题组认为，所谓“服务型消费社会”，是从消费的角度来划分社会类型的，它反映了全社会消费行为的主体形态——以服务型消费为主体的社会发展阶段，它涉及生活方式的服务化、产业结构的服务化、资源配置的服务化、商业模式的服务化、社会形态的服务化等。

资料来源：中改院课题组整理。

2. 以满足人的自身发展为基本出发点

（1）社会主要矛盾的变化凸显人的自身发展。党的十九大报告明确提出，“中国特色社会主义进入新时代，我国社会主要矛盾已经转化为人民日益增长的美好生活需要和不平衡不充分的发展之间的矛盾”②。在新发展阶段，满足人民日益增长的美好生活需要，更多地集中在服务型消费领域。近年来，教育、医疗、文化等服务领域供给难以满足人民需求，成为全社会关注的焦点。

（2）满足人的自身发展需求成为服务型社会的突出特点。从发展阶段来看，进入以满足人的自身发展为目标的新发展阶段，要解决“发展性”

---

① 国泰君安证券．变革与创新：新消费时代[R]．2021.2.

② 习近平．决胜全面建成小康社会 夺取新时代中国特色社会主义伟大胜利——在中国共产党第十九次全国代表大会上的报告[M]．北京：人民出版社，2017.10.

问题，关键在于不断满足城乡居民日益增长的服务型消费需求。以饮食为例，人们已经跨越了吃得饱的阶段，开始对吃得好、服务好、环境好提出了更高的要求。也就是说，服务型消费社会的突出特点是满足人的自身发展需求。

专栏2.7

发展阶段的历史性跨越

中国总体解决温饱问题以后，私人产品短缺的矛盾总体上得到了解决，或者说初步得到了解决，但是公共产品短缺的矛盾日益突出，我国社会开始由以解决温饱为主要目标的生存型阶段向以人的自身的发展为目标的发展型阶段转变。发展阶段的变化意味着消费需求的变化，从生存型消费为主向发展型消费为主转型，从物质型消费为主向服务型消费为主升级。

从生存型社会向发展型社会过渡，社会成员对政府提供的生活条件和公共服务的期望明显提高，这是中国30年改革发展的必然结果，也是新阶段中国人类发展的重要背景。这个过渡既带有“转轨中发展”的特点，也带有“发展中转轨”的色彩。新阶段中国人类发展的许多问题，需要结合这些宏观的结构性变迁来思考和分析。

资料来源：联合国开发计划署．中国人类发展报告2007—2008：惠及13亿人的基本公共服务[M]．北京：中国对外翻译出版公司，2008.11.

3. 向服务型消费社会的跨越

（1）从国际经验来看，人均GDP是衡量服务型消费社会的重要指标之一。从不同国家发展阶段比较来看，进入中等收入阶段后，服务型消费占比随着人均GDP的增长而提升。以美国为例，1979—1996年，美国人均GDP处于1万~3万美元，其服务型消费比重为55%~63%（见表2.5），与美国相比，我国服务型消费还有10个百分点左右的提升空间。

表 2.5　中美日韩经济发展水平与服务消费占比情况

人均 GDP		3000～5000 美元	5001～10000 美元	10001～30000 美元	30000 美元以上
美国	时间段	1960—1969 年	1970—1978 年	1979—1996 年	1997 年至今
	服务型消费比重	46%～50%	50%～54%	55%～63%	64%～67%
日本	时间段	1973—1976 年	1977—1981 年	1982—1992 年	1993 年至今
	服务型消费比重	30%～33%	33%～35%	35%～40%	40%～50%
韩国	时间段	1973—1976 年	1990—1994 年	1995—2006 年	2007 年至今
	服务型消费比重	—	—	42%～45%	45%～50%
中国	时间段	2005—2008 年	2009—2012 年	2012 年至今	尚未达到
	服务型消费比重	38.8%～40.8%	40.9%～41.0%	42.0%～46.0%	

资料来源：张颖熙，夏杰长．以服务消费引领消费结构升级：国际经验与中国选择[J]．北京工商大学学报（社会科学版），2017（06）．

注：人均 GDP 数据来源于世界银行数据库；国外服务型消费数据来源于 CEIC 全球数据库和 Wind 咨询；中国服务型消费数据来源于历年《中国统计年鉴》；“—”表示数据缺失。

（2）开始进入服务型消费社会。改革开放 40 多年来，我国经济社会发展取得令世人瞩目的巨大成就，已经成为世界第二大经济体。据统计，2019 年和 2020 年，我国人均 GDP 连续两年超过 1 万美元，处于中等偏上收入国家水平。根据发达国家的经验，预计“十四五”时期，随着服务型消费将达到 50%以上，我国开始进入服务型消费社会。

专栏2.8

影响中国消费的五大因素

1. 收入：变成高收入国家的过程中通常伴随服务类消费的稳定增长。根据我们的计算，到 2030 年，人均可支配收入将从现在的 6000 美元翻倍到 12000 美元。从国际经验来看，当人均可支配收入为 8000～10000 美元时，服务消费的份额会稳定增长，未来 10 年中，中国服务消费的年均复合增长率有望达 9.2%，超过商品消费的6.7%。

2. 人口特性：最重要的世代转换发生在2~3年内。过去几十年中国人口政策的变化导致人口在各个年龄层的分布不均匀；过去几十年中国经济的快速变迁也导致收入水平在各个年龄层之间的分布跟普通的经济体不太一样。中国消费市场将从2020年的以年轻人为主力过渡到2030年的以家庭需求和退休计划为主力的形态。

3. 技术：中国独特的消费增长路径。数字化也能从另一个角度有力地支持中国将变成消费驱动的经济体这样一个结论。数字化在中国极高的渗透率对B2C公司的经营效率以及消费者和销售渠道之间的互动效率都有很大的提高。数字化也非常符合中国政府以超级智慧城市为目标的城镇化战略。这个战略希望借助于5G、云计算、大数据、物联网和人工智能这样一些数字技术实现更快、更安全、更环保、更宜居的城市社区。

4. 政策：政府支持以释放消费潜力。中国的第十四个五年计划将专注于发展国内需求驱动的可持续的增长，以应对多极化的后疫情时代，也在努力地推进经济内循环战略以释放中国的消费潜力。日本在1990年人口开始老龄化的时候，城镇化率已达77%，家庭储蓄率处在17%这样一个相对低的水平。而中国目前的城镇化率只有61%，家庭储蓄率处在35%的较高水准，看起来可挖掘的消费潜力还非常巨大。所以我们预计在未来数年中会看到供给端和需求端都会有各种措施来消除消费“瓶颈”。供应端的措施包括提升新基建、升级高铁网络、为消费回岸提供便利。需求端的措施则包括提高社会福利的覆盖率、降低收入不平等以及促进职业培训。

5. 文化：来自消费者价值观的影响。不同国家之间的文化差异可能是导致不同的消费行为的重要原因。买什么，在哪里买，甚至怎么买，中国的消费者和西方国家的消费者，甚至亚洲其他国家的消费者的行为都可能不同。虽然全球化为当代中国的生活方式带来了很多西方元素，但是我们仍然可以看到中国的消费者根植于中国独特的本地文化。一是非常看重家庭纽带，愿意为家庭成员提供相当大的金钱上的支持；二是消费的时候经常会有长远的目标；三是不同年龄层之间生活方式有显著的差异（比如在线平台的使用和外出旅行需求）。

资料来源：摩根士丹利．消费2030：“服务”至上[R]. 2021.1.

二、服务型消费的增长空间

从我国消费结构升级的趋势看，“十四五”时期，随着居民收入水平的提升和城乡基本公共服务均等化加快实现，城乡居民服务型消费需求潜力将得到快速释放，服务型消费仍有巨大增长空间，并由此加快推动我国进入服务型消费社会。

1. 健康消费的增长空间

（1）大健康将是全球一个巨大的消费市场。根据相关测算，2011—2019 年，我国健康服务业规模由 2.6 万亿元增长到 8.8 万亿元，年均增长 16.5%；占 GDP 的比重由 5.3%提升至 8.9%，提升了 3.6 个百分点（见图 2.4），与日本等发达国家平均 10%以上的水平还有较大差距，与美国近 20%的水平差距更大。从发展趋势看，随着城乡居民包括“三避”“五养”（见表 2.6）在内的新健康需求快速增长，我国将成为全球增长最快、规模最大的健康服务市场，有望保持 20%左右的增速。有研究显示，未来 50 年，我国卫生费用支出规模将不断提升，医疗卫生市场需求明显扩大。预计到 2030 年，我国医疗卫生市场需求将达 15 万亿元，2040 年达到 29 万亿元，2050 年达 37 万亿元①。这将成为我国乃至全球消费市场的突出亮点。

---

① 中国民生银行研究院．政府市场双到位 公立民营双发展 医生患者双满意——迈向 2049 的我国医疗卫生体制机制改革战略研究[R]. 2020. 3.

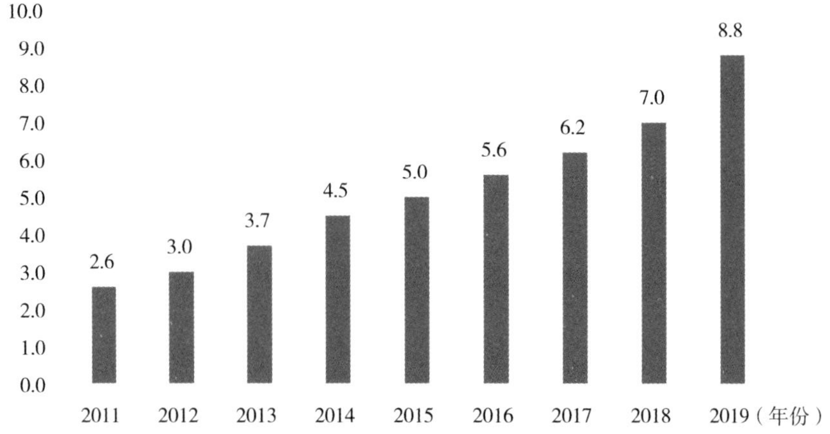

图 2.4　2011—2019 年我国大健康产业市场规模（单位：万亿元）

数据来源：艾媒咨询．大健康行业数据分析：预计 2020 年中国大健康产业规模将增至 10.1 万亿元[EB/OL]．艾媒网，2020-09-29.

表 2.6　“三避”及“五养”需求

避霾	深呼吸，以换气洗肺为目的	养生度假	通过旅游度假活动提高生活品质，形成健康生活方式
		养心度假	通过特定的度假活动，卫护心理健康，提高精神层次
避暑	感受清凉宜人的气候	养老度假	通过生态环境好、服务完善的旅游区进行度假式、旅居式养老，强调养老品质
		养颜度假	通过度假产品，提高旅游者外在颜值与内在气质
避寒	感受温暖如春的气候	养疗度假	通过疗养度假产品，帮助病后恢复人群与亚健康人群尽快恢复健康

资料来源：中改院课题组整理。

（2）医美领域消费市场空间巨大。艾瑞咨询的调研结果显示，2020 年我国医疗美容市场规模约为 1975 亿元，预计到 2023 年市场规模将达 3115 亿元，2019—2023 年的复合增长率将达 15.2%（见图 2.5）。有数据显示，2019 年我国医美渗透率从 1.5%提升至 3.6%，但与日本的 1/3、美国的 1/5、韩国的 1/6 的渗透率相比，仍有巨大的提升空间。以玻尿酸和肉毒毒素两个主要品种为例，预计到 2025 年我国玻尿酸终端市场规模将达 515 亿元，2019—2025 年年均复合增速达 22%；到 2025 年我国肉毒毒素终端市场规模将达 190 亿元，2019—2025 年年均复合增速为 27%。此外，到 2025 年，嗨体出厂市场规模有望达 39 亿元、少女针/童颜针出厂市场规模有望接近 50 亿元①。

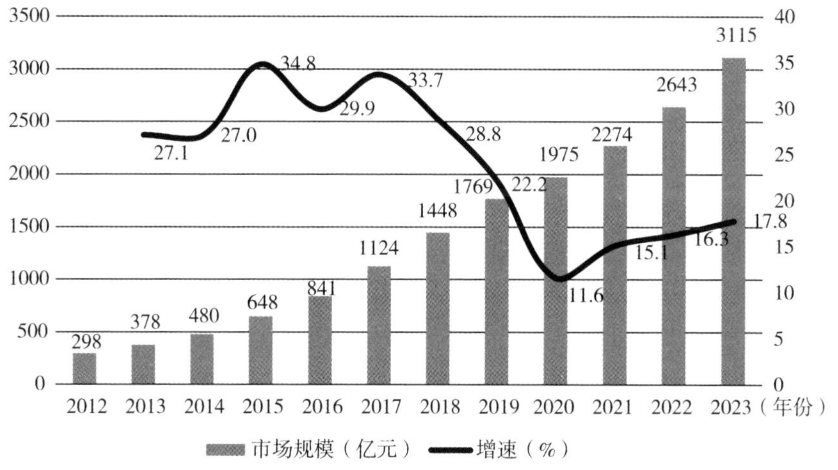

图 2.5　我国医疗美容行业市场规模及增速

数据来源：艾瑞咨询．2020 年中国医疗美容行业洞察白皮书[R]．2020.5.
注：2020—2023 年的数据为预计数。

（3）2025 年：将形成 5000 亿元的智慧健康市场。近年来，随着新一代信息通信技术的广泛运用，以互联网技术与健康产业相结合的创新创业蓬勃发展，由此推动我国智慧健康②产业快速发展。据测算，2015—2019 年，我国智慧医疗年均复合增长率为 28.3%。按目前的增速保守估计，到 2025 年，我国智慧医疗市场规模将突破 5000 亿元大关③。

---

①　朱国广．医美专题报告：消费升级新赛道，颜值经济迎来风口[R]．2021.2.

②　智慧健康是指通过运用新一代信息通信技术，如互联网、大数据等，为大众提供更智能化的健康服务，包括医疗服务、健康管理与促进服务、健康保险服务以及药品、医疗器械等支撑服务，以达成提高健康服务质量和效率、降低健康成本，促进大众身心健康的目标。

③　中国智慧医疗 2021 十大发展趋势[EB/OL]．中国网，2020-12-15.

2. 教育消费的增长空间

（1）教育消费将保持较快增长态势。有研究显示，2020 年，我国教育市场规模超过 8 万亿元。预计到 2030 年，我国教育市场规模将超过 16 万亿元；到 2050 年，教育市场规模有望超过 50 万亿元①。

（2）万亿级的职业教育大市场。据统计，2016—2020 年，我国求人倍率（有效需求人数与有效求职人数之比）由 1.05 上升至 1.32（见图 2.6）。其中，技能劳动者的求人倍率一直在 1.5 以上，高级技工的求人倍率甚至达 2 以上的水平。在市场需求不断增强的背景下，我国职业教育市场对内对外开放有望实现重要突破，并释放巨大市场空间。据统计，2014—2019 年，我国职业教育市场规模由 3434 亿元增长至 5760 亿元，预计到 2025 年，这一规模将达 1.1 万亿元，其中非学历职业教育市场规模将达 6834 亿元。

（3）千亿级的早幼教育市场。随着城乡居民消费结构的升级，家庭对子女早幼教育逐步重视。据相关机构统计，2010—2019 年，我国早教行业市场规模由 620 亿元增长至 2500 亿元，年均复合增长率为 15.44%。2020 年，尽管受疫情影响，我国早教市场规模有望到 2900 亿元（见图 2.7）。近年来，我国新生儿出生率呈下降的趋势，但适龄人口存在滞后效应，预计未来 5 年我国仍将有约 1 亿人的适龄人口（0~6 岁）。如果按照平均每个家庭早教消费 4000 元计算，预计平均每年增速为 5%，到 2025 年我国 0~6 岁儿童早教培训市场规模将超过 5000 亿元。

3. 文旅消费的增长空间

（1）十万亿级的国内游消费市场。未来 5~10 年，随着城乡居民生活水平的提高，闲暇时间和可支配收入的增多，国内旅游需求将保持较快的增长。同时，消费结构正由生存型消费向享受型和发展型发展，这为我国

---

① 中国民生银行研究院．回归教育本质　公立民营双发展　教师学生双满意——迈向 2049 的我国教育体制机制改革战略研究[R]. 2020. 5.

旅游提供了巨大的市场空间。据中国旅游研究院发布的《中国旅游集团发展报告（2020）》预测，未来5年，我国有望形成年均百亿的旅游人次和10万亿元消费规模的国内游大市场。

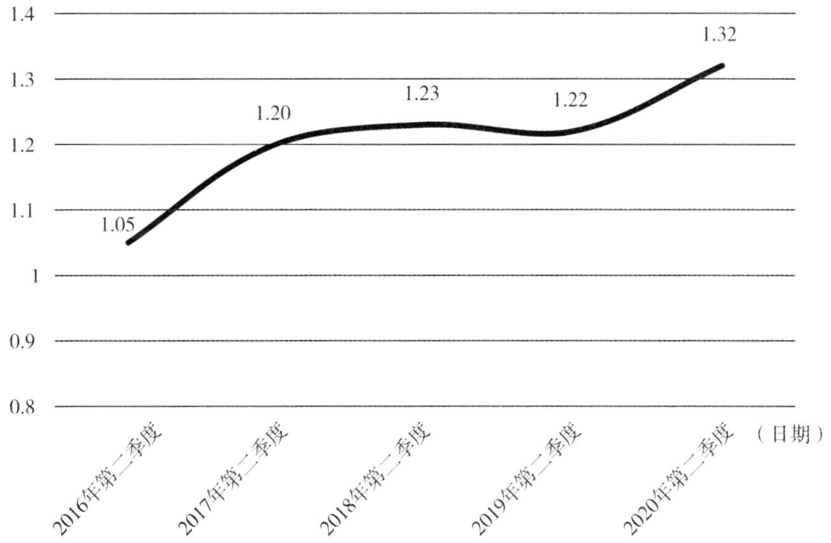

图 2.6　2016—2020 年第二季度我国劳动力市场求人倍率（单位:%）

数据来源：人力资源和社会保障部公布数据整理。

（2）万亿级的文化消费市场。如果到2025年，我国文化产业增加值占GDP的比重由目前的4.5%提高至6%，其规模为7.8万亿元左右，新增市场空间将达3.3万亿元。新一代信息通信技术与文化产业的深度融合，将催生多个千亿级数字文化服务大市场。例如，目前我国短视频、综合视频等市场规模均突破1000亿元，且仍保持高速增长，其中短视频同比增长178.8%①；网络直播、内容创造等市场规模也以20%以上的速度增长。未来几年，我国在网络视听、网络阅读、网络游戏等领域均有着千亿级市场增长空间。

① 前瞻产业研究院．2019年中国短视频行业市场现状及发展前景分析[R]．2019.4.

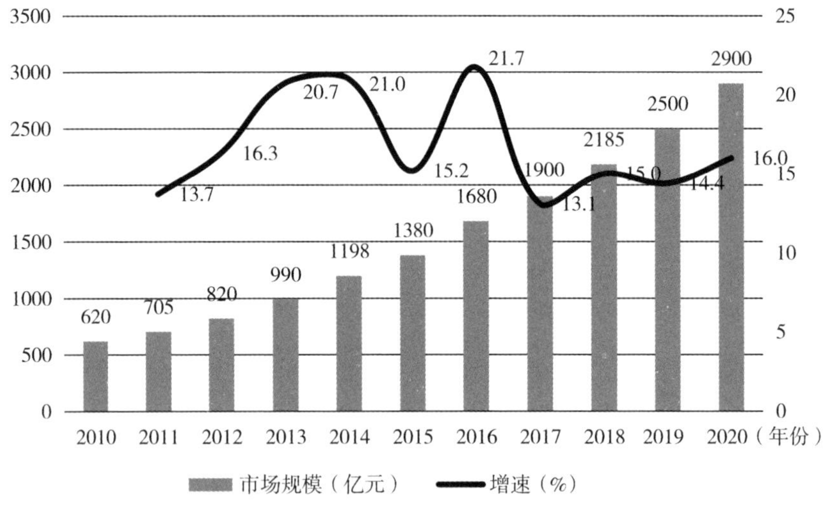

图 2.7　2010—2020 年我国早教行业市场规模及增速

数据来源：前瞻产业研究院。
注：2019 年和 2020 年的数据为预计数。

4. 信息消费的增长空间

（1）2025 年信息消费将达 12 万亿元。随着新一代信息通信技术的应用、固定宽带家庭普及率接近国际先进水平、国际领先的移动通信网络的建成以及宽带网络无缝覆盖，未来 5 年，我国信息消费将快速增长。预计到 2025 年，我国信息消费总额将达 12 万亿元，电子商务交易规模达 67 万亿元①。

（2）5G 商用将带动信息消费快速增长。据统计，2020 年，我国 5G 连接数超过 2 亿，占全球 5G 连接数的 87%，预计到 2025 年我国 5G 连接数有望到 8.22 亿②。未来 5 年，随着 5G 商用化进程加快，互联网企业与 5G 相关的信息服务收入增长显著，成为直接带动信息消费的主要载体，预计 2020 年至 2025 年，5G 商用将直接带动信息消费 8.2 万亿元，其中智能手

① 根据《国家信息化发展战略纲要》统计数据整理得出。
② 全球移动通信系统协会：2020 年中国 5G 连接数占全球 87%[EB/OL].新华网，2021-02-03.

机、可穿戴设备等终端产品的升级换代将释放 4.3 万亿元的信息消费空间①。

5. 养老消费的增长空间

（1）我国开始进入老龄化社会。生活水平和医疗水平不断提升带来人们寿命的延长，在人口出生率持续下降的背景下，我国老龄化进程不断加快。根据国家统计局的数据，到 2019 年底，我国 65 岁及以上人口数量为 17603 万人，占总人口比重达 12.6%。根据中国发展基金会的测算，到 2025 年，我国 65 岁及以上的老年人口将超过 2.1 亿人，占总人口数的 15%；到 2035 年和 2050 年，我国 65 岁及以上的老年人口将分别为 3.1 亿人和接近 3.8 亿人，占总人口比例则分别为 22.3%和 27.9%（见图 2.8）。

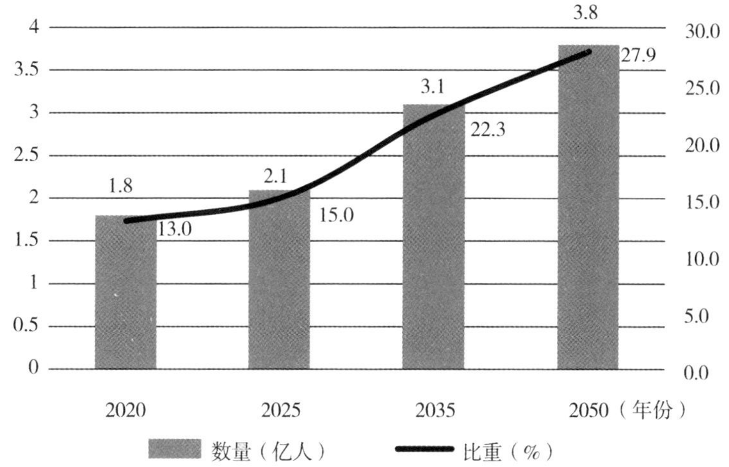

图 2.8　2020—2050 年我国 65 岁及以上人口数量及占总人口比重预测

数据来源：中国发展研究基金会．中国发展报告 2020：中国人口老龄化的发展趋势和政策[R].2020-06-11.

（2）人口老龄化催生巨大的养老消费市场。近年来，随着我国人口老龄化进程加快，养老服务市场规模不断扩大。中国老龄协会发布的报告中

① 5G 商用将带动信息消费 8.2 万亿元[N]. 经济参考报，2019-03-06.

提到，2020年，我国老年消费市场规模为3.79万亿元。但与很多国家相比，我国养老服务消费市场潜力尚未得到全面释放。目前全球老年用品有6万多种，但我国仅有2000多种。在金砖国家中，俄罗斯、巴西和印度健康服务业产出占总产出的比重分别为3.5%、3.5%和1.2%，美国和日本分别为6.7%和5.9%，我国仅占1.7%①。未来5~10年，随着我国人口老龄化进程的进一步加快，无论是老年用品市场还是养老服务市场都有较大的刚需。预计到2030年，我国老年康养产业市场消费需求将达20万亿元②。

专栏2.9

老年消费的细分市场

1. 针对居家老人的长期照护和助老服务。在我国，居家养老是养老模式的主流，国家在政策层面也一直提倡“9073养老模式”，即90%的老人依靠居家养老、7%的老人依靠社区养老、3%的老人依靠机构养老。这就带来了一些产业机会，比如房子的适老化改造、适老化家居等。特别是国内有多达4200万名的失能、失智老人，需要长期护理。2016年国家开始试点长期护理保险（主要是政府补贴买单），目前已经在30多个城市展开，这一制度的引入不仅缓解了失能家庭的经济负担，还激发出市场对长期护理服务的需求，很多试点城市都出现了提供长期护理服务的专业公司，不过整体上还远不能满足市场需求，投资人可以做重点考察。

2. 养老护理员培训市场。目前我国的2.5亿名老年人当中，1.8亿以上都有慢性病，由此产生了庞大的对专业医疗护理服务的需求。但国内的养老护理员却只有30万人，处于严重短缺的状态，即便是一线城市的养老院，老人和护理人员也只能到6∶1，也就是一名护理人员要同时照看6名老人。造成护理员不足的一个原因，是国内缺少足够的养老护理专科学校和专业的培训机构，虽然相关培训机构也在增加，但市场缺口仍然很大，特别是高水平的养老护理员十分稀缺。针对这一市场空白，外资品牌看中了这里面的机会，目前已经有日本养老机构跟国内培训机构合作，为中高端养老院、养老公寓培训护理员。

3. 智能养老健康产品。老年人的生活能力逐渐弱化，养老护理员又严重不足，因

① 2020年我国老年消费市场规模将达3.79万亿元[N]. 经济日报，2019-04-18.
② 根据《中国康养产业发展报告（2017）》统计数据计算得出。

此智能照护设备（如智能轮椅、智能药盒）、智能家居（如智能监控、智能门锁、智能远程呼叫等）、智能硬件（老年可穿戴设备、防跌倒产品、智能防走失产品等）等辅助设备，因为可在一定程度上减轻居家护理的压力和成本，从而很受市场欢迎。有调查就显示，在老年人最感兴趣的数字化产品中，接近六成为智能健康产品。值得注意的是，目前在社区、居家养老市场中，高端养老产品由于不是政府采购的主要目标，因此其市场空间并未得到有效释放，而且能大量生产高端养老设备的本土企业也不多。

4. 与年轻人相比，老年人更寂寞，需要更多的享乐型消费。许多空巢老人、独居老人的孤独感十分强烈，由此对社交、娱乐、陪伴和精神慰藉的需求很大，乐于参加丰富的文娱活动，在新的社交圈子里找到新身份。《2017 年中国老年消费习惯白皮书》中的调查数据显示，老年人对健康管理、养生保健和娱乐社交方面的未来消费增额位居前三，均高于食品、服饰消费的未来增额，老年人消费偏好日趋享乐型，在基本生活消费支出方面的消费倾向则逐渐下降。享乐型消费还因老年人的年龄、性别、身体状况等不同而表现出差异：年龄越低在娱乐社交方面的消费越高，女性老年人更偏好娱乐社交，而且在化妆品、衣着方面的消费渐趋年轻化。

资料来源：中改院课题组整理。

三、“十四五”：基本形成以服务型消费为主的消费新结构

未来 5~10 年，随着城乡居民消费结构升级步伐加快，服务型消费全面快速增长。到 2025 年，基本形成以服务型消费为主的消费新结构，我国开始进入服务型消费社会。

1. 2025 年服务型消费占比将提升至 50%

（1）服务型消费占比的增长态势。中改院课题组初步预测了我国服务型消费占比在未来几年的增长态势①。根据 1992—2017 年我国经济结构数

① 中改院课题组采用灰色 GM（1，1）模型对未来 5~10 年服务性消费占比趋势进行预测。该模型以“部分信息已知，部分信息未知”的“小样本”“贫信息”的不确定性系统为研究对象，主要通过对“部分”已知的信息生成、开发、提取有价值的信息，以正确认识和确切描述系统运行规律，并据以进行科学预测。

据计算的相关系数发现：

——老年人抚养比对服务型消费具有正向影响。全国老年人抚养比每增加1个百分点，服务型消费占比提升2.15个百分点。

——全国城镇化率的提高对服务型消费具有正向影响。城镇化率每提高1个百分点，服务型消费占比将提升0.49个百分点。

——服务业占比对居民服务型消费占比具有正向促进作用。服务业占比每提高1个百分点，服务型消费占比将提高0.92个百分点。

由此可以看出，城镇化率、老年人抚养比和服务业比重，对服务型消费有着正向的促进作用。这在很大程度上解释了为什么过去几年我国服务型消费呈较快增长的态势。

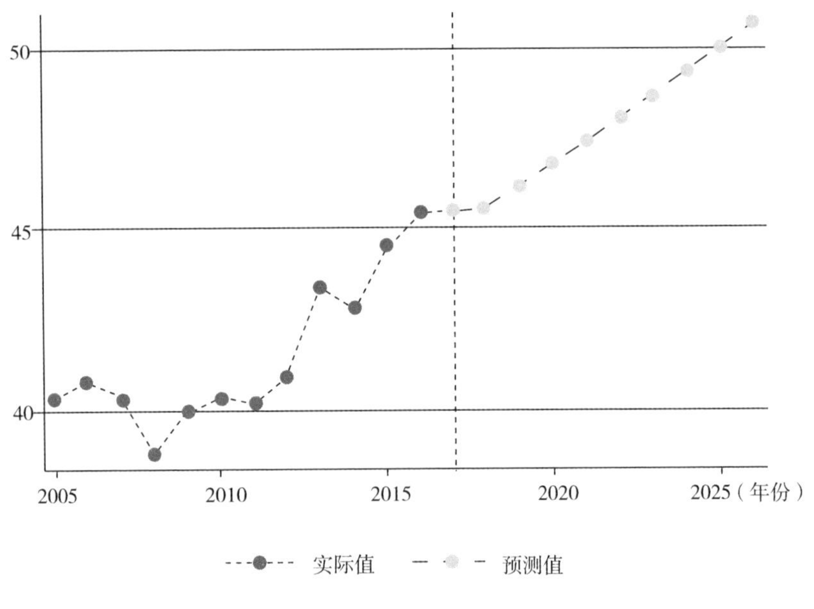

图2.9　2025年我国服务型消费占比发展趋势（单位:%）

数据来源：中改院课题组．我国城乡居民服务型消费：现状与趋势[R]．2018.8.

（2）预计2025年服务型消费占比为50%左右。中改院课题组预测，服务型消费支出受疫情的冲击将在2021年得到消化，我国服务型消费支出有望在2022—2025年恢复到过去几年的增长速度。预计到2025年，服务型消费占比将超过一半[①]（见图 2.9）。与此同时，恩格尔系数将进一步下降，预计到 2025 年城乡居民恩格尔系数将分别降至 25%和 28%以下。

2. 2030 年服务型消费占比将达到 55%~60%

摩根士丹利认为，从现在开始的下一个 10 年，中国消费市场变化的一个重要特征是服务类消费超过实物类消费。预期中国服务型消费占比将从当前的 45%提升至 52%，年化增长率为 9.2%，超过同期实物类消费 6.7%的增长率。他们认为，这一点中国跟西方国家有所不同。在西方国家，当家庭平均收入为 8000 美元到 1 万美元时，服务型消费占比的提升就基本上停滞了，但是中国由于独特的人口结构特征，持续多年的独生政策极大地加重了壮年人口照看年老父母的负担，因此带来了更多的服务型消费需求。与此同时，基于移动互联网的高度数字化，获得服务的便利性和快捷性大大增强。两方面因素综合，使中国服务型消费增长趋势与西方国家有所不同[②]。中改院课题组认为，到 2025 年我国服务型消费占比为 52%左右。课题组预测，2026—2030 年，我国服务型消费占比仍有望保持 1 个百分点的增长速度，到 2030 年我国服务型消费占比为 55%~60%（见图 2.10）。

3. 2035 年服务型消费占比将达 65%

从经济转型升级的趋势看，我国还有相当大的转型空间，长期内服务型消费需求提升仍有较大空间。2035 年，我国常住人口城镇化率有望在 65%左右进入相对稳定状态；服务业占 GDP 的比重有望在 60%左右进入相对稳定状态；城乡收入差距有望在 1.5：1 左右进入相对稳定的状态；人口老龄化率，在放开二胎政策后，长期内有望形成一个相对稳定的状态。结合前面分析，考虑到上述因素对服务型消费的影响，初步估计，我国城乡居民服务型消费占比在 2035 年有望到 65%左右，并相对稳定下来。

① 中改院课题组按照 2015—2019 年服务型消费占比年均提升 1 个百分点测算，到 2025 年，我国服务型消费占比将达 51.9%。

② 摩根士丹利．消费 2030："服务"至上[R]．2021.1.

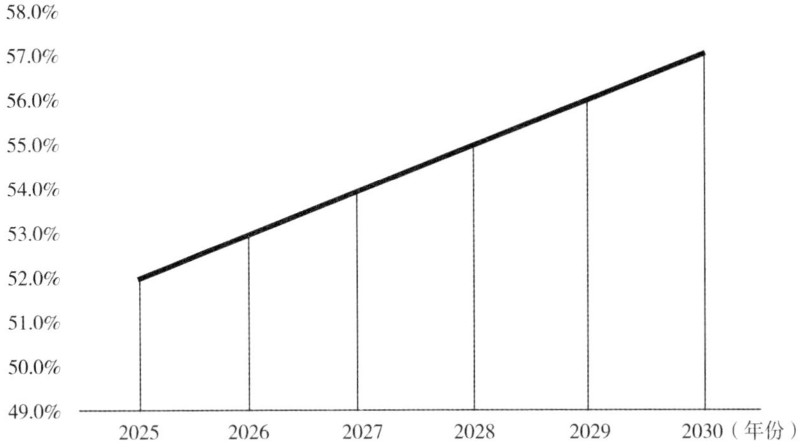

图 2.10　2025—2030 年我国服务型消费占比变化趋势（单位:%）

数据来源：中改院课题组测算。

第三节　服务型消费社会的深刻变革

消费结构升级是一场深刻的变革。“十四五”时期，我国开始进入服务型消费社会，服务型消费正在引发经济社会方方面面的变化。14 亿人口的服务型消费全面释放，意味着生活方式、生产方式、商业模式走向现代化，意味着共享社会发展基本格局的形成。

一、生活方式的深刻变革

消费结构升级是对生活方式的再塑造，也是生活方式转变的集中体现。新发展阶段满足人民日益增长的美好生活需要，关键是要形成服务型消费的有效供给。

1. 追求生活品质

随着80后、90后、00后等新生代社会群体逐步成长为社会的中坚力量，他们对生活品质的追求越来越高，由此形成推动产业变革的新动力。一是追求“变”。新生代社会群体更加追求差异化，个性化、多样化消费逐步成为主流，如组件式的“DIY”自由行成为新风尚，个性化的定制服务越来越受到新生代消费群体的追捧，由此大工业化时代模仿型、排浪式、总量化的消费时代基本结束。二是追求“质”。数量型的消费需求逐步让位于质量型的消费需求，服务内涵多、服务含金量高的商品更容易受到消费者的追捧。在生活必需品方面，往往货比三家，选择性价比最高的产品。三是追求“潮”。休闲娱乐成为时尚，如人们追求功能更多、品质更高的房地产等。近年来，很多世界知名品牌都将我国的80后、90后确定为自身的最大的客户。四是追求“便”。人们追求更为便捷的生活，如线上购物逐步取代线下实体店购物，成为时代潮流，尤其是疫情以来，线上购物全面快速发展。

2. 追求绿色和健康

（1）消费者更加关注生态环境。例如，面对严重的雾霾，“避霾游”近年来成为国内旅游市场的新热点。比如，近年来新一代信息通信技术广泛运用于低碳出行领域，网约车、共享单车等绿色出行方式不仅提高了人们的出行效率，而且降低了能耗，有助于节能减排。《2020滴滴平台绿色出行白皮书》显示，2018—2019年，通过滴滴平台实现二氧化碳减排130.3万吨，相当于68万辆汽车一年的排放量①。

（2）消费者对绿色产品和服务的追求形成新潮流。多数消费者愿意为绿色产品支付一定的溢价。例如，随着食品安全的日益突出，消费者愿意支付更高的价格来购买绿色食品。有调查显示，愿意支付5%溢价和10%

① 绿色产品受青睐、绿色服务正兴起 绿色消费多起来[N]. 人民日报，2021-03-17.

溢价的消费者最多，愿意支付20%溢价到50%溢价的消费者依次降低①。

（3）消费者对健康服务的需求急剧攀升。一方面，医疗器械进入家庭，大数据健康领域的可穿戴智能设备广泛流行，消费者希望通过可穿戴设备的相关数据监测更好地管理健康。IDC《中国可穿戴设备市场季度跟踪报告，2019 年第四季度》显示，2019 年我国可穿戴设备市场出货量 99241 千台，同比增长 37. 1%。其中小米出货量继续占我国各大公司的首位，为 24891 千台，同比增长 46. 6%，其市场份额占比高达 25. 1%（见表 2. 7）。另一方面，健身运动成为全民时尚。到健身馆健身成为流行和时尚，由此推动体育产业成为快速成长的朝阳产业。

表 2. 7　2018—2019 年中国前五大可穿戴设备厂商出货量情况

公司	2019 年出货量（千台）	2019 年市场份额（%）	2018 年出货量（千台）	2018 年市场份额（%）	出货量同比增长率（%）
小米	24891	25. 1	16973	23. 4	46. 6
华为	20251	20. 4	9171	12. 7	120. 8
苹果	13609	13. 7	8213	11. 3	65. 7
步步高	6044	6. 1	5141	7. 1	17. 6
奇虎 360	3237	3. 3	2906	4. 0	11. 4
其他	31209	31. 4	29996	41. 4	4. 0
合计	99241	100. 0	72400	100. 0	37. 1

数据来源：IDC. 中国可穿戴设备市场季度跟踪报告，2020 年第四季度[R]. 2021. 3.

3. 追求教育和文化品位

消费者对高质量教育、文化娱乐产品与服务的需求急剧增大。例如，经济条件稍微好一点的家庭送孩子上各类兴趣班、疫情前送孩子出国留学、闲暇之余看电影都相当普遍。以儿童上课外兴趣班为例，有报告显

① 邵婧. 绿色生产生活方式：消费者选择购买高效环保的产品和服务的障碍因素分析[EB/OL]. 每日经济新闻，2020-12-11.

示，目前有六成儿童都要上课外班，每名儿童平均每年课外班的花费高达9211元[①]。

二、生产方式的深刻变革

服务型消费在重塑社会的生产方式，并引领生产方式走向现代化。社会生产的本质越来越趋近于服务，社会生产从大批量生产走向大规模定制化时代，“互联网+”正在前所未有地颠覆和重构传统产业。

1. 经济服务化进程加快

进入服务型消费社会，从大工业时代的以生产为中心，转向以服务为中心。总的趋势是：尽管社会仍然需要简单的加工制造，但传统加工制造在经济中的比重越来越小；服务在整个社会化大生产中的地位、作用凸显，经济加快服务化；生产的本质是服务，制造商越来越倾向于提供整体服务解决方案；价值创造越来越向服务环节倾斜，简单加工制造环节的利润越来越微薄。

2. 大规模定制化成为生产的趋势

进入服务型消费社会，消费者对个性化、差异化产品需求的增长，促使传统的大批量标准化、流水线生产向大规模定制化转型。总的趋势是：大量消费者在服装、家居用品、汽车等领域选择私人定制产品，企业按客户需求定制相关产品；在传统行业利润微薄的条件下，采用大规模定制化生产，可使企业获得差异化的竞争力，并保持相对较高的利润率；消费者参与产品研发和设计，消费者与生产者互动越来越成为制造业形成差异化产品和服务、降低市场风险的重要手段。也就是说，从大批量生产向定制化生产转型是生产方式变革的大趋势。

---

① 苑立新．中国儿童发展报告（2019）[M]．北京：社会科学文献出版社，2019.8.

专栏2.10

实现从大批量生产到大规模定制

1. 大批量生产的贡献

1913年春，世界上第一条汽车流水装配线在福特的工厂里出现了，大规模流水线带来了生产方式的一次伟大革命。由于高效的批量流水生产作业，生产汽车所需的时间、成本和资源大幅下降，汽车也从刚发明时极为昂贵的奢侈品变成了消费者能负担得起的交通工具。

大批量生产的优势非常明显，也就是经常说的“规模效应”。大批量生产会显著降低采购成本，通过简单的削减供应商数量，赢得更大的采购量，就可以让一个企业降低成本。同时，质量迭代也是需要过程的，大批量生产中产品质量出现的问题被统计出来，明确改善的方向，材料、加工工艺、流程都可以被优化。

100多年过去，大批量生产已经达炉火纯青的地步，提高生产效率、降低生产成本的潜力不断被挖掘。一代代工业人在机器、人工训练、流程优化等领域的努力，使得大批量生产为我们创造了“廉价的”物资，人们才得以拥有了如今丰富的物质生活。

2. 以批量产品的价格，拥有个性化的产品

在物资匮乏的时代，只要生产出产品就可以卖出去。因此，在20世纪初是没有柔性制造这一概念的。“二战”后，市场快速蓬勃发展，同时全球化竞争使市场逐渐由生产者转变到消费市场，消费者拥有了话语权。

人们不再满足于自己穿着与别人同样的衣服——今天，对于一个女性消费者而言，“撞衫”是不可接受的。对于那些追求品质的人们而言，定制服装意味着与众不同，然而高企的价格以及漫长的交货周期使个性化只能服务于富裕阶层，无法普及。

就像100多年前亨利福特的批量生产让普通家庭消费得起汽车一样，今天，是否有一种生产方式的变革能让人们消费得起个性化的产品，并且可以快速交付？

大规模定制应运而生，这一思想最早由Akin Tomer在其著作*Future Shock*中提出是：以大规模生产的成本和时间提供满足顾客特定需求的产品和服务的运营模式，即从大规模生产标准产品转变为有效提供满足单个客户需求的产品或者服务。大规模定制采用柔性过程和柔性组织结构，以提供个性化的产品和服务，从而使整个制造过程敏捷化，而这种产品和服务价格又必须与标准大规模生产相竞争。

基于柔性制造的大规模定制在全面综合成本、质量、柔性和时间等竞争因素的前提下有效解决了需求多样化与大规模生产之间的冲突，从而为现代制造企业提供了一种全新的竞争模式。

资料来源：生产柔性化实现从大批量生产到大规模定制[EB/OL]. 搜狐网，2018-09-25.

3. 现代信息技术对传统产业的创造性颠覆和重构

进入服务型消费社会，消费和生产都越来越离不开互联网等现代信息技术带来的增值服务，由此引发“互联网+”对传统产业的颠覆和重构，“积极稳妥发展工业互联网和车联网”被写入国家“十四五”规划和2035年远景目标纲要中。一方面，互联网企业创造性颠覆传统产业。例如，线上购物对实体店是一种创造性颠覆，大数据对教育、健康等的流程再造对传统的学校和医院也是一种创造性颠覆。另一方面，越来越多的传统制造业依托“互联网+”完成数字化转型，许多传统制造企业开始依靠工业互联网平台实现数字化、网络化和智能化发展，走出了一条制造业转型升级的新路子。

三、商业模式的深刻变革

进入服务型消费社会，企业获得盈利和可持续发展的方式发生深刻变化，创意经济不断崛起，企业越来越表现为提供服务方案的解决者，越来越依赖于专业化的核心竞争力。我国形成创新驱动发展的新格局，需要塑造微观基础。从企业层面看，独特的商业模式是实现创新驱动发展的关键。

1. 企业发展更加依赖于创新创意

在消费升级的背景下，能不能形成新的创意，满足消费者差异化、多样化的需求，成为企业立于不败之地的关键因素，由此推动创意经济时代的来临：创意密集型产业取代土地、劳动力密集型产业成为一个大趋势，创意决定着企业的生死存亡；越来越多的新企业靠创意产生，如字节跳动就是一个创意成就伟大企业的典型；创意产业以消费者体验作为基础，人们看重的不只是品牌，而是对于品牌的体验，这种独享的体验核心是优质服务、差异化服务。

2. 更多企业成为服务解决方案供给商

与传统企业生产某一种产品或服务不同，消费结构升级大趋势下的企业，尤其是创新型企业，越来越多成为服务解决方案供给商。一是善于发现用户新的消费需求。例如，华为等主要靠提供解决方案获得新的市场。二是提供解决方案。即使是传统的制造业，也需要通过提供整体解决方案延长产业链、价值链。例如，汽车行业4S店的蓬勃兴起，为汽车消费者提供全程服务，成为企业扩大盈利来源的重要途径。三是创新服务模式。更多的制造业产品出售后，有后续的服务盈利。例如，智能可穿戴设备，产品本身就是后续服务的载体，服务成为延长产品生命周期的保障。

3. 企业越来越依赖于专业化的核心竞争力

进入服务型消费社会，由于消费者对服务质量的苛刻追求，一种服务的解决方案，往往需要由多家专业化企业联合完成。在这种情况下，企业越来越依赖于专业化的核心竞争力：没有专业化的企业越来越难以生存，专业化成为企业盈利的核心条件；即使竞争力很强的大企业，也需要强化专业化的核心业务，将自身提供的具有基础性的、共性的、非核心的业务剥离出来后，外包给企业外部专业服务提供商来完成；以服务外包重组价值链、优化资源配置，成为降低成本、提高产品与服务质量的重要手段。

China's Consumption

第三章

城市拉动消费

改革开放初期，与工业化进程相适应，我国城市承载了较多的生产功能。进入消费新时代，我国城市发展演进呈现新的时代特征。城市承载的消费功能逐步增强，能够有效集聚人口的消费型城市逐步崛起。人口和消费向中心城市和都市圈集聚的特点日益突出，我国有望涌现一批区域性消费中心城市和国际消费中心城市。

城市拉动消费，是我国新发展阶段消费升级的重要特征。第一，我国仍处在城镇化快速发展阶段，城镇化进程与消费升级相互融合的特点突出。第二，城镇化以人为本，蕴藏着巨大消费增长空间。第三，城镇化开始进入下半场，中心城市和城市群正在成长，在集聚人口和引领消费升级中的作用越来越突出。第四，城镇化与消费升级融合，有望产生某些国际消费城市。

第一节　城镇化进程与消费升级的融合

纵观世界经济发展史，城市是推动消费升级最重要的载体，消费升级与城镇化进程相生相伴。如果说工业化推动一个国家进入生产型社会，城镇化则推动一个国家进入消费型社会。总的来看，我国进入工业化后期，城市尤其是中心城市的消费承载功能逐步增强。

一、消费升级与城镇化进程

消费升级是城镇化推动的结果。一个国家进入大众消费时代，大都伴随人口大规模向城市的集聚。我国的消费升级，也反映了这种客观规律性。

1. 消费升级与城镇化进程同步

（1）过去30年城镇化的快速发展。自20世纪90年代以来，我国城镇化进入快速发展阶段。根据国家统计局的数据，2019 年末，常住人口城镇化率已达 60.6%，与 1990 年的 26.41% 相比，提升了 34.19 个百分点；2019 年末，城镇常住人口增加到 84843 万人，是 1990 年 30195 万人的 2.81 倍，年均增长 3.63%。

（2）伴随城镇化进程的加快，居民消费规模显著扩大。2019 年，社会消费品零售总额为 408017.2 亿元，较 1990 年的 8300.1 亿元增长超过 48 倍，年均增速为 14.37%（见图 3.1）。

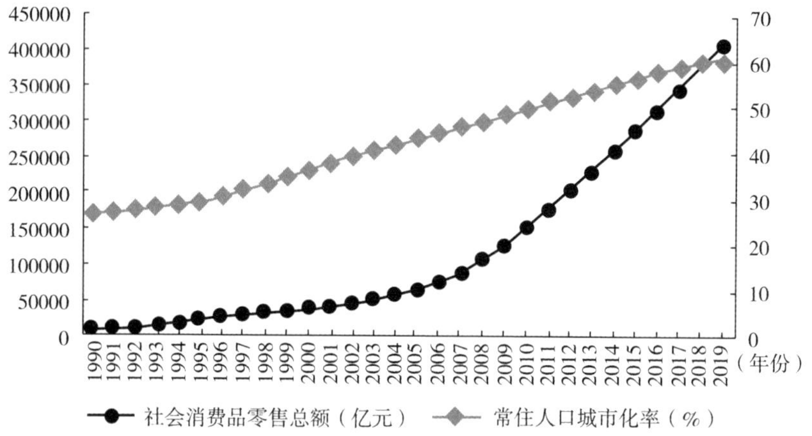

图 3.1　1990—2019 年我国城镇化率及社会消费品零售总额变化趋势

数据来源：国家统计局．中国统计年鉴 2020 [M]. 北京：中国统计出版社，2020.9.

2. 城镇化滞后于工业化

（1）前 20 年城镇化滞后于工业化。1990—2010 年，是我国工业化发展最快的 20 年。以 2010 年为例，工业占 GDP 的比重为 46.5%，工业化已开始进入中后期，而城镇化率仅为 49.68%[①]。同年我国制造业增加值首次超过美国，成为全球制造业第一大国。

（2）城市承载更多生产功能。1990—2010 年，我国城镇化带有工业主导的突出特点，我国总体上处于生存型社会，建设大型工业项目仍是多数

① 国家统计局．中国统计年鉴 2011 [M]. 北京：中国统计出版社，2011.9.

城市发展的阶段性特征。

3. 城镇化的消费拉动功能逐渐提升

(1) 工业化后期城市生产功能减弱。我国城镇化率在1980—2010年每年增长1个百分点左右，但在2010—2019年，随着工业化进入中后期，工业占GDP的比重从46.5%下降到39.0%，城市尤其是中心城市的工业向外围转移成为普遍现象，所承载的生产功能有所减弱。

(2) 城市承载的消费功能逐步提升。从消费规模看，2010—2019年，我国社会消费品零售总额从152083.1亿元增长到408017.2亿元，增长了1.7倍。从居民消费率看，2019年，我国居民消费率为38.8%，比2010年提高了5个百分点①。也就是说，后10年的居民消费规模和消费水平增速均超过了前20年。

二、城镇化拉动消费升级

从世界城市发展的历史经验看，城市化往往伴随人口结构、经济社会结构的深刻变化。一个国家或地区大规模的居民消费结构升级，通常发生在城市化加速阶段。

1. 城镇化伴随中等收入群体增加

(1) 发达国家的城市化带来中等收入群体规模扩大。城市化伴随人口由低附加值的农业转向高附加值的工业和服务业，尤其是在城市化加速发展阶段，会出现中等收入群体的快速增加。欧、美、日等发达国家的城市化进程都曾伴随中等收入群体规模的崛起。

(2) 我国的城镇化与中等收入群体规模的扩大。2010—2020年，随着城镇化进程的加快，我国人均可支配收入在去除价格因素后，实际增长100.8%②，中等收入群体规模达4亿人。

---

① 根据国家统计局历年《中国统计年鉴》统计数据整理得出。

② 同上。

（3）城镇化推动消费水平提高。2019 年，城镇居民人均消费支出达 28063.4 元，比农村居民人均消费支出（13327.7 元）高出近 1 倍（见图 3.2）。城镇居民的增多，能够显著提升消费总规模。

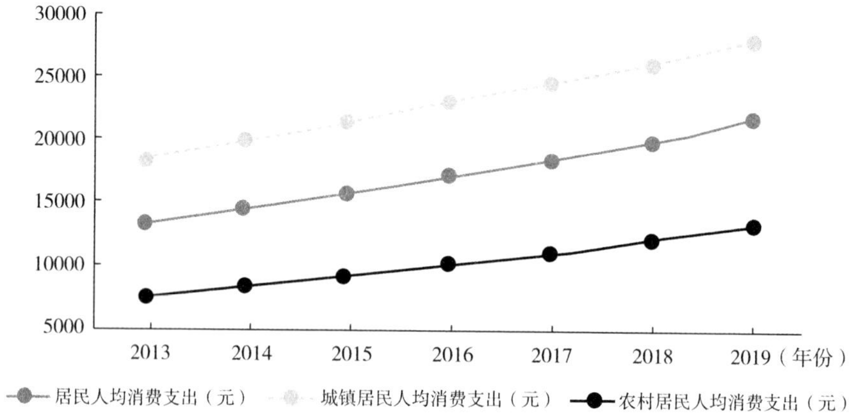

图 3.2　2013—2019 年中国居民人均消费支出演变趋势

数据来源：国家统计局．中国统计年鉴 2020［M］．北京：中国统计出版社，2020.9.

（4）城镇化年均拉动消费增长 2000 亿元左右。初步测算表明，2013—2019 年，我国城镇化水平的提升平均每年直接增加居民消费约 2030.71 亿元，累计增加居民消费 14215.02 亿元，平均每年拉动最终消费增长约 0.5%（见表 3.1）。

表 3.1　2013—2019 年我国城镇化率引发消费变动情况

指标	城镇化率（%）	农村向城镇转移人口数（万人）	城镇化带动居民消费增加额（亿元）	对最终消费的影响（%）
	（1）	（2）	（3）	（4）
2013 年	53.73	1577.83	1735.99	0.57
2014 年	54.77	1423.52	1649.22	0.49
2015 年	56.10	1827.56	2224.10	0.60
2016 年	57.35	1728.15	2237.80	0.54
2017 年	58.52	1626.33	2193.99	0.48

续表

指标	城镇化率（%）	农村向城镇转移人口数（万人）	城镇化带动居民消费增加额（亿元）	对最终消费的影响（%）
	（1）	（2）	（3）	（4）
2018 年	59.58	1479.85	2070.01	0.41
2019 年	60.60	1427.76	2103.90	0.38

数据来源：国家统计局．中国统计年鉴 2020［M］．北京：中国统计出版社，2020.9.

注：1.（1）= 城镇人口（万人）/年末总人口（万人）×100%；2.（2）= 年末总人口（万人）×［（1）t-（1）t-1］；3.（3）=［城镇居民人均消费支出（元）-农村居民人均消费支出（元）］×（2）/10000；4.（4）=（3）/最终消费（亿元）×100%，最终消费支出包括居民消费支出和政府消费支出。

2. 中等收入群体的趋优消费引领消费升级

（1）中等收入群体的趋优消费。城镇化伴随生活方式的改变，迅速增长的中等收入群体的消费倾向和消费习惯趋向于购买中高端和时尚产品。

（2）城镇化推动大众消费时代的到来。欧、美、日等发达国家经历过的大众消费时代，都受益于中等收入群体的崛起。我国已经跨越生活必需品时代，并迎来大众消费时代，在相当大程度上得益于中等收入群体规模的不断扩大。

（3）城镇化推动个性化消费。中等收入群体的消费开始告别盲目攀比，更加注重通过消费获得个性的满足、精神的愉悦、舒适感。这种以个人心理愿望为基础挑选和购买商品或服务的消费理念的兴起，引领个性化消费的发展。

3. 城镇化拉动服务型消费

（1）城镇化引领服务型消费增长。从统计数据看，我国城镇居民消费升级比农村居民超前 10 年以上，城市居民在物质型消费饱和后，逐步成为引领教育、医疗、养老、文化、信息、旅游等服务型消费需求增长的主力军。

（2）城镇化带来服务业的规模效应和集聚效应。一般来说，农村人口集聚数量少，在农村兴办学校、医院、图书馆、公园等，很难形成规模经济。而人口密集的城市在公共服务和基础设施建设上很容易形成规模经济，从而产生服务业发展的规模效应和集聚效应。

（3）城市更有条件承载服务型消费供给。由于城市的服务业发展具有更高的效率，进入工业化后期，城市逐步更多承载教育、医疗、养老、文化、信息、旅游等方面的服务型消费供给功能是一个全球性的趋势。城市拥有比农村更为良好的服务功能，也是其能够吸引农村居民源源不断加入的重要原因。

4. 城市消费呈梯次升级新趋势

（1）一、二线城市进入品质化、简约化消费时代。一、二线城市覆盖人口3.9亿人，占我国总人口的28%；对应城市人口数2.7亿人，占城市人口的33%①。经历了过去10年的品牌消费时代，当前的一、二线城市消费理念从物质回归到人，对产品的需求上升到了享受服务和提升生活品质的层面，更加注重精神体验，并有走向简约环保、返璞归真的趋势。

（2）三、四线城市进入品牌消费时代。三、四线城市覆盖5.6亿人口，占我国总人口的40%；对应城市人口数3.3亿人，占城市人口的41%②。三、四线城市消费者更愿意为好的品牌付费，其中的高收入群体正逐步向品质化消费时代迈进。

（3）五、六线城市进入大众消费时代。五、六线城市覆盖4.4亿人口，占我国总人口的32%；对应城市人口数2.1亿人，占城市人口的26%③。受益于收入提高和我国商品的极大丰富，五、六线城市消费升级趋势明显，汽车、洗衣机、电视机、冰箱、吸尘器等家用电器走进五、六线城市的千家万户。

三、消费功能和消费承载力影响城市竞争力

正如著名城市经济学家、哈佛大学教授爱德华·格莱泽所言：过去50

---

① 国泰君安证券．决定中国未来消费市场的，是这两个关键的人口结构因素[R]．2018-12-12.

② 同上。

③ 同上。

年，城市复兴是由消费而非生产驱动的，这缘于人们居住在城市的欲望增强，而不是因为城市生产力的提高。城市居民的消费升级，使城市越来越扮演着消费场景创造者的角色。我国进入消费新时代，城市的吸引力在相当大程度上取决于其能否为消费升级创造便捷的社会和人文场景。

1. 消费兴旺的城市发展更具竞争力

2020 年，我国主要城市社会消费品零售总额排名前 10 位的分别是上海、北京、重庆、广州、深圳、成都、苏州、南京、武汉和杭州。其中，上海、北京、重庆均超过万亿元大关，广州处于 9000 亿元梯队，深圳和成都位于 8000 亿元梯队，第十名的杭州也到了 5973.0 亿元（见表 3.2）。根据《GN 中国城市综合竞争力评价指标体系》进行的排名，我国排在前 10 位的城市依次为：深圳、香港、上海、北京、广州、杭州、重庆、苏州、南京、天津。除武汉、成都两个城市外，其余社会消费品零售总额规模较大的 8 个城市同时也是国际竞争力最强的城市。

表 3.2　2020 年我国主要城市社会消费品零售总额

城市	社会消费品零售总额（亿元）	增长率（%）
上海	15932.5	0.5
北京	13716.4	-8.9
重庆	11787.2	1.3
广州	9218.7	-3.5
深圳	8664.8	-5.2
成都	8118.5	-2.3
苏州	7702.0	-1.4
南京	7203.0	0.9
武汉	6149.8	-20.9
杭州	5973.0	-3.5

数据来源：2020 年十大消费城市：三城市社消总额超万亿元，重庆赶超广深[EB/OL]. 第一财经，2021-02-21.

2. 难以集聚人口和消费的城市将逐步落伍

（1）难以集聚人口和消费的生产型城市正在加快衰落。新消费时代的到来，致使纯粹的生产型城市难以为继。美国的底特律就是一个典型的案例。并不是底特律的汽车本身生产得不好，而是人口和消费难以集聚导致了底特律的衰落。改革开放初期，我国不少城市带有生产型的突出特点，有不少是因工矿企业设市，如大庆、白银、鞍山等。这些城市在相当一段时期发展得很好，但其中不少因生产动能减弱、难以集聚人口和消费而衰落。

（2）一些原有发展基础比较好的城市掉队。以东北为例，原来在城镇化进程上领先于绝大多数省份。1996 年，黑龙江和辽宁的城镇化率分别为 52%和 45%，而当时全国城镇化率仅为 31%①。1978 年，在全国 GDP 前 10 大城市中，东北共有 3 席（沈阳、大连、哈尔滨），前 20 名中，东北区域共有 6 个席位（除前 10 名的 3 个城市外，还有鞍山、大庆以及长春）。《中国人口大迁移：2019》中的数据显示，2001—2017 年，东北地区人口流出个数急剧上升，占比从 68. 4%激增至 97. 7%。2019 年以及 2020 年前三季度 GDP 前 20 强中，已经没有一个东北地区的城市。

（3）消费新时代的城市发展面临“洗牌”。当前，我国人口流出的地、州、市共有 199 个，占比为 61. 8%。东部地区 46 个，中部地区 64 个，西部地区 77 个，东北地区 12 个，分别占流出城市总数的 23. 12%、32. 16%、38. 69%、6. 03%②。其中，有 12 个自治州、1 个盟，其余 186 个为地级市。尽管不少地方拥有比较好的资源禀赋优势，但人口流出导致消费流出，在新一轮城市竞争中将会面临相当大的挑战。

3. 消费型城市的崛起

（1）工业化后期消费型城市的优势凸显。消费型城市是与生产型城市

---

① 国家统计局．中国统计年鉴 1997［M］．北京：中国统计出版社，1997. 9.

② 肖金成，洪晗．中国人口流出的地州市城市发展研究［J］．开发研究，2020（04）.

相对应的概念，最早由德国政治经济学家、社会学家马克斯·韦伯于1920年提出。与生产型城市有所不同，消费型城市的经济基础主要不在于生产功能，而是消费服务功能，它能够有效集聚人口，拥有强大的消费需求，并能够提供丰富的消费产品和服务。消费型城市有三种类型：第一种是纯消费型城市，主要特点是城市功能完全服务于消费，如美国的拉斯维加斯；第二种是准消费型城市，主要特点是消费功能比较强大，但也具备相当规模的生产功能，如我国的重庆、成都；第三种是综合型的消费城市，主要特征是不仅消费功能强大，而且还是政治、经济、文化金融中心，如我国的北京、上海。消费型城市适应了工业化后期服务业发展的大趋势，主要通过服务产业来促进消费，以满足生产者、消费者的服务需求，提供不同形式的服务劳动和服务产品。消费型城市不仅通过消费来拉动本城市的经济发展，同时辐射周边，对于区域和国家的经济发展都有重要的带动作用。

（2）消费型城市在竞争中胜出。以成都为例，这是近10年崛起的消费型城市。2018年，成都连续6年稳居全国零售第四城，奢侈和轻奢品牌城市偏好度位居全国第三。2020年，成都引入386家各类零售店，仅次于上海、北京，位居全国第三，继续领跑新一线城市。2020年，成都市实现社会消费品零售总额8118.5亿元，GDP增速达4.14%。成都市已拥有6家独角兽企业，新经济企业从18万家增至36万家，新经济营业收入突破4000亿元，新经济活力指数、新职业人群规模均位居全国第三[①]。

（3）消费型城市的发展潜力较大。以重庆为例，重庆是我国最新崛起的消费型城市。在2020年社会消费品零售总额前15强城市中，重庆位居第三，达11787.2亿元，紧追上海（15932.5亿元）、北京（13716.4亿元），超过广州（9218.66亿元）、深圳（8664.83亿元）[②]。2020年，重庆

① 场景营城 产品赋能 新经济为人民创造美好生活[N]. 成都日报，2020-04-01.

② “新一线城市”消费哪家强[EB/OL]. 新华网，2021-02-24.

市 GDP 增长速度高达 3.9%，突破 2.5 万亿元，稳居全国第五位，与排在第四位的广州仅有 16.32 亿元的差距。

（4）消费型城市重塑区域发展格局。2019 年，成渝城市群最重要的两极——成都和重庆双双荣获“中国十大夜经济影响力城市”。目前，成渝城市群已成为名副其实的城市群消费第四极。未来 5～10 年，成渝作为“双子星”迈向消费型城市圈，有望打造我国经济发展的第四增长极。

四、国内城市竞相培育消费新业态

近几年，国内各级城市纷纷把培育消费新业态作为重要的发展目标，催生了步行街、夜间经济、首店经济等新的城市商业模式和消费模式。消费新业态的兴起，推动着城市消费升级场景创造功能的不断完善。

1. 步行街经济成为城市消费新引擎

（1）越来越多的城市重视步行街经济的发展。步行街可以集聚更多品牌、店铺和资源，有利于促进消费、拉动投资和扩大就业。许多城市把培育人气旺、特色强、有文化底蕴的步行街作为启动消费的重要引擎。2018 年底，商务部在全国 11 条步行街启动首批试点。武汉“20 世纪建筑博物馆”江汉街，传统节庆日举办“金陵灯会”的南京夫子庙，网罗四川美食的成都宽窄巷子等成为典范①。

（2）步行街经济促进消费的效果显著。《2019 年阿里巴巴步行街经济报告》中的数据显示，从 2018 年 10 月至 2019 年 10 月，11 条试点步行街新消费蓬勃发展，线下消费金额同比增长 36.7%，大幅领先于同期社会消费品零售总额的增速；消费者数量同比增长 15.5%，消费客单价同比增长 18.3%；总客流（10 月）同比增长 23.3%。

（3）步行街经济成为展示城市形象的新名片。2020 年，商务部发布首

① 全国 11 条试点步行街经济排行榜出炉，江汉路最受年轻消费者青睐[N]. 长江日报，2020-01-07.

批五条全国示范步行街名单，成都宽窄巷子与西安大唐不夜城、重庆解放碑、南京夫子庙、杭州湖滨路荣列榜单，力拔头筹获得“国字号”殊荣。《步行街数字消费报告（2020）》显示，基于美团大数据对王府井、宽窄巷子等23条具有代表性的步行街进行用户画像和交易分析发现，仅1500万名美团用户在步行街消费总额就超过60亿元。

2. 城市夜间经济的兴起

（1）夜间经济成为各城市促进消费的重要渠道。根据光明网相关数据，当下60%的城市消费行为发生在夜间，大部分商家每天的营业收入构成有60%~70%来自夜间。据商务部统计，2020年五一小长假，全国夜间消费金额占全天的29.92%。在重庆、长沙、成都等城市，夜间消费占比已经超过50%。2019年以来，从上海、成都到北京、济南，出台过专项政策的省市已达10余个。以上海、北京为例，各区分管区长甚至直接担任起“夜间区长”，同时还设置专职的“夜生活首席执行官”，北京则设立了市、区、街三级夜间经济“掌灯人”。

（2）夜间经济激发城市消费活力。《阿里巴巴夜经济报告2020》中的数据显示，在经济和社会生活全面走向数字化的背景下，6月10日至7月10日，淘宝天猫平台上的夜间消费占比已达40%。深夜更是直播购物的黄金时段，夜间逛淘宝直播买买买的成交额占比已经超过60%，其中女装、美妆、珠宝饰品、3C数码、大家电、食品和家装行业的关注度最高。随着新冠肺炎疫情防控进入常态化阶段，夜间出行逐渐恢复到疫情前的水平，高德夜间出行量在全天占比超30%。菜鸟数据显示，商家夜间发货量比2019年同期增长近30%。2020年以来，夜间的地摊经济一度火热，但基于多种原因又被多地叫停。在不影响正常交通和城市环境保护的前提下，不应当“一刀切”，要鼓励和支持地摊经济在符合环保标准前提下的合法经营。

（3）夜间经济引领消费型城市崛起。由瞭望智库联合腾讯共同编写的《中国城市夜经济影响力报告（2020）》从夜经济传播力、创新力、产业规模、商圈流量四个维度对目标城市进行综合评价分析，重庆、成都、长沙、青岛、北京、西安、上海、深圳、广州、武汉 10 个城市成为 2020 年夜经济影响力十强城市。其中长沙脱颖而出，其夜经济传播力、创新力、商圈流量均跻身第一梯队。

3. 城市首店经济的兴起

（1）首店经济风靡全国。首店通常是指一个地区吸引国内外品牌在该区域首次开设门店，如全球首店、中国首店、区域首店等；或者是已入驻的品牌采取先进经营模式创新发展形成的新店，如概念店、体验店等。所谓首店经济，是指区域首次开设门店，由此对经济发展产生积极影响的形态。近年来，我国首店经济发展十分火爆。据中商数据统计，仅 2019 年上半年，我国 30 个主要城市就引进 2000 多家全球、中国、区域、行业、体验、创新等首店，其中全国首店高达 336 家；首店最密集的三大城市是上海、北京和成都，分别引入 498 家、328 家和 237 家。2020 年虽然遭受疫情重创，但据不完全统计，2020 年上半年新开全国首店 106 家，遍布 14 座城市。

（2）首店经济成为城市消费升级的风向标。首店经济反映出一个城市消费市场的敏锐度和成熟度，折射出城市的开放度，同时各级城市要带来的消费新概念和发展新空间，助推城市品牌的形成。2019 年以来，上海、北京、成都就相继出台补贴政策，主动招募国际化品牌等首店资源入驻。内陆城市中，武汉、济南也纷纷将发展“首店经济”上升至政策层面。

（3）上海、深圳、成都首店经济引领全国。根据全球著名市场调研机构尼尔森中国零售商研究部发布的《2020 年成都首店经济报告》，上海首店数量高居全国第一位，深圳、成都紧随其后，显示出强劲的竞争实力。通过发展首店经济创新商业模式，营造出浓厚的品牌效应，将成为我国城市提升形象和商业竞争力的新潮流。

第二节　城镇化的消费增长空间

与过去规模城镇化有很大的不同，我国进入以人口城镇化为主要特征的城镇化发展阶段。在这个新发展阶段，城镇化将围绕人的自身发展需求展开，未来5~10年，我国仍将有2亿左右的农村人口进入城市生活，并由此带来巨大的新增消费需求。

一、城镇化仍处于加速发展区间

“十三五”时期，农业转移人口加快融入城市，我国顺利实现了1亿农业转移人口和其他常住人口在城市落户。总的来看，“十四五”人口城镇化仍处于加速发展区间。

1. 城镇化率的较快增长

2019年，我国城镇化率达60.60%，是1990年26.41%的2.29倍，年均提高近1.14个百分点[①]。从城镇化率的增长趋势看，1990—2019年可以分为四个阶段：第一阶段是1990—1995年的缓慢增长阶段，该阶段城镇化率年均提升0.44个百分点。第二阶段是1996—2003年的高速增长阶段，该阶段城镇化率年均提升1.26个百分点。第三阶段是2004—2010年，受国际、国内宏观环境的变化的影响，城镇化率在波动中维持快速增长，该阶段城镇化率年均提升1.17个百分点。第四阶段是2011—2019年，城镇化率在不断趋缓的增速中保持上升态势，该阶段城镇化率年均提升1.04个百分点。总体来看，我国的城镇化率提升速度虽然在放缓，但依然保持着稳步增长态势（见图3.3）。

---

① 国家统计局. 中国统计年鉴2020[M]. 北京：中国统计出版社，2020.9.

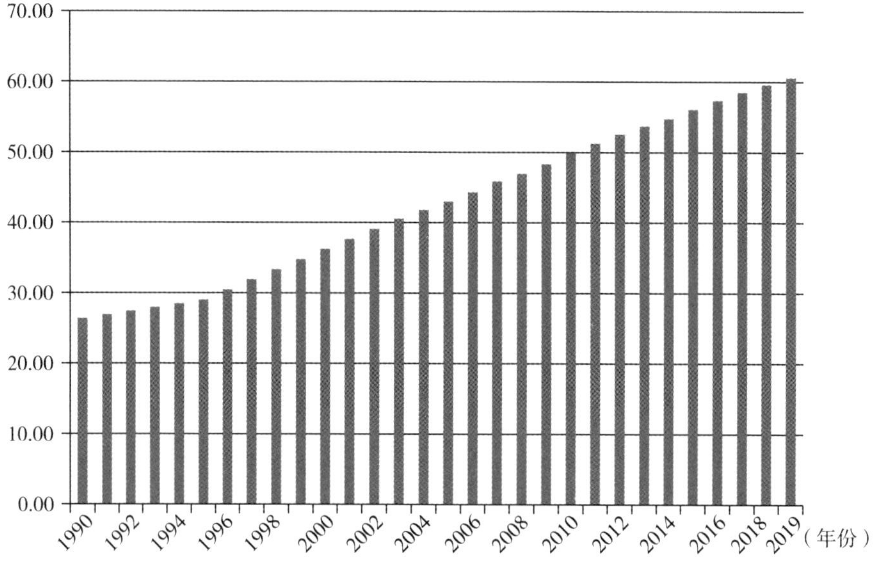

图 3.3　1990—2019 年我国城镇化率（单位:%）

数据来源：国家统计局．中国统计年鉴 2020［M］．北京：中国统计出版社，2020.9.

2. 城镇化率 30%～70%为加速发展区间

从国际经验看，城市化一般可以分为三个阶段：第一阶段为初始阶段，是指城市人口占总人口的比重在 30%以下的阶段，该阶段由于生产力水平较低，工业提供的就业机会有限，农村剩余劳动力释放缓慢。第二阶段为中期阶段，该阶段城市人口占总人口的比重为 30%～70%，城市化进入加速发展区间，城市人口可在较短的时间内突破 50%进而上升到 70%。第三阶段为后期阶段，该阶段城市人口占总人口的比重在 70%以上，这一阶段城市化水平开始稳定下来。

3. 我国人口城镇化仍处于加速发展区间

（1）城镇化率处在加速发展区间。从常住人口城镇化率来看，我国 2019 年为 60.6%，处在加速发展区间；从户籍人口城镇化率来看，2019 年为 44.38%，也处在加速发展区间①。

① 国家统计局．中国统计年鉴 2020［M］．北京：中国统计出版社，2020.9.

（2）半城镇化人口需要在城市落户。尤其值得关注的是，2019 年，我国户籍人口城镇化率低于常住人口城镇化率 16.22 个百分点。未来 10 年，至少有 2.27 亿居民未真正实现在城市的落户。

（3）农业人口向城市转移仍有较大空间。2020 年，我国 GDP 突破 100 万亿元，第一产业增加值为 77754 亿元，农业在 GDP 中的占比为 7.78%，而农业人口占比却高达 39.4%[①]。未来 10~15 年，农业人口占比将会减少为 25%左右。

（4）城镇化仍将保持较快增速。采用不同的统计方法进行预测可以发现，我国城镇化率至少在 2024 年之前仍将保持 1%以上的年均增速，至少在 2028 年之前仍将保持 0.5%以上的年均增速。

4. 2035 年：城镇化将进入稳定发展阶段

（1）我国到城镇化稳定发展阶段需要 10 年左右。从我国的基本国情看，由于积累了大量半城镇化人口，城镇化很难放慢步伐。按照城镇化率保持每年 1 个百分点的增长速度，10 年后城镇化率将达 70%，15 年后城镇化率将在 75%左右稳定下来。

（2）2025 年：常住人口城镇化率将达 65%。“十四五”期间，重点解决“半城镇化人口”在城市落户问题，2025 年常住人口城镇化率将达 65%，户籍人口城镇化率将达 55%左右。

（3）2030 年：城镇化率将达 70%。“十五五”期间，半城镇化人口问题基本得到解决；2030 年，人口城镇化率与户籍人口城镇化率大体一致。

（4）2035 年：城镇化率将达 75%。“十六五”期间，城镇化到成熟阶段，城镇化率将在 75%左右稳定下来。

二、城镇化带来巨大消费与投资需求

城镇化将带来大量人口生活方式的巨变，并由此催生新兴消费需求。围

① 国家统计局．中华人民共和国 2020 年国民经济和社会发展统计公报[M]．北京：中国统计出版社，2021.3.

绕城镇化不断加大“两新一重”投资，成为“十四五”各级政府扩大投资的主线。

1. 人口城镇化不断加快

（1）人口城镇化面临新形势。一方面，城市户籍制度放宽的趋势逐步形成，未来5~10年，我国有望全面推行居住证制度；另一方面，随着我国逐步进入老龄化社会，全国各个级别的城市都意识到争夺青年人到本地居住的重要性，人口城镇化逐步由“城市择人”发展到“城市抢人”。

（2）户籍制度改革加快。当前，城区常住人口300万以下的城市全面取消落户限制、城区常住人口300万以上的城市基本取消重点人群落户限制等不断推进，以及各地落户限制逐步放宽。城镇化突出表现为“非户籍人口在城市落户”①。尤其是在中西部地区，除省会城市外落户零门槛基本实现；参加城市社会保险年限等落户条件普遍降低，南京、武汉、成都、郑州、西安等城市对高校和职业院校毕业生、技术工人、留学归国人员等群体放宽落户条件；北京、上海、广州、深圳等超大城市公开透明的积分落户制度逐步建立。

（3）愈演愈烈的城市“抢人大战”。2017年以来，武汉、西安、长沙、成都、郑州、济南等100多个城市先后掀起“抢人大战”②。这轮主要由二线城市发起的人才争夺战，逐步蔓延到三、四线城市，最终北上广深等一线城市全部加入。最初多数城市以引进高校毕业生为主体，同时高规格引进国际顶尖专家及各行业杰出人才；其后，不少城市把引进学历型人才的门槛降至中专，并放宽对高级工等专业技能人才的引进。

专栏3.1

城市“抢人大战”相关优惠政策

京沪的户籍政策放宽仅针对顶尖人才。北京为优秀人才引进开辟“绿色通道”，对

① 城区常住人口300万以下的城市要全面取消落户限制[N]. 大河报，2021-03-09.

② 城市“抢人大战”：21世纪什么最贵？人才！[EB/OL]. 第一财经网，2021-01-09.

科技创新、金融等 7 类人才加大引进力度，落户标准高（例如，科技创新人才年收入超过平均工资 15 倍到 20 倍），配偶、子女可随迁。上海提出打造“人才高峰”，向 13 个领域的全球人才给予“量身定制”“一人一策”的优惠条件，高峰人才及其家属、核心团队成员及其家属可直接办理上海户籍。2020 年，上海明确提出，本地四所名校的应届本科毕业生只要符合基本条件就可以落户。

多数二线和三、四线城市都对学历型人才完全敞开怀抱，实行“零门槛”落户、“先落户后就业”，家属随迁等。其中，多数城市对学历型人才进行大额补贴或买房打折、提供人才公寓等。针对普通学历型人才力度大的购房补贴一般在 1 万~10 万元，力度大的租房补贴一般在 1500~5000 元/月。比如，武汉承诺大学生八折买房，临空港经开区首批 392 套大学生安居房以 6800 元/平方米出售①。郑州给予青年人才首次购房一次性补贴，其中博士 10 万元、硕士 5 万元、双一流本科生 2 万元②。从对就业创业支持力度来看，部分城市除对高层次人才有高达百万元至上亿元的支持外，对大学生创业也给予 10 万~100 万元的免息或贴息贷款。而且，西安、成都等部分城市在短时间内不断加码优化引才政策，如西安从 2017 年 3 月至今已八度升级。

资料来源：中改院课题组整理。

2. 人口城镇化的主体呈现新变化

（1）人口城镇化的结构发生变化。近年来，城镇化率每提高 1 个百分点，大约对应着 1400 万人口从农业生产转到城市非农生产。而人口城镇化的主体，不仅包括农民工，还包括大学生。

（2）农民工是存量城镇化的主体。农民工进城从 2011 年开始呈逐年回落趋势，2016 年、2017 年、2018 年、2019 年分别为 1.38 亿人、1.36 亿人、1.37 亿人、1.35 亿人③。

（3）大学生是增量城镇化的主体。数据显示，2001 年我国大学毕业生仅有 100 万人左右，在 2019 年为 860 万人，2020 年为 874 万人。未来每年

① 武汉首批“八折大学生安居房”正式发售 392 套房出售[N]. 武汉晚报，2018-06-11.

② 郑州青年人才购房补贴过亿！其中硕士占八成[EB/OL]. 河南生活健康网，2019-11-21.

③ 根据国家统计局历年《农民工监测报告》统计数据整理得出。

1000 万左右的城镇新增人口中，将有 500 万以上人口是农村户籍大学毕业生。

3. 人口城镇化伴随消费需求升级

（1）人口城镇化带有举家迁移的特征。改革开放之初，农民进城是为了谋求更高的收入，主要特点是家庭主要劳动力进城，职业在城市、家庭在农村。但是今天，新生代农民积累了更高的人力资本后进城，开始追求举家迁移到城市。

（2）人口城镇化伴随改善型消费需求升级。过去农民进城打工，在城市省吃俭用，存钱到农村建房。新生代农民进城，所积累的资本多数留在城市，生活方式更加城镇化，并由此产生城市购房需求以及生活品质改善的需求。

（3）居住和生活改善将成为城镇人口主要的消费需求。以往农民进城能够忍受“候鸟式”“两地分居”的就业；而今，农民进城的目的是要追求稳定的就业以及享受完整的家庭生活。

4. 农民进城带来巨大消费投资需求

（1）农民进城带来新的消费需求。新生代农民进城，追求城市品质的衣食住行、生老病死、安居乐业等多方面的需求，对优质的住房、教育、康养、文化、娱乐等消费需求全面增长。

（2）举家进城的消费需求巨大。到 2035 年，我国城镇化率将达 75%，以此推算，新增农村转移人口约为 2.2 亿人。研究表明，每 1 个农民带 1 个配偶和 1 个子女在城市定居，大约能够拉动消费支出 4.4 万元①，由此将带来增量消费需求 9.68 万亿元。

（3）消费投资需求潜力巨大。满足农村转移人口的就业、安居、生活品质等需求，需要大量的投资。根据麦肯锡的预测，我国城镇化安置 1 个

① 国务院参事徐宪平：以人为核心的新型城镇化是最大的内需[EB/OL]. 澎湃新闻网，2021-02-27.

农民在城市生活需要新增固定资产投资 50 万元。如果到 2035 年我国城镇化率能够在 2019 年的基础上再提高 15 个百分点，且 1 个百分点将使 1400 万的农村人口转化为市民，则意味着 2019—2035 年新增固定资产投资将达 105 万亿元，年均新增固定资产投资将超过 6.56 万亿元。如果按照每户 3 人、户均居住面积为 80 平方米进行计算，则 2019—2035 年需要新建包括保障性住房在内的各类住房 7000 万套（56 亿平方米），即每年需新增 3.5 亿平方米共计 437.5 万套的住房。

三、城镇化形成公共消费的巨大规模效应

2020 年以来，为对冲疫情负面影响，我国加大了城镇化相关的“两新一重”投资，尤其是在重大民生、公共服务等领域的投资，在促进城市公共消费中发挥了重要作用。

1. “两新一重”投资助推公共消费

（1）各级政府加大“两新一重”投资。2020 年以来，我国专项债、PPP（政府和社会资本合作）等资金加速投向“两新一重”领域。2020 年数据显示，前 10 个月 PPP 新入库项目投资额已超 1.2 万亿元。2021 年超 3 万亿元新增专项债中也有相当比例用于支持“两新一重”项目①。

（2）“两新一重”投资重点在公共产品领域。截至 2020 年 10 月 31 日，全国地方新增专项债券发行 35466 亿元，已发行的新增专项债券资金已支出 3.06 万亿元②。资金重点用于国务院确定的交通基础设施、能源、农林水利、生态环保、民生服务、冷链物流设施、市政和产业园区基础设施等公共产品领域。

（3）“两新一重”在促进公共消费中发挥重要作用。教育、医疗、文化等领域，既是公共消费的重要内容，也是新基建的重要领域，是“两新

---

① 多路万亿级资金加速涌入“两新一重”[N]. 经济参考报，2020-12-02.

② 今年新增专项债券发行计划完成九成[EB/OL]. 第一财经网，2020-12-08.

一重”投资的重点。例如，发行1万亿元抗疫特别国债主要用于地方公共卫生等基础设施建设，实现全民可免费预约接种疫苗；实施城市更新行动，推进城市老旧小区改造，支持保障性租赁住房建设，在促进公共住房消费中发挥重要作用；突出民生公共服务领域投资，推动养老、托育、家政等服务标准化、品牌化，有效补齐多个领域公共消费短板。

2. 新型基础设施建设与城镇化相融合

（1）“两新一重”投资重点是城市基础设施。全国PPP项目信息监测服务平台数据显示，2020年1—11月各地增加PPP项目592个。分行业看，城市基础设施新增项目最多，达192个[①]；农林水利、交通运输、社会事业、环保等行业新增项目数较多。

（2）城市轨道交通重大工程投资力度加大。2020年仅轨道交通PPP项目，包括武汉市轨道交通12号线工程PPP项目、太原市城市轨道交通1号线一期工程PPP项目等中标总金额就达1900亿元[②]。全国PPP地铁项目已经超过了100个，涉及总投资额超过1万亿元。

（3）智慧城市投资力度加大。在新型基础设施建设方面，重点加强了系统性布局，城市5G、工业互联网、大数据中心等建设提速。2020年，全国投资全年增长2.9%，其中信息传输、软件和信息技术服务业等新型基础设施投资增速达18.7%[③]。

3. 城市公共服务不断改善

（1）城市教育、医疗等基本公共服务的供给实现较快发展。2019年末，全国仅九年一贯制普通初中教职工数就达153万人，相当于几乎每5个学生就有1位老师；每万人拥有城市卫生技术人员数达111人，是2001

---

① 全国PPP项目信息监测服务平台显示今年1—11月各地新增PPP项目592个[EB/OL]. 国家信息中心网站，2021-01-12.

② 武汉市城乡建设局武汉市轨道交通12号线工程PPP项目中标公告[EB/OL]. 中国政府采购网，2020-10-23.

③ 国家发改委今年首场发布会！回应宏观政策是否滑坡 还有哪些干货[N]. 新京报，2021-01-19.

年 52 人的两倍多①。

（2）城市基础设施建设实现较快发展。城市用水普及率及燃气普及率始终处于较高的水平，尤其是近 5 年来城市用水普及率和燃气普及率始终处于 95%以上的水平（见图 3.4）。在每年数以万计人口涌入城市的情况下，每万人拥有公共交通车辆、人均公园绿地面积、人均城市道路面积等为人们基本公共生活提供保障的公共基础设施建设基本处于不断上升的态势；即使每万人拥有公共厕所数量稍有下降，但仍保持在接近每万人拥有 3 所公共厕所的数量。

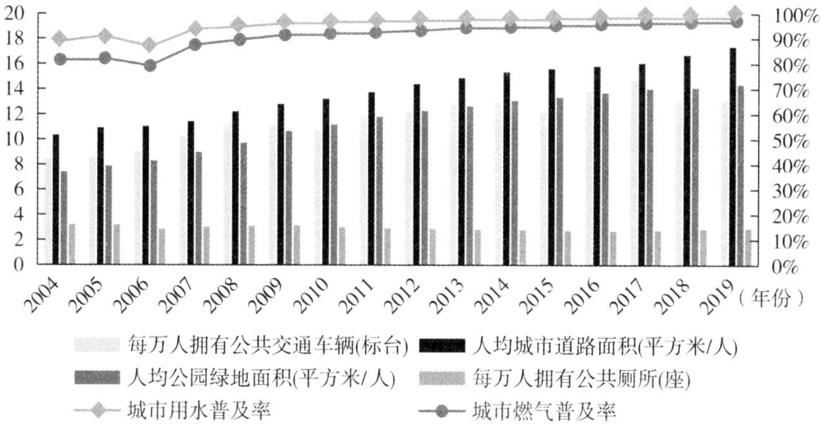

图 3.4　2004—2019 年我国城市公共基础设施建设发展趋势

数据来源：国家统计局历年《中国统计年鉴》数据整理。

（3）城市公共领域投资潜力巨大。以公园绿地建设为例，2019 年我国人均公园绿地面积为 14.36 平方米②，低于欧洲国家平均水平，更远低于 2010 年“欧洲绿都”斯德哥尔摩的人均 68.3 平方米。如果我国人均公园绿地面积能够到斯德哥尔摩的一半水平，则意味着我国有可能形成万亿级的投资市场。

① 国家统计局．中国统计年鉴 2020［M］．北京：中国统计出版社，2020.9.

② 同上。

四、城镇化引致的消费需求持续释放

城镇化的本质是人的城镇化，其主要特征是城市居民不断增加，并能够在城市拥有稳定的就业和高品质的生活。城镇化引致的消费需求不断释放，将构成我国未来5~10年消费升级的主战场。

1. 2025年城市人均可支配收入将达6.8万元

近年来，我国城市居民人均可支配收入快速增长。2019年，城市居民人均可支配收入为42359元（见图3.5），较2013年增长60.04%。2013—2019年，城市居民人均可支配收入的年均增长率约为8.2%[①]。尽管我国经济增速放缓，但考虑到城市居民财产性收入，如果未来5年城市居民人均可支配收入维持原有增长速度，保持在8.2%左右，到2025年将达67795元。

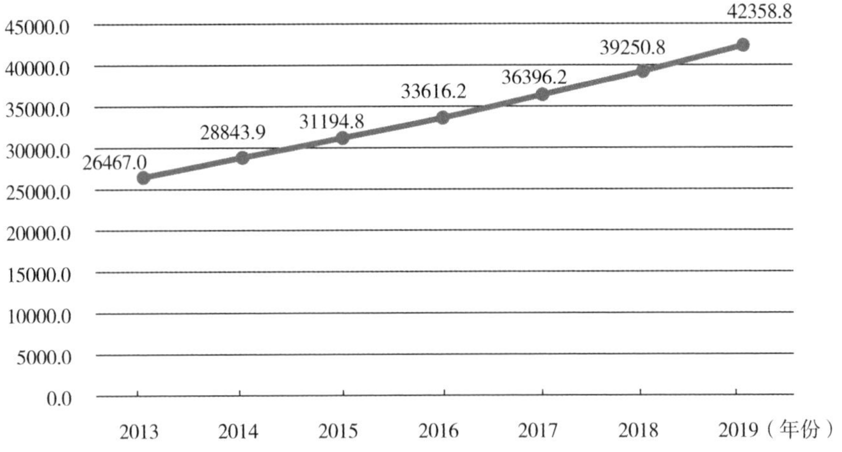

图3.5 2013—2019年我国城市居民人均可支配收入增长趋势（单位：元）

数据来源：国家统计局．中国统计年鉴2020［M］．北京：中国统计出版社，2020.9.

2. 2025年城市人均服务型消费支出将达2万元

2013—2019年，我国城市居民人均服务型消费支出从2013年的7061

① 国家统计局．中国统计年鉴2020［M］．北京：中国统计出版社，2020.9.

元增长到 2019 年的 11718 元，涨幅为 65.95%[①]。如果按照 2013—2019 年的平均增速来看，到 2025 年我国城市居民人均服务型消费支出将达 19500 元，接近 2 万元。

3. 2025 年城市消费品零售额将达 48 万亿元

（1）城镇化引致消费需求加快释放。2019 年，我国农民工数量达 29077 万人，较 2018 年增长了 0.8%。而在这些外出务工的农民工中，年末居住于城市的人数达 13500 万人，占总数量的 46.43%[②]。如果这些进城农民工能够同城市居民一样享有完善的社会保障及与市民均等的基本公共服务，使农民工消费水平提高到城市居民的 90%，每年就可带来最高约 1.24 万亿元的新增消费规模。

（2）城市消费品零售额有条件维持 7.5%左右的年均增速。受疫情影响，2020 年城镇消费品零售额为 339119 亿元，同比下降了 3.47%（见图 3.6）。但 2013—2019 年，城镇消费品零售额持续快速攀升，消费品零售额年均增长率约为 7.53%[③]。考虑到我国疫情在 2021 年得到有效控制，城市消费正在强劲复苏，城镇化拉动的消费潜力不断释放，未来 10~15 年城市消费总规模年均增速保持 7.53%是有条件的。按此增速预测，到 2025 年，我国城镇消费品零售额将达 48 万亿元；到 2030 年，城镇消费品零售额将达 70 万亿元；到 2035 年，城镇消费品零售额将达 100 万亿元。

---

① 国家统计局．中国统计年鉴 2020［M］．北京：中国统计出版社，2020.9.

② 国家统计局．中华人民共和国 2020 年国民经济和社会发展统计公报［M］．北京：中国统计出版社，2021.3.

③ 国家统计局．中国统计年鉴 2020［M］．北京：中国统计出版社，2020.9.

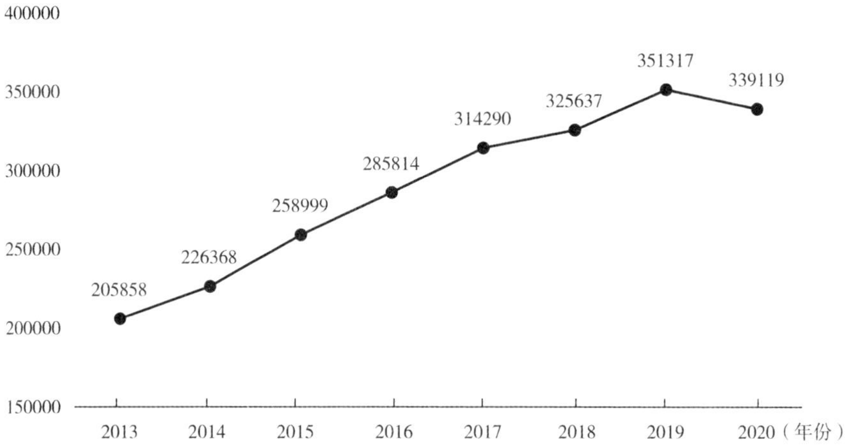

图 3. 6　2013—2020 年我国城镇消费品零售额增长趋势（单位：元）

数据来源：国家统计局．中国统计年鉴 2020［M］．北京：中国统计出版社，2020. 9.

第三节　大城市和都市圈成为消费中心

我国城镇化逐渐进入下半场。在城镇化的下半场，不仅伴随人口由农村向城市的流动，还伴随人口向中心城市和城市群的流动。一批现代化都市圈和区域消费中心的兴起，是我国新发展阶段消费升级的时代特征。

一、人口向中心城市和城市群集聚的新趋势

从国际经验看，在城市化率超过 60%后是城市化的下半场。在这个特定阶段，人口加速向中心城市和城市群转移，是城市化发展的一般规律。未来 5~10 年，人口向中心城市和城市群迁移的态势将越来越明显。

1. 国际上人口向大城市和大都市圈集聚的现象

根据联合国世界城市化报告，1980—2015 年全球 1000 万人以上城市

个数从5个增至29个，人口占全球人口比重从1.9%升至6.4%，上升了4.5个百分点，在各类规模城市中提高幅度更大。此外，到2030年，1000万人以上城市的个数有望增至41个，人口占比将进一步升至8.7%，上升2.3个百分点，上升幅度也将继续位居各类规模城市之首[1]。

专栏3.2

美国、日本和韩国的城市化下半场

美国城市化下半场的人口迁移。1950—2010年，500万人以上的都会区人口占美国全国人口比重从12.2%增至24.6%，特别是在1970—2010年，500万人以上都会区人口比重增加9.4个百分点。

日本和韩国城市化下半场的人口迁移。日本的人口长期向东京、大阪、名古屋三大都市圈集聚。1884—1973年，东京圈人口占比从10.8%增至23.9%，大阪圈人口占比从10.5%增至15.0%，名古屋圈人口占比从8.3%增至8.4%；之后，日本人口迁移从向“三极”集中转为向“一极”集中，2014年东京圈人口占比达28.3%。在韩国，首尔圈人口占比从1955年的18.3%增至2015年的49.1%。

资料来源：联合国人居署.2020世界城市化报告[R].2020.10.

2. 我国人口向中心城市集聚的新趋势

（1）中心城市发展较快。根据2014年《国务院关于调整城市规模划分标准的通知》的标准，截止到2019年底，我国的超大城市（城区常住人口1000万人以上）有上海、北京、广州、深圳、天津、重庆6个；特大城市（城区常住人口500万人至1000万人）有东莞、武汉、成都、杭州、南京、郑州、西安、济南、沈阳、青岛10个；大城市（城区常住人口100万人以上500万人以下）有太原、乌鲁木齐、厦门、合肥、哈尔滨、大连、昆明、长春、长沙、苏州、东莞、呼和浩特、宁波、南宁、福州、南昌、海口、兰州、贵阳、石家庄、银川、

① 联合国人居署.2020世界城市化报告[R].2020.10.

西宁22个。自2010年开始，我国分批设立了9个国家中心城市，分别为北京、天津、上海、广州、重庆、成都、武汉、郑州、西安。

（2）中心城市人口持续净流入。根据国家统计局公布的数据，进入21世纪以来，我国36个主要城市的人口除2015年出现负增长外，其余大多数年份均实现1%以上的正增长。即使考虑到人口自然增长情况，除2013年及2015年外，其他18年36个主要城市均是以超过人口自然增长的速度在持续发展，尤其是在2019年36个主要城市更是实现了人口2.278%的增长速度（见图3.7）。

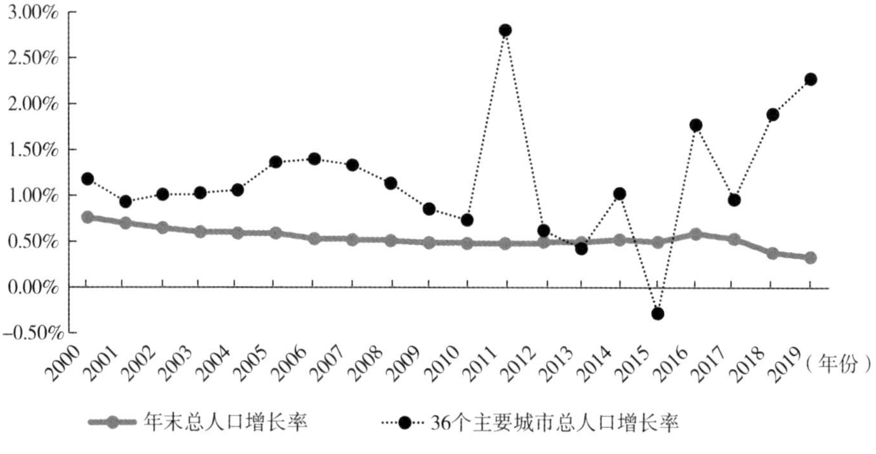

图3.7　2000—2019年我国主要城市总人口增长率情况

数据来源：国家统计局．中国统计年鉴2020［M］．北京：中国统计出版社，2020.9.

（3）人口向更具有经济发展优势的城市迁移。2000—2019年，成都、深圳、合肥、重庆、北京、西安、郑州、广州、济南9个城市年均人口净流入超过10万人，其中成都和深圳更是实现年均超过20万人的人口净流入；天津、杭州、南京、石家庄、武汉、南宁、长沙、上海、厦门、青岛、福州、南昌、昆明、贵阳14个城市实现年均超过5万人的人口净流入。

3. 人口向城市群集聚的新趋势

（1）形成“19+2”的城市群发展格局。改革开放以来，我国城市群快速发展。“十三五”时期，我国先后制定实施了京津冀、长三角、珠三角、哈长、辽中南、山西中部盆地、山东半岛、中原、长江中游、海峡西岸、北部湾、呼包鄂榆、宁夏沿黄、兰西、关中平原、成渝、黔中、滇中、天山北坡19个城市群发展规划，再加上新疆喀什和西藏拉萨2个城市圈，构成了我国的城市群发展体系。

（2）城市群在国家发展中的地位和作用举足轻重。城市群日益成为我国城镇化的主体形态。例如，2018年，19个城市群以25%的土地集聚了75%的人口，创造了88%的GDP，其中城镇人口占比为78%[①]。

（3）人口向城市群集聚的趋势明显。与中心城市相比，城市群对人口转移的包容性更强。以珠三角、长三角、长江中游、成渝、京津冀五大城市群为例，近3年人口增量领跑全国，分别年均增长142.2万人、100.9万人、87.3万人、63.8万人、42.7万人[②]。

（4）五大城市群在经济增长中的地位将进一步凸显。预计2019—2030年，长三角、京津冀、粤港澳大湾区、长江中游、成渝五大城市群，将贡献GDP增长的75%及城市人口增量的50%。未来5~10年，城市群将成为支撑我国经济增长、促进区域协调发展、参与国际竞争合作的重要平台。

专栏3.3

城市群将成为未来增长新趋势

城市群是城市发展到成熟阶段的最高空间组织形式，是指在特定地域范围内，一般以1个以上特大城市为核心，由3个以上大城市为构成单元，依托发达的交通通信等基础设施网络所形成的空间组织紧凑、经济联系紧密，并最终实现高度同城化和高度一体化的城市群体。城市群是在地域上集中分布的若干特大城市和大城市集聚而成的庞大的

① 恒大研究院．中国城市发展潜力排名：2019［R］．2019-07-24.

② 同上。

多核心、多层次的城市集团，是大都市区的联合体。

多功能的单一特大城市、大城市往往会产生人口膨胀、环境污染等“大城市病”，而功能定位高度契合的城市群则可以有效解决这些问题，并由此形成中心城市与卫星城镇之间功能互补关系。例如，日本太平洋沿岸城市群，以占日本国土6%的3.5万平方公里的辖区面积支撑了全日本61%近7000万人口的生活；以伦敦为中心的英伦城市群，虽然是世界六大城市群中地域面积最小的，但其以4.5万平方公里的面积养育了3650万人口。

资料来源：中改院课题组整理。

二、都市圈成为引领消费升级的风向标

由于有着强大的人口集聚能力，都市圈构成了城市消费的核心圈层。都市圈是城市消费升级的发源地，它承载着强大的消费功能，并引领着周边城市群的消费升级。

1. 都市圈将成为城镇化的发动机

（1）我国都市圈经济的兴起。都市圈是城市群内部以超大、特大城市，或辐射带动功能强的大城市为中心，以1小时通勤圈为基本范围的城镇化空间形态，都市圈的中心城区人口通常在200万人以上。70余年来，都市圈在我国城市体系中的核心地位和作用逐步增强，发展势能不断强化。截至2019年末，全国有上海、北京、广州、杭州、深圳等10个2000万人以上的大都市圈，以及重庆、青岛、厦漳泉等14个1000万~2000万人的大都市圈①。

① 2019中国十大最具潜力都市圈出炉，深莞惠都市圈排第三！[EB/OL]．凤凰网，2019-06-20.

表 3.3　我国的主要都市圈

地区	列表	包含城市
东北地区	沈阳都市圈	沈阳、鞍山、抚顺、本溪、营口、阜新、辽阳、铁岭
	长春都市圈	长春、吉林、四平、辽源
华北地区	首都都市圈	北京、天津、保定、唐山、廊坊、张家口、承德
	太原都市圈	太原、晋中、吕梁、忻州
华东地区	上海大都市圈	上海、苏州、无锡、常州、南通、嘉兴、宁波、杭州、舟山、湖州
	南京都市圈	南京、镇江、扬州、淮安、马鞍山、滁州、芜湖、宣城、溧阳、金坛
	杭州都市圈	杭州、湖州、嘉兴、绍兴、衢州、黄山
	宁波都市圈	宁波、舟山
	苏锡常都市圈	苏州、无锡、常州
	徐州都市圈	徐州、连云港、宿迁、宿州、淮北、枣庄
	合肥都市圈	合肥、淮南、六安、滁州、芜湖、马鞍山、蚌埠、桐城
	南昌都市圈	南昌、九江、抚州、宜春、上饶
	济南都市圈	济南、淄博、泰安、德州、聊城
	青岛都市圈	青岛、潍坊
	厦漳泉都市圈	厦门、泉州、漳州
华中地区	武汉都市圈	武汉、黄石、鄂州、黄冈、孝感、咸宁、仙桃、天门、潜江
	郑州都市圈	郑州、开封、新乡、焦作、许昌
	洛阳都市圈	洛阳、孟州、汝州、义马
	长沙都市圈	长沙、湘潭、株洲、益阳、岳阳
华南地区	广州都市圈	广州、佛山、肇庆、清远、云浮、韶关
	深圳都市圈	深圳、东莞、惠州、河源、汕尾
西北地区	西安都市圈	西安、宝鸡、商洛、铜川、渭南、咸阳
西南地区	成都都市圈	成都、德阳、眉山、资阳
	重庆都市圈	重庆主城区、渝西地区

资料来源：中改院课题组整理。

（2）未来5~10年我国新增城市人口的一半将集聚在超级都市圈。到2030年，我国新增2.2亿城市居民的大约50%将集中在长三角等五大超级都市圈。未来10年，通勤铁路里程将增长8.5倍，五大超级都市圈的平均规模将达1.2亿人①。

（3）未来5~10年我国最大的结构性潜能在都市圈发展。有专家估算，都市圈建设每年能够为全国经济增长提供至少0.5~1个百分点的增长动能，不仅为应对疫情冲击，更为今后相当长一个时期的高质量发展提供有力支撑②。

专栏3.4

2030年我国将出现五大世界级都市圈

全球著名投行摩根士丹利预测，到2030年中国将出现五大世界级都市圈，其中包括长三角都市圈、京津冀都市圈、粤港澳大湾区都市圈、长江中游都市圈、成渝都市圈。到2030年，长三角都市圈将涵盖40多个城市，以占4%的国土总面积产出超20万亿元的GDP总量，占全国经济总量的22%，人口总和将达2.2亿人；粤港澳大湾区是以广州、深圳、香港和澳门为核心城市建设的我国第一个经济湾区，总面积约5.6万平方公里，总人口达7000万人，GDP总和超人民币10万亿元，占全国经济总量的10%；长江中游都市圈是以武汉为核心城市，由武汉城市群、环鄱阳湖城市群、环长株潭城市群三大城市群组成的特大型国家级城市群，占地面积32.6万平方公里，总人口达1.2亿人，GDP总和超过人民币9万亿元；成渝都市圈是以成都、重庆为核心城市，由四川15个城市、重庆27个区县组成的，占地面积18.5万平方公里，总人口接近1亿人，地区生产总值（GDP）接近人民币6万亿元。

资料来源：摩根士丹利．中国城市化2.0：超级都市圈[R].2019-10-10.

① 摩根士丹利．中国城市化2.0：超级都市圈[R].2019-10-10.

② 刘世锦：争取10年后，中等收入群体增长到8亿~9亿人！以这类人群为重点[N].21世纪经济报道，2021-03-08.

2. 都市圈的消费能级不断扩大

（1）都市圈具有强大的消费能级。由于中高收入者众多，都市圈是城市群体系中消费能级最高的核心圈层。根据《2019 基于京东大数据的中国消费市场研究报告》，通过对一、二线城市和低线城市的消费市场进行调查发现，都市圈消费是理解我国消费的重要维度，12 大都市圈近几年的消费在全国总消费规模中的占比均高达 80%。

（2）一线都市圈社会消费品零售总额处于万亿级别。上海、北京、深圳、广州四大一线城市，所处的都市圈领跑全国。2020 年，上海都市圈常住人口约为 7125 万人，社会消费品零售总额达 1. 59 万亿元；北京都市圈常住人口约为 2600 万人，社会消费品零售总额达 1. 23 万亿元；广州都市圈常住人口约为 2600 万人，社会消费品零售总额达 0. 98 万亿人；深圳都市圈常住人口约为 2600 万人，社会消费品零售总额达 0. 86 万亿元①。

（3）2025 年社会消费品零售总额万亿级别的都市圈将在 10 个以上。除了四大一线城市所在的都市圈之外，重庆 2020 年社会消费品零售总额为 1. 18 万亿元；天津、成都、苏州、南京、武汉、杭州 2020 年社会消费品零售总额在 0. 59 万亿~0. 81 万亿元②，“十四五”末都有望突破万亿元。由此计算，2025 年，社会消费品零售总额万亿级别的都市圈的数量将达 11 个。

3. 都市圈是时尚消费、品牌消费、新型消费的引领者

（1）都市圈是时尚消费、品牌消费的引领者。以上海为例，作为国际时尚之都、品牌之都，早在 20 世纪二三十年代就被誉为“东方巴黎”，成为国际名牌集散地和国内民族品牌的汇聚地。大白兔奶糖，梅林罐头，上海牌手表，蝴蝶牌缝纫机，凤凰、永久自行车，老凤祥饰品，英雄金笔等，曾经成为时尚奢侈品。改革开放以来，上海仍是国际消费之都，拥有

① 千万级人口都市圈内循环透视：上海都市圈消费力全国第一[N]. 21 世纪经济报道，2020-08-08.

② 根据各城市国民经济和社会发展统计公报统计数据整理得出。

最广阔的消费市场、最强劲的消费活力、最齐全的消费品牌、最前沿的消费时尚和最优良的消费环境。

（2）都市圈是数字消费的引领者。以杭州为例，过去诞生的食品饮料新消费品牌全国最多，从王饱饱到大希地、农夫山泉都是从杭州起家的。今天杭州正发展成数字消费之都，在数字消费的优势赛道上崭露头角，作为数字经济先发之城，也是电商之都和新零售发源地。该市的“蚂蚁链”连续4年专利申请数位居全球第一，已经落地食品安全监管、正品溯源、跨境汇款、消费贷款申请等50多个场景，每天上链量超过1亿次①。

（3）我国将形成一大批各具特色的时尚消费都市圈。以成都为例，长期占据新一线城市榜首，在我国城市综合商业指数榜的商业和时尚排名也仅次于北京、上海，成都国际一线品牌入驻数量、护肤品消费、奢侈品网购量位居全国第三，成都的首店经济、夜经济、网红经济、线上经济、街区经济、公园经济、文化经济成为国内翘楚。

三、区域一体化推动区域性消费中心城市发展

城市群、都市圈的发展，关键在于培育区域性消费中心城市。区域性消费中心城市的发展对区域一体化的依赖性全面增强。国家“十四五”规划和2035年远景目标纲要明确提出，“培育建设国际消费中心城市，打造一批区域消费中心”。未来几年，以区域一体化助推区域性消费中心城市发展，成为我国区域经济协调发展的新趋势。

1. 发展区域性消费中心城市的现实性、迫切性凸显

（1）区域性消费中心城市对区域经济协调发展具有全局性影响。消费新时代的区域协调发展更有赖于区域消费中心城市的带动。例如，我国西北地区的西安、兰州等重要枢纽城市若发展成区域性消费中心城市，则有

① 蚂蚁集团全新发布蚂蚁链 首次公布每天“上链量”超1亿次[EB/OL]. 澎湃新闻网，2020-07-23.

望带动形成西部大开发的新格局；中部地区的郑州若发展成区域性消费中心城市，则有望带动中部崛起形成新局面；东北地区的沈阳、长春、哈尔滨、大连等若发展成区域性消费中心城市，就会为东北振兴奠定重要基础。

（2）区域性消费中心城市引领城市群发展。“十四五”时期，我国“19+2”城市群的发展，在相当大程度上取决于能否在培育区域性消费中心城市上有重要突破。尤其是关中平原、黔中、滇中、山西中部、兰州—西宁、呼包鄂榆、宁夏沿黄、天山北坡、哈长、辽中南等城市群，发展基础与其他城市群有很大差距，如果没有区域性消费中心城市的兴起，人口就会进一步向发达地区的城市群流动，从而使这些城市群的发展面临新的挑战。

（3）区域性消费中心城市是发展都市圈经济的核心。2019 年 2 月，国家发改委发布《关于培育发展现代化都市圈的指导意见》之后，我国绝大多数城市尤其是省会城市都将发展现代化都市圈作为“十四五”时期的发展目标。从打造现代化都市圈的发展趋势看，一个城市能否形成都市圈经济发展格局，核心问题是其能否成为区域性消费中心城市。

2. 区域性消费中心城市有赖于区域一体化进程

（1）区域性消费中心城市有赖于区域基础设施一体化。以西北地区的兰州为例，要成为西北区域消费中心城市，首先要谋划大兰州都市圈的基础设施一体化，建成兰州、白银、定西、临夏范围内的 1 小时经济圈；同时，需要在兰西城市群范围内实现基础设施一体化。

（2）区域性消费中心城市有赖于区域产业一体化。以东北的沈阳、哈尔滨、长春等城市为例，要成为区域性消费城市，需要解决产业结构同质化和恶性竞争等问题，在哈长、辽中南城市群范围内实现产业一体化发展，实现错位发展、优势互补。

（3）区域性消费中心城市有赖于区域公共服务一体化。人口要素的区域自由流动是培育区域性消费中心城市的重要环节。为此，需要在城市群、都市圈范围内实现公共服务一体化发展。

3. 加快构建城市群、都市圈区域一体化协调机制

（1）跨区域行政协调成为区域性消费中心城市建设的新挑战。区域性消费中心城市建设，往往涉及省内不同地区之间的行政协调，有的涉及跨省市的行政协调。而在现有行政区划体制下，跨区域市场分割的矛盾很难克服。

（2）在城市群、都市圈范围内探索“多规合一”。把“多规合一”作为协调区域经济社会一体化的重要手段，实现区域规划一体化、土地利用一体化、基础设施一体化、产业一体化、公共服务一体化、社会政策一体化。

（3）适应城市群、都市圈建设推进行政区划改革。近年来，一些省会城市由于首位度不高，难以集聚人口和消费，难以带动周边发展，可以通过行政区划改革解决跨区域行政协调问题。

第四节　城镇化与消费升级的国际影响

美国著名经济学家、诺贝尔奖获得者斯蒂格利茨曾有一句名言：“21世纪影响世界经济的有两件事，一是美国的新技术革命，二是中国的城市化。”我国的城镇化与消费升级正在重塑区域开放格局，并产生深远而广泛的国际影响。

一、追求国际品质商品与服务的新兴大国

城镇化与消费升级，使我国逐步成长为一个追求国际品质商品与服务的新兴大国。未来 5~10 年，随着主动扩大进口等一系列政策的实施，我国有望成为世界消费中心。

1. 我国居民追求优质国际商品与服务

（1）居民海外消费朝着全品类、日常性消费的方向发展。居民海外消费已经不再是过去的功能性刚需和补充性消费。2010—2016 年，我国进口商品种类覆盖母婴、美妆、家居、个护、保健、数码、运动户外、服饰等多个领域。2015—2019 年，我国消费者每年平均在海外消费达 2579 亿美元。未来 5 年，我国将进口超过 10 万亿美元的商品和服务①。

（2）奢侈品市场保持快速增长。2020 年，全球奢侈品市场萎缩 23%，但我国奢侈品市场仍实现全年 48%的增长，预计为近 3460 亿元人民币的市场规模。据贝恩统计，2020 年境内市场在中国消费者全球奢侈品消费中的占比为 70%～75%，创历史新高。相较 2019 年，皮具箱包和珠宝的销售额增速高达 70%～80%，成衣和鞋履增速约为 40%～50%，而腕表则增长 20%。预计 2025 年中国将占据全球奢侈品市场的最大份额②。

（3）我国是全球第一大国际旅游消费国。2019 年，我国居民出境人数达 1.69 亿人次，比 20 年前增长 17 倍③。另据联合国世界旅游组织（UN-WTO）的统计，2018 年，中国居民国际旅游支出达 2773 亿美元，占世界旅游总支出的 18%，成为全球第一大国际旅游支出国。

（4）我国是全球最大的境外留学生来源地。2000—2018 年，我国出国留学人数平均增长率达 16.07%。2018 年，全国出国留学人员总数达 66.21 万人，较 2017 年增加了 5.37 万人，增长了 8.826%（见图 3.8），而 2000 年出国留学人员总数仅不到 3.90 万人，相当于 18 年间增长了近 16 倍。

---

① 商务部：未来五年中国将进口 超 10 万亿美元商品和服务[EB/OL]. 中国经济网，2017-11-10.

② 贝恩公司，天猫奢品 . 2020 年中国奢侈品市场：势不可挡[R]. 2020-12-16.

③ 根据国家统计局统计数据计算得出。

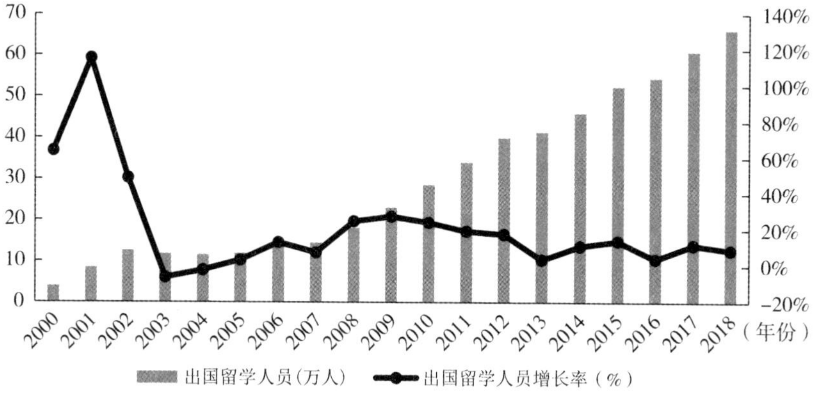

图 3.8　2000—2018 年我国境外留学情况

数据来源：教育部历年发布数据整理。

2. 我国加快建立与扩大进口相适应的政策体系

（1）充分发挥进口贸易促进创新示范区作用。2020 年底，我国首次设立 10 个进口贸易创新示范区①。这是我国在疫情背景下扩大进口、构建国内国际双循环新发展格局的重大举措。加快推进 10 个进口贸易创新示范区先行先试和压力测试作用，积极探索扩大进口政策体制创新，尽快形成可复制的经验并向全国推广。要最大限度地提升进口贸易自由化、便利化水平，建设国际商品展示交易平台，打造区域扩大进口的重要基地，在以进口贸易促进创新发展方面为全国提供经验借鉴。

专栏3.5

培育一批进口贸易促进创新示范区

第二届进博会期间，我国明确提出要培育一批进口贸易促进创新示范区。2020 年在第三届进博会开幕之际，商务部、发展改革委、财政部、人民银行、海关总署等 9 个部门共同作出决定，在全国设立 10 个创新示范区。

① 过去一周，“一带一路”发生了这些大事（10.31—11.6）[EB/OL]. 新华网，2020-11-06.

这10个创新示范区包括：上海市虹桥商务区、辽宁省大连金普新区、江苏省昆山市、浙江省义乌市、安徽省合肥经济技术开发区、福建省厦门湖里区、山东省青岛西海岸新区、广东省广州南沙区、四川省天府新区、陕西省西安国际港务区。其中，长三角占据四席。

资料来源：中国设立10个进口贸易促进创新示范区[N]. 潇湘晨报，2020-11-05.

（2）推动跨境电子商务综合试验区建设。2000—2018年，我国跨境电商交易规模从500亿元上升到了90000亿元，占总贸易额的比重从1.27%升至29.5%。但由于我国物流成本占跨境电商总交易成本的比例过高，同时跨境物流运输时间过长，因此制约了国内消费者的跨境购买体验。2018年，我国的跨境电商交易中，出口占比为78.9%，进口占比为21.1%。2019年，我国进口跨境电商市场交易规模为2.74万亿元，同比增长30%①。从2015年到2019年底，我国已分四批设置了59个跨境电子商务综合试验区。“十四五”期间，要在跨境电子商务交易、支付、物流、通关、退税、结汇等环节的技术标准、业务流程、监管模式和信息化建设等方面先行先试，逐步形成一套适应和引领全球跨境电子商务发展的管理制度和规则。

专栏3.6

培育一批跨境电子商务综合试验区

1. 第一批跨境电子商务综合试验区：2015年3月7日，设立杭州跨境电子商务综合试验区。

2. 第二批跨境电子商务综合试验区：2016年1月6日，在天津、上海、重庆、合肥、郑州、广州、成都、大连、宁波、青岛、深圳、苏州12个城市设立第二批跨境电子商务综合试验区。

3. 第三批跨境电子商务综合试验区：2018年7月24日，在北京市、呼和浩特市、沈阳市、长春市、哈尔滨市、南京市、南昌市、武汉市、长沙市、南宁市、海口市、贵

① 支持扩大进口贸易是使命所在[N]. 人民日报，2020-11-06.

阳市、昆明市、西安市、兰州市、厦门市、唐山市、无锡市、威海市、珠海市、东莞市、义乌市22个城市设立跨境电子商务综合试验区。

4. 第四批跨境电子商务综合试验区：2019年12月24日，在石家庄市、太原市、赤峰市、抚顺市、珲春市、绥芬河市、徐州市、南通市、温州市、绍兴市、芜湖市、福州市、泉州市、赣州市、济南市、烟台市、洛阳市、黄石市、岳阳市、汕头市、佛山市、泸州市、海东市、银川市24个城市设立跨境电子商务综合试验区。

资料来源：中改院课题组整理。

（3）进一步降低高端消费品关税水平。加入WTO以来，我国积极履行入世承诺，实现了关税水平的大幅下降。2016年，我国平均关税由入世前的15.3%降为9.8%，而加权平均税率为4.4%[①]，不仅低于其他发展中国家，并接近发达国家。例如，美国贸易加权的实际进口关税是2.4%，欧盟是3%，澳大利亚是4%[②]。也就是说，我国总体关税水平已降至国际公认的适宜水平。2018年，我国进一步大幅降低汽车等关税水平，将汽车整车税率为25%的135个税号和税率为20%的4个税号的税率降至15%，将汽车零部件税率分别为8%、10%、15%、20%、25%的共79个税号的税率降至6%[③]。2020年底，我国又宣布，自2021年1月1日起，对883项商品实施低于最惠国税率的进口暂定税率，调整后的税目总数为8580个，比2020年增加31个[④]；自2021年7月1日起，我国还将对176项信息技术产品的最惠国税率实施第六步降税。总的来看，我国在高端消费品等领域的关税水平仍然较高。“十四五”期间进一步降低奢侈品、日用消费品进口关税水平，可以让更多消费回流国内。

---

① 希望美方不要一意孤行[EB/OL]. 人民网，2018-03-30.

② 任泽平，贺晨，甘源. 中国对外开放的进展评估与变革展望——中美贸易战系列研究[R]. 2018-05-29.

③ 财政部. 国务院关税税则委员会关于降低汽车整车及零部件进口关税的公告[R]. 2018-05-22.

④ 1月1日起对883项商品实施低于最惠国税率的进口暂定税率[N]. 人民日报（海外版），2021-01-12.

（4）取消部分进口药品和医疗产品的增值税。根据财政部2017年最新关税税率调整，我国进口药品最惠国税率为2%~4%，而进入销售还需要在此基础上征17%的增值税，较高药品税赋使得进口药品价格上升30%左右①。根据国际惯例，目前大部分发达国家对药品进口增值税进行减免，欧洲的平均水平为8.8%，美国和澳大利亚、英国、瑞士等国家将药品增值税降为0②。新一轮关税降低方案涉及药品和药品原料、医疗器械、婴儿奶粉以及新基建或高新技术产业所需部分设备、零部件、原材料等产品。从进一步减轻患者经济负担出发，建议适时取消药品及常见病所使用的医疗器械进口增值税，为解决老百姓看病贵问题提供重要条件。

二、国际消费中心城市的崛起

我国城镇化与消费升级，将伴随一批国际消费中心城市的崛起。“十四五”期间，我国一、二线城市中将出现一批国际消费中心城市。这些城市，将成为全球范围内的消费资源配置中心，成为引领全球消费发展的创新高地。

1. 世界城市化下半场伴随国际消费中心城市的兴起

（1）全球范围内国际消费中心城市的兴起。在欧、美、日城市化下半场产生了美国纽约、英国伦敦、法国巴黎、日本东京等国际消费中心城市。纽约的第五大道、伦敦的牛津街、巴黎的香榭丽舍大街、东京的银座，都是国际消费中心城市的标志。

（2）国际消费中心城市的出现是城市化下半场的必然规律。正如哈佛大学经济学教授爱华德·格莱泽在《城市的胜利》中指出的，随着以制造业为代表的传统工业从城市中心撤离或衰竭，以文化创意和休闲娱乐为主

① 下月起抗癌药等28项药品零关税，从税率调整看患者受益多少[EB/OL]．凤凰网，2018-04-25.

② 任泽平，贺晨，甘源．中国对外开放的进展评估与变革展望——中美贸易战系列研究[R]．2018-05-29.

的新兴产业逐渐兴起，大都市的增长会越来越依靠作为消费中心的城市功能与定位。世界上最著名的城市，都无一例外地成为国际消费中心城市。

（3）国际消费中心城市是面向全球的消费集聚地。国际消费中心城市是具有丰富消费内容、高端消费品牌、多样消费方式、优越消费环境，吸引全球消费者的高度繁荣的消费市场，是全球消费资源的配置中心以及引领全球消费发展的创新高地。巴黎、伦敦、纽约、香港等国际大都市，都是国际消费中心，都拥有享誉世界、繁荣活跃的消费商圈，成为全球消费者心中的“购物天堂”。

2. 我国有条件产生一批国际消费中心城市

（1）建设国际消费中心城市成为一、二线城市的发展目标。据不完全统计，到2021年初，我国已有北京、上海、广州、深圳、天津、杭州、成都、南京、武汉、重庆、西安、厦门、青岛、宁波、大连、哈尔滨等20多个城市提出建设国际消费中心城市的目标。

（2）我国部分一、二线城市初步具备国际消费中心条件。世界知名的五大房地产咨询机构之一的仲量联行参考商务部关于《国际消费中心城市评价指标体系（试行）》的评判标准，借鉴以纽约、伦敦、东京、巴黎、香港等为代表的传统国际消费中心城市和以新加坡、曼谷、迪拜为代表的新兴国际消费中心城市核心指标，从国际知名度、城市繁荣度、商业活跃度、到达便利度、消费舒适度、政策引领度六个维度，综合测评出2020年国际消费中心城市的全国TOP10榜单，前三名分别是上海、北京、成都，其后依次为广州、深圳、杭州、重庆、武汉、南京、西安。

（3）排名靠前的城市各具特色。从国际知名度看，北京、上海、成都为三甲；从城市繁荣度看，上海、深圳、广州为三甲；从商业活跃度看，上海、北京、成都为三甲；从到达便利度看，北京、上海、成都为三甲；从消费舒适度看，北京、广州、成都为三甲；从政策引领度看，北京、上海、广州为三甲。

（4）未来10年我国将产生10个左右具有世界影响力的国际消费中心

城市。到2025年，上海、北京、广州、深圳、成都5个城市，有望率先建成国际消费中心城市，杭州、重庆、武汉、南京、西安、苏州、厦门、天津、长沙、昆明10个城市会接近国际消费中心城市标准；到2030年，以上15个城市均有望成为立足国内、辐射周边、面向世界的具有全球影响力、吸引力的综合性国际消费中心城市。

3. 加快培育国际消费中心城市

（1）着力提升城市消费的国际化水平。清除阻碍商品和服务自由流动的种种壁垒，显著提高贸易便利化水平。取消一些行政性限制消费购买的规定，对过去受到限制的一些中高端消费，在市场准入、税收和购买资格方面进行突破。提高城市离境退税商店覆盖率，丰富退税商品品类，创建离境退税示范街区，探索多种退税渠道。

（2）培育国际知名消费品牌。注重从引进国际知名商贸企业进驻，吸引国际消费品牌的中国总部或区域总部落户，依托本地优质消费资源，形成独特的商品和品牌供给能力。特别是要增加特色产业、知名品牌、独特的文化资源等优质商品和服务供给，吸引国内外知名品牌新品首发，提升城市在全球中高端消费领域的影响力。

（3）提供国际一流的消费服务。加快培育和发展服务消费产业，积极兴办各类消费博览会，发展各类国际性的消费展览会，举办各类购物节。在产品特色、服务特色方面有所创新，并带动商圈改造，形成独特的智慧商圈、特色商业街、步行街等，实现差异化消费体验。

（4）突出城市文化底蕴。依托本地独特的历史文化优势，推动消费融合创新，打造一批商旅文体联动示范项目，并推动传统百货店、大型体育场馆、闲置工业厂区向消费体验中心、休闲娱乐中心、文化时尚中心等新型发展载体转变，形成具有本地特色的独特消费体验。

三、对区域经济乃至世界经济的重要影响

我国进入城镇化下半场，仍将伴随超大规模的人口进入城市，并在全

球城市化进程中发挥重要的引领作用。随着城市国际化进程加快，我国城市参与高水平的国际合作，将对区域经济乃至世界经济产生重要影响。

1. 我国仍将是全球城市化和经济增长的主要发动机

（1）我国城镇化增速领先全球。有研究表明，在过去 18 年里，我国的城市扩张速度是高收入国家的 3 倍以上；我国新增城市面积占全球新增城市总面积的 47.5%，位列世界第一，排名第二的美国，其新增城市总面积仅占全球的 9%①。未来 10 年，世界城市化进程将进一步加快，城市人口占全球人口的比例将从目前的 56.2%上升到 2030 年的 60.4%，但高度城市化地区的人口增长速度将会放缓。96%的城市增长将发生在东亚、南亚和非洲的欠发达地区，其中，印度、中国和尼日利亚这三个国家 2018 年至 2050 年的城市新增人口将占全球城市人口增长总数的 35%②。

（2）我国贡献超大规模的城市新增人口。2019 年，我国常住人口城镇化率为 60.6%，尽管高于 2017 年世界平均水平的 54.8%，但仍低于中等偏上收入国家（66%），与高收入国家的平均水平（81%）有巨大的差距③。我国城镇化率每年提升 1 个百分点，就意味着每年有 1400 万人转为城市人口。联合国经济和社会事务部发布的《2018 年世界城镇化展望》报告预测，到 2050 年全球城市人口总量将增加 25 亿人，其中中国将增加 2.55 亿人。

（3）我国贡献超大规模的城市消费增长。未来 10 年，大多数发达国家的城市人口会减少。疫情下多数发展中国家的人口城镇化增速将放缓，世界经济面临消费和增长的双重压力。按照麦肯锡的预测，到 2030 年，中国的 700 个大城市能为全球城镇消费增长贡献 31%的份额，即 7 万亿美元④。

---

① 中国团队研究：过去 18 年里中国新增城市面积占全球新增近半[EB/OL]. 澎湃新闻网，2020-10-27.

② 联合国人居署. 2020 年世界城市报告——可持续城市化的价值[R]. 2020-10-31.

③ 杨现领. “后城镇化”的发展空间有多大？[J]. 财经，2019（07）.

④ 麦肯锡公司：城镇化的世界与消费增长[EB/OL]. 全球经济网，2016-06-05.

（4）我国城镇化引领全球绿色增长。过去 18 年里，从全球 841 个城市面积大于 100 平方公里的大城市变化趋势来看，在全球大城市变绿区域中，我国贡献了最多的城市变绿区域，占全球的 32%①，位列世界第一，成为全球绿色增长的主要贡献者。以珠三角城市群为例，该地区的城市区域显著变绿的总面积近 2400 平方公里，至少有 1748 万人口因此受益②，无论是变绿面积还是受益人口，在全球 841 个大城市和大城市群排名中均位列第一。

2. 我国城市快速走向国际化是个大趋势

（1）我国城市的国际竞争力逐步增强。国际管理咨询公司科尔尼（A. T. Kearney）于 2020 年 11 月发布了旨在对全球各城市的国际竞争力与发展潜力进行系统评估的《2020 全球城市指数报告》（*Global Cities Index*），评选出 151 个全球最具竞争力城市。中国共有 27 个城市入选，是全球入选城市最多的国家。其中 13 个城市进入全球排名前 100 名，分别是北京第 5 名、香港第 6 名、上海第 13 名、台北第 44 名、广州第 63 名、深圳第 75 名、杭州第 82 名、南京第 86 名、成都第 87 名、武汉第 93 名、天津第 94 名、苏州第 98 名、西安第 100 名。

（2）我国城市在国际合作中扮演重要角色。我国已与五大洲 136 个国家建立了 2629 对友好城市和省州关系③。随着我国城市实力的发展壮大，国际友好城市逐步成为区域全面对外开放和对外合作的重要桥梁。例如，2019 年北京市利用中国—中东欧国家（17+1）首都市长论坛，深化与 17 个中东欧国家首都之间的深层合作④。四川成都创新合作模式，打造更广泛的合作网络，举办“蓉欧+”全球合作伙伴大会，“蓉欧+”战略合作平

---

① 最新研究：过去 18 年中国贡献全球 47.5%新增城市面积[N]. 中国青年报，2020-10-30.

② 珠三角城市群变绿总面积近 2400 平方公里成全球造绿王[J]. 自然-通讯，2020-10-23.

③ 李小林：中国与 136 国建 2629 对友好城市和省州关系[N]. 新京报，2019-04-25.

④ 第四届中国—中东欧国家首都市长论坛举行[N]. 北京日报，2019-10-25.

台也正式运营，实现了与多个欧洲城市实质性经贸合作①。

（3）我国城市积极参与全球城市治理。2019 年 4 月 2 日，C40 中国区域论坛暨中国城市气候行动规划交流研讨会在北京召开，南京、成都、青岛市相关负责人给出了积极履行《巴黎协定》的承诺，将与全球 70 多个 C40 城市一道致力于采取积极的气候行动来实现《巴黎协定》的目标。C40 城市气候领导联盟市长峰会于 2019 年 10 月 10 日在丹麦首都哥本哈根颁发 7 个类别“城市奖”，广州因成功发展和推广纯电动公交车项目获得城市“绿色技术”奖项。

3. 我国城市国际化将对区域经济一体化乃至世界经济产生重要影响

（1）城市国际合作成为我国国际合作的重要载体。目前我国已批准设立的自由贸易试验区（港）有 21 个，其中绝大多数都设在城市。未来 10 年，我国高水平开放与城市开放和城市间的国际合作更为紧密地联系在一起。自由贸易试验区（港）的作用发挥，越来越离不开高水平的城市合作。

（2）城市国际合作在推动区域经济一体化中扮演重要角色。例如，2020 年 12 月，中、日、韩三国共同发布了 2021 年“东亚文化之都”当选城市，中国的绍兴市与敦煌市、日本的北九州市、韩国的顺天市共同当选 2021 年“东亚文化之都”。2020 年在抗击新冠肺炎疫情中，中、日、韩的城市合作进程加快。推动我国东北的沈阳、大连、长春、哈尔滨等与日、韩主要城市在产业链上的合作，共建产业园区，不仅有利于打造东北对外开放新前沿，也有利于东北亚区域产业链的形成。

（3）城市国际合作在推动多边、双边自由贸易进程中扮演重要角色。例如，借助博鳌亚洲论坛、中国国际消费品博览会等平台，海南加快与东盟 10 国主要城市合作，因地制宜推动旅游、文化、农业、大健康等领域产业项下的自由贸易进程，不仅有利于加快海南自由贸易港建设进程，还将大大强化海南自由贸易港在“泛南海经济合作圈”中的地位和作用。

① 2019 年蓉欧+全球合作伙伴大会 1 月 18 日举行[EB/OL]. 四川新闻，2019-01-18.

China's Consumption

第四章

全面促进农村消费

2019年底，我国拥有5.5亿农村人口，即使15年后城镇化进程达到相对稳定的阶段，农村人口数量仍将有3.5亿左右。随着农村实现全面建设小康，农村消费加速升级，耐用消费品在农村仍有较大市场空间。电子商务加速覆盖农村，全面促进农村新型消费既有利于激活农村消费，又有利于促进城乡消费市场融合。

农村消费市场是我国超大规模消费市场的重要一极。全面激活农村消费大市场，对打通城乡经济循环，促进乡村全面振兴具有重大战略意义。第一，我国拥有广袤的农村和规模庞大的农村人口，即使城镇化率到了顶峰，农村人口仍有 3.5 亿人左右。第二，农村居民消费结构开始加快升级，并呈城乡融合发展的新趋势。第三，全面促进农村新型消费，打造城乡融合的消费新业态，将为农业现代化提供新的驱动力。

第一节　农村是一个消费大市场

我国仍是一个城乡二元结构的大国，农村消费市场潜力不容忽视。城镇化进程并不意味着农村消费市场的萎缩，农村消费市场仍是一个成长中的大市场。一方面，城镇化伴随农村劳动生产率的提升和农民收入的快速增长，并由此推动农村消费结构升级；另一方面，城乡消费市场呈融合发展的新趋势，并由此推动农村消费市场规模扩张。

一、我国拥有规模庞大的农民群体

我国是一个农业大国，目前仍有 5.5 亿左右的农村常住人口。由于我国人多地少的基本国情，加上受粮食安全、农民工返乡创业等诸多因素影响，即使 15 年后城镇化进程到了相对稳定阶段，农村人口的数量仍将有

3.5 亿人左右。

1. 农村人口仍有 5.5 亿人左右

（1）人多地少是我国的基本国情。我国农业发展的基本现状是：耕地资源十分短缺，耕地面积约为 20 亿亩，仅占世界耕地面积的 7.8%，却要养活占世界 22%的人口①。

（2）我国仍有 5.5 亿左右的农村人口。改革开放 40 多年来，我国在耕地数量有限的条件下逐步解决“吃得饱”“吃得好”的问题，但仍维持了数量较多的农民。截至 2019 年，我国总共有 14 亿人口，其中农村常住人口为 55162 万人，农村人口占比为 40%②。

2. 城镇化加速农村人口数量的减少

改革开放以来，我国农村人口占总人口的比重逐步降低，主要受两个方面因素的影响。一方面，城镇化吸引了农民到城市从事收入更高的工业和服务业；另一方面，农业增加值占 GDP 的比重逐步降低，农业本身所能够吸纳的就业容量减少。例如，1978 年，我国总人口为 96259 万人，其中农村人口为 79014 万人，农村人口占比为 82.1%，农业增加值占 GDP 的 27.0%；1990 年，我国总人口为 114333 万人，其中农村人口为 84138 万人，农村人口占比为 73.6%，农业增加值占 GDP 的 26.6%；2000 年，我国总人口为 12.67 亿人，其中农村人口为 80837 万人，农村人口占比为 63.0%，农业增加值占 GDP 的 14.7%；2019 年，我国总人口为 140005 万人，其中农村人口为 55162 万人，农村人口占比为 39.40%，农业增加值占 GDP 的 7.14%③（见图 4.1）。

---

① 全国人大代表阳海玲：利用数字化手段，有效防止耕地“非农化”、“非粮化”[EB/OL].人民网，2021-03-09.

② 国家统计局．中国统计年鉴 2020[M].北京：中国统计出版社，2020-9.

③ 同上。

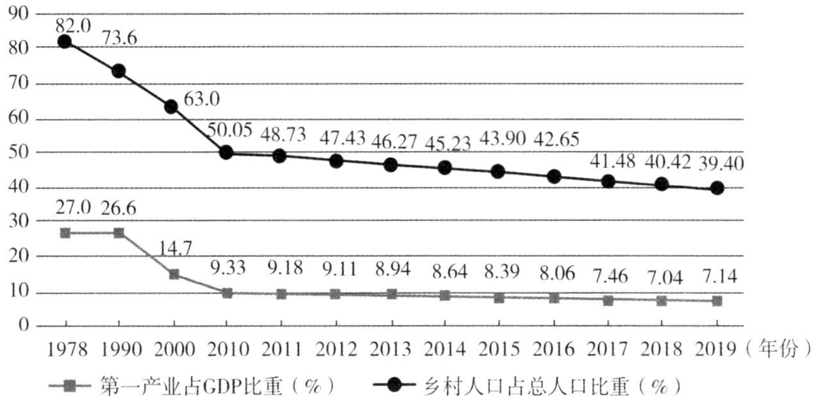

图 4.1　主要年份第一产业占 GDP 的比重与乡村人口占总人口比重

数据来源：国家统计局．中国统计年鉴 2020［M］．北京：中国统计出版社，2020.9.

3. 农村人口仍将持续维持较高数量

（1）我国仍有 2.3 亿户小农户。根据第三次农业普查数据，全国小农户数量占到农业经营主体的 98%以上，小农户从业人员占农业从业人员的 90%，小农户经营耕地面积占总耕地面积的 70%。我国现在的农户有 2.3 亿户，户均经营规模为 7.8 亩，经营耕地 10 亩以下的农户有 2.1 亿户①。如此规模庞大的小农经济，难以在短期内改变。

（2）农村人口数量难以降至西方发达国家的水平。目前，我国 40%的农村人口对应 7.1%的农业 GDP，这意味着未来 5~10 年还有更多农村人口流向城市的工业和服务业。但考虑到我国农民人口基数大、老龄化程度高，保持国家粮食安全需要一定数量的农民，城市部分居民会到乡村创业等诸多因素，我国农村人口占总人口的比重难以下降到发达国家 10%以内的水平。

4. 2035 年农村人口仍有 3.5 亿人左右

（1）2025 年：农村人口有 4.7 亿人左右。“十四五”时期，我国人口

① 农业农村部：防止大量农民无法转移就业又无地可种［EB/OL］．新京报网，2019-03-01.

城镇化进程将加速，预计将有8000万左右的农村人口转移到城市。到“十四五”末期，农村人口数量预计会减少到4.7亿人左右，农村人口占总人口的比重将降低到35%左右。

（2）2030年：农村人口将有4亿人左右。“十五五”时期，城镇化进程仍将维持较快速度，预计将有7000万左右的农村人口转移到城市。到“十五五”末期，农村人口数量预计会减少到4亿人左右，农村人口占总人口的比重将降低到30%左右。

（3）2035年：农村人口仍有3.5亿人左右。“十六五”时期，城镇化速度进一步放慢，预计将有5000万左右的农村人口转移到城市。到“十六五”末期，农村人口数量预计会减少到3.5亿人左右，农村人口占总人口的比重将降低到25%左右。

二、农村居民收入水平不断提升

农村居民收入水平随着城镇化进程不断提高，尤其是在乡村全面振兴和农业现代化不断提速的特定背景下，未来5~10年，农村居民的收入水平将会持续快速提升。由于农村居民收入的基数低以及增长空间大，“十四五”期间，农村居民收入增长速度有望快于GDP增速，快于城市居民收入增速。

1. 农业现代化提升农村居民收入水平

（1）在农业人口下降的同时，粮食产量逐年攀升。尽管农业人口大幅减少，2010—2019年，粮食产量由55911.3万吨增长到66384.3万吨（见图4.2），农业总产值年均增长率约为7.053%。

（2）农林牧渔及农业总产值逐年攀升。2010—2019年，农林牧渔总产值从67763.1亿元上升到123967.9亿元，10年间提升了一倍左右（见图4.3）。在农村人口减少的同时，农业增加值逐年增长，会显著提升农村居民的人均收入水平。

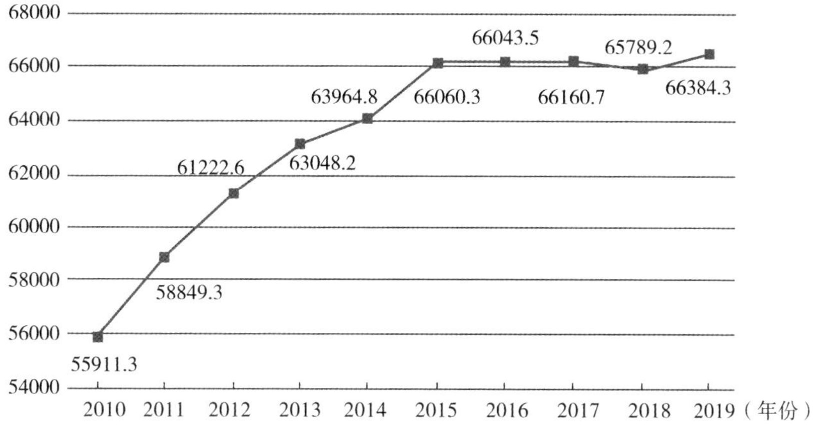

图 4.2　2010—2019 年我国粮食产量增长趋势（单位：万吨）

数据来源：国家统计局．中国统计年鉴 2020［M］．北京：中国统计出版社，2020.9.

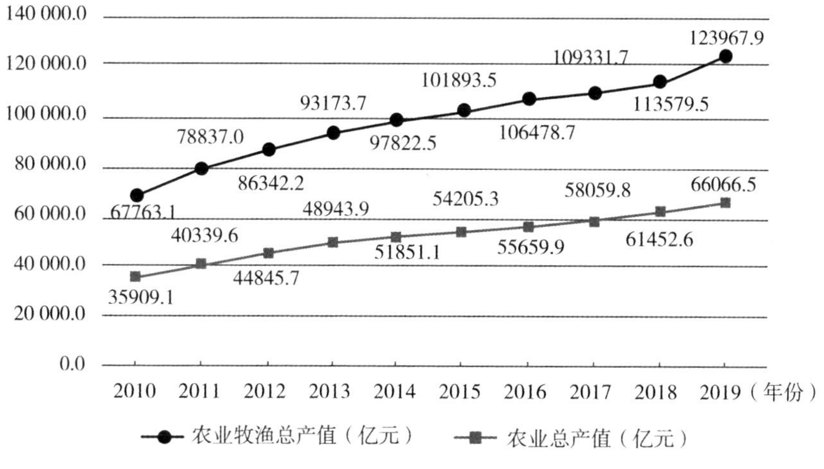

图 4.3　2010—2019 年农林牧渔总产值与农业总产值

数据来源：国家统计局．中国统计年鉴 2020［M］．北京：中国统计出版社，2020.9.

（3）新型职业农民数量不断增长。近年来，随着规模农业的出现，以农业职业化为特征的新型农民数量不断增长，成为农村人口结构优化与发展的新趋势。《2017 年全国新型职业农民发展报告》显示，我国新型职业农民队伍规模不断扩大，2017 年全国新型职业农民总量已突破 1500 万人，占农业生产经营人员总量的 4.78%。其中，45 岁及以下的新型职业农民占

54.35%，高中及以上文化程度的新型职业农民占30.34%。68.79%的新型职业农民对周边农户起到较好带动作用，平均每个新型职业农民带动30户农民发家致富。

专栏4.1

新型职业农民呈现“五高”特点

1. 来源多元化程度高。40.6%的新型职业农民为务工返乡人员、退伍军人、科技研发推广人员、大中专毕业生等新生力量。

2. 规模化经营程度高。51.6%的新型职业农民销售农产品总额为10万元以上，31.2%的新型职业农民的土地经营规模超过100亩。

3. 农业绿色发展水平高。70%以上的新型职业农民实现了畜禽粪便、秸秆和农膜的资源化利用。

4. 互联网利用程度高。70%的新型职业农民通过手机进行农业生产销售。

5. 农业经营纯收入比较高。2017年新型职业农民的人均农业经营纯收入为2.78万元，27.7%的新型职业农民人均农业经营纯收入超过城镇居民人均可支配收入。

资料来源：中改院课题组整理。

（4）高素质农民收入水平快速提升。《2020年全国高素质农民发展报告》显示，目前有超过50%的高素质农民为规模经营农户，家庭土地平均经营规模为140亩。2019年，高素质农民的农业生产经营人均纯收入为3.30万元，相当于同期城镇居民人均可支配收入（4.24万元）的78%，是农村居民人均可支配收入（1.60万元）的2.06倍。27.76%的高素质农民农业生产经营纯收入大于等于同期城镇居民人均可支配收入①。

① 农业农村部科技教育司，中央农业广播电视学校.2020年全国高素质农民发展报告[R].2020.11.

2. 农民工务工收入的提升

(1) 农民工数量保持平稳增长。据统计，2015—2019 年，农民工数量年均增速在 2%以内。2019 年，农民工总量达 29077 万人，比上年增加 241 万人，增长 0.8%（见图 4.4）。2020 年，受疫情影响，农民工总量为 28560 万人，比 2019 年减少了 517 万人。

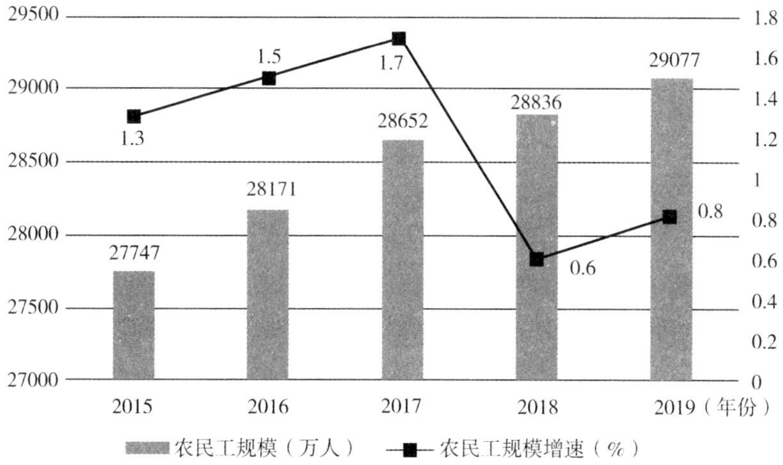

图 4.4 2015—2019 年农民工规模及增速

数据来源：国家统计局 . 2019 年农民工监测调查报告[R]. 2020-04-30.

(2) 农民工月均收入平稳增长。2019 年，农民工月均收入为 3962 元，比 2018 年增加 241 元，增长 6.5%（见表 4.1）。2020 年，农民工月均收入为 4072 元，同比增长 2.8%，工资水平接近 2020 年全国城镇私营单位的最低平均工资（4600 元）。

表 4.1 2018—2019 年分行业农民工月均收入及增速

	2018 年农民工月均收入（元）	2019 年农民工月均收入（元）	增速（%）
合计	3721	3962	6.5
制造业	3732	3958	6.1
建筑业	4209	4567	8.5
批发与零售业	3263	3472	6.4
交通运输、仓储和邮政业	4345	4667	7.4
住宿餐饮业	3148	3289	4.5
居民服务修理和其他服务业	3202	3337	4.2

数据来源：国家统计局．2019 年农民工监测调查报告[R]. 2020. 4.

（3）高技能农民工将引领农民工薪酬增长。当前，我国有 2000 多万个高级技工的人才缺口，电工、钳工、木工、水电工、厨师、修理工等技术工种很容易实现月收入过万元①。按照人力资源和社会保障部的部署，2020 年和 2021 年，每年面向广大农民工群体的技能培训为 700 万人次以上。大规模、广覆盖和多形式的职业技能培训，将为农民工薪酬提高创造有利条件。

3. 农村居民财产性收入的提升

（1）城乡居民财产性收入差距大。近 10 年来，尽管城乡居民财产性收入都在增长，但城乡收入差距扩大。2019 年，城镇居民人均财产性收入为 4391 元，而农村居民人均财产性收入仅为 377 元，城镇居民财产性收入是农村居民的 11.65 倍（见图 4.5）。

（2）土地要素市场化配置为农民财产性收入提升创造条件。农民财产性收入最大的潜力在于土地和房屋。根据国家相关部门统计，全国农村至少有 7000 万套闲置房屋，农村居民空闲和闲置用地面积达 3000 万

① 中国高级技工缺口已高达 2000 万，大国智造谁来造？[EB/OL]. 人社部网站，2021-03-08.

亩，这些闲置资产盘活有望大幅增加农民财产性收入①。积极探索实施农村集体经营性建设用地入市制度，稳慎推进农村宅基地制度改革试点，探索宅基地所有权、资格权、使用权分置有效实现形式，将打开农村居民财产性收入增长的新空间。

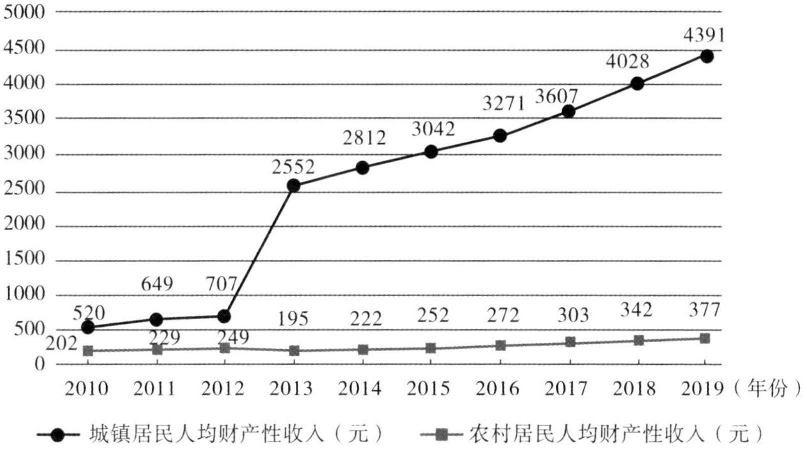

图 4.5　2010—2019 年城镇与农村居民人均财产性收入对比

数据来源：国家统计局．中国统计年鉴 2020［M］．北京：中国统计出版社，2020.9.

（3）“十四五”期间农村居民财产性收入将不断增加。未来 5 年，加快农村集体产权制度改革，使农村土地、房屋等可抵押、转让、出租、入股，鼓励农民以承包土地、林地、房屋、农机具、运输车辆等财产折资入股，组建农民股份合作组织，农村居民人均财产性收入有望达到 1000 元左右。

4. 2025 年：农村居民人均可支配收入接近 3 万元

（1）农村居民人均可支配收入增速持续快于城镇。根据统计数据计算，2013—2019 年，农村居民人均可支配收入年均增速约为 9.2%，高于同期城镇居民 1 个百分点。从历史数据来看，截至 2020 年，农村居民收入增速连续 11 年快于城镇居民，城乡居民收入差距由 2019 年的 2.64∶1 缩

① 建了没人住 7000 万套闲置农房如何盘活［N］．人民日报，2018-07-08.

小到2.56∶1，农村居民人均收入提前1年实现比2010年翻一番的目标[①]。

（2）2020年农村居民人均可支配收入达1.7万元。受疫情影响，2020年，农村居民人均可支配收入增长速度有所下降，但农村居民人均可支配收入仍到了17131元，比2019年增长6.9%，扣除价格因素，实际增长3.8%，高于城镇居民2.6个百分点[②]。

（3）“十四五”末农村居民人均可支配收入有望达2.9万元。当前，我国已经基本控制住疫情，加上推进乡村全面振兴的因素，农村居民人均可支配收入增长速度有望恢复到疫情前的水平。“十四五”期间，按照过去10年的平均增速估算，2025年农村居民人均可支配收入将达2.7万元左右；考虑到乡村全面振兴过程中农村居民财产性收入、转移性收入的增加等诸多因素，2025年农村居民人均可支配收入有望达到2.9万元左右。

三、农村是一个成长中的消费大市场

2021年中央一号文件明确提出“全面促进农村消费”。这是继2010年以来，时隔10年后中央一号文件再次强调扩大农村消费。总的来看，随着乡村全面振兴步伐的加快、农村居民收入水平的持续增长，农村仍将是一个快速成长的消费大市场。

1. 农村居民人均消费支出增速快于城镇居民

（1）农村居民人均消费支出增长高于城镇居民。2013—2019年，我国农村居民人均消费支出平均增速比城镇居民高出2.89个百分点，城乡居民人均消费倍差一直呈缩小的趋势。

（2）农村居民可支配收入80%以上用于消费支出。与城镇居民相比，农村居民将更多的可支配收入用于消费支出。以2019年为例，农村居民人

---

① 农业农村部部长唐仁健：农民收入增速连续11年快于城镇居民[EB/OL]. 新华网，2021-02-22.

② 国家统计局. 中华人民共和国2020年国民经济和社会发展统计公报[M]. 北京：中国统计出版社，2021.3.

均消费支出达 13328 元，占农村居民当年人均可支配收入（16021 元）的 83%；而城镇居民人均消费支出为 28063 元，占城镇居民当年人均可支配收入（42359 元）的 66%（见图 4.6）。

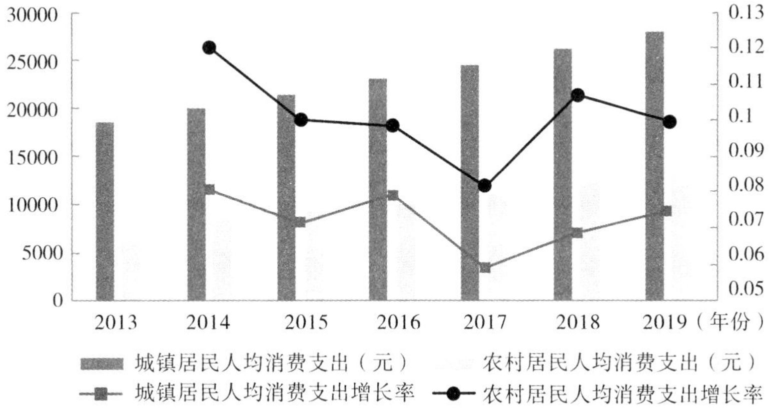

图 4.6　2013—2019 年我国城乡居民人均消费支出增长情况

数据来源：国家统计局．中国统计年鉴 2020［M］．北京：中国统计出版社，2020.9.

（3）农村居民边际消费倾向高于城镇居民。自 2010 年以来，农村居民的边际消费倾向普遍高于城镇居民。这意味着与城镇居民相比，农村居民愿意把更多的新增收入用于消费支出①。例如，目前农村居民的边际消费倾向为 0.79，每增加 100 元就有 79 元用于消费；城镇居民的边际消费倾向为 0.52，每增加 100 元用于消费的仅有 52 元。

2. 缩小城乡居民消费差距仍有较大的空间

（1）农村居民消费水平落后于城镇居民 10~15 年。以人均消费支出水平作为参考，2019 年农村居民人均消费支出为 13328 元，实际上仅仅与 2010 年全国城镇居民家庭人均消费性支出（13471 元）相当，考虑到物价上涨等因素，农村居民消费水平落后于城镇居民 10~15 年。2019 年，农村居民人均消费支出仅是城镇居民人均消费支出（28063 元）的 47.49%，这意味着 1 个城镇居民相当于 2.11 个农村居民的消费水平。

① 新供给开启农村消费升级新模式［N］．经济日报．2019-04-12.

（2）缩小城乡消费差距的空间仍很大。随着农村居民人均可支配收入快速增长，农村蕴含的巨大消费潜力将逐步得到有效释放。按照2019年的基准水平，如果农村居民人均消费水平能够提升至城镇居民人均消费水平的50%，则农村消费规模将增加3883亿元；若提升至城镇居民人均消费水平的55%，则农村消费规模将增加11623亿元；若提升至城镇居民人均消费水平的60%，则农村消费规模将增加19363亿元；若提升至城镇居民人均消费水平的65%，则农村消费规模将增加27103亿元（见表4.2）。

（3）缩小城乡消费差距对最终消费支出和GDP的拉动作用明显。按照2019年的基准水平，如果农村居民人均消费水平能够提升至城镇居民人均消费水平的50%，则最终消费支出将增长0.70%，GDP直接增长0.39%；若提升至城镇居民人均消费水平的55%，则最终消费支出将增长2.11%，GDP直接增长1.17%；若提升至城镇居民人均消费水平的60%，则最终消费支出将增长3.51%，GDP直接增长1.95%；若提升至城镇居民人均消费水平的65%，则最终消费支出将增长4.91%，GDP直接增长2.72%（见表4.2）。

表4.2　城乡居民消费差距缩小效应演进预测

农村居民人均消费水平占城镇居民人均消费水平的比重（%）	农村消费增加量（亿元）	最终消费支出涨幅（%）	GDP直接涨幅（%）
（1）	（2）	（3）	（4）
50	3883	0.70	0.39
55	11623	2.11	1.17
60	19363	3.51	1.95
65	27103	4.91	2.72

数据来源：中改院课题组测算。

注：1.（1）为设定的农村居民人均消费水平占城镇居民人均消费水平的比重；

2.（2）=[城镇居民人均消费支出（元）×（1）－农村居民人均消费支出（元）]×乡村人口（万人）/10000；

3.（3）=（2）/最终消费（亿元）；

4.（4）=（2）/生产总值（亿元）。

3. 未来10年农村社会消费品零售总额将达10万亿元

2019年，我国农村社会消费品零售总额为60332亿元，这意味着约占总人口四成的农村人口的社会消费品零售总额不到城镇人口的1/5。近年来，农村社会消费品零售总额增速一直在11%左右。2020年，疫情冲击下农村社会消费品零售总额为52862亿元，下降3.2%。考虑到我国疫情得到较好控制，农村消费水平恢复比较快，未来10年农村社会消费品零售总额保持年均7%左右的增长速度是有条件的。按此增长速度估算，2030年农村社会消费品零售总额将在2020年的基础上实现翻番，有望达到105724亿元。

第二节　农村消费的悄然变化

当前，随着农村居民收入的不断增长，农村消费结构逐步提档升级，并呈现新的时代特征。一是汽车、空调、计算机等耐用消费品开始进入乡村寻常百姓家；二是与人自身发展相关的教育、医疗、养老等公共消费需求全面快速增长，推动农村居民消费向服务型消费升级；三是电子商务加速覆盖农村，以数字消费为主要特征的新型消费成为引领农村消费的重要驱动力。

一、农村居民耐用消费品的提档升级

由于农村消费水平与城市消费水平有10~15年的差距，农村尚未全面跨越耐用消费品时代。一方面，汽车、空调、计算机等耐用消费品加速向农村普及；另一方面，过去家电下乡进入农村家庭的耐用消费品面临更新换代。

1. 农村家庭耐用消费品市场远未饱和

（1）农村居民耐用消费品市场快速增长。2013—2019 年，农村居民空调百户保有量从 29. 8 台增加到 71. 3 台；农村居民家用汽车百户保有量从 9. 9 辆增加到 24. 7 辆；农村居民计算机百户保有量从 20. 0 台增长到 27. 5 台（见图 4. 7）。

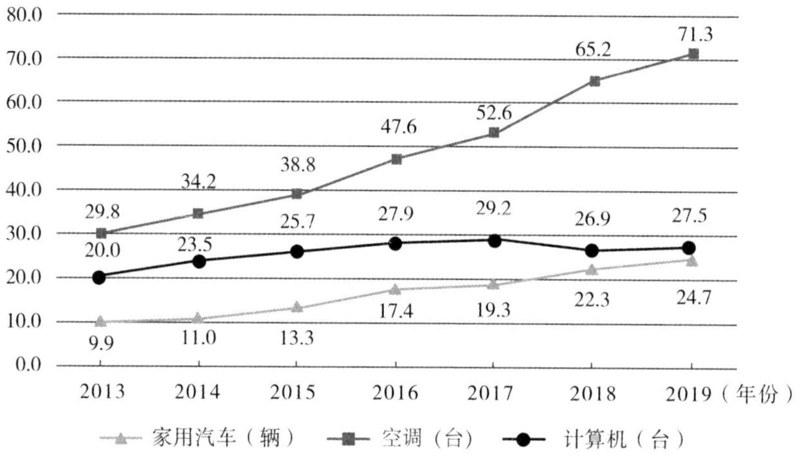

图 4. 7　2013—2019 年农村居民平均每百户主要耐用消费品拥有量

数据来源：国家统计局．中国统计年鉴 2020［M］．北京：中国统计出版社，2020. 9.

（2）农村居民耐用消费品保有量与城镇的差距仍较大。以家用汽车、空调和计算机为例，农村居民耐用消费品百户保有量与城镇居民的仍有很大差距。2019 年，农村居民空调百户保有量为 71. 3 台，城镇居民为 148. 3 台，农村占比不到城镇的 50%；农村居民家用汽车百户保有量为 24. 7 辆，城镇居民为 43. 2 辆，农村不到城镇的 60%；农村居民计算机百户保有量为 27. 5 台，城镇居民为 72. 2 台，农村占比不到城镇的 40%（见图 4. 8）。

2. 农村家庭耐用消费品升级仍有空间

（1）汽车、空调、计算机等耐用消费品加快向农村居民普及。我国目前有 1. 7 亿户农村居民，未来 5 年若农村居民家用汽车百户保有量再增加 10 辆，新增汽车消费数量就将达 1700 万辆；若农村居民计算机百户保有量再增加 20 台，新增计算机消费数量就将达 3500 万台。

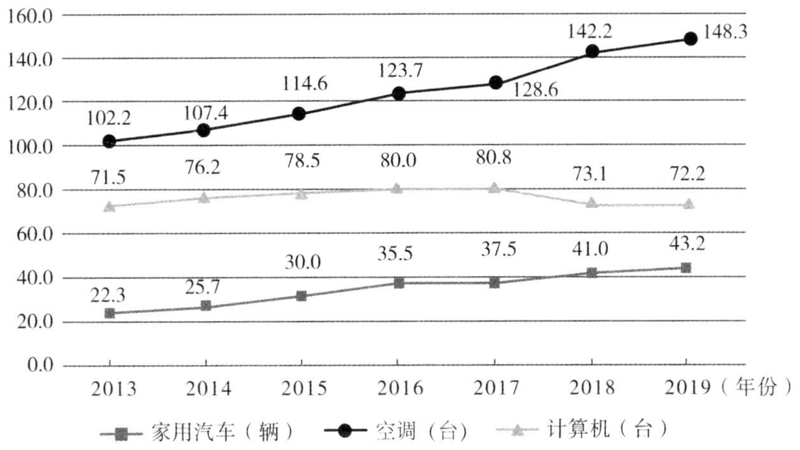

图 4.8　2013—2019 年城镇居民平均每百户主要耐用消费品拥有量

数据来源：国家统计局．中国统计年鉴 2020［M］．北京：中国统计出版社，2020.9.

（2）农村居民开始追求品牌化、功能多元化的耐用消费品。随着即期消费越过万元级，高收入农村居民开始追求中高档耐用消费品，并逐步确立了品牌意识。未来 5～10 年，计算机、空调、电冰箱、手机、汽车等更多品牌化产品将加快向农村市场渗透，智能家居、新能源汽车逐步进入平常百姓家。

（3）新能源汽车有望成为农村居民消费升级的重要领域。2020 年，农村居民家庭汽车拥有量增长 15.5%，已经连续 5 年明显高于城镇居民家庭的增速。预计到 2030 年农村汽车总保有量将超过 7000 万辆，其中增量部分将大量为电动汽车，预计以小型经济型电动车为主。未来“存量替代”和“新增”部分，可能在三、四线城市和农村形成千万辆级的电动汽车市场。如果农村地区出行实现电动化，预计到 2030 年可节油超过 3000 万吨，减少碳排放累计将超过 2000 万吨。

3. 农村居民家用电器更新换代将进入集中爆发期

（1）家用电器安全使用新标准颁布。涵盖冰箱和葡萄酒柜、空调、洗衣机和干衣机、吸油烟机、燃气灶、电热水器 6 大品类 8 种产品的《家用电器安全使用年限》系列标准正式发布，由此将引发家用电器的更新换代。

（2）第一次家电下乡的电器已到安全使用年限。2009—2013 年，我国实施了第一次家电下乡政策，农村居民集中购买了一大批彩电、空调、冰箱、洗衣机等家电产品。按照新的家用电器标准，空调、冰箱、酒柜安全使用年限为 10 年，洗衣机和干衣机、热水器、烟灶安全使用年限为 8 年，第一次家电下乡的产品已经到了集中替换更新期。根据往年市场投放量推算，仅 2020 年就有 1.6 亿台家电产品到了安全使用年限。

（3）新一轮汽车下乡和家电以旧换新政策的实施。自 2019 年以来，我国不断出台汽车下乡和促进绿色节能家电消费、以旧换新等政策，鼓励汽车、家电、电子产品更新消费。随着新政策在全国各省市的全面推广，农村居民耐用消费品升级速度将明显加快，并为我国制造业创造新的发展空间。

专栏4.2

我国的五轮“家电下乡”政策

“家电下乡”政策从 2007 年开始试点探索，2009 年基本上在大部分地区开始实行，对农民购买纳入补贴范围的家电产品给予一定比例（13%）的补贴，除了彩电、冰箱、手机、洗衣机之外，还有摩托车、计算机、热水器和空调等日常用品。“家电下乡”主要可划分为五个阶段。

第一阶段：2007 年 11 月 23 日商务部、财政部发布《关于印发〈家电下乡试点工作实施方案〉的通知》。2007 年 12 月 1 日到 2008 年 12 月 1 日，范围仅限于山东、河南、四川三省及青岛市（三省一市），补贴范围为彩电、冰箱（含冷柜）和手机。

第二阶段：2008 年 12 月 1 日到 2009 年 12 月 31 日，补贴范围逐步扩大至全国，产品扩大到彩电、冰箱（含冰柜）、手机、洗衣机、计算机、空调、热水器、微波炉、电磁炉九类，并调高补贴限价。

第三阶段：2010 年 1 月 1 日到 2011 年 11 月 30 日，家电下乡在全国范围内广泛展开，补贴限价进一步大幅提高，政策的影响逐步扩大，在 2010 年至 2011 年到了顶峰，其中，对彩电、冰箱、热水器、空调的补贴力度最大。

第四阶段：2011 年 12 月 1 日到 2013 年 1 月 31 日，家电下乡按计划逐步退出，政策的影响力逐渐减弱。

第五阶段：2019 年开始，中国新一轮家电下乡逐步启动。2019 年 1 月 28 日，国家发改委等十部委联合下发《进一步优化供给推动消费平稳增长 促进形成强大国内市场的实施方案（2019 年）》，提出有条件的地方可对新型绿色、智能化家电产品销售给予消费者适当补贴。2020 年 4 月广东省发改委等 10 个部门联合印发《广东省关于促进农村消费的若干措施》，主推汽车下乡、家电下乡。同年 11 月，国务院常务会议要求稳定和扩大汽车消费，开展新一轮汽车下乡和以旧换新工作；促进家电、家具、家装消费，鼓励有条件的地区对淘汰旧家具、家电并购买绿色智能家电、环保家具给予补贴。2021 年 1 月 5 日，商务部等 12 个部门发布《关于提振大宗消费重点消费 促进释放农村消费潜力若干措施的通知》，指出稳定和扩大汽车消费、促进家电家具家装消费。

资料来源：中改院课题组整理。

二、农村居民公共消费需求快速增长

与人的自身发展相关的公共消费需求全面快速增长，是农村居民消费向服务型消费升级的时代特征。随着农村社会由生存型阶段迈向发展型新阶段，教育、医疗、养老等公共消费日益成为农村居民的刚性需求。

1. 农村公共教育消费需求增长较快

（1）农村基础教育需求仍然较大。《中国农村教育发展报告 2019》数据显示，截至 2017 年，我国义务教育在校生人数为 1.45 亿人，其中农村及乡镇学生人数为 9505 万人，占义务教育总人数的 65%；义务教育学校数量为 32.19 万所，其中乡镇教学点有 27 万个，占义务教育总数的 84%。到 2030 年，我国农村依旧会有约 1700 万名小学在校生（不含镇区学生），约有 400 万名初中在校生，甚至在广东这样的发达地区，农村学校也不会消失[①]。

（2）农民对子女优质教育的追求。教育是农民家庭及家族改变命运最

① 东北师范大学中国农村教育发展研究院．中国农村教育发展报告 2019［R］. 2019. 1.

便捷、成本最低、最高效的途径，农民在子女教育上最舍得花钱。随着“Z世代”农民群体的增多，农民追求子女优质教育的趋势越来越明显。2010—2019年，农村居民人均教育文化娱乐消费支出增加了3倍，年均增长率为17.93%（见图4.9）。

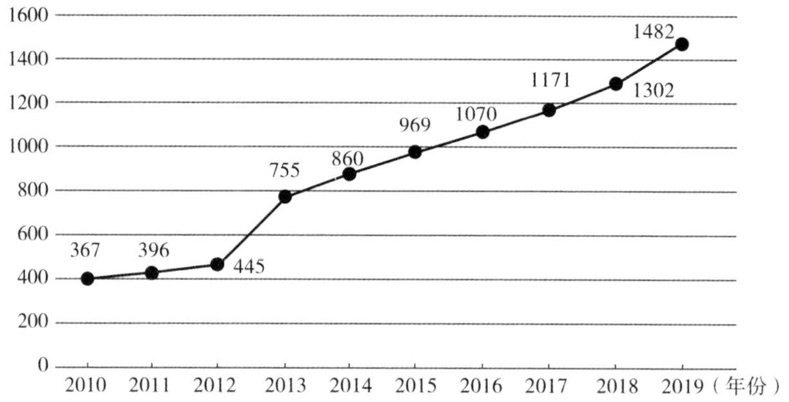

图4.9　2010—2019年农村居民人均教育文化娱乐消费支出（单位：元）

数据来源：国家统计局．中国统计年鉴2020[M]．北京：中国统计出版社，2020.9.

（3）公共职业教育消费需求增长较快。2019年，全国农民工总量逾2.9亿人。未来5~10年，更多的农民需要通过职业教育变成技术工人、职业农民，由从事简单劳动转向工匠、技师等。“十三五”期间，我国职业院校70%以上的学生来自农村，千万家庭通过职业教育阻断贫困代际传递。

（4）农村留守儿童的公共教育需求不容忽视。据民政部最新统计，目前全国共有农村留守儿童697万余人。尽管与2016年全国摸底排查数据902万余人相比，全国农村留守儿童总体数量下降22.9%，但其教育需求需要在农村得到有效解决①。

2. 农村公共医疗卫生消费需求增长较快

（1）农村居民人均医疗保健消费支出快速增长。2010—2019年，农村

① 民政部：全国共有农村留守儿童697万余人[N]．经济观察报，2020-09-20.

居民人均医疗保健消费支出增长了 3.4 倍，年均增长率为 18.02%（见图 4.10）。

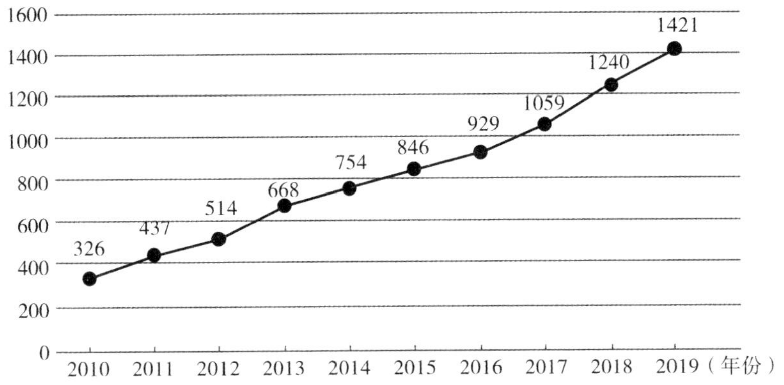

图 4.10　2010—2019 年农村居民人均医疗保健消费支出（单位：元）

数据来源：国家统计局．中国统计年鉴 2020［M］．北京：中国统计出版社，2020.9.

（2）农村居民更加注重医疗服务质量。农村居民进入相对富裕阶段，对疾病救治的理念发生变化。例如，尽管一些地方市级医院看病报销大概只有 20%，但仍有不少农村居民宁愿选择去市级医院看病。

（3）农村进入老龄化社会助推医疗卫生消费需求增长。当前，农村 60 岁及以上的老年人有 1.3 亿人，农村老龄化水平达 22.5%[①]。老龄化程度的加深，将使农村居民的医疗卫生消费需求进入更快的增长阶段。

3. 农村公共养老消费需求增长较快

（1）2025 年农村将进入中度老龄化社会。预计到 2025 年，农村 60 岁及以上人口比例将达 25.3%，超过联合国关于 60 岁及以上人口比例超过 20%的中度老龄化社会标准，60 岁及以上人口将达 1.24 亿人[②]。

（2）2028 年农村将进入重度老龄化社会。按照相关预测，到 2028 年，农村老年人口比重将突破 30%，高于城市老年人口 11 个百分点，提前进

① 1.3 亿人如何实现“农村养老”？三题待解［EB/OL］．中国新闻网，2021-03-09.

② 《中国农村发展报告 2020》发布［EB/OL］．中国社会科学网，2020-08-19.

入重度老龄化阶段①。

（3）公共养老需求的全面快速增长。根据国家第六次人口普查数据，全国农村空巢老人家庭比例为30.77%。未来10年，农村老年人对生活照料、家政维修、医疗保健、精神慰藉、安全防护、文化体育等为主要内容的养老服务需求将保持持续快速增长势头。

三、农村居民新型消费较快增长

近年来，电子商务加速向农村覆盖并重塑农村社会的消费模式。未来5~10年，数字消费将逐步成为农村消费的主流模式。同时，数字消费联通城乡消费大市场，将加速城乡消费市场的互动融合，使城乡消费市场更加紧密地联系在一起。

1. 电子商务加快向农村覆盖

（1）农村数字基础设施逐步完善。近年来，农村通信网络基础设施建设逐步完善，尤其是行政村光纤网络和第四代移动通信网络加速覆盖农村。截至2018年，全国行政村通光纤比例已达96%，4G网络覆盖率达95%②。2019年，贫困村通光纤比例由之前的不到70%提高到98%③。

（2）农村网民数量迅速上升。第47次《中国互联网络发展状况统计报告》显示，截至2020年12月，我国网民规模达9.89亿人，较2020年3月增长8540万人，互联网普及率达70.4%。其中，农村网民规模达3.09亿人，占网民总量的31.3%，较2020年3月增长5471万人④。

（3）电子商务企业加快布局农村市场。继京东和淘宝等布局农村电商之后，拼多多凭借价格优势，成为农村电商的后起之秀。以淘宝为例，

---

① 2021年全国两会农工党中央提案摘选[EB/OL]. 中国新闻网，2020-03-03.

② 96%行政村通光纤4G网络覆盖率达95%[EB/OL]. 央广网，2018-10-14.

③ 贫困地区网络覆盖目标提前超额完成98%贫困村通光纤[EB/OL]. 新华网，2020-11-06.

④ 第47次《中国互联网络发展状况统计报告》[EB/OL]. 中国国新网，2021-02-03.

2020年，我国淘宝村覆盖28个省域，数量达5425个，约占全国行政村总数的1%；淘宝镇覆盖27个省域，数量达1756个，约占全国乡镇总数的5.8%。淘宝村和淘宝镇网店年交易额超过1万亿元，活跃网店达296万个，创造了828万个就业机会①。再以拼多多为例，其农产品上行增速连续5年超过3位数，2020年2月以来的相关助农专区累计成交6.7亿单，帮农户卖出农产品20.1亿公斤②。截至2020年第一季度末，我国农村电商交易规模增至约3万亿元③。

2. 网上购物成为农村居民重要的消费方式

（1）农村网络零售额快速增长。农村网民数量的迅速上涨，为农村居民线上消费创造了巨大的市场空间。根据前瞻网商务大数据监测，全国农村网络零售额由2014年的1800亿元增长到2019年的1.7万亿元，规模扩大了8.4倍④。

（2）农村网络零售额增长速度快于全国平均水平。2019年，全国农村网络零售额占全国网络零售总额的16.1%，较2018年略有提升，同比增长19.1%，高于全国网络零售增速2.6个百分点。其中，农村实物商品网络零售额为13320.9亿元，占全国农村网络零售额的78.0%，同比增长21.2%。2020年上半年，全国农村网络零售额达7668.5亿元，同比增长5%。其中，实物商品网络零售额为6999亿元，同比增长7.3%；全国832个国家级贫困县网络零售额为684.8亿元，同比增长13.3%，比全国农村网络零售额增速高8.3个百分点⑤。

---

① 阿里研究院，淘宝村发展联盟，阿里新乡村研究中心.1%的改变——2020中国淘宝村研究报告[R].2020.10.

② 快步迈向数字乡村的春天[N].农民日报，2021-03-10.

③ 2020年中国农村电商市场发展趋势分析 规模将突破3万亿元[EB/OL].前瞻经济学人，2020-08-27.

④ 2020年中国农村电商行业市场现状与发展趋势分析 下沉市场崛起推动行业进一步发展[EB/OL].前瞻网，2020-11-12.

⑤ 电商扶贫扎实推进 上半年国贫县网络零售额达684.8亿元[EB/OL].中国经济网，2020-08-04.

（3）网上购物已开始成为农村居民生活的常态。越来越多的服务和商品通过电子商务进入了农村，改变了农村居民千百年来的生活和消费习惯。截至2019年底，全国乡镇快递网点覆盖率已达96.6%。2020年，国家邮政局推进“快递下乡”换挡升级，基本实现“乡乡有网点”。可以预见，未来5~10年，网上购物将成为农村消费的主流。

3. 农产品消费快速电商化

（1）疫情期间农产品消费电商化进程加快。2020年疫情期间，快手、抖音等平台直播带货逐步兴起，对农产品消费电商化起到推波助澜的作用。以快手为例，快手平台电商发起“携手助农”活动，凡是在快手站内发布带有“携手助农”标签的生鲜果蔬类电商短视频，快手电商将给予流量倾斜，曝光流量上不封顶。而且，快手电商邀请众多头部主播，免费为需要帮助的农业类电商账号助力卖货。

（2）农产品消费电商化受到农户普遍欢迎。例如，新疆阿克苏是全国优质红枣种植基地，但2019年的新枣，阿克苏农户只能卖2元/斤，甚至有农户为了换钱过年，以1元/斤的价格卖掉。春节前，在快手拥有8万个粉丝的“慈心农场”受当地农1师6团邀请，帮忙收储了100吨红枣，经过挑拣分级、清洗加工后，在快手上以9元/斤的包邮价格销售在超市能卖到20多元/斤的优质红枣①。《中国农村电子商务发展报告（2019—2020）》显示，2019年全国农产品网络零售额为4168.6亿元，较2018年增长24.8%。

（3）各省市农产品消费电商化速度加快。2019年陕西省以76.2%的农产品网络零售额增速跑赢全国；17个省份的农产品网络零售额增速超过全国平均水平，西部和北方省份加速发展态势明显。内蒙古、江苏、山东、河北和四川增速均超过40%（见图4.11）。

① 携“手”助农 快手联合公益企业及主播助力农产品销售[EB/OL]. 中国新闻网，2020-02-14.

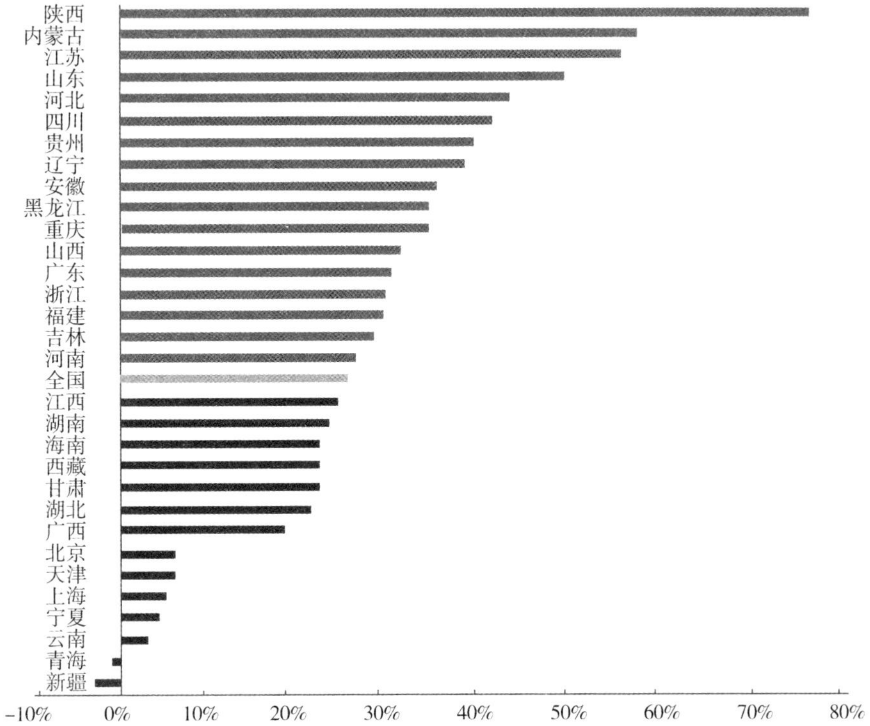

图 4.11　2019 年各省市农产品网络零售额增长率

数据来源：中国农业科学院农业信息研究所．中国农产品网络零售市场暨重点单品分析报告（2020）［R］. 2021. 3.

（4）农产品消费电商化潜力仍较大。根据《数字农业农村发展规划（2019—2025 年）》预计，到 2025 年农产品网络零售额占农产品总交易额的比重将达 15%，年均增速为 5. 5%。

4. 农村消费新业态发展较快

（1）数字经济推动农村消费品质升级。数字经济为农村带来了绿色农业、休闲农业、创意农业、康养农业、订单农业等多种消费新业态。这些消费新业态正在重塑、引领带动农村消费品质升级。例如，休闲农业与数字经济有机结合，超越了单一的乡村旅游形式，逐步发展成为集休闲、观光、度假、体验、科普等于一体的现代农业产业新形态和旅游消费新业态。

（2）休闲农业与乡村旅游消费新业态快速发展。根据农业农村部2020年中国休闲农业和乡村旅游行业市场现状及发展前景分析数据，截至2019年底，休闲农业与乡村旅游经营单位超过290万家，全国休闲农庄、观光农园等各类休闲农业经营主体达30多万家，7300多家农民合作社进军休闲农业和乡村旅游。2010—2019年，我国农家乐相关企业注册总量由原来的2.6万家增长至21.6万家，翻了三番，年复合增长率为26.5%。其中，2015年相关企业注册增速高达38%①。

（3）城乡消费市场互动融合成为新常态。2019年，休闲农业接待游客32亿人次，营业收入超过8500亿元。预计到2025年，休闲农业年接待游客人数将超过40亿人次，营业收入将超过1.2万亿元②。农村已经不仅是农业生产和农村居民消费的场所，更是城乡居民互动融合的消费场所。在新型消费的带动下，农业多种功能和农村多重价值被不断挖掘出来。

第三节　全面促进农村新型消费

新型消费正在重塑农村生活方式和生产方式。未来5~10年，劳动、资本、科技的下乡，需要把促进和激活农村消费新业态作为重要方向，推进农村生活方式和生产方式的深刻变革，在畅通城乡经济循环前提下放大农村经济功能，为全面融合的新型城乡关系奠定坚实的经济基础。

一、要素下乡为全面发展农村新型消费提供重要条件

我国进入城乡融合发展的新阶段，与以往农业三要素流出农村有很大

① 艾媒咨询.2020年中国乡村旅游发展现状及旅游用户分析报告[R].2020.12.

② 前瞻研究院.2020年中国休闲农业和乡村旅游行业市场现状及发展前景分析[R].2020.12.

的不同，乡村全面振兴伴随城市要素向农村流动。农民工返乡与资本、技术下乡，为促进农村新型消费创造了极为有利的条件。

1. 新型消费是农民工返乡创业的重要领域

（1）大量农民工返乡选择从事电子商务行业。据农业农村部统计，2020年，受疫情影响，全国近3000万名农民工留乡或二次返乡①。其中，相当一部分视野开阔、高素质的农民工选择做网商，有的做直播带货。到2019年底，全国农村网商达1384万家②。

（2）政府通过发展创业园区的方式支持农民工在数字消费领域创业。截至2020年8月底，全国返乡留乡农民工就地就近的就业人数达1700多万人。按照相关部署，到2025年，要在全国县域建设1500个功能全、服务优、覆盖面广、承载力强、孵化率高的返乡入乡创业园，吸引300万名返乡入乡人员创业创新，带动2000万名农民工就地就近就业③。

（3）农民工在数字消费领域创业将得到新的政策支持。从中央到地方，针对农民工返乡入乡创业的支持政策不断加码。以郑州市为例，将加大财政奖补力度，市本级每年评选30名农民工返乡创业之星，每人奖励10000元，要求争取到2022年底，郑州全市各类返乡入乡创业人员达8万人，带动就业人数为30万人以上④。

专栏4.3

中央相关部委支持返乡入乡创业的新政策

1. 创业补贴。《关于进一步推动返乡入乡创业工作的意见》（人社部发〔2019〕129号）规定，对首次创业、正常经营1年以上的返乡入乡创业人员，可给予一次性创

---

① 张近东两会提案：3000万农民工因疫情留乡，建议就地创业做电商[EB/OL]. 界面新闻，2021-03-02.

② 我国农村电子商务发展迅速 农村网商达到1384万家[EB/OL]. 央广网，2020-05-12.

③ 关于应对新冠肺炎疫情影响扩大农村就业促进农民增收的通知[EB/OL]. 农业农村部官网，2020-03-02.

④ 郑州市人民政府办公厅. 郑州市进一步支持返乡入乡创业实施方案的通知[Z]. 2021-02-26.

业补贴。对符合条件的返乡入乡创业农民工，按规定给予税费减免、创业补贴、创业担保贷款及贴息等创业扶持政策，对其中首次创业且正常经营1年以上的，按规定给予一次性创业补贴，正常经营6个月以上的可先行申领补贴资金的50%。

2. 创业培训。《关于推动返乡入乡创业高质量发展的意见》（发改就业〔2020〕104号）提出，持续实施返乡入乡创业培训行动计划，使每位有意愿的创业者都能接受一次创业培训。实施返乡入乡创业带头人培养计划，对具有发展潜力和带头示范作用的返乡入乡创业人员，依托普通高校、职业院校（含技工院校）、优质培训机构、公共职业技能培训平台等开展创业能力提升培训，符合条件的，按规定纳入职业培训补贴范围。

3. 税收优惠。《关于推动返乡入乡创业高质量发展的意见》（发改就业〔2020〕104号）提出，对返乡入乡创业企业招用建档立卡贫困人口、登记失业人员，符合条件的，按规定落实税收优惠等政策。《关于进一步推动返乡入乡创业工作的意见》（人社部发〔2019〕129号）提出，返乡入乡创业人员可在创业地享受与当地劳动者同等的创业扶持政策。对返乡入乡创业人员符合条件的，及时落实税费减免、场地安排等政策。

4. 贷款贴息。《扩大返乡留乡农民工就地就近就业规模实施方案》（农办产〔2020〕2号）提出，按照普惠金融发展专项资金管理办法，对符合条件的返乡留乡农民工创业担保贷款予以贴息。

资料来源：中改院课题组整理。

2. 新型消费是工商资本下乡的重要领域

（1）工商资本下乡的规模越来越大。据农业农村部初步统计，截至2019年10月，资本下乡主体超过15万家，累计投资额超过2万亿元[①]。2020年，全社会固定资产投资达527270亿元，其中，第一产业投资达13302亿元，比上年增长19.5%[②]。

（2）工商资本下乡更多进入新型消费领域。近年来，下乡的工商资本更多的是跨界融合发展的数字经济企业。例如，阿里巴巴做盒马村，京东布局

① 社会资本加速下乡形成热潮[EB/OL]. 新华网，2019-11-19.

② 国家统计局. 中华人民共和国2020年国民经济和社会发展统计公报[M]. 北京：中国统计出版社，2021.3.

田园综合体和植物工厂，拼多多对农业的电商化改造等，均在开辟农村下沉新兴市场。

（3）开辟农村新型消费市场前景广阔。以拼多多为例，2015 年成立，2018 年 7 月在美国上市，刷新了中国互联网企业最快上市纪录。拼多多在 5 年内拿到的年活跃买家数为 7.31 亿，逼近淘宝天猫的 7.57 亿。拼多多发布的 2020 年第三季度财报显示，截至 2020 年 9 月底的 12 个月，拼多多平台交易额达 14576 亿元，同比增长 73%；2020 年第三季度，拼多多营业收入超过 142 亿元，同比增长 89%①。

专栏4.4

电商企业布局农村新型消费领域的几种模式

1. 淘宝村模式：阿里研究院对“淘宝村”的认定标准主要包括：(1) 经营场所：在农村地区，以行政村为单元；(2) 销售规模：电子商务年销售额达 1000 万元；(3) 网商规模：本村活跃网店数量达 100 家，或活跃网店数量为当地家庭户数的 10%。从 2009 年开始，从最初的 3 个淘宝村，到 2013 年进入统计视野的 20 个，再到 2014 年的 200 多个，2018 年在全国统计有 3202 个淘宝村，同比增长 51%。这些淘宝村在阿里巴巴零售平台的年销售额超过 2200 亿元，成为影响中国农村经济发展的一股不可忽视的新兴力量。

2. 拼多多模式：作为国内移动互联网的主流电子商务应用企业，主动开拓农村下沉市场，专注于 C2M 拼团购物的第三方社交电商平台，成立于 2015 年 9 月，用户通过发起和朋友、家人、邻居等的拼团，能以更低的价格，拼团购买优质商品。

3. 京东模式：2016 年，京东贯彻落实国家电子商务进农村、农业电子商务及电商精准扶贫的战略，帮助农民增收、促进农业发展、推动农村换貌，取得显著成效。2016 年底，京东成立农村电商小组，赋能品牌商家、县域产业和家庭农户；打造一区一馆两中心，一帮三节六类店。在农资方面，京东联合多方资源，向传统农业输出“互联网+”现代农业与品牌农业解决方案；在金融方面，京东金融在 1500 多个县 30 多万个行政村，开展农村金融业务，构建了一个以农民个体、涉农企业、农产品消费者及众多合

① 拼多多发布 2020 年第三季度财报 首次实现单季盈利[EB/OL]. 浙江新闻网，2020-11-12.

作伙伴为核心的农村金融生态圈，通过京农贷、农村众筹、乡村白条、农村理财等产品线为农村提供多元化金融服务。2018 年，京东无人机牵头成立京东智慧农业共同体，与合作伙伴在传统农场进行改进和升级，共建数字化、智慧化、生态化农场，不仅实现对农作物耕、种、管、收全程管控，更将直接利用京东物流、冷链仓储、京东商城等资源缩短流通环节，实现直接从田间到餐桌的新型模式。

资料来源：中改院课题组整理。

3. 新型消费是科技下乡的重要领域

（1）疫情下国际科技投资向农业上游产业集聚。《2021 农业与食品科技投资报告》显示，2020 年全球农业科技投资总额超过 300 亿美元，创下历史新高，并较上年显著增长了 34.5%。其中，上游企业（含农业生产与供应链等环节）融资 158 亿美元，下游企业（含农业电商、食品配送等环节）融资 143 亿美元。特别值得关注的是，在全球农业科技投资历史上，这是上游企业融资首次超过下游企业融资。全球农业科技领域投资从农业的市场端、消费端向生产端、供应链延伸是个新趋势。

（2）科技兴农将更多进入绿色消费领域。随着国内居民“吃得饱”的问题逐步得到解决，科技兴农将更多进入绿色消费领域，以解决“吃得好、吃得有营养”的问题。当前，我国农业科技整体水平已进入世界第二方阵，农业科技进步贡献率超过 60%①，但低于美国、德国、荷兰等发达国家 80%以上的水平。尤其是绿色消费领域原创性成果缺乏、有重大育种价值的关键基因等关键技术“卡脖子”问题突出，70%的肉牛、100%的白羽肉鸡核心种源依赖进口，种质资源收集不足，国外种质在现有国家作物种质库中占比仅为 20%②，在基因编辑、合成生物、人工智能等领域缺乏自主知识产权，大型农机装备和智能设备核心部件受制于人，资源优先节约的“瓶颈”技术有待突破。

① 全国政协委员陈萌山：突破农业科技创新关键点[N]. 经济日报，2021-03-06.

② 全国政协委员王静：完善农业科研投入机制 突破农业科研瓶颈[N]. 新京报，2021-03-05.

（3）农业科技投入提升空间巨大。2008—2020年，我国科技总投入和农业科技投入经费持续增长，但农业科技投入占农业GDP的比重只有0.71%左右，远低于发达国家2%~3%的财政投入水平，也远低于全国所有行业平均2.14%的投入强度[①]。“十四五”时期，我国建立农业科技投入稳定增长机制，有望使农业科技研发投入占农业总产值比重逐步提高到2%以上。

（4）科技下乡的进程加快。“十三五”期间，中国农业科学院派出了700多个专家团队，1.2万人次科技人员奋斗在脱贫攻坚主战场，辐射带动9.7万个贫困户增收[②]。以广西为例，在全国率先出台乡村科技特派员管理办法，从2020年到2022年，每年将选派5000名以上的科技特派员到县、乡、村提供技术服务或开展创新创业。再以福建为例，坚持每年选认2000名以上省级科技特派员到乡村振兴第一线，实现省、市、县三级科技特派员创业和技术服务行政村全覆盖[③]。

专栏4.5

肥料产业技术促进绿色农业消费

2015年，农业部制定了《到2020年化肥使用量零增长行动方案》。2017年，“化肥零增长”目标提前3年完成。2019年，中央一号文件又提出“化肥使用量负增长”，在“减肥”的同时要保证“增产”。我国化肥使用量以2015年为拐点，2015年之前，化肥使用量逐年上升，为6000万吨高点，从2016年开始，化肥使用量逐渐下降，2017年是5859万吨，2018年是5653万吨。肥料对作物产量的贡献率是40%~60%，也就是说我国粮食产量的一半是依靠化肥取得的。2016年，科技部启动了“化肥农药减施增效综合技术研发”重点专项，集中了我国科研、产业化优势单位开展新型复混肥料、水溶肥料、缓释肥料等绿色高效肥料产品研发，为化肥减施提供理论指导、技术和产品支撑。在20

① 全国政协委员王静：完善农业科研投入机制 突破农业科研瓶颈[N]. 新京报，2021-03-05.

② 中国农业科学院2021年工作会议[N]. 中国日报，2021-01-20.

③ 广西出台乡村科技特派员管理办法[EB/OL]. 金台资讯，2021-02-16.

世纪七八十年代，通过加强绿色高效肥料产品的研发和应用、提升科学施肥技术和装备、推行有机无机结合施肥等措施，发达国家如美国实现了化肥零增长，欧盟、日本的化肥使用量下降30%~50%，作物单产持续提高。2012年，在中国氮肥工业协会的指导下，中国农业科学院联合全国16家大型尿素生产企业成立了“化肥增值产业技术创新联盟”，目前联盟企业已达48家，尿素和磷铵产能分别占全国的70%和60%，成为我国肥料产业技术绿色转型升级的重要力量。现在，绿色高效增值肥料产能超过2000万吨/年，累计生产1000万吨，推广2亿亩，增产粮食60亿公斤，节肥120万吨。创造了80万吨/年尿素装置一次性连续生产10万吨腐殖酸尿素的世界纪录，入选“2018年中国氮肥工业发展60周年大事记”。到“十四五”末期，预计每年发展2000万吨增值尿素、2000万吨增值复合肥、1000万吨增值磷铵等产品，使我国普通化肥的30%以上实现增值化改性，推动我国传统化肥产品性能升级，每年推广面积10亿亩，增产粮食200亿公斤，减少化肥流失，保护环境。

资料来源：中改院课题组整理。

二、以产业融合发展促进农村新型消费

未来5~10年，促进农村新型消费的关键是通过一、二、三产业融合发展，增强农业服务消费功能，延伸农业产业链，让农村能够分享二、三产业收益。

1. 农村产业融合发展的基本趋势

（1）产业融合发展是农村经济转型升级的基本方向。农村一、二、三产业融合发展，是适应农村新型消费发展的新趋势，推动农业产业链与现代工业、现代服务业相融合，实现城乡资本、技术以及资源要素的跨界集约化配置，形成新的农业发展方式。

（2）农业与工业和服务业的融合发展是实现农业农村现代化的现实路径。作为一个人多地少的农业大国，农业分享工业与服务业高附加值的农业现代化更符合我国基本国情。第一，农业与工业融合发展，使得农业更有条件向规模农业发展，向深加工领域延伸。第二，农业与服务业融合发

展，拓宽了农业的服务功能，使得农业生产与消费升级的大方向相适应。第三，农业与二、三产业交叉融合，为农业的多主体参与、多要素聚集、多业态发展提供重要载体。第四，一、二、三产业融合发展，推动着农业向高附加值的价值链延伸，使农民能够更多分享到二、三产业的附加值。

（3）产业融合发展进程的加快。自2014年以来，每年的中央一号文件都突出了农村一、二、三产业融合发展的内容。2021年中央一号文件明确提出，到2025年创建500个左右的产业融合发展示范园。建设一批配套设施完善、产业集聚发展的农村产业融合发展示范园和科技示范园，促进要素整合、产业集聚、企业孵化，将成为引领我国“十四五”梯次实现农业现代化的重要载体。

2. 农村产业融合发展将形成多种发展模式

未来5~10年，各省市因地制宜推动一、二、三产业融合发展，将形成诸多的发展模式，推动我国农业经济活动领域由传统种植、养殖向加工流通、休闲旅游以及生产性服务拓展，形成农业新产业、新业态。农业生产、农产品加工和销售、餐饮、休闲以及其他服务业有机整合，有望形成多种新模式。例如，可以以农业为主导，沿着农产品加工业、农村服务业的方向融合，发展加工业、农产品直销店、农业旅游等；也可以以服务业或农产品加工业为主导，反向融合农业种植业，形成大型超市和农产品加工或原料基地等。

专栏4.6

一、二、三产业融合发展的主要模式

1. 以一产为主导的二、三产融合发展模式（一二三模式）：以“原产地特色+原材料加工”的消费驱动模式，推进一、二、三产业融合发展，主要由一产带动二产和三产发展，实现“特色农产品→加工→服务体验（旅游观光、休闲及度假、互联网应用、物流仓储、销售等）”的全产业链发展模式。

2. 以二产加工为主导的一、三产融合发展模式（二三一模式）：以加工产业“加工产品+文化服务”为引领，推进一、二、三产业融合发展，主要由二产带动一产和三产发展，实现“农产品加工→特色手工艺品→文化传承（手艺及工匠等）”的发展模式，促进加工产业在农产品转型升级中的积极推动作用。

3. 以三产为主导的融合发展模式（三二一模式）：一是旅游引导的消费聚集模式，利用旅游聚集人气的优势，打造景观吸引核，促进人流带来消费，形成购买力和服务支撑。实现由三产（旅游业）带动一产和二产联合发展的模式。二是以科技手段带动的新产品开发模式，依托科技的先进生产力，开发科技应用和科技服务等功能，实现农业的附加价值提升，构建三产（科技业）带动一产和二产融合发展的模式。三是以文化创意为核心的消费、人才聚集模式，以文化创意为核心，通过文创农产品的生产以及文创功能模式的引入，构建三产（文化产业）带动一产和二产融合发展的模式。四是以电商物流为引领的服务带动模式，主要以物流配送为核心，形成规模化生产、销售、服务网络体系，构建完善的产业链体系，构建三产（服务业）带动一产和二产融合发展的模式。

资料来源：中改院课题组整理。

3. 农业产业链主体留在县城

（1）城乡融合发展的重要载体在县域。目前，我国有近2900个县城。《2019年县域经济高质量发展指数研究成果》显示，我国县域经济总量达39.1万亿元，约占全国的41%。县域经济的快速发展，承载着乡村全面振兴的重任。

（2）产业融合发展重在把产业链主体留在县城。以城带乡的中心在县城，一、二、三产业融合的主要载体在县城。我国城乡互动融合发展，需要以县城为承载主体，形成农业产业集群，带动农村的梯次繁荣。

（3）产业融合发展的关键是把产业链增值的收益留给农民。有专家指出，按照恩格尔系数等指标估算我国农业产业链价值总量，这个数值在20万亿元左右。通过大力推进农业产业化经营，加快发展农产品精深加工，着力完善农产品流通、销售和品牌建设等途径延伸产业链，我国完全有条件让农民在农业全产业链推进的不同环节中分享更多的收益。

三、以绿色消费促进绿色农业发展

未来5~10年，随着我国进入高收入阶段，绿色消费全面快速增长，食品安全、品质和营养价值等需求将逐步成为城乡居民的刚性需求。这将为以有机农业为重点的绿色农业发展提供巨大的增长空间。

1. 绿色消费助推有机农业发展

（1）绿色农业的内涵。所谓有机农业，是指沿用过去农村最古老的生产方法，在圈养畜禽和种植农作物时完全不使用现代人工合成的农药、化肥、生长调节剂、饲料添加剂等物质，采用最原始的有机肥和动物的排泄物这种“农家肥”来满足农作物营养需要的种植业，或者采用有机饲料来满足畜禽营养需求的养殖业。其以遵循自然规律和生态平衡的原则，协调种植业和养殖业的平衡，实行一系列稳定可持续发展的农业技术和生产方式。

专栏4.7

有机农业的内涵

关于有机农业的理解和表述，有很多种。1972年成立的国际有机农业联盟（IFOAM），组织了专门的专家组，花费了三年的时间，提出了一个定义。大意是，有机农业是一种保持土壤、生态系统和人的健康协调发展的生产体系，其依赖于适应当地条件的生态过程、生物多样性和循环圈，而不使用有不良作用的投入品，把传统、创新和科学结合起来，以利于共享的环境，促进所有参与者的公平关系和良好的生命质量。联合国粮农组织（FAO）也有一个关于有机农业的定义，强调促进和强化农业生态系统，包括生物多样性、生物循环、土壤生态活动，不使用来自农业外部的投入品。直白地说，有机农业是一种生产方式，其不使用任何化学投入品，包括化学农药、种衣剂、化肥、抗生素、生长激素等，也不用转基因种子。如果是作物产品，土壤中不能有化肥农药等的残留；如果是肉禽蛋奶产品，其饲料也必须是有机产品。

这种生产方法，本质上，就是100多年前，我们的老祖宗所采用过的方法。当然，现在的有机农业，在技术上还是有所进步的。例如，在除虫方面，发明了物理灭虫方法，包括灯光和黄板诱捕。在生物技术方面，也有不需要转基因的技术，如通过生物技术分析，发现有的水稻品种含有特殊的基因，种植这种水稻，不打农药，也不会发生稻瘟病。

资料来源：中改院课题组整理。

（2）绿色消费带动有机农业的发展。随着全球范围内绿色食品消费者增多，有机农业正在成为先进的生产方式。根据国际有机农业联盟（IF-OAM）的最新统计，全球共有186个国家、280万名农民，在7150万公顷的土地上，从事着有机农业生产。其中，2/3为畜牧业用地，1/5为大田作物，其余为多年生的果树等。

2. 我国农业朝着有机农业的方向发展

（1）越来越多的消费者热衷于购买绿色食品。富裕起来的消费者，在食品消费上更多考虑安全、健康因素，开始追求有机食品和绿色食品，更愿意购买不含农药、化肥的粮食和蔬菜，更愿意购买不含抗生素和激素的肉类食品。这对以农药、化肥提升产量的传统农业生产方式而言是一个重大挑战。在这一特定背景下，近10年来，我国绿色食品越来越受到社会认可。有数据显示，2010年以来，我国绿色食品企业和产品年均增长速度分别为9.6%和8.1%，每年为城乡居民提供绿色优质农产品实物总量超过2亿吨；绿色食品销售额从2823亿元增长到4656.6亿元，年均增长5.1%①。

（2）农业生产中的化肥和农药使用大幅递减。居民消费结构升级推进绿色农业加快发展，《中国农业绿色发展报告2019》显示，2012—2018年，我国农业绿色发展指数由73.46提升至76.12②。近年来，越来越多的生态农场开始出现，开始使用堆肥和动物粪便代替化肥，减少化肥和农药使用成为农业发展的大趋势。2015年，我国水稻、玉米、小麦三大粮食作

① 农业农村部农产品质量安全监管司．推动绿色生产引领绿色消费——绿色食品产业高质量发展取得积极成效[EB/OL]．农业农村部网站，2020-11-19.

② 余欣荣．科学认识和推进农业绿色发展[N]．人民日报，2021-01-25.

物化肥利用率为 35. 2%，比 2013 年提高 2. 2 个百分点；农药利用率为 36. 6%，比 2013 年提高 1. 6 个百分点。2019 年，全国农用化肥施用量为 5403. 59 万吨，比 2015 年减少 619. 01 万吨，下降 10. 27%（见图 4. 12）。2018 年，我国农药使用总量为 150. 36 万吨，较 2015 年的 178. 3 万吨减少了近 28 万吨，总量下降了 15. 7%（见图 4. 13）。2018 年秸秆综合利用率达 84%[①]。

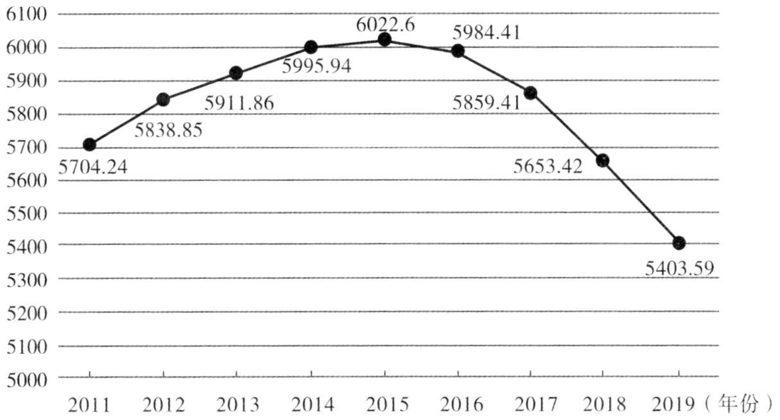

图 4. 12　2011—2019 年全国农用化肥施用折纯量（单位：万吨）

数据来源：国家农业农村部统计数据。

（3）我国有机农业发展势头迅猛。一是有机农业种植规模、产量总体上呈上升态势。种植规模从 2013 年的 128. 7 万公顷增加到 2018 年的 313. 5 万公顷；种植产量从 2013 年的 706. 8 万吨增加到 2018 年的 1298. 6 万吨。二是畜禽总产量持续上升，从 2013 年的 106 万吨增加到 2018 年的 518. 2 万吨。三是有机认证证书数量大幅度增加，从 2013 年的 9957 个增加到 2018 年的 18955 个[②]。四是国家新版有机认证的相关法规标准更加规范，监管力度不断加大[③]。

① 武超凡，张源 . 农业创新对乡村振兴的促进作用探究[J]. 中国市场，2021（05）.

② 中国有机农业或迎来新风口[EB/OL]. 人民网，2020-06-29.

③ 同上。

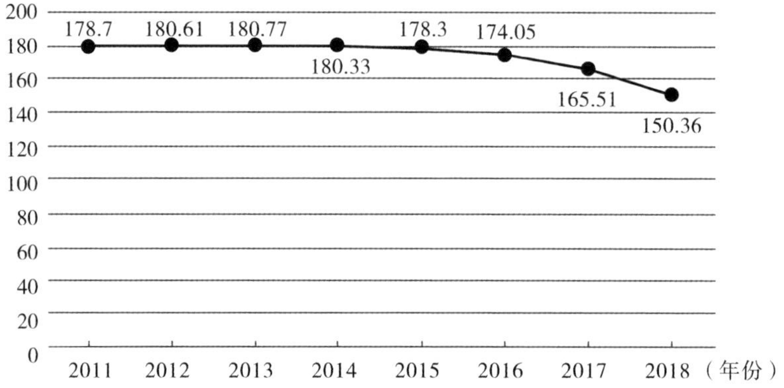

图 4.13　2011—2018 年农药使用量（单位：万吨）

数据来源：国家农业农村部统计数据。

（4）我国有机农业发展空间仍较大。随着 14 亿人对优质安全健康农产品的需求日益旺盛，未来 10 年，我国有机农业生产面积以及产品年均增速为 20%~30%，有机农产品规模大约每 4 年就会翻一番①。

3. 发展有机农业是农业可持续发展的根本出路

第一，与我国温饱阶段有很大的不同，绿色消费将成为城乡居民的第一需求，并由此形成巨大的市场机遇，粮食安全不单单是生产总量维持一定数量，还要兼顾食品安全。第二，在新科技革命的支撑下，用有机农业技术替代氮肥、农药、除草剂等常规现代农业技术，有机农业的发展并不会导致农作物减产。第三，我国农村人口众多，未来 10~20 年农业的规模化、机械化生产很难达到美国等发达国家的比例，分散的农户也可以做有机农业。第四，有机农业的附加值比传统农业高出很多，发展有机农业有利于增加农村板块经济权重，形成乡村经济社会发展的重要基础。第五，发展有机农业体现了乡村社会走向资源节约型、环境友好型社会，对于城乡环境同治、城乡生态环境保护一体化将产生重大而深远的影响。

① 中国有机农业或迎来新风口[EB/OL]. 人民网，2020-06-29.

4. 我国有机农业发展有望走在世界前列

（1）我国有机农业总量已经位居世界前列。2005—2018 年，我国经认证的有机农业种植总面积增加了 5 倍多，为 310 万公顷。2017 年，我国有机农产品认证面积排名世界第三，仅次于澳大利亚和阿根廷。有机产品总量排名世界第四，仅次于美国、德国和法国①。

（2）我国拥有发展有机农业的传统优势。我国是一个历史悠久的农业大国，有机农业本质上是我国自古以来就沿用的生产方式。我国拥有发展有机农业最雄厚的社会基础，加上最新的农业科技，我国完全有条件形成发展有机农业的领先优势。

（3）我国有机农业发展速度快、空间大。当前，我国是世界第三大有机农业面积耕种国。从有机农产品人均消费看，我国人均消费不到世界平均水平的一半，但有机食品消费市场规模以每年 25% 的速度增长。随着政府对有机农业支持力度的不断增大，我国完全有可能成为世界有机农业发展的重要引领者。

四、以数字消费推动智慧农业发展

随着城乡居民数字消费的快速增长，数字经济赋能农村社会和农业发展，使得智慧农业的重要性全面凸显。智慧农业对传统农业的重塑，是城乡消费大市场融合的重要趋势。

1. 智慧农业发展进入黄金时代

（1）智慧农业发展进入快车道。所谓“智慧农业”，是指充分利用集成物联网、云计算等信息技术，实现农业生产环境的智能感知、智能预警、智能分析、专家在线指导，为农业生产提供精准化种植、可视化管理、智能化决策的现代农业生产方式。近年来，我国不少企业依托物联

① 国家市场监督管理总局，中国农业大学．中国有机产品认证与有机产业发展（2019）［M］．北京：中国农业科学技术出版社，2019. 7.

网、云计算以及3S技术等现代信息技术与农业生产相融合，大大加快了农业发展数字化赋能的进程。

（2）数字经济领军企业进军农业。华为、阿里巴巴、京东、腾讯等企业都开始在智慧农业上进行新的布局。以华为为例，携手中国电信、无人机制造商极飞科技（XAG），合作开发智慧农业计划，以整合5G、无人机和人工智能在农业领域的应用。未来将持续测试5G技术应用于农村，加速国内智慧农业的发展。华为机器视觉推出了智慧养猪方案，积极推进养殖业的数字化、智能化和无人化发展。

（3）智慧农业不断产生独角兽企业。以极飞科技公司为例，已经先后推出了农业无人机、农业遥感无人机、农业无人车、农机辅助驾驶设备、农业物联网和智慧农场管理软件等，成为全球规模最大的农业无人机公司，服务面积已经超过6.2亿亩次。

2. 我国智慧农业市场潜力巨大

（1）智慧农业年市场规模达2000亿元。《中国数字乡村发展报告（2019）》显示，2020年我国智慧农业潜在市场规模达2000亿元。“十四五”时期，我国的智慧农业将迎来高速发展期。

（2）数字农业比重仍偏低。尽管数字农业为农产品销售立下汗马功劳，但在现阶段我国数字经济的产业及市场渗透率在36.0%的情况下，数字经济在农业产业领域仅占8.2%①。

（3）2025年数字农业规模将达1.26万亿元。按照中国工程院赵春江院士的估算，目前我国农业数字经济规模为5778亿元，预计2025年将达1.26万亿元②。这意味着“十四五”时期农业数字经济规模将实现翻番。

3. 我国有条件形成数字农业领域的全球领先优势

（1）数字农业应用市场规模占全球的55%。从应用领域来看，2020年

---

① 中国信息通信研究院．中国数字经济发展白皮书（2020年）[R]. 2020.7.

② 中国工程院院士赵春江：2025年中国农业数字经济规模预计可达1.26万亿[EB/OL]. 新华网，2020-12-17.

自动导航农机、精准牲畜饲养设备、收成检测设备和农业无人机合计占全球数字农业市场的55%[①]。

（2）已经成为全球最大的农业无人机应用国。2020年，我国约有1.5亿亩耕地使用了植保无人机和遥感无人机作业，占全国耕地面积的8.3%，超过日本无人机作业面积的100倍[②]。

（3）形成了一批数字领域的领先企业。我国已经产生了极飞科技、大禹节水、新希望等具有全球影响力的新一代农业科技企业，在推动全球数字农业技术应用和普及上发挥了重要作用。

---

① 农业农村信息化专家咨询委员会. 中国数字乡村发展报告（2020年）[R]. 2020-11-27.

② 同上。

第五章

消费催生产业变革

我国进入消费新时代，消费在经济增长中的作用明显增强，消费对产业结构变革的牵引作用和对投资结构的引领作用日益提升。未来5~10年，要适应消费结构升级的新变化，有效发挥消费牵引作用，促进投资结构的优化，形成产业结构转型升级的新动力，形成以新消费引领新供给、以新供给创造新需求的良性循环格局。

消费既是生产的最终目的和动力，也是城乡居民对美好生活向往的重要体现。新的消费需求必然催生新的消费结构，也必然催生新的产业业态，并形成新的产业结构。未来5~10年，是我国消费结构升级的重要阶段。消费结构升级将成为推进产业结构变革的重要动力。

第一节　消费结构升级与产业结构变革的良性互动

当前，我国已开始进入工业化后期，一方面，服务业加快发展是一个大趋势，由此带动服务型消费快速增长；另一方面，居民服务型消费需求全面快速增长，倒逼服务业加快发展进程。我国产业结构升级与消费结构变革形成良性互动，并成为未来相当长时期内经济社会融合发展的大趋势。

一、产业结构升级伴随消费结构的演进

改革开放40多年来，我国产业结构总体呈由“二一三”转向“三二一”的演变趋势，服务业逐步取代工业，成为国民经济的主导产业。从实际情况看，我国产业结构升级过程中伴随消费结构的演进，两者结构变化存在趋同现象。

1. 农业占比下降与人们温饱问题的解决同步

改革开放之初，我国经济生活中突出的问题是解决温饱。在这一特定背景下，我国改革开放率先在农村取得突破，实行家庭联产承包责任制，赋予农民生产经营自主权，由此极大地调动了广大农民的生产积极性，大幅提高了农业生产率，并从根本上解决了城乡居民的温饱问题。从发展趋势看，我国农业占比的下降与城乡居民食品消费支出占比的下降同步。统计数据显示，我国农业占比由 1982 年的 32.6%（历史高点）降至 2012 年的 9.1%；城镇居民恩格尔系数由 1983 年的 59.2%（历史高点）降至 2012 年的 36.2%；农村居民恩格尔系数由 1982 年的 60.7%（历史高点）降至 2012 年的 39.3%（见图 5.1）。

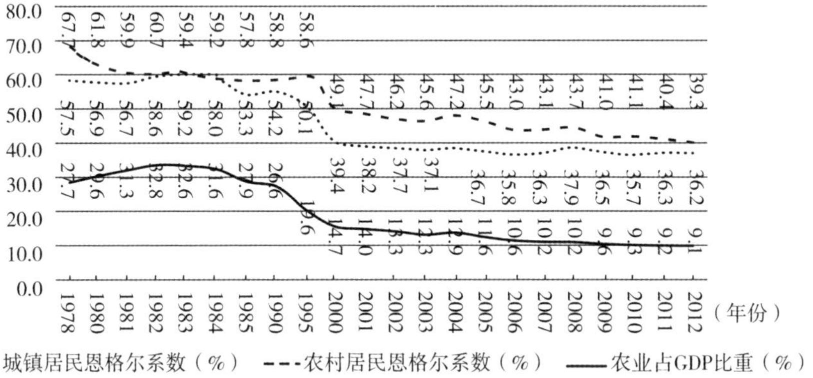

图 5.1　1978—2012 年我国农业占比与城乡居民恩格尔系数

数据来源：国家统计局．中国统计年鉴 2013［M］．北京：中国统计出版社，2013.9.

2. 工业占比下降与居民耐用消费品供给由短缺走向过剩同步

改革开放以来，随着城市工业领域的市场开放，大量农村剩余劳动力向城市转移，由此加速了我国工业化进程。无论是 20 世纪 80 年代的老三件（手表、自行车、缝纫机），还是 90 年代的新三件（彩电、冰箱、洗衣机）等居民耐用消费品，都逐步由过去短缺状态走向基本满足状态。进入 21 世纪的前 10 年，我国迅速成长为世界第一制造大国，过去很多居民耐用消费品供给由短缺开始走向过剩，由此倒逼产业结构加快转型。从过去这些年的趋势看，工业占比先升后降与城乡居民耐用消费品供给得到有效满足同步。例如，1978—2015 年，工业占 GDP 的比重一直保持在 40%以上；2015 年以来，由于产业结构升级加快，工业占比持续回落至 2020 年的 37.8%（见图 5.2）。

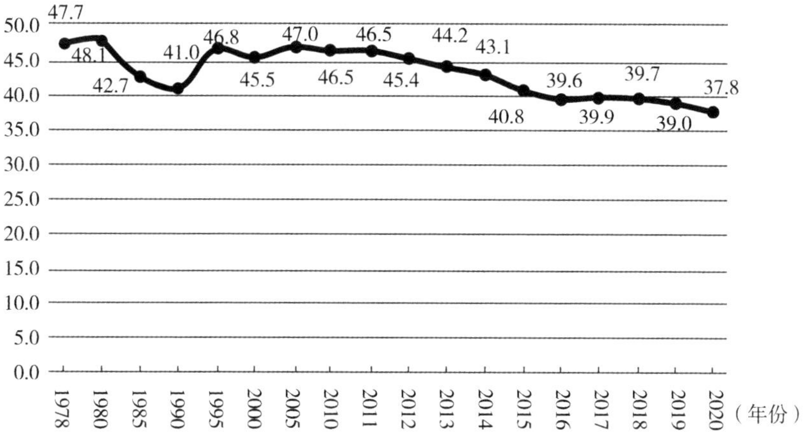

图 5.2　1978—2020 年我国工业占 GDP 比重变化情况（单位:%）

数据来源：国家统计局．中国统计年鉴 2020［M］．北京：中国统计出版社，2020.9；国家统计局．中华人民共和国 2020 年国民经济和社会发展统计公报[M]．北京：中国统计出版社，2021.3.

3. 服务业占比提升与服务型消费需求增长同步

进入新发展阶段，一方面，全球新一轮科技革命与我国经济转型升级交织融合，工业转型升级、经济结构服务化呈加快趋势；另一方面，随着我国社会主要矛盾发生历史性变化，城乡居民的服务型消费需求全面快速增长。从统计数据看，2013—2019 年，我国服务业占 GDP 的比重由 46.9%提升至 53.9%，提高了 7 个百分点；同期居民服务型消费占比由 39.7%提升至 45.9%，提高了 6.2 个百分点（见图 5.3）。也就是说，服务业占 GDP 比重的提升与服务型消费占居民消费比重的提升实现了同步变化。

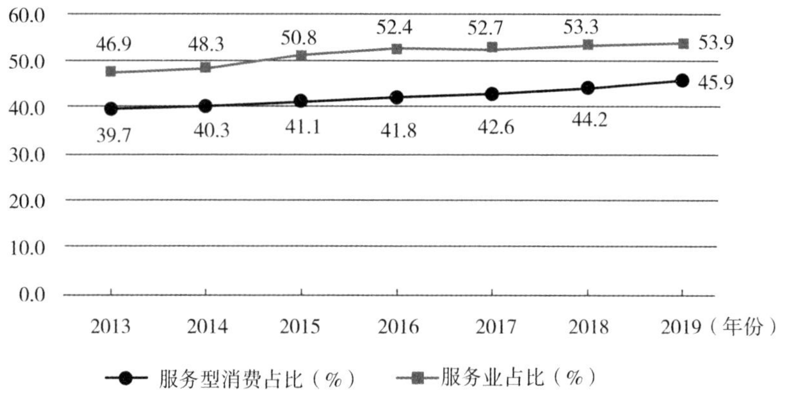

图 5.3　2013—2019 年我国服务型消费占比与服务业占比情况

数据来源：国家统计局．中国统计年鉴 2020 [M]．北京：中国统计出版社，2020. 9.

二、服务型消费新趋势催生服务业发展新业态

近年来，服务型消费需求快速增长与新一轮科技革命相融合，并由此催生服务业新业态、新模式。在线教育、在线医疗、在线娱乐等服务业新业态快速发展，尤其是在疫情防控常态化的情况下，“互联网+”等零接触服务业态大量涌现。

1. 在线教育快速发展

（1）在线教育用户规模达 3. 4 亿人。近年来，随着互联网技术融入教育行业，加快了在线教育行业的发展。据统计，2016—2020 年，我国在线教育用户规模由 1. 38 亿人增长至 3. 42 亿人，年均复合增长率达 25. 5%①。

（2）在线教育行业市场规模超过 4000 亿元。在国家相关政策支持下，在线教育行业市场规模持续扩大。根据相关机构测算，2016—2019 年，我国在线教育市场规模由 2218 亿元增长至 4041 亿元②，2020 年达 4858 亿元

① 中国互联网络信息中心．第 47 次中国互联网络发展状况统计报告[R]. 2021-02-03.

② 艾媒咨询. 2020 年中国在线教育行业驱动因素、创新模式及发展趋势解读[EB/OL]. 艾媒网，2020-12-26.

(见表5.1)。

(3) 2025年，在线教育市场规模将达8000亿元。未来5年，在疫情防控常态化的背景下，在线教育市场前景巨大。据相关机构预测，到2025年，我国在线教育市场规模将扩大至8000亿元，年均复合增长率将达11.4%①。

表5.1 2016—2020年我国在线教育用户规模和市场规模

年份	用户规模（亿人）	市场规模（亿元）
2016	1.38	2218
2017	1.56	2810
2018	2.01	3480
2019	2.32	4041
2020	3.42	4858

数据来源：中国互联网络信息中心. 第47次中国互联网络发展状况统计报告[R]2021-02-03；艾媒咨询. 2020年中国在线教育行业驱动因素、创新模式及发展趋势解读[EB/OL]. 艾媒网，2020-12-26.

注：2020年市场规模为预计数。

2. 在线医疗快速发展

(1) 在线医疗用户规模达2.15亿人。在线医疗不仅可以优化医疗资源配置，而且可以有效缓解医疗系统压力。尤其是在疫情冲击下，我国在线医疗发展势头迅猛，一些在线医疗企业纷纷援助武汉抗疫，取得了比较好的效果。据统计，截至2020年12月，我国在线医疗用户规模达2.15亿人，占网民总数的21.7%②。

(2) 在线医疗行业将进入较快发展阶段。新冠肺炎疫情暴发前，我国在线医疗还处在起步探索阶段。有数据显示，2018年，我国在线医疗行业

---

① 艾媒咨询. 在线教育行业研究：2025年市场规模有望超8000亿元，下沉市场成抢占用户心智关键[EB/OL]. 艾媒网，2021-01-05.

② 中国互联网络信息中心. 第47次中国互联网络发展状况统计报告[R]. 2021-02-03.

的市场规模为491亿元[①]。突如其来的新冠肺炎疫情使得城乡居民进一步认识到在线医疗的重要性，在线医疗的普及程度得到明显提升。未来随着疫情防控的常态化，我国在线医疗将处于较快增长期。有机构预测，2020年我国在线医疗行业市场规模接近千亿元，到2026年将达2000亿元，年均复合增长率将达到14.23%[②]。

3. 移动游戏产业快速发展

（1）移动游戏市场规模已突破2000亿元。娱乐消费是服务型消费的重要内容和消费结构升级的突出特征。近年来，我国以移动游戏为代表的文娱产业规模快速提升。根据相关统计，2014—2020年，我国游戏市场实际销售收入由1144.81亿元增长至2786.87亿元，其中，移动游戏市场实际销售收入由274.92亿元增长至2096.76亿元，占比由24%提升至75.2%。游戏用户由5.17亿人增长至6.65亿人，其中，移动游戏用户由3.58亿人增长至6.54亿人，占比由69.2%提升至98.3%（见表5.2）。

表5.2　2014—2020年我国游戏市场实际销售收入与用户规模

年份	游戏市场实际销售收入（亿元）	移动游戏市场实际销售收入（亿元）	游戏用户（亿人）	移动游戏用户（亿人）
2014	1144.81	274.92	5.17	3.58
2015	1407.02	514.65	5.34	4.55
2016	1655.66	819.17	5.66	5.28
2017	2036.07	1161.15	5.83	5.54
2018	2144.43	1339.56	6.26	6.05
2019	2308.77	1581.11	6.41	6.24
2020	2786.87	2096.76	6.65	6.54

数据来源：中国音数协游戏工委，中国游戏产业研究院．2020年中国游戏产业报告[R]. 2020-12-17.

① 在线医疗成热门产业 2020年市场规模有望达千亿[EB/OL]. 中证网，2020-02-11.

② 前瞻产业研究院．2020年疫情期间中国在线医疗行业市场现状及发展前景分析[R]. 2020. 5.

（2）我国已是全球最大的电子游戏市场。长期以来，美国一直占据全球最大游戏市场的地位。2016 年，全球电子游戏产业创收 1011 亿美元，其中，我国 6 亿玩家创造了 246 亿美元的收入，首次超过美国的 241 亿美元收入①，开始取代美国成为全球最大的电子游戏市场。

（3）2025 年移动游戏市场规模将突破 5000 亿元。未来 5 年，随着我国居民消费能力的提升，移动游戏用户规模和市场规模都将呈现较快增长态势。有机构预测，到 2025 年，我国移动游戏市场规模将突破 5000 亿元②。

三、2025：服务业占比将达到 60%左右

我国进入工业化后期与全球新一轮科技革命形成历史性交汇。一方面，制造业转型升级对发展生产性服务业的依赖性全面增强；另一方面，消费结构升级对发展现代服务业的需求日益迫切。在这个大背景下，服务业主导的产业结构转型将成为一个大趋势。到 2025 年，我国服务业占比将达 60%左右，服务业主导的产业结构转型开始成为新发展阶段的重要特征。

1. 服务业呈现较快发展态势

（1）工业增速明显下降，服务业增速超过工业。据统计，2010—2019 年，我国第二产业增加值增速由 12.7%下降至 5.7%，下降了 7 个百分点。2010 年，工业增速高于第三产业 3 个百分点；2013 年，第三产业增速高于第二产业增速 0.3 个百分点。2010—2019 年，我国第二产业增加值年均增速为 7.6%，低于同期第三产业增加值增速 0.8 个百分点（见表 5.3）。

---

① 中国取代美国成为世界电子游戏第一国 腾讯功不可没[EB/OL]. 凤凰财经网，2017-06-02.

② 2020 年中国移动游戏行业现状及发展趋势 腾讯游戏占据半壁江山[EB/OL]. 前瞻网，2020-10-31.

表 5. 3　2010—2019 年三次产业增加值增速（单位:%）

年份	第一产业	第二产业	第三产业
2010	4. 3	12. 7	9. 7
2011	4. 2	10. 7	9. 5
2012	4. 5	8. 4	8. 0
2013	3. 8	8. 0	8. 3
2014	4. 1	7. 2	8. 3
2015	3. 9	5. 9	8. 8
2016	3. 3	6. 0	8. 1
2017	4. 0	5. 9	8. 3
2018	3. 5	5. 8	8. 0
2019	3. 1	5. 7	6. 9
年均增速（%）	3. 8	7. 6	8. 4

数据来源：国家统计局．中国统计年鉴 2020［M］．北京：中国统计出版社，2020. 9.

（2）服务业在国民经济中的比重持续上升。2012 年，第三产业占比和第二产业基本持平，分别为 45. 4% 和 45. 5%，此后第三产业占比快速提升。2020 年，我国第三产业在国民经济中的比重上升到 54. 5%，超出第二产业 16. 7 个百分点，成为国民经济中名副其实的第一大产业。

（3）服务业成为吸纳就业最多的产业。2010 年，我国服务业吸纳就业占比为 34. 6%，尽管高出工业 5. 9 个百分点，但仍低于农业 2. 1 个百分点。到 2011 年，我国服务业吸纳就业占比开始高于农业，成为吸纳就业最多的产业。到 2019 年，我国服务业吸纳就业占比为 47. 4%，高出工业近 20 个百分点，高出农业 22. 3 个百分点（见表 5. 4）。

表 5.4　2010—2019 年我国三次产业就业结构

年份	就业人员（万人）			构成（%）		
	第一产业	第二产业	第三产业	第一产业	第二产业	第三产业
2010	27931	21842	26332	36.7	28.7	34.6
2011	26594	22544	27282	34.8	29.5	35.7
2012	25773	23241	27690	33.6	30.3	36.1
2013	24171	23170	29636	31.4	30.1	38.5
2014	22790	23099	31364	29.5	29.9	40.6
2015	21919	22693	32839	28.3	29.3	42.4
2016	21496	22350	33757	27.7	28.8	43.5
2017	20944	21824	34872	27.0	28.1	44.9
2018	20258	21390	35938	26.1	27.6	46.3
2019	19445	21305	36721	25.1	27.5	47.4

数据来源：国家统计局．中国统计年鉴 2020［M］．中国统计出版社，2020.9.

2. 服务业规模将超过 80 万亿元

2010—2020 年，我国服务业增加值由 18.2 万亿元增长到 55.4 万亿元，年均增长 7.8%（见表 5.5）。2020 年，受疫情影响，我国经济增长速度仅为 2.3%，其中服务业增速为 2.1%。据统计，2010—2019 年，扣除价格因素后，我国服务业年均增长率为 8.4%。未来 5 年如果服务业增加值保持 8%的增速，到 2025 年我国服务业增加值将达 81.4 万亿元左右，比 2020 年增加 26 万亿元。

表 5.5 2010—2020 年我国服务业发展情况

年 份	服务业增加值（亿元）	服务业增速（%）	服务业增加值占 GDP 比重（%）
2010	182061.9	9.7	44.2
2011	216123.6	9.5	44.3
2012	244856.2	8.0	45.5
2013	277983.5	8.3	46.9
2014	310654.0	8.3	48.3
2015	349744.7	8.8	50.8
2016	390828.1	8.1	52.4
2017	438355.9	8.3	52.7
2018	489700.8	8.0	53.3
2019	534233.1	6.9	53.9
2020	553977.0	2.1	54.5

数据来源：国家统计局．中国统计年鉴 2020［M］．中国统计出版社，2020.9；国家统计局．中华人民共和国 2020 年国民经济和社会发展统计公报［M］．北京：中国统计出版社，2021.3.

3. 服务业占比逐年提升

（1）服务业占比有 10 个百分点的提升空间。2020 年，我国服务业占 GDP 的 54.5%[①]，低于 2018 年高收入国家水平（75.8%）和世界平均水平（71.1%）（见表 5.6）。也就是说，与世界平均水平相比，我国服务业占比有 15 个百分点左右的提升空间；与高收入国家相比，我国服务业占比有 20 个百分点左右的提升空间。预计未来 5～10 年，我国服务业占比仍有 10 个百分点左右的提升空间，即到 65%的水平后保持相对稳定。

① 2020 年国民经济稳定恢复主要目标完成好于预期［EB/OL］. 国家统计局网站，2021-01-18.

表 5.6　服务业增加值占国内生产总值的比重（单位：%）

	2017 年	2018 年	2019 年
世界	71.2	71.1	—
高收入国家	75.9	75.8	—
中等收入国家	59.9	59.9	60.5
低收入国家	54.3	56.9	57.6
中国	52.7	53.3	53.9

数据来源：世界银行数据库。

（2）2025 年服务业占比将达 60%左右。考虑过去 5 年我国服务业占比提升速度（年均提升 1 个百分点）及服务业市场开放加速等因素，服务业占比年均提高拟按 1 个百分点估算，预计到 2025 年，我国服务业占比将由 2020 年的 54.5%提高至 60%左右，服务业主导的产业结构逐步强化（见图 5.4）。

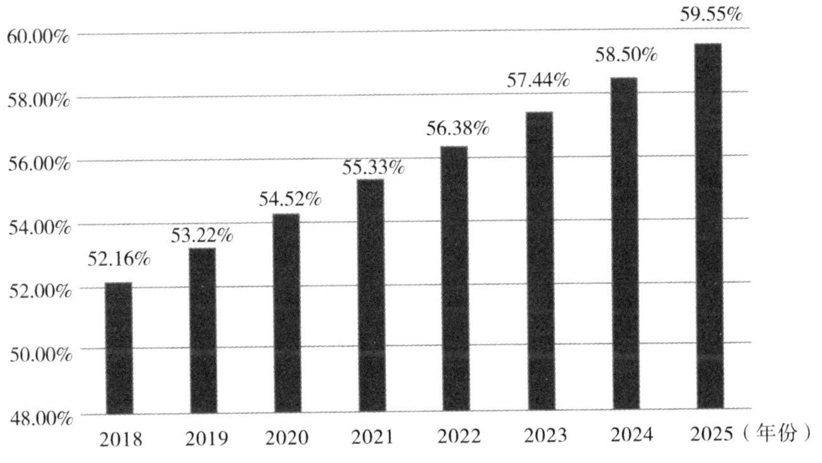

图 5.4　“十四五”时期我国服务业占比预测

数据来源：中改院课题组测算。

第二节　服务型消费推动服务型制造

服务型制造是我国工业化进程中制造与服务融合发展的产业形态，是制造业转型升级的重要方向，也是适应服务型消费需求快速增长趋势的必然选择。

一、消费结构升级推动服务型制造发展

进入新发展阶段，我国城乡居民消费结构由以物质型消费为主向以服务型消费为主转型。消费者个性化的服务需求不断增长，推动并引导企业由生产型制造向服务型制造转型升级。

1. 全球制造业向服务型转型的趋势

（1）制造业向服务环节延伸。全球新一轮产业革命突出的特点是生产型制造向服务型制造转型升级。总的趋势是：服务型制造越是发达，制造业就越能够处于国际领先地位。欧美发达国家之所以能够在“工业 3.0”“工业 4.0”时代处于领先地位，并始终能够获得制造链上的高额利润，主要在于其制造业摆脱了简单的加工制造环节，抢占了高技术和高附加值的研发、设计等生产性服务业的制高点。例如，苹果、IBM 等企业，不再仅仅关注生产过程，而是将重心逐步转移到产品的开发、改进、销售、售后服务以及回收等领域，在整个流程中生产的作用逐步降低，服务在整个流程中的作用日益提升。在高端制造业领域，生产过程可能只占整个流程的 10%，而研发、采购、储存、物流、营销、服务、融资和技术支持服务等服务流程可能占到 90%左右。

专栏5.1

服务型制造的概念

服务型制造是知识资本、人力资本和产业资本的聚合物，是三者的黏合剂。知识资本、人力资本和产业资本的高度聚合，使得服务型制造摆脱了传统制造的低技术含量、低附加值的形象，使其具有和以往各类制造方式显著不同的特点。

1. 在价值实现上，服务型制造强调由传统的以产品制造为核心，向提供具有丰富服务内涵的产品和依托产品的服务转变，直至为顾客提供整体解决方案。

2. 在作业方式上，由传统制造模式以产品为核心转向以人为中心，强调客户、作业者的认知和知识融合，通过有效挖掘服务制造链上的需求，实现个性化生产和服务。

3. 在组织模式上，服务型制造的覆盖范围虽然超越了传统的制造及服务的范畴，但是它并不去追求纵向的一体化，而是更关注不同类型主体（顾客、服务企业、制造企业）相互通过价值感知，主动参与到服务型制造网络的协作活动中，在相互的动态协作中自发形成资源优化配置，涌现出具有动态稳定结构的服务型制造系统。

4. 在运作模式上，服务型制造强调主动性服务，主动将顾客引进产品制造、应用服务过程，主动发现顾客需求，展开有针对性的服务。企业间基于业务流程合作，主动实现为上下游客户提供生产性服务和服务性生产，协同创造价值。

资料来源：孙林岩，李刚，江志斌，郑力，何哲.21世纪的先进制造模式——服务型制造[J]. 中国机械工程，2007（19）.

（2）服务环节居于价值链高端。新工业革命时代，简单加工制造环节的企业只处于辅助性的地位，随时可以被其他厂商所取代。而研发、采购、储存、物流、营销、服务、融资和技术支持服务等环节，成为产品价值产生的主要来源。在整个价值链分配中，服务环节的企业在价值分配中处于主导地位，拥有产品的定价权。以iPhone手机的价值构成为例，尽管其主要部件是在我国组装的，但事实上我国工厂所获得的价值微乎其微，而拥有核心技术和知识产权的苹果公司却获得巨额利润。

（3）产业数字化转型颠覆传统制造业。在“工业4.0”时代，制造业向服务型制造转变之所以成为革命性的变革，很大程度上在于它是一个“创造性毁灭”的过程。依托互联网、大数据、云计算、物联网等新技术优势，一些本来是服务业的企业，通过与制造业进行跨界融合，引发了制造业生态的革命性变化。例如，iPhone 手机的出现颠覆了传统手机制造模式，数字摄影颠覆了传统的胶卷摄影模式，3D 打印技术的出现正在颠覆传统机械工业发展模式。

2. 从以生产型制造为主向以服务型制造为主转型的趋势

改革开放之初，我国处于“短缺经济”状态，企业生产什么，消费者就消费什么，消费者缺少选择的空间。随着改革开放的逐步深入，在城乡居民物质型消费需求得到有效满足的基础上，广大消费者服务型消费需求全面快速增长，并给企业转型发展带来诸多机遇与挑战。进入服务型消费新阶段，与处在物质型消费阶段企业只需专注于产品生产有很大的不同，一方面，企业不仅要专注于产品生产，更要专注于满足消费者的服务型需求，由此实现企业从以生产产品为主向“制造+服务”转型升级；另一方面，企业不仅要专注于产品销售，更要专注于产品的售后服务，由此实现企业从以单纯销售产品为主向“产品+服务”转型。也就是说，为适应消费结构升级的大趋势，企业正加快从传统的以产品制造为核心向以消费者需求为中心转型（见图 5. 5）。

3. 服务型制造将成为制造业发展创新的增长点

（1）服务型制造能有效提升企业盈利能力。服务型制造是指制造业企业为更好地满足消费者的服务型消费需求，通过不断增加服务要素在投入和产出中的比重来延伸产业链，从而提高企业市场占有率和国际竞争力。从国际经验来看，制造业企业服务化转型能够提升企业的利润率，服务型制造已经成为制造业企业的主要增长点。有数据显示，全球 500 强企业中有两成制造业企业的服务收入超过总收入的 50%，个别领先制造业企业通过服务型制造转型升级，实现了企业效益的明显增长。例如，IBM 公司从典型的计算机硬件生产企业转型为信息技术服务企业，其服务收入占比超过 52%；GE 公司服务收入占比高达 63.2%[①]。

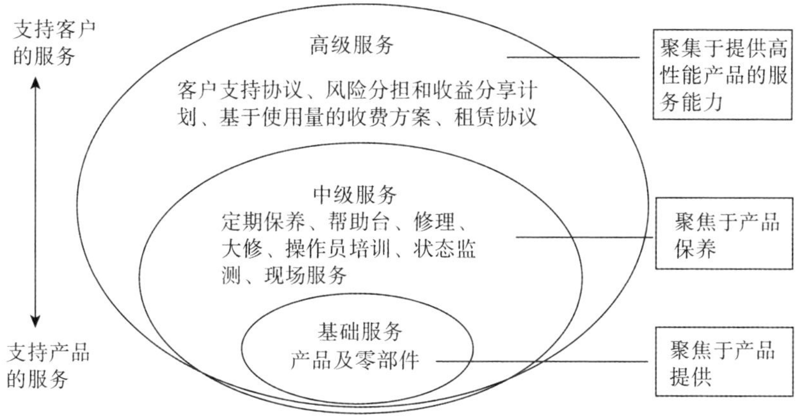

图 5.5　制造业企业提供的服务层次

资料来源：Baines and Lightfoot（2013）.

（2）服务型消费促进服务型制造加快发展。一方面，我国服务型制造的新业态快速发展。据统计，2017 年、2018 年和 2019 年我国新产业、新业态、新模式“三新”经济增加值分别为 129578 亿元、145369 亿元和 161927 亿元，占 GDP 的比重分别为 15.7%、16.1%和 16.3%，其中，第二产业“三新”经济增加值分别为 54253 亿元、62453 亿元和 70443 亿元，增速均远高于当年第二产业增速和整体经济增速[②]。另一方面，我国服务型制造企业占比明显提升。2007—2018 年，我国服务型制造企业占所有制造业企业的比重由 1%提高至 38%，年均增长 3.4 个百分点（见表 5.7）。

（3）制造业企业实现服务型制造仍有较大空间。我国制造业企业向服务型制造转型起步较晚，基础较为薄弱，大多数制造业企业发展服务型制造还处于初级阶段。从相关调查数据来看，机械行业 78%的企业服务收入占总营业收入比重不足 10%，仅 6%的企业服务收入占比超过 20%，这与

① 王政．服务型制造=制造+服务[N]．人民日报，2018-04-09.
② 黄群慧．高度重视服务型制造创新发展[N]．经济日报，2020-10-09.

全球制造业 26%的平均值存在较大差距①。从服务型制造企业的占比情况看，我国与发达国家仍有较大差距。据统计，2018 年，在制造服务化程度最高的英国和美国，服务型制造企业数量占制造业企业总数的比重分别为 56%和 53%，分别高于我国 18 个百分点和 15 个百分点（见表 5.7）。

表 5.7　2007 年、2011 年、2018 年不同国家和地区的服务型制造发展水平（单位：%）

国家或地区	2007 年	2011 年	2018 年
中国	1	19	38
美国	58	55	53
芬兰	51	54	44
荷兰	40	27	43
挪威	30	50	40
德国	29	28	39
中国香港	28	24	31
瑞典	27	42	39
瑞士	28	31	39
西班牙	26	29	33
英国	24	39	56
希腊	23	19	32
澳大利亚	22	29	51
南非	21	23	37
法国	18	41	36
奥地利	15	19	38
日本	11	31	41

数据来源：吴猛，刘凯琳．服务型制造[J]．纺织导报，2021（01）．

① 王政．服务型制造=制造+服务[N]．人民日报，2018-04-09.

二、服务型制造引领制造业转型升级

我国进入工业化后期，制造业转型升级处在关键期。适应产业结构服务化的大趋势，以服务型制造引领制造业转型升级，成为制造业实现高质量发展的重要方向。

1. 连续 11 年位居世界第一制造业大国

改革开放 40 多年来，我国制造业实现了由小到大的历史性跨越。有数据显示，2006 年，制造业有 172 类产品的产量居世界第一位；2007 年，制造业增速连续 20 年居全球之首；2010 年，制造业的产值首次超过美国，成为世界第一制造业大国；2018 年，制造业增加值占全球总量的 28. 2%，成为驱动全球工业增长的重要引擎。目前，我国是全世界唯一拥有联合国产业分类中全部 41 个工业大类、207 个工业中类、666 个工业小类的国家，形成了独立完整的现代工业体系①。据统计，“十三五”期间，我国工业增加值由 23. 5 万亿美元增加到 31. 3 万亿美元，连续 11 年成为世界最大的制造业国家，对世界制造业的贡献率接近 30%②（见图 5. 6）。

2. 制造业转型升级处在关键期

（1）“中国制造”处于全球制造业第三阵列。从全球制造业产业链分布来看，无论是在传统重化工业领域，还是在战略性新兴产业领域，我国产业定位还是普遍以加工、装备为主，制造业企业的商业模式尚未完全改变主要依靠低成本的价格竞争，研发、设计、金融等环节的盈利能力明显不足，缺乏服务理念的商业模式创新。中国工程院《2020 中国制造强国发展指数报告》显示，2019 年，美国以 168. 71 的指数值处于全球制造业第一阵列，德国、日本分别以 125. 65 和 117. 16 的指数值位居第二阵列；中国以 110. 84 的指数值位居第三阵列之首，同属第三阵列的韩国、法国和英

---

① 张辛欣．我国是全世界唯一拥有全部工业门类的国家[EB/OL]．新华网，2019-09-20.

② 郭倩．我国连续 11 年成为世界最大制造业国家[N]．经济参考报，2021-03-02.

国指数值分别为73.95、70.07和63.03（见表5.8）。

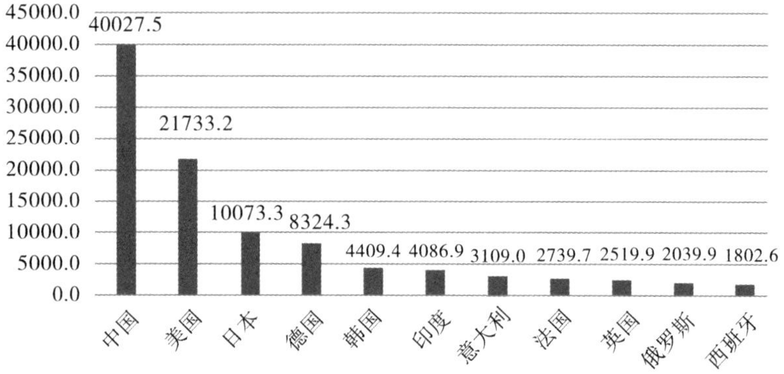

图5.6　2018年中国与部分国家制造业增加值比较（单位：万亿美元）

数据来源：国家统计局．国际统计年鉴2019［M］．北京：中国统计出版社，2020.1.
注：美国、日本为2017年数据。

表5.8　2020年中国制造强国发展指数部分国家数据比较

阵列	国家	指数值
第一阵列	美国	168.71
第二阵列	德国	125.65
	日本	117.16
第三阵列	中国	110.84
	韩国	73.95
	法国	70.07
	英国	63.03
其他	印度	43.50
	巴西	28.69

数据来源：中国工程院．2020中国制造强国发展指数报告［R］．2020-12-15.

（2）关键核心技术和装备受制于人的状况尚未发生根本性改变。科技和医药是一个国家的商品在国际市场保持竞争力的主要标志。目前，我国已经成为世界第一制造大国，但关键核心技术受制于人的局面并未发生根本改变，大量高精尖技术和设备仍然依赖进口。有数据显示，2019 年我国芯片自给率仅为 30%左右，由于尚未形成完整的产业链，这 30%左右的国内自给率只能满足中低端产业需求①。据世界知识产权组织统计，1993—2018 年，中国持有的美国发明专利累计为 7. 3 万件，美国持有的中国发明专利累计为 24. 5 万件，是前者的 3. 3 倍。另据国家外汇局统计，2018 年，我国专利许可费贸易逆差为 304 亿美元，是除旅游外最大的服务贸易逆差额②。近年来，中美由贸易战升级至科技战，美国从对中兴和华为公司的封锁打压开始，将我国高科技企业列入“实体清单”，目的在于打压我国高科技发展。

我国虽是医药大国，但以仿制为主，仿制药占比超过 90%，外资医疗设备垄断国内市场；在国内医疗器械市场中，高端医疗设备约占 25%，这其中 70%由外资占领；在高端医疗器械的绝大多数领域，外资企业在技术和质量上领先于国内企业，尤其是医学影像设备和体外诊断等技术壁垒较高的领域，外资企业市场占有率超过 75%③。

（3）制造业产出效率明显偏低。一方面，制造业发展水平和效益偏低。有数据显示，2012—2019 年，我国制造业增加值率④一直在 20%左右徘徊，与美国、德国长期处于 30%以上的水平相比差距较大⑤。另一方面，我国制造业劳动生产率偏低。2019 年，我国制造业全员劳动生产率为 30948. 41 美元/人，仅为美国的 20. 5%、日本的 32. 8%和德国的 33. 2%（见图 5. 7）。

3. 服务型制造成为制造业转型升级的主攻方向

（1）服务型制造是制造业动态演变的重要趋势。从世界经济的发展经

---

① 芯片自给率未来 5 年要达 70% 去年仅为 30%[EB/OL]. 观察者网，2020-08-20.

② 石光. 中美科技脱钩的可能与应对[J]. 财经，2020（18）.

③ 钱童心. 中国医疗器械从低端制造迈向高端出口[EB/OL]. 第一财经网，2020-10-21.

④ 制造业增加值率的高低直观体现一个国家制造业发展水平和效益水平。

⑤ 中国工程院. 2020 中国制造强国发展指数报告[R]. 2020-12-15.

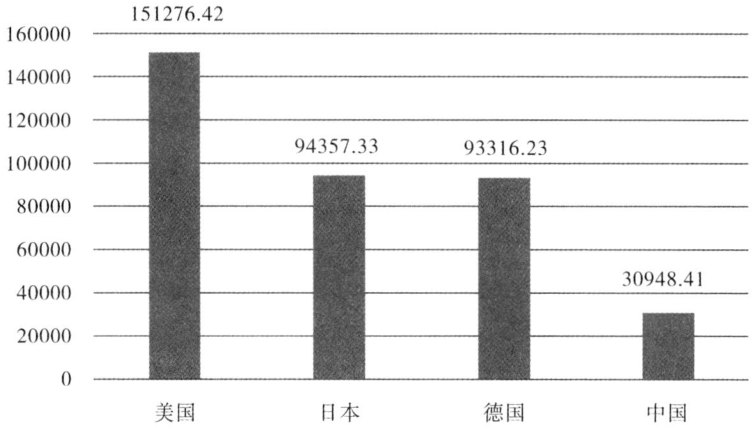

图 5.7　2019 年中国制造业全员劳动生产率与部分国家比较（单位：美元/人）

数据来源：中国工程院．2020 中国制造强国发展指数报告[R]．2020-12-15.

验看，制造业转型升级伴随制造业与生产性服务业的互动发展，一般经历三个阶段。第一阶段是工业化前期，生产性服务业如信息、研发、设计、销售、物流等从制造业中剥离出来并独立发展，此时制造业仍为主导产业。第二阶段是工业化中后期，生产性服务业又开始嵌入制造业，从而对制造业进行改造，此时制造业主导开始向服务业主导转型，生产性服务业的重要性逐步凸显。第三阶段是后工业化时期，生产性服务业与制造业深度融合互动，使得生产性服务业在整个制造业中获得主导地位。总的来看，在新工业时代，生产要素软化的特征十分突出，这与“工业 2.0”时代有很大的不同。一个国家是否是制造业强国，不仅取决于其有多大的生产能力，而且更加依赖于其是否具有强大的制造业服务能力。

（2）服务型制造是促进制造业迈向全球价值链中高端的有效途径。我国制造业之所以大而不强，一个很重要的原因就是制造业长期处于“微笑曲线”中间低端加工制造环节，“微笑曲线”两端的高附加值产业链较为薄弱。发展服务型制造可以从产业链高端环节重塑我国制造业新优势，提升中国制造的产业价值链。据美国波士顿市场研究公司的调查，当产品销售与售后服务所带来的营业收入之比为 76∶24 时，它们所产生的利润之比是 55∶45[①]。

（3）制造与服务深度融合能够产生“1+1>2”的效应。从产业结构演进的趋势看，发展服务型制造能够有效提升制造业对生产性服务业中间投入的需求，从而为生产性服务业发展带来巨大空间。从国际经验看，发达国家产业结构演进过程形成了“两个 70%”现象：一是服务业占 GDP 比重约为 70%；二是生产性服务业占整个服务业比重约为 70%。有数据显示，2020 年，我国服务业占 GDP 的比重达 54.5%，其中生产性服务业占服务业的 50%左右[②]。未来 5~10 年，随着我国制造业转型升级加快，生产性服务业仍有较大提升空间。我国制造业与生产性服务业高度融合将有望释放巨大的经济新动能。

三、服务型制造将进入较快发展期

无论是消费结构升级，还是现代信息技术的广泛运用，对服务型制造发展而言都是重大利好。“十四五”时期，抓住我国制造业转型升级的大趋势，以发展服务型制造为重点，形成制造业强国的重要支撑。

1. 现代信息技术促进服务型制造创新发展

（1）现代信息技术更好地联结制造企业与消费者。服务型制造强调以消费者为中心，最大限度地满足消费者的服务型需求。企业运用现代信息技术可以在产品研发环节使消费者更容易参与产品研发和设计，便于企业根据不同消费者的需求提供个性化的定制服务。

（2）现代信息技术更好地联结上下游制造企业，实现信息共享。在生产环节，上下游制造企业运用现代信息技术实现生产数据共享，便于企业实时掌握原材料与产品销售情况，开展协同生产，实现以销定产。

---

① 2018 年中国服务型制造行业发展现状及对策分析[EB/OL]. 江苏省发改委网站，2018-07-20.

② 宣烨，杨青龙. 生产性服务业助推制造强国建设[N]. 中国社会科学报，2020-11-04.

（3）现代信息技术更好地为消费者提供售后服务。在产品使用过程中，制造企业可以运用现代信息技术随时了解产品的运行情况，从而为消费者提供实时技术服务。企业可以根据产品运行情况给消费者提出维护和更新建议，提供产品使用的优化方案。例如，我国华为、小米等制造企业，围绕核心产品智能手机进行品类扩展，实现了从智能硬件制造向智能硬件生态服务商的转型。

2. 服务型制造的政策支持力度持续加大

（1）国家层面加快推进服务型制造发展。2015 年，我国就提出“促进生产型制造向服务型制造转变”。2016 年 7 月，工业和信息化部、国家发展改革委和中国工程院联合印发《发展服务型制造专项行动指南》（以下简称《行动指南》），对 2016—2018 年我国服务型制造发展作出了部署，鼓励制造业企业增加服务要素投入，加强政策引导，推动服务型制造向专业化、协同化、智能化方向发展。在这份《行动指南》相关目标任务完成的基础上，2020 年 7 月，工业和信息化部等 15 个部门联合印发《关于进一步促进服务型制造发展的指导意见》，对我国“十四五”时期服务型制造发展作出了全面部署，提出到 2025 年服务型制造发展生态体系趋于完善、服务提升制造业创新能力和国际竞争力的作用显著增强等目标。

（2）地方政府支持服务型制造发展的政策体系逐步形成。2016 年以来，全国各地积极推动服务型制造发展。据统计，截至 2020 年，全国有 21 个省（区、市）先后发布了服务型制造配套政策文件，这些政策文件均围绕国家相关指南或指导意见中提出的发展方向和模式进行展开，同时又结合本地区实际情况进一步细化。目前，全国有 16 个省（区、市）通过设立专项资金、减免税收等财政支持政策推动服务型制造发展，28 个省（区、市）积极配合国家级服务型制造示范遴选工作，20 个省（区、市）开展了省级示范试点遴选培育工作①。客观地看，多层次、成体系、广覆

① 徐宁．我国服务型制造发展现状及对策建议[J]．商业文化，2020（18）．

盖的政策体系正在逐步形成。

3. 服务型制造将成为制造强国建设的有力支撑

（1）服务型制造进入快速发展阶段。在国家层面和地方政策的共同推动下，我国服务型制造加快发展，并呈现出区域性特征。《服务型制造区域发展指数（2020）》显示，2020 年度，我国服务型制造区域发展指数排名前十位的省市是浙江、江苏、广东、上海、四川、福建、安徽、辽宁、河北和云南（见图 5. 8）。从区域发展来看，东部地区依托产业集聚基础和现代信息技术优势，服务型制造快速发展；中部地区通过发展特色服务，拓展产业升级新空间；西部地区发展呈现不均衡特征，四川、云南、重庆、陕西等省（市）服务型制造发展领跑西部地区①。

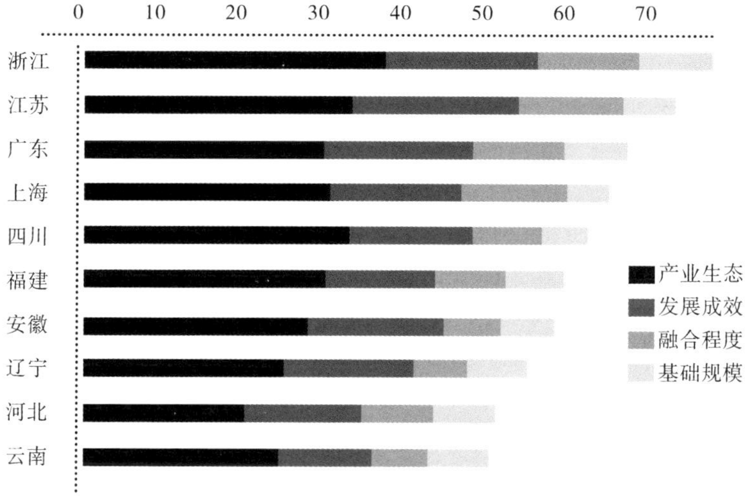

图 5. 8　2020 年中国服务型制造区域发展指数前十强

数据来源：中国服务制造联盟．服务型制造区域发展指数（2020）[R]. 2020-11-03.

（2）服务型制造助推我国从制造业大国走向制造业强国。未来 5 ~ 10 年，释放服务型制造的巨大潜力，不仅能有效推动我国完成“工业 3. 0”的升级，而且还将在“工业 4. 0”基础上形成一大批具有国际领先水平的

① 首个服务型制造区域发展年度指数发布[EB/OL]. 新华网，2020-11-03.

产业集群，从而实现我国由制造业大国向制造业强国的历史跨越。

（3）加快推进服务型制造发展。未来5年，把发展服务型制造作为推动制造业转型升级、培育现代产业体系的重中之重。一是适应产业链高端化的趋势，提升服务型制造的国际竞争力；二是适应产业数字化转型的趋势，推进服务型制造跨界融合发展；三是适应产业形态平台化的趋势，加快形成服务型制造产业生态圈；四是抓住新一轮科技革命的机遇，彻底改变核心技术受制于人的局面。

专栏5.2

“十四五”时期我国服务型制造发展的阶段性目标

到2022年，新遴选培育200家服务型制造示范企业、100家示范平台（包括应用服务提供商）、100个示范项目、20个示范城市，服务型制造理念得到普遍认可，服务型制造主要模式深入发展，制造业企业服务投入和服务产出显著提升，示范企业服务收入占营业收入的比重在30%以上。支撑服务型制造发展的标准体系、人才队伍、公共服务体系逐步健全，制造与服务全方位、宽领域、深层次融合发展格局基本形成，对制造业高质量发展的带动作用更加明显。

到2025年，继续遴选培育一批服务型制造示范企业、平台、项目和城市，示范引领作用全面显现，服务型制造模式深入应用。培育一批掌握核心技术的应用服务提供商，服务型制造发展生态体系趋于完善，服务提升制造业创新能力和国际竞争力的作用显著增强，形成一批服务型制造跨国领先企业和产业集群，制造业在全球产业分工和价值链中的地位明显提升，服务型制造成为制造强国建设的有力支撑。

资料来源：关于进一步促进服务型制造发展的指导意见[EB/OL]. 国家工业和信息化部网站，2020-07-15.

第三节　消费结构升级促进科技变革

当前，全球新一轮科技革命与产业结构升级形成交汇。在这个大背景下，消费结构升级加速科技变革。一方面，服务型消费需求全面快速增长对服务型科技的诉求增强；另一方面，科技产品本身也是消费品，并成为新的消费热点。

一、消费结构升级为科技变革提供应用市场

教育、医疗、养老等服务型消费需求的提升，为5G、人工智能等新一代信息技术的普及提供了巨大的应用市场，而且反过来对消费结构升级产生重要影响。

1. 科技在促进消费结构升级中的作用凸显

（1）消费结构升级中的科技元素日益增多。近年来，以互联网、大数据、物联网等为代表的现代信息技术得到广泛运用，推动线上线下零售企业深度融合，并由此推动传统零售向“新零售”改造升级。在这个背景下，人脸识别、无人零售、无人配送等新技术在零售行业得到普遍推广，我国传统零售企业和互联网企业纷纷布局无人零售，自动售货机行业开始走向智能化时代。2014—2018年，我国自助售货机行业商品和服务销售规模保持较快增长，市场规模由28亿元增长到190亿元，2019年为285亿元（见图5.9）。

（2）消费结构升级过程中智能化特点日益突出。在消费结构升级与科技变革相融合的过程中，科技产品成为部分消费者的重要选项，继智能手机普及后，智能电视、扫地机器人、智能马桶盖等智能硬件设备的市场规模持续增长。有数据显示，2019年，我国智能电视家庭渗透率为59%，覆

盖2亿多个家庭超6亿用户[①]；扫地机器人零售量和零售额分别为544万台和80亿元[②]；智能马桶盖零售量和零售额分别为78.9万台和14.8亿元[③]。

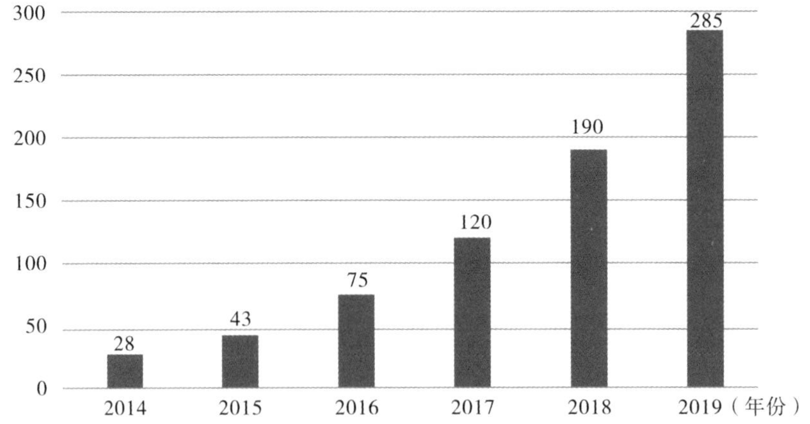

图5.9　2014—2019年我国自助售货机市场规模（单位：亿元）

数据来源：前瞻研究院。

（3）新消费群体紧跟技术升级步伐。以智能手机为例，新消费群体特别关注智能手机的技术升级，每次新机发布都能吸引大量新消费群体换机。有数据显示，2018年，我国智能手机用户的平均换机周期约为22个月。这与当前智能手机市场技术升级周期大致相当。

2. 服务型消费与数字技术融合发展

（1）服务型消费需求的增长带动服务型科技企业发展。随着消费者服务意识的觉醒，广大消费者服务型消费需求全面快速增长，由此促进部分科技企业开始将目光转向消费者的服务型消费需求。例如，科大讯飞的智能语音技术在教育、医疗、政法、智能汽车等行业领域获得广泛应用；大疆无人机广泛应用于物流、农业植保、巡检、安防、

---

① 科大讯飞，奥维互娱.2020年中国智慧大屏发展预测报告[R].2020-02-20.

② “史丹福”：让扫地机器人都搭载先进的双目视觉系统[EB/OL].金融界，2020-11-20.

③ 2020年中国智能马桶行业市场现状及竞争格局分析[EB/OL].前瞻网，2020-12-14.

救援、航拍、测绘、直播等领域。

（2）我国服务机器人市场份额占全球的25%以上。由于人口老龄化进程加快与教育医疗等服务市场需求全面提升，我国服务机器人市场规模快速增长，服务机器人广泛应用于餐饮、售票、物流配送、康复训练等领域。据统计，2019年，我国服务机器人市场规模达22亿美元，占全球市场的25%以上。2020年我国服务机器人市场规模有望突破40亿美元①。

（3）我国消费级无人机市场份额占据全球的70%以上。当前，无人机生产与应用已经成为衡量一个国家科技创新水平的重要标志。从全球来看，2019年全球无人机市场规模约为180亿美元，预计到2025年全球无人机市场规模将达428亿美元。从我国的情况看，近年来，民用无人机产业快速发展，已占据全球近80%的市场份额②。其中，我国消费级无人机已占据全球74%的市场份额，工业级无人机占据全球55%的市场份额③。

3. 新媒体成为引导大众消费的主要媒介

（1）消费者对移动互联网的依赖不断加深。有数据显示，目前，人均单日使用移动互联网时长达6.1小时，月打开App数量超25个。其中，短视频对用户的吸引力明显增强，时长份额接近20%，成为仅次于即时通信的第二大行业④。

（2）移动互联技术开始影响人们的消费习惯。“新零售”的发展越来越重视消费者的切身体验与购物效率。在这个背景下，以新媒体为载体的社群化营销成为引导大众消费的主要媒介。例如，正在快速发展中的社区团购、直播带货、网红经济等。艾媒咨询报告显示，受疫情影响，2020年我国社区团购市场发展迅猛，市场规模将达720亿元。预计到2022年，我国社区团购市场规模有望达到1220亿元⑤。

---

① 中国服务机器人市场已占全球市场超1/4[EB/OL]. 新华网，2020-09-09.
② 我国商用无人机占全球市场份额近八成[EB/OL]. 央广网，2021-01-04.
③ 同上。
④ 第一财经商业数据中心. 2020中国互联网消费生态大数据报告[R]. 2020-12-16.
⑤ 艾媒咨询. 2020上半年中国社区团购行业专题研究报告[R]. 2020-09-11.

4. 移动互联网商业化快速推进

（1）我国拥有近10亿个网民。庞大的网民群体是移动互联网商业化的重要基础。据统计，2016—2020年，我国网民规模由7.32亿人增长到9.89亿人，年均增长7.8%；手机网民占比由95.1%提升至99.7%；互联网普及率由53.2%提升至70.4%，提高了17.2个百分点（见图5.10）。

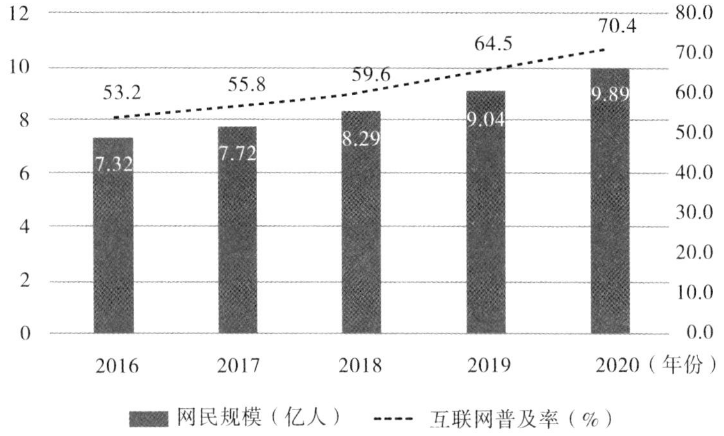

图5.10　2016—2020年我国网民规模和互联网普及率

数据来源：中国互联网络信息中心．第47次中国互联网络发展状况统计报告[R].2021-02-03.

（2）领先移动互联时代。庞大的网民群体支撑了移动互联时代的中国经济。例如，2016年，我国超越美国成为世界上最大的游戏市场。有数据显示，2015—2020年，国内游戏市场规模保持快速增长；到2020年，国内游戏产业实际销售收入达2786.9亿元，同比增速为20.7%，游戏行业用户超6.6亿人次[①]。目前，中国手游在美国手游市场总收入中的占比为20%。再如，我国共享经济快速发展，正成为全球共享经济中心。2020年，我国共享经济市场交易规模约为33773亿元，共享经济参与者人数约为8.3亿人。其中，网约车客运量占出租车总客运量的比重约为36.2%，在线外卖收入占全国餐饮业收入比重约为16.6%，共享住宿收入占全国住

① 游戏行业的机会来了？[N]. 21世纪经济报道，2021-02-20.

宿业客房收入的比重约为6.7%[①]。预计未来5年，我国共享经济年均增速将保持在10%以上。

（3）移动支付成为移动互联商业化的重要推动力。移动支付不仅使广大消费者支付更为便捷，而且推动我国成为全球网络经济的领跑者。有数据显示，截至2020年12月，我国网络支付用户规模达8.54亿人，占网民数量的86.4%；手机网络支付用户规模达8.53亿人，占手机网民的96.5%[②]。根据相关统计，2015—2019年，我国移动支付交易规模由108.2万亿元增长至347.1万亿元，年均增长超过30%（见图5.11）。

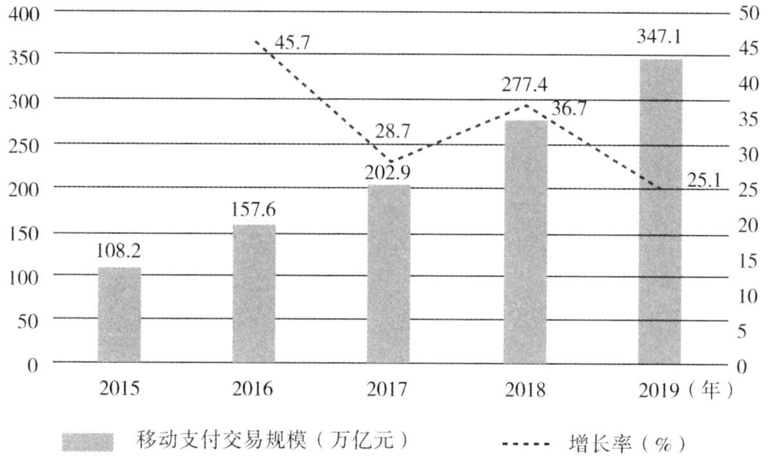

图5.11　2015—2019年我国移动支付交易规模增长情况

数据来源：艾媒咨询．2020上半年中国移动支付行业研究报告[R].2020-08-27.

二、现代信息技术加速产业数字化转型

近年来，随着新一代信息技术广泛应用，我国产业转型升级进程明显加快，数字经济与产业发展深度融合，产业数字化和数字产业化发展较快推进。

① 国家信息中心．中国共享经济发展报告（2021）[R].2021.2.

② 中国互联网络信息中心．第47次中国互联网络发展状况统计报告[R].2021-02-03.

1. 数字经济快速发展的大趋势

（1）我国成为全球第二大数字经济体。依托强大的国内消费应用市场、不断完善的信息基础设施及政府包容性监管政策，我国抓住了第四次工业革命的历史性机遇，实现数字经济的调整发展，进入数字经济时代。据统计，2005—2019 年，我国数字经济增加值由 2.6 万亿元增长到 35.8 万亿元（见图 5.12），增长了 12.7 倍，数字经济总量仅次于美国，居全球第二位（见表 5.9）；占 GDP 的比重由 14.2%提升至 36.2%，提高了 22 个百分点（见图 5.12）。预计到 2030 年，我国数字经济占 GDP 比重将超过 50%①。

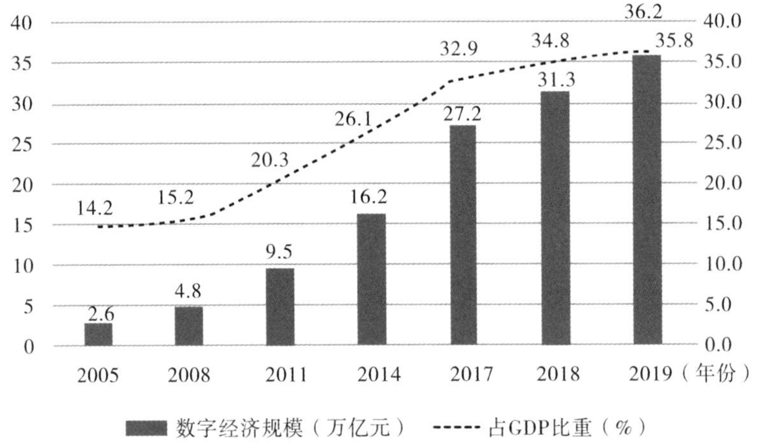

图 5.12　2005—2019 年我国数字经济规模及占比

数据来源：中国信息通信研究院．中国数字经济发展白皮书（2020 年）[R].2020.7.

① 中国信息通信研究院．中国数字经济发展白皮书（2020 年）[R].2020.7.

表 5.9 2019 年部分国家数字经济规模比较（单位：亿美元）

国家	规模	国家	规模	国家	规模	国家	规模
美国	130652	俄罗斯	3076	丹麦	936	新西兰	256
中国	51954	澳大利亚	2790	挪威	896	希腊	220
德国	24380	西班牙	2413	马来西亚	827	卢森堡	144
日本	23949	爱尔兰	1768	南非	650	保加利亚	134
英国	17606	新加坡	1394	泰国	648	斯洛伐克	131
法国	11698	瑞士	1307	土耳其	555	克罗地亚	123
韩国	7995	瑞典	1301	罗马尼亚	503	立陶宛	93
印度	5856	印度尼西亚	1301	捷克	499	斯洛文尼亚	86
加拿大	4540	荷兰	1259	奥地利	490	爱沙尼亚	75
墨西哥	3903	波兰	1103	匈牙利	371	拉脱维亚	66
巴西	3901	比利时	1096	越南	323	塞浦路斯	34
意大利	3894	芬兰	953	葡萄牙	265	—	—

数据来源：中国信息通信研究院．全球数字经济新图景(2020 年)——大变局下的可持续发展新动能[R].2020.10.

（2）数字经济呈快速增长态势。从实际情况看，数字经济增速明显高于同期 GDP 增速及三次产业增速。据统计，2005—2019 年，我国数字经济年复合增长率为 20.6%，比同期 GDP 增速高出 8 个百分点，比第一产业、第二产业、第三产业年复合增速分别高出 11.9 个、9.5 个、5.8 个百分点（见图 5.13）。

（3）数字经济对经济增长的贡献率超过 50%。随着数字经济的快速发展，数字经济对我国经济增长的贡献率持续提升。据统计，2014—2019 年，我国数字经济对经济增长的贡献率始终保持在 50%以上。2019 年，数字经济对经济增长的贡献率为 67.7%①，均高于三次产业对经济增长的贡献率，成为拉动我国经济增长的支柱力量。

① 中国信息通信研究院．中国数字经济发展白皮书（2020 年）[R].2020.7.

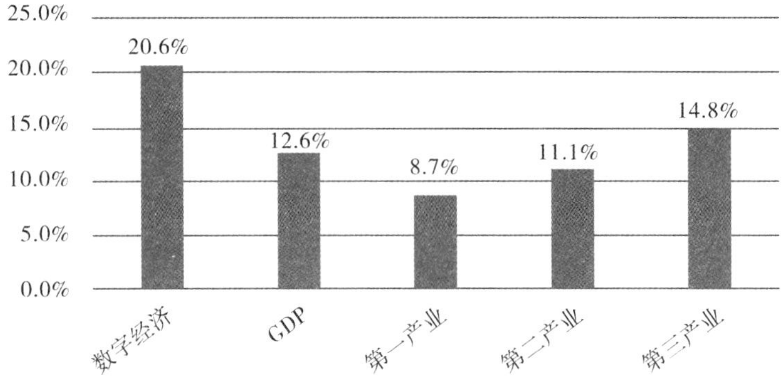

图 5.13　2005—2019 年我国数字经济规模占比

数据来源：中国信息通信研究院. 中国数字经济发展白皮书（2020 年）[R]. 2020. 7.

2. 产业数字化转型的大趋势

（1）产业数字化进程加速推进。近年来，信息技术的广泛应用加速推进传统产业数字化进程。2019 年，我国产业数字化增加值规模达 28. 78 万亿元；2005—2019 年，产业数字化增加值年复合增长率达 24. 9%，明显高于同期 GDP 增速，占 GDP 的比重由 7%提升到 29%①。

（2）服务业数字化转型速度最快。近年来，国内强大的消费市场依托现代信息技术的广泛应用推动服务业数字化转型，使得服务业数字化转型领先于工业和农业，教育、医疗等传统服务业数字化转型明显加快，生活消费行业“一站式”服务的特点日益突出，我国多家互联网企业市值排名进入世界互联网企业 20 强。据统计，2019 年，服务业数字经济增加值占行业增加值的 37. 8%②，显著高于全行业平均水平。

（3）工业数字化转型加速推进。工业数字化是工业信息化融合的高级阶段。近年来，我国工业数字化、信息化水平不断提升。2019 年，我国工业数字化增加值占行业增加值的 19. 5%。其中，制造企业数字化基础能力持续提升。2019 年，规模以上工业企业的生产设备数字化率、关键工序数

① 中国信息通信研究院. 中国数字经济发展白皮书（2020 年）[R]. 2020. 7.
② 同上。

控率和数字化设备联网率分别为47.1%、49.5%和41%，工业企业数字化研发设计工具普及率为69.3%①。

（4）农业数字化转型相对较慢。数字技术加快向农业生产、加工、销售等各个环节广泛渗透，成为我国提升农业生产效率、实现乡村振兴的技术支撑。由于农业生产的自然属性，农业数字化转型相对较慢，2019年，农业数字经济增加值占行业增加值的比重仅为8.2%，明显低于其他行业水平（见表5.10）。

表5.10　2016—2019年数字经济在三次产业中的渗透率（单位:%）

年份	第一产业	第二产业	第三产业
2016	6.2	16.8	29.6
2017	6.5	17.2	32.6
2018	7.3	18.3	35.9
2019	8.2	19.5	37.8

数据来源：中国信息通信研究院．中国数字经济发展白皮书（2020年）[R].2020.7.

3.产业数字化转型仍有较大空间

（1）数字技术也在不断完善。传统通用技术受到线性约束限制，而数字技术遵循摩尔定律，即每18个月综合计算能力提高一倍，呈指数级增长态势②。近年来，我国数字存储媒介价格、宽带价格等不断下降的趋势持续印证摩尔定律效果。大数据、物联网、移动互联网、云计算、人工智能、区块链等数字技术的突破和融合发展推动产业数字化快速发展。此外，我国移动互联网技术领域在经历了“2G跟随、3G突破、4G同步”之后，正谋求5G时代的“领跑者”地位。一旦5G全面普及，将引发更大范围的产业变革。

（2）新型数字基础设施加快完善。当前，数字基础设施主要涉及5G、

① 韩鑫．产业数字化 制造更智能[N]．人民日报，2020-07-13.

② 左世全．智能制造的中国特色之路[J]．中国工业评论，2015（04）.

数据中心、云计算、人工智能、物联网、区块链等现代信息通信技术。近年来，我国数字基础设施的进一步完善，为加快推进产业数字化转型奠定了坚实基础。有数据显示，2020 年，全国 4G 基站总数达 575 万个，新建 5G 基站超过 60 万个，全部已开通 5G 的基站超过 71. 8 万个，5G 网络已覆盖全国地级以上城市及重点县市①。可以预见，未来几年，我国新型数字基础设施进一步完善，将有效促进制造业技术改造和设备更新，支撑新型服务业和新经济发展。

三、重构产业核心竞争力

凭借 5G 领域的领先优势，我国正在开启万物互联、人机交互的新时代。5G 与 AI（人工智能）的深度融合，不仅引领产业变革、重塑产业竞争力，而且将影响人们的生产与生活方式。

1. 5G 时代的到来

（1）我国建成全球最大规模 5G 商用网络。截至 2020 年 10 月，我国已累计建设 5G 基站超过 70 万个，是全球规模排名第二的韩国（13. 2 万个）的 5. 3 倍。与此同时，我国 5G 手机占据全球市场份额超过六成。有数据显示，华为、小米、OPPO、vivo 手机在 2020 年第一季度全球 5G 手机市场份额分别为 33. 3%、12%、10. 4%、5%，位列第二到第五，市场总份额超过 60%②。

（2）5G 蕴藏着巨大的产业发展机遇。5G 具有大带宽高速率、低时延高可靠和广连接三大突出特征。作为新一代移动通信技术发展的方向，5G 开启了万物广泛互联和人机深度交互的时代，对工业、物流运输、能源、教育、医疗等行业都意味着前所未有的机遇。5G 与各行业的融合发展，将带动各行业实现数字化转型。未来 5 年，我国 5G 发展仍处于有利时机，

---

① 工业与信息化部 . 2020 年通信业统计公报[R]. 2021. 1.

② 中国信息通信研究院 . 中国 5G 发展和经济社会影响白皮书（2020 年）[R]. 2020-12-15.

尽管 5G 行业级应用仍将处在导入期，但消费级应用将进入成长期，由此可以带动相关行业快速发展。

（3）5G 商用将拉动产业链上下游持续快速增长。据中国信息通信研究院测算，预计 2020—2025 年，我国 5G 商用将直接带动经济总产出 10.6 万亿元，直接创造经济增加值 3.3 万亿元；间接带动经济总产出约 24.8 万亿元，间接带动的经济增加值达 8.4 万亿元①。也就是说，未来 5 年，5G 商用直接和间接拉动的经济产出将超过 35 万亿元。

2. 人工智能成为引领产业变革的重要驱动力量

（1）人工智能商业化应用将进入快车道。随着我国人口老龄化进程的加快，越来越多的企业利用人工智能作为劳动力替代来应对劳动力减少的挑战。目前，人工智能开始在金融、客服、安防等领域取代大量重复性高、大量使用人工的工作，不仅有效降低了企业成本，而且提升了企业生产效率。据互联网数据中心统计，2018 年我国人工智能市场规模为 161.9 亿元，预计到 2022 年市场规模将接近 700 亿元（见图 5.14），年复合增长率超过 50%，这意味着未来 2~3 年我国人工智能关联产业将进入快速发展阶段。

（2）人工智能技术的广泛应用将推动产业智能化升级。当前，以智能家居、智能网联汽车、智能机器人等为代表的人工智能新兴产业加速发展。一方面，人工智能将推动产业智能化升级，重塑企业生产组织方式，促进传统领域智能化变革，引领产业向价值链高端迈进。例如，在制造领域，AI 深度赋能工业生产，将带来生产效率和质量的显著提升，采用 AI 视觉检测将替代工人识别产品缺陷。另一方面，人工智能将推动多行业创新发展，大幅提升现有劳动生产率。据相关机构预测，2035 年人工智能将推动我国劳动生产率提升 27%，经济总增加值提升 7.1 万亿美元②。未来

---

① 中国信息通信研究院．“5G+云+AI”：数字经济新时代的引擎[R]．2019-12-09.

② 人工智能：中国抢下“先手棋”[N]．人民日报，2018-02-22.

人工智能在教育、医疗、养老等服务业领域的广泛应用，不仅能推动服务模式持续创新，而且将明显提升服务质量与效率。

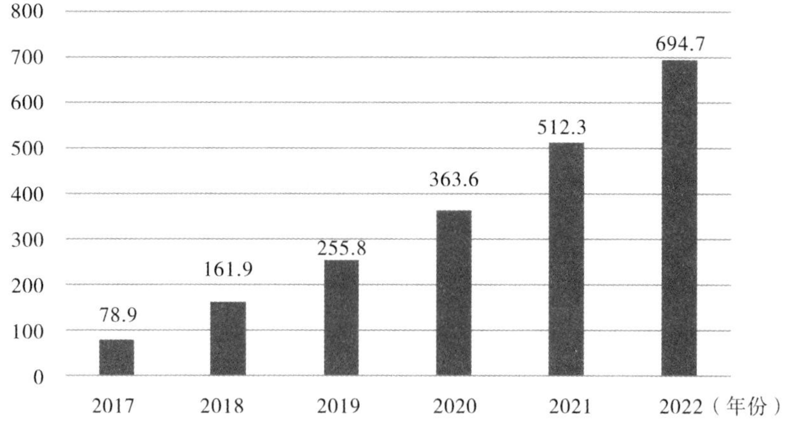

图 5.14　2017—2022 年我国人工智能市场规模（单位：亿元）

数据来源：中国信息通信研究院．“5G+云+AI”：数字经济新时代的引擎[R]．2019-12-09.

3. 5G 与 AI 融合将驱动传统产业深刻变革

（1）5G 与 AI 融合将推动农业产业智能化。未来几年，AI 赋能传统农业，智慧农业发展将越来越重要。例如，大量农业传感器通过 5G 进行实时信息交互，获取关于土壤、农作物、空气、湿度等农业信息，然后上传到云端大数据中心，通过 AI 系统和农业专家诊断，可以准确掌握土壤肥力状况，及时向农民提供施肥建议，由此带动农业生产效率的提升，最终实现农业智能化、现代化。

（2）5G 与 AI 融合将加速制造业数字化转型。5G 的高带宽、低时延的特征能够有效满足工业领域实时性场景的需求，并将连接产生大量的数据汇聚到云端，由工业云为制造业应用提供多元算力，然后由 AI 平台对工业数据进行推理。将 5G 与 AI 融入制造业发展中，可以推进智能终端与智能机器人由工具向助理的角色转变，实现制造高端化、智能化、绿色化。可以说，5G 与 AI 融合是推动智能制造发展的关键赋能技术。

（3）5G 与 AI 融合将释放服务业发展的巨大潜力。例如，5G 与 AI 融合让无人驾驶、智慧物流、智慧交通等应用场景变成现实（见图 5.15）；“5G+AI”可以明显改善 AR/VR 等新兴互动技术的体验，加速媒体、文娱等行业的变革。未来几年，5G 与 AI 融合将驱动服务业领域更多的应用场景变成现实，释放更大的产业价值。

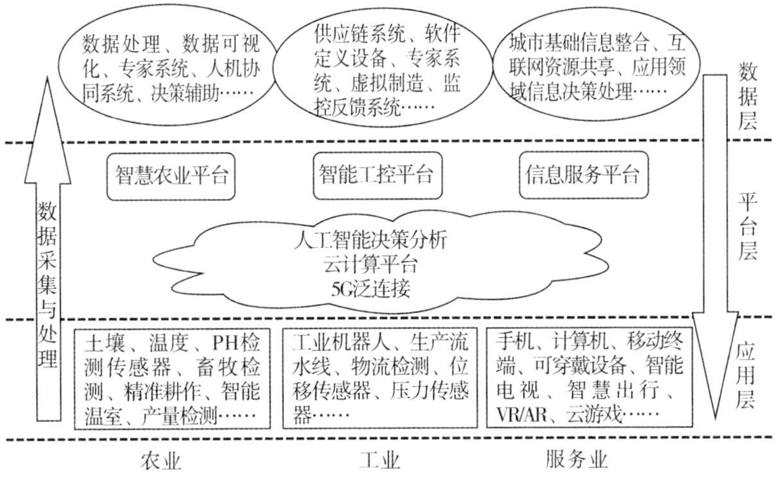

图 5.15　5G 与 AI 融合驱动产业转型升级

资料来源：中国信息通信研究院．“5G+云+AI”：数字经济新时代的引擎[R]．2019-12-09.

四、以智能制造赢得全球新一轮工业革命的先机

智能制造成为全球制造业转型升级的主攻方向，也是全球制造业竞争的焦点。世界各国纷纷加快谋划和布局，积极参与全球制造业再分工。未来 5~10 年，如何抓住智能制造这个主攻方向，抢占全球制造业的制高点，将成为制造强国和科技强国的重要战略考量。

1. 智能制造成为全球制造业竞争的重点与焦点

一国经济的国际竞争力和长期稳定增长的关键是制造复杂产品的能力，而智能制造是制造业转型升级的制高点，代表着未来制造业发展的方向和经济结构高级化的趋势，决定着一个国家制造复杂产品的能力大小。因此，智能制造已成为当今世界各国技术创新和制造业竞争的焦点。例

如，近年来德国实施的“工业 4.0”战略，英国推进智能制造发展等。

2. 实现“中国制造”向“中国智造”转型

（1）我国有条件成为新一轮工业革命的推动者与引领者。基于多种原因，我国错过了第三次工业革命的历史机遇，导致在较长的时期内处于一种比较被动的、赶超的状态。40 多年的改革开放所带来的经济发展和技术进步，使我国在补上第三次工业革命这一课的同时，有条件、有能力抓住第四次工业革命的历史机遇，推动我国经济转型升级，形成高质量发展新动能。尽管“工业 4.0”发轫于西方，但与德国和日本相比，我国具有制造业体系齐全、人口与市场规模庞大等突出优势。无论是机器人、AI、智能穿戴等新技术，还是企业商业模式和产业业态创新，我国都具有后发优势。以机器人发展为例，2018 年，我国工业机器人的产量达 14.8 万台套，占全球产量的比重超过 38%，位居全球第一①。

（2）实现“中国制造”向“中国智造”的转型。未来 5 年，发挥比较优势，以“中国智造”为重点加快推动“中国制造 2025”，我国有望到 2025 年基本完成“工业 3.0”的升级，并在“工业 4.0”基础上形成一大批具有国际领先水平的产业集群。到 2035 年，我国将进入全球制造业第一方阵，成为真正的制造强国。

3. 推进数字技术与制造业融合

（1）加快推进研发设计端的智能化转型。通过研发设计图纸的数字化，并配合大数据技术与数字化建模，将研发设计变得可量化、可评估，不仅对研发设计的优化改进具有重要作用，而且可以提供更好的设计工具，缩短产品交付周期。

（2）以智能生产大幅提升制造业生产效率。随着 5G、AI、智能机器人等数字产品的广泛应用，生产环节的数据来源逐渐由人工数据向更易收

① 2018 年我国工业机器人产量达 14.8 万台套居全球第一[EB/OL].每日经济新闻，2019-10-11.

集、更规范的机器数据转变。这可以实现生产流程的智能控制和动态管理。例如，德国西门子应用数字工厂解决方案，使得其产品不合格率由20年前的60%降到现在的12%。在场地面积不增加的情况下，生产效率提高了8倍[①]。

（3）以数字技术实现规模化定制生产。在数字经济时代，企业通过移动App与用户开展广泛互动，获得大量用户偏好数据，通过大数据技术将具有相同定制化需求的用户集合实现规模化生产，从而使得个性化、多品种与低成本、高效率有机结合。

4. 加快布局智能制造

（1）加快制造业智能化改造。抓住关键领域、基础领域实现重点突破。例如，以加快布局5G为重点推动智能生产。我国具有巨大的市场，有条件率先推进5G的商用化。例如，我国将成为全球最大的健康医疗市场，预计到2030年，我国健康产业规模将突破20万亿元[②]。我国可以依托自身巨大的健康服务需求市场，将5G在医疗领域的广泛应用作为突破口，这不仅有利于快速提升我国医疗健康服务水平，也有利于加速5G的商业化。

（2）以机器人产业为重点布局智能装备制造业。把打造机器人全产业链作为智能研发与智能制造的重点，加强基础研究，形成核心技术，推动机器人产业链的上下游一体化，将成为我国确立国产品牌的重大任务。但从现实情况来看，我国机器人产业发展滞后，关键技术受制于人，市场占有量相对较低的矛盾突出。尽管我国是全球机器人最大的市场，但国产品牌的机器人占比不高。《全球机器人2019》报告显示，2019年上半年我国国产品牌机器人市场份额仅占35.8%。未来5~10年，加快推进国内机器

① 马化腾，孟昭莉，闫德利，王花蕾．数字经济：中国创新增长新动能[M]．北京：中信出版社，2017.4.

② 孟珂．2020年我国健康产业规模有望突破8万亿元　2030年或突破20万亿元[N]．证券日报，2019-08-07.

人产业发展，将成为我国科技变革推动制造业转型升级的重大任务。

（3）布局“云制造”，形成协同制造新格局。近年来，工业互联网这一现代信息技术与传统产业加速融合，行业普及率不断提升。例如，办公云平台技术的快速发展有助于促进企业组织去中心化，为企业内部细分、移动办公模式等提供了技术解决方案，并进一步促进了企业内部信息沟通与工作协同，提升企业运营效率。

第四节　绿色消费促进绿色产业发展

适应消费结构绿色转型的大趋势，加快绿色产业发展，不仅将推动我国产业结构升级，为我国实现碳达峰和碳中和奠定重要基础，而且将走出一条绿色发展的新路子。

一、绿色消费促进传统产业绿色转型

当前，为适应我国居民消费结构升级的趋势，以绿色消费促进传统产业绿色转型，将形成新发展阶段我国经济高质量发展的新动能。

1. 绿色消费促进绿色制造

（1）绿色消费促进绿色制造的格局正在形成。随着我国居民消费结构升级，绿色消费理念逐步深入人心，这在很大程度上推动了制造企业绿色化转型。例如，联想、格力等一批制造企业通过打造企业绿色供应链体系，成功实现向绿色制造的转型，并取得了经济效益与生态效益的双赢。2017 年以来，国家工业和信息化部为了打造绿色制造典型，积极开展绿色制造试点示范工作，先后分五批创建了绿色工厂 2121 家、绿色设计产品 2170 种、绿色园区 172 家、绿色供应链管理示范企业 189 家（见表5.11）。

表 5.11 2017 年以来我国五批绿色制造企业情况

	第一批	第二批	第三批	第四批	第五批	合计
绿色工厂（家）	201	208	391	602	719	2121
绿色设计产品（种）	193	53	480	371	1073	2170
绿色园区（家）	24	22	34	39	53	172
绿色供应链管理示范企业（家）	15	4	21	50	99	189

数据来源：国家工业和信息化部网站。

（2）绿色制造快速发展的趋势明显。制造业在推动经济增长的同时，也给资源环境带来沉重压力。有数据显示，造成全球环境污染的排放物70%以上来自制造业，每年约产生 62 亿吨废弃物[①]。我国是世界第一大制造国，近年来在国家相关政策的引导下，传统制造企业的绿色转型进程明显加快，绿色制造的理念开始普及，并积累了一定的绿色制造实践经验。关键问题在于，我国绿色制造还处于初级阶段，突出表现为：一是资源“瓶颈”越来越突出，制造业及其产品的能耗占全国的 70%左右；二是制造业资源利用效率与国际先进水平存在较大差距，单位产品能耗高出国际先进水平 20%以上；三是绿色制造技术标准体系与发达国家有较大差距。在这个背景下，党的十九届五中全会提出“推动传统产业高端化、智能化、绿色化”。

（3）“十四五”时期，绿色制造的政策支持力度将进一步加大。从全球来看，绿色制造已经从理念变成产业发展的实际行动。例如，美国在国际金融危机后重振制造业，发展新能源；德国注重发展可再生能源产业，研发绿色科技；日本实施《绿色增长战略》，培育发展节能环保产业。从国内来看，“十三五”以来国家高度重视绿色制造，出台了一系列政策支持举措（见表 5.12）。国家“十三五”规划提出要建设制造强国，大力推进制造业向智能化、绿色化、服务化方向发展；2016 年 7 月以来，《工业

① 中国企业用创新科技推动绿色发展[EB/OL]. 光明网，2019-06-05.

绿色发展规划（2016—2020年）》《绿色制造工程实施指南（2016—2020年）》《关于开展绿色制造体系建设的通知》《绿色制造标准体系建设指南》等政策文件相继出台，为全面推进绿色制造奠定了重要基础（见图5.16）。“十四五”期间，随着消费结构和产业结构“双升级”，我国绿色制造将呈加快发展的趋势。

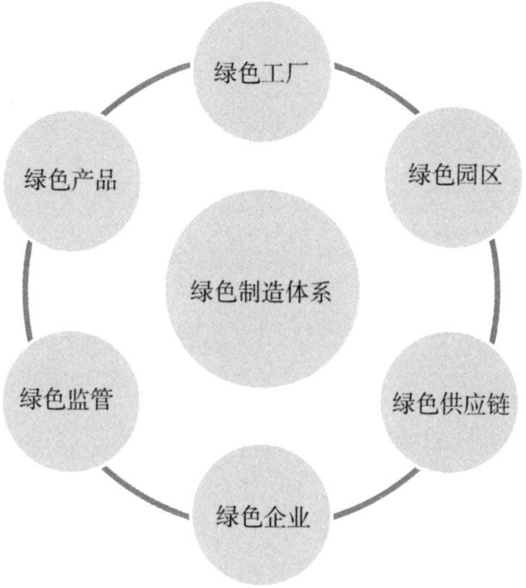

图5.16　绿色制造体系的构成要素

表5.12　2015年以来我国绿色产业园国家层面政策梳理

时间	发布部门	政策文件名称	政策要点
2021年	国务院	《关于加快建立健全绿色低碳循环发展经济体系的指导意见》	到2025年，产业结构、能源结构、运输结构明显优化，绿色产业比重显著提升，基础设施绿色化水平不断提高，清洁生产水平持续提高，生产生活方式绿色转型成效显著，能源资源配置更加合理、利用效率大幅提高，主要污染物排放总量持续减少，碳排放强度明显降低，生态环境持续改善，市场导向的绿色技术创新体系更加完善，法律法规、政策体系更加有效，绿色低碳循环发展的生产体系、流通体系、消费体系初步形成

续表

时间	发布部门	政策文件名称	政策要点
2020 年	国家发改委	《关于组织开展绿色产业示范基地建设的通知》	到 2025 年，绿色产业示范基地建设取得阶段性进展，培育一批绿色产业龙头企业，基地绿色产业集聚度和综合竞争力明显提高，绿色产业链有效构建，绿色技术创新体系基本建立，基础设施和服务平台智能高效，绿色产业发展的体制机制更加健全，对全国绿色产业发展的引领作用初步显现
2019 年	国家发改委	《关于构建市场导向的绿色技术创新体系的指导意见》	节能环保、清洁生产、清洁能源、生态环境、基础设施绿色升级等领域相关技术的应用
2019 年	国家发改委	《绿色产业指导目录（2019 年版）》	各地方、各部门要以《目录》为基础，根据各自领域、区域发展重点，出台投资、价格、金融、税收等方面政策措施，着力壮大节能环保、清洁生产、清洁能源等绿色产业
2017 年	工信部、国家发改委等五部门	《关于加强长江经济带工业绿色发展的指导意见》	到 2020 年，一批关键共性绿色制造技术实现产业化应用，打造和培育 500 家绿色示范工厂、50 家绿色示范园区，推广 5000 种以上绿色产品，绿色制造产业产值达 5 万亿元
2016 年	工信部、国家标准委	《绿色制造标准体系建设指南》	加快绿色园区等重点领域标准制修订，促进园区转型升级
2016 年	工信部	《关于开展绿色制造体系建设的通知》	发挥标准体系在绿色制造体系建设中的引领作用，加快制定绿色工厂、绿色产品、绿色园区、绿色供应链、绿色企业以及绿色评价与服务等标准
2016 年	工信部	《工业绿色发展规划（2016—2020 年）》	以企业集聚化发展、产业生态链接、服务平台建设为重点，推进绿色工业园区建设
2016 年	国务院	《关于完善国家级经济技术开发区考核制度促进创新驱动发展的指导意见》	鼓励国家级经济技术开发区创建生态工业示范园区、循环化改造示范试点园区、国家低碳工业园区等绿色园区，通过双边机制开展国际合作生态（创新）园建设，引入国际先进节能环保技术和产品
2015 年	国务院	《中国制造 2025》	首次提出构建绿色制造体系，强调“发展绿色园区，推进工业园区产业耦合，实现近零排放”

资料来源：中改院课题组整理。

2. 绿色消费带动环保产业快速发展

（1）绿色消费推动环保产业加快发展。绿色消费理念的普及，不仅使广大消费者更愿意消费绿色产品，也促使生产者更加注重节能环保，推行绿色生产方式，由此带动环保产业的发展。据统计，2004—2019 年，我国环保产业营业收入总额由 606 亿元增加到 1.78 万亿元，增长了 28 倍，年均增长 25.5%。其中 2005—2015 年，一直保持 26%~31%的较高增速。2016 年，我国环保产业营业收入首次超过万亿元，其后同比增速明显放缓，保持在 14%~20%[①]（见图 5.17）。客观来看，我国环保产业的快速发展，有资源环境约束加大的因素，也有绿色消费理念普及的因素。

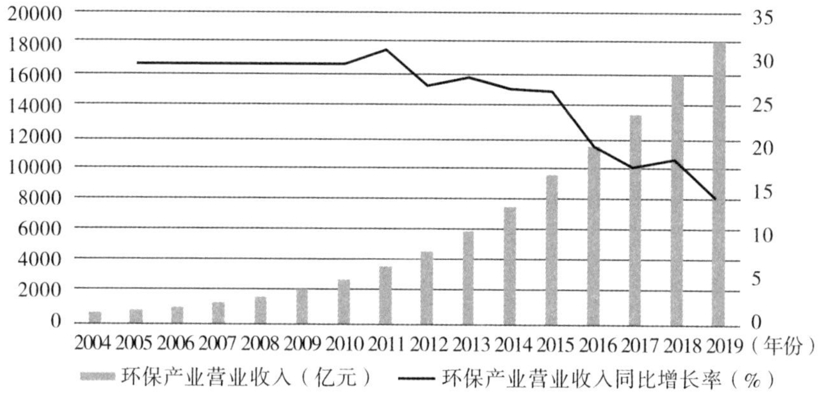

图 5.17　2004—2019 年我国环保产业营业收入增长情况

数据来源：生态环境部科技与财务司，中国环境保护产业协会．中国环保产业发展状况报告（2020）[R]. 2020. 10.

（2）环保产业对国民经济的贡献逐步提升。有数据显示，2004—2019 年，我国环保产业营业收入与 GDP 的比值从 0.4%提高至 1.8%，环保产业对国民经济的贡献率从 0.3%上升至 3.1%[②]。总的来看，环保产业对国民经济的贡献呈逐步提升的趋势。

---

① 生态环境部，中国环境保护产业协会．中国环保发展状况报告（2020）[R]. 2020-10-14.

② 同上。

(3)“十四五”时期，环保产业仍有较大的市场空间。“十四五”时期，面对尚未根本改变的能源结构和环境保护新要求，适应消费结构升级和产业结构升级大趋势，需要加快环保产业发展，为持续改善环境质量提供重要抓手。预计 2021 年我国环保产业营收规模将超过 2 万亿元，到 2025 年将突破 3 万亿元[①]。

二、加快新能源革命进程

为应对全球气候变暖、改善生态环境，全球新能源革命加速推进。我国作为世界上最大的能源生产国和消费国，推动绿色发展，需要把握新能源革命的主动权，走出一条绿色产业发展的新路子。

1. 全球新能源革命加速

(1) 全球可再生能源增长明显加快。据统计，1990—2017 年，全球可再生能源年均增长 2.0%，略高于世界一次能源总供应量的增长率(1.7%)。其中，太阳能光伏和风力发电的增长率比较高，年均增长率分别为 37.0%和 23.4%[②]。2019 年，全球可再生能源增长创下历史新高，达 3.2 千兆焦耳，占全球一次能源增长的 40%以上，高于其他各类能源；可再生能源在发电领域的占比由 2018 年的 9.3%提高到 2019 年的 10.4%，首次超过核能[③]。根据国际能源署（IEA）测算，未来 30 年内，全球可再生能源平均年度新增装机规模将达 700GW，是 2019 年新增装机容量的 4 倍[④]。这意味着可再生能源越来越成为新增能源供应的主力能源，并呈加速发展的趋势。

(2) 可再生能源将成为全球能源投资的重要领域。有数据显示，

---

① 生态环境部科技与财务司，中国环境保护产业协会．中国环保产业发展状况报告(2020)［R］. 2020. 10.

② 焦敬平，池砚文．世界可再生能源发展情况分析[J]．能源，2019 (12).

③ 根据《BP 世界能源统计年鉴 2020》统计数据计算得出。

④ 国际能源署．能源技术展望 2020［R］. 2021. 2.

2010—2019 年，全球对可再生能源新产能的投资达 2.7 万亿美元[①]。未来 30 年，随着全球能源结构持续向可再生能源过渡，可再生能源将成为投资的重要领域（见图 5.18）。根据国际能源署预计，在实施已经承诺的政策情景下，2019—2040 年，全球可再生能源的累计投资额将达 10 万亿美元[②]。

（3）2040 年将是全球“新能源替代”的临界点。全球新能源替代传统化石能源将经历三个阶段：第一阶段是“增速替代”，化石能源和新能源绝对数量都在增长，但新能源增速大于化石能源。第二阶段是“增量替代”，新能源在增长的绝对数量上高于化石能源。第三阶段是“主体替代”，即新能源最终成为主体能源[③]。国际能源署（IEA）预测，到 2040 年煤炭在全球能源需求中占比将降至 20%以下[④]。

2. 我国能源结构持续调整

（1）我国成为全球最大的可再生能源生产国和消费国。自 2006 年开始实施《可再生能源法》以来，我国可再生能源进入快速发展期，可再生能源消费量快速增长。据统计，2005 年，我国可再生能源消费量超过巴西和美国，成为全球第一大可再生能源消费国，也是第一大生产国[⑤]。2006—2019 年，我国可再生能源消费量年均增长 11.5%，大幅高于同期我国化石能源消费量年均 3.4%的增速。2019 年，我国可再生能源消费总量达 17.95 艾焦耳，占全球的比重达 26.94%，继续保持全球第一大可再生能源生产国和消费国的地位，可再生能源消费总量分别相当于美国（全球第

---

① 联合国环境规划署 . 2020 年全球可再生能源投资趋势[R]. 2020. 6.

② 根据国际能源署《世界能源展望 2019》统计数据计算得出。

③ 未来光伏革命中国有望领先[N]. 中国经济导报，2013-11-09.

④ 国际能源署（IEA）. 世界能源展望 2020 [R]. 2020. 10.

⑤ 朱彤 . “十四五”时期可再生能源发展的关键是体制改革与机制重构[J]. 中国发展观察，2020（22）.

二位）的 2.2 倍、巴西（全球第三位）的 3.2 倍[①]。

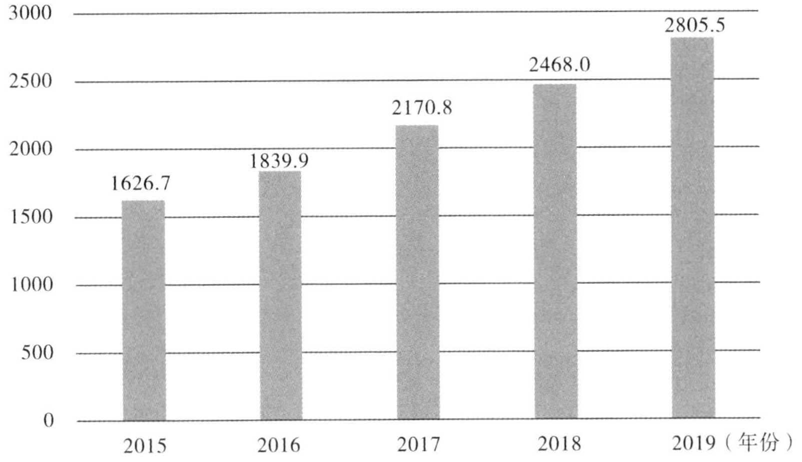

图 5.18　2015—2019 年全球可再生能源消费量（单位：太瓦时）

数据来源：2020 年全球可再生能源发展现状与趋势分析 可再生能源投资将达 3.40 万亿美元[EB/OL]. 前瞻网，2020-09-28.

（2）可再生能源消费为碳减排做出重要贡献。2019 年，我国消费的可再生能源避免的二氧化碳排放量为 16.5 亿吨，占我国当年二氧化碳排放总量的 16.5%[②]。

（3）能源结构将持续优化。改革开放 40 多年来，我国能源消费结构持续优化，可再生能源消费占比持续提升，煤炭消费占比持续下降。据统计，1978—2019 年，煤炭占我国能源消费中的比重由 70.7%降至 57.7%（见表 5.13）。未来 30 年，随着我国不断调整能源结构，非化石能源在能源结构中占比将持续提升，煤炭在能源结构中占比将不断下降。有机构预测，到 2050 年，我国非化石能源占一次能源需求的比重将达 40%，煤炭

① 朱彤. 构建“新”能源体制是“十四五”我国可再生能源发展的关键[J]. 风能，2020（10）.

② 同上。

占一次能源需求的比重将降至30.4%，油气占比基本稳定，约为29.6%①，基本形成非化石能源、煤炭和油气三足鼎立的能源结构。

表5.13　1978—2019年我国能源消费结构（单位：%）

年份	煤炭	石油	天然气	一次电力及其他能源
1978	70.7	22.7	3.2	3.4
1980	72.2	20.7	3.1	4.0
1985	75.8	17.1	2.2	4.9
1990	76.2	16.6	2.1	5.1
1995	74.6	17.5	1.8	6.1
2000	68.5	22.0	2.2	7.3
2005	72.4	17.8	2.4	7.4
2010	69.2	17.4	4.0	9.4
2011	70.2	16.8	4.6	8.4
2012	68.5	17.0	4.8	9.7
2013	67.4	17.1	5.3	10.2
2014	65.8	17.3	5.6	11.3
2015	63.8	18.4	5.8	12.0
2016	62.2	18.7	6.1	13.0
2017	60.6	18.9	6.9	13.6
2018	59.0	18.9	7.6	14.5
2019	57.7	18.9	8.1	15.3

数据来源：国家统计局．中国统计年鉴2020[M]．北京：中国统计出版社，2020.9.

3．新能源革命推动我国新能源产业快速发展

（1）我国拥有推动新能源革命的独特优势。《第三次工业革命》的作者杰里米·里夫金（Jeremy Rifkin）认为，运用互联网技术利用新能源是

① 中国石油经济技术研究院．2050年世界与中国能源展望（2020版）[R]．2020-12-17.

新能源革命的基本趋势，他曾经预言，中国将成为21世纪新能源革命的领导者[①]。事实上，我国在多方面具备了推动新能源革命的优势。第一，建设美丽中国成为国家发展的战略目标，政府、社会、企业各个层面都在集聚新能源发展的动力。第二，我国拥有世界上最大的新能源市场，可以为技术创新提供巨大空间。第三，我国的互联网经济在多方面领先世界，可以为“互联网+新能源”提供巨大发展空间。第四，我国正处在消费结构和产业结构升级的关键时期，升级压力迫使许多企业纷纷向新能源新兴产业找出路，并形成了部分新能源发展上的领先优势。

（2）我国超大规模的消费市场为新能源产业发展提供了广阔应用场景。以新能源汽车为例，2011—2020年，我国新能源汽车销量由0.82万辆增长到136.7万辆，年均增长76.6%（见图5.19）。有数据显示，过去10年，我国电动汽车累计销量占世界总量的47%，我国形成了全球最大的电动汽车消费市场，也是全球最大的电动汽车生产国。2019年，全球最先进的电动汽车城市大半在我国[②]。

三、绿色消费推动我国实现碳达峰和碳中和

适应我国终端用能从生产领域向生活消费领域转变的趋势，以绿色消费推动我国实现碳达峰和碳中和，将带动产业结构的绿色转型。

1. 我国能源消费总量仍处在平稳增长期

（1）2040：中国能源消费总量占全球比重将达22%。据统计，2008—2019年，我国能源消费总量从32亿吨标准煤增加到48.6亿吨标准煤，年均增长3.85%。同时，2008—2019年，二氧化碳排放量从73.8亿吨增加到98.3亿吨，年均增长2.6%，占全球排放量的比重为28.8%[③]。根据国

① 耳小东．第三次工业革命中国正在奔跑着[N]．广州日报，2012-11-27.

② 国际清洁交通委员会，中国电动汽车百人会．驱动绿色未来：中国电动汽车发展回顾及未来展望[R]．2021.1.

③ 朱彤．“十四五”时期可再生能源发展的关键是体制改革与机制重构[J]．中国发展观察，2020（22）.

际能源署预测，2015—2040 年，中国能源消费将以 0.8%的年均增速增长，到 2040 年达 162.2 千兆英热单位，占全球能源需求的 22%[①]。

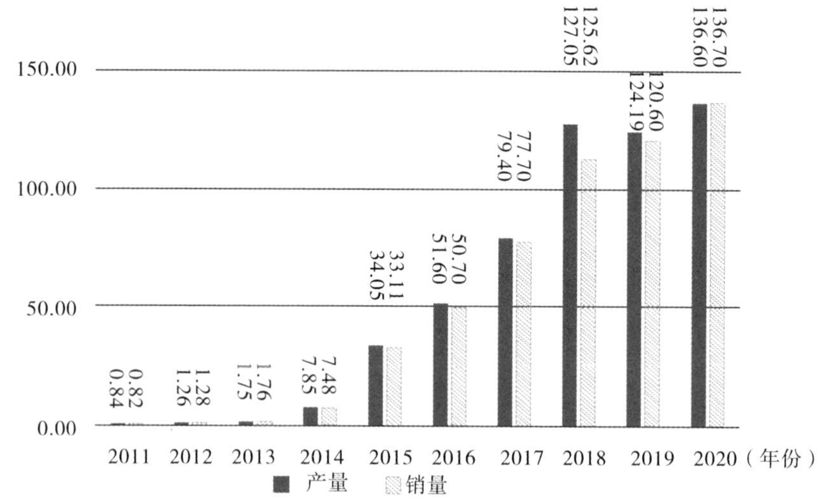

图 5.19　2011—2020 年我国新能源汽车产量和销量（单位：万辆）

数据来源：根据中国汽车工业协会统计数据整理。

（2）能源结构绿色转型仍有较大空间。尽管我国已经成为全球最大的可再生能源生产国和消费国，但煤炭仍在能源消费中占据主导地位。据统计，2019 年，煤炭在我国能源消费中的比重仍高达 57.7%，是全球平均水平（27%）的两倍以上。同时，2019 年，我国可再生能源占一次能源消费的比重为 25.3%，与实现碳中和的目标相比，仍有较大的提升空间。

2. 实现碳达峰和碳中和目标给绿色提出更高要求

2005 年以来，我国开始把节能降耗作为一项“基本国策”。据统计，2006—2019 年，我国单位 GDP 能耗下降了 42.5%，环比累计节能 22.2 亿吨标准煤当量，能源消费弹性系数由 1.25 下降到 0.44[②]，经济增长对能源消耗的依赖程度不断降低。习近平主席在第七十五届联合国大会一般性辩

① 国际能源署．世界能源展望 2018 [R]．2018.11.

② 白泉．建设“碳中和”的现代化强国 始终要把节能增效放在突出位置[N]．中国能源，2021-01-31.

论上的讲话中提出，“中国将提高国家自主贡献力度，采取更加有力的政策和措施，二氧化碳排放力争于2030年前达到峰值，努力争取2060年前实现碳中和”。根据相关机构预测，我国要在2030年实现碳达峰的目标，峰值在115亿吨，这意味着2020—2030年我国二氧化碳排放量年均增速必须在1.58%以下，相比目前2.6%的年均增速要有大幅度减少①。

专栏5.3

全球已有49个国家实现碳达峰

根据世界资源研究所在2017年下半年发布的报告，全世界已经有49个国家的碳排放实现达峰，占全球碳排放总量的36%。

这其中有一些国家是因为经济衰退和经济转型碳达峰，这部分国家主要集中在苏联的加盟共和国和东欧计划经济国家。也有一些是欧洲国家，因为严格的气候政策和经济发展现实实现了碳达峰。

在1990年以前就实现了碳排放达峰的有19个国家：阿塞拜疆、白俄罗斯、保加利亚、克罗地亚、捷克、爱沙尼亚、格鲁吉亚、德国、匈牙利、哈萨克斯坦、拉脱维亚、摩尔多瓦、挪威、罗马尼亚、俄罗斯、塞尔维亚、斯洛伐克、塔吉克斯坦、乌克兰。

在1990—2000年实现碳排放达峰的国家有14个：法国（1991）、立陶宛（1991）、卢森堡（1991）、黑山共和国（1991）、英国（1991）、波兰（1992）、瑞典（1993）、芬兰（1994）、比利时（1996）、丹麦（1996）、荷兰（1996）、哥斯达黎加（1999）、摩纳哥（2000）、瑞士（2000）。

在2000—2010年碳排放达峰的国家有16个：爱尔兰（2001）、密克罗尼西亚（2001）、奥地利（2003）、巴西（2004）、葡萄牙（2005）、澳大利亚（2006）、加拿大（2007）、希腊（2007）、意大利（2007）、西班牙（2007）、美国（2007）、圣马力诺（2007）、塞浦路斯（2008）、冰岛（2008）、列支敦士登（2008）、斯洛文尼亚（2008）。

世界资源研究所预计日本、马耳他、新西兰、韩国的碳排放将在2020年以前达峰，而中国、马绍尔群岛、墨西哥、新加坡的碳排放预计在2030年以前达峰。届时全球将

① 朱彤．“十四五”时期可再生能源发展的关键是体制改革与机制重构[J]．中国发展观察，2020（22）．

有57个国家实现碳排放达峰，占全球碳排放的60%。

资料来源：全世界已经有49个国家的碳排放实现达峰[EB/OL]. 中国碳交易网，2017-11-12.

3. 碳达峰和碳中和将重构产业发展格局

（1）重构能源产业发展格局。目前，我国能源产业中，光伏、风电、水电装机量均已占到全球总装机量的1/3左右，投入与规模均居全球前列，但煤炭、石油、天然气等化石能源占能源消耗总量的84%，光伏、风电、水电和核电等仅占16%。有测算显示，到2060年，我国实现碳中和，核能装机容量是现在的5倍多，风能装机容量是现在的12倍多，而太阳能会是现在的70多倍①，由此将产生一个巨大的产业发展空间。

（2）重构制造业发展格局。从全球来看，在碳中和的大背景下，制造业产业链将进行新的国际合作和国际分工，从而形成新的产业发展格局。以新能源汽车为例，有数据显示，过去5年，特斯拉公司通过出售碳排放额度带来了33亿美元的收入，仅2020年这项业务收入就接近总额的一半；2020年，特斯拉通过出售碳排放额度获得了16亿美元，远超过其7.21亿美元的净利润②。这意味着碳交易将给包括新能源汽车在内的制造业领域带来变革，将重构全球制造业发展格局。从我国的情况看，工业仍是我国最大的能源消费部门，占终端能源需求总量的60%。到2060年实现碳中和，意味着我国制造业将发生重大变化。

4. 以绿色消费促进新能源革命

（1）生活消费将是终端用能的重点。我国进入新发展阶段，加快构建“双循环”新发展格局，实现经济增长更加依赖于扩大国内消费。在这个背景下，我国能源需求重心将逐步由生产领域转向生活消费领域，终端用能需求将呈工业占比下降、生活消费占比增加的趋势。从生产用能为主向

① 碳达峰：碳中和将重构产业格局[EB/OL]. 央视网，2021-03-11.
② 特斯拉2020年盈利背后：被指靠卖碳排放额度[EB/OL]. 财经网，2021-02-02.

生活消费用能为主的转变要求能源消费结构更加清洁。有机构预测，工业用能占比下降将使终端用能在2035年前后达峰。其中，工业用能在2025年后达峰，交通用能在2035年前后进入峰值平台期，建筑用能在2050年前有望保持增长。

（2）实现生活方式的绿色转型。促进绿色化融入生产领域和消费领域，减少资源严重浪费与过度消费现象，遏制攀比性、炫耀性、浪费性行为日益增长，实现生活方式的绿色转型。把绿色消费纳入全国节能宣传周、科普活动周、全国低碳日、环境日等主题宣传活动；各主要新闻媒体和网络媒体要积极宣传绿色消费的重要性和紧迫性，及时宣传报道绿色消费的理念、经验和做法，营造良好的社会氛围。

（3）把推动能源生产和消费革命作为基本国策。以调整和改善能源结构为重点，加快推进新能源革命，以建设绿色能源体系为目标，争取到2030年基本建立高效、安全、清洁、低碳的能源供应体系和消费体系。

第六章

消费拉动经济增长

消费在拉动经济增长中的作用突出，是新发展阶段经济增长的重要特征。当前，14亿人的消费大市场成为我国经济发展的突出优势，消费已成为拉动经济增长的主要动力。构建以国内大循环为主体、国内国际双循环相互促进的新发展格局，重在充分发挥14亿人消费大市场的规模效应和集聚效应。

不同的发展阶段，投资和消费对经济增长的作用不同，并且这个作用在不同的发展阶段动态变化。从发展趋势看，进入新发展阶段，以消费为重点扩大内需，建设强大的国内市场，构建新的发展格局，将显著提升消费在国民经济中的地位和作用。坚持扩大内需这一战略基点，全面促进消费，成为我国中长期发展的战略选择。

第一节　消费对经济增长的贡献

近10年来，我国消费规模不断扩大，消费结构持续升级，消费对经济增长的贡献率持续增长。尽管2020年消费受疫情严重冲击，短期内拖累经济增长，但随着消费的逐步复苏，其对经济增长的贡献率由负回正。总的来看，消费已经成为经济增长的主要动力。

一、消费成为经济增长的第一拉动力

近10年来，消费在经济增长中“第一拉动力”的地位逐步稳固。与改革开放初期不同，进入消费新时代，消费对产业变革和经济增长的贡献主要是由消费规模增大，特别是服务型消费快速增长所引致的。

1. 消费对经济增长的拉动作用明显提升

（1）扩大最终消费支出对GDP增长的贡献和拉动作用显著。1978年，

我国最终消费支出对 GDP 增长的贡献率仅为 38.7%，而资本形成总额（投资）对 GDP 增长的贡献率为 66.7%，是最终消费支出对 GDP 增长贡献率的 2 倍。在当时短缺经济的特定背景下，有投资就有产出，有产出就能满足需求，因此投资成为制约国民经济社会发展的“瓶颈”，直接影响和制约投资的“煤电油运”等也成为宏观经济政策关注的焦点。

随着社会产品短缺程度不断缓解，全社会产品逐渐丰富，我国在物质产品上开始进入部分产能过剩的阶段，投资与消费关系开始发生变化。

党的十八大以来，随着我国经济由高速增长阶段转向高质量发展阶段，消费对经济增长的拉动作用开始趋于稳定。据统计，2013—2019 年，我国 GDP 增长速度分别为 7.8%、7.4%、7%、6.8%、6.9%、6.7% 和 6.1%；这 7 年间，仅 2013 年消费对经济增长的拉动点数低于投资 1 个百分点。2014—2019 年，消费对经济增长的拉动点数分别高出投资 0.8 个、3.3 个、1.5 个、1.4 个、1.6 个和 1.6 个百分点，消费已连续 6 年成为拉动经济增长的第一动力（见图 6.1）。

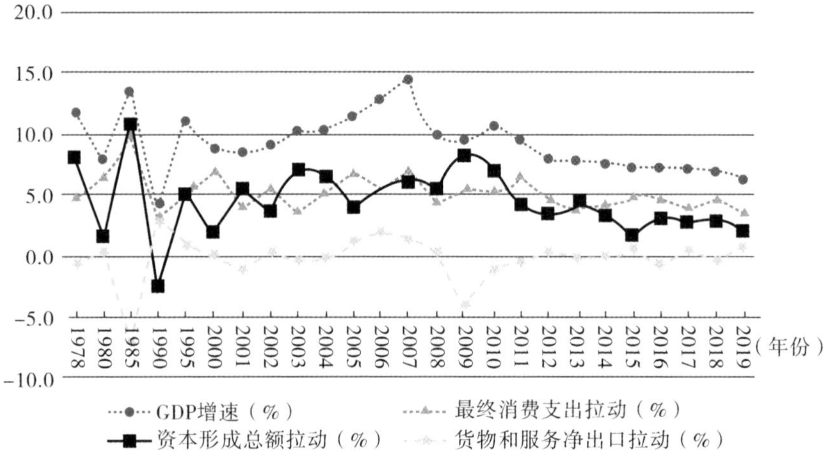

图 6.1　1978—2019 年三大需求对 GDP 增长的拉动趋势

数据来源：国家统计局．中国统计年鉴 2020［M］．北京：中国统计出版社，2020.9.

（2）消费对经济增长的贡献率开始趋于稳定。从发展阶段看，一个经济体经过前工业化、工业化、后工业化阶段，消费率呈现“U”形曲线走势。多国的实践证明，人均 GDP 超过 4000 美元以后，消费开始成为拉动经济增长的主要驱动力。进入发展新时代，随着我国社会主要矛盾发生变化，全社会消费结构出现优化升级的趋势，城乡居民的服务型消费需求潜力得到快速释放。在这个背景下，消费对经济增长的贡献率不断提升。从消费对经济增长的贡献看，从 2011 年开始，消费连续 9 年超过投资对经济增长的贡献率。

与改革开放初期有很大的不同，近 10 年来，消费对经济增长的贡献率持续增长是建立在消费结构升级的基础上。服务型消费的快速增长，使投资与消费在拉动经济增长中的地位作用发生历史性变化，消费在拉动经济增长中的“主角”地位逐步确立。2011 年，消费对经济增长的贡献率为 65.7%，高于投资对经济增长的贡献率 14.6 个百分点。这 10 年间，消费对经济增长的贡献率稳定在 60%左右。据统计，2011—2019 年，消费对经济增长的贡献率平均为 60.5%，而同期投资对经济增长的贡献率平均仅为 39.9%，低于消费 20 个百分点以上（见图 6.2）。

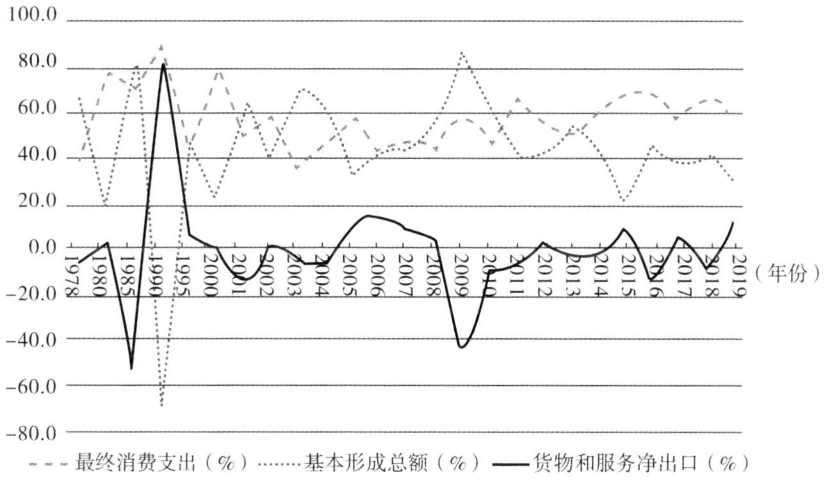

图 6.2　1978—2019 年三大需求对 GDP 增长贡献率的趋势

数据来源：国家统计局．中国统计年鉴 2020［M］．北京：中国统计出版社，2020.9.

2. 居民消费与政府消费同步提升

（1）消费率呈现“U形”曲线变化。改革开放以来，我国消费率变化经历了以下几个阶段：第一个阶段是从1978年到2000年，消费率总体保持在60%以上。第二个阶段是从2000年到2010年，消费率持续下降，从63.9%下降到49.3%，跌破了50%。第三个阶段是从2010年到2019年，消费率逐步提升，2019年提升至55.4%。消费率呈现“U形”曲线的走势，与我国经济发展的特定阶段相关。2000—2010年是我国工业化的主要阶段，重化工业等投资明显加大；同时我国加入世界贸易组织，市场规模显著增长，刺激投资快速提升。到2010年后，在同等市场规模下，大量投资趋于饱和，投资率逐步下降，消费率逐步提升。

（2）居民消费率和政府消费率同步提升。从统计数据看，自2010年以来，我国居民消费率从34.6%上升到38.8%，政府消费率从14.7%上升到16.6%（见图6.3）。居民消费率和政府消费率的提升态势，表明我国消费拉动的经济增长趋势开始逐步形成。

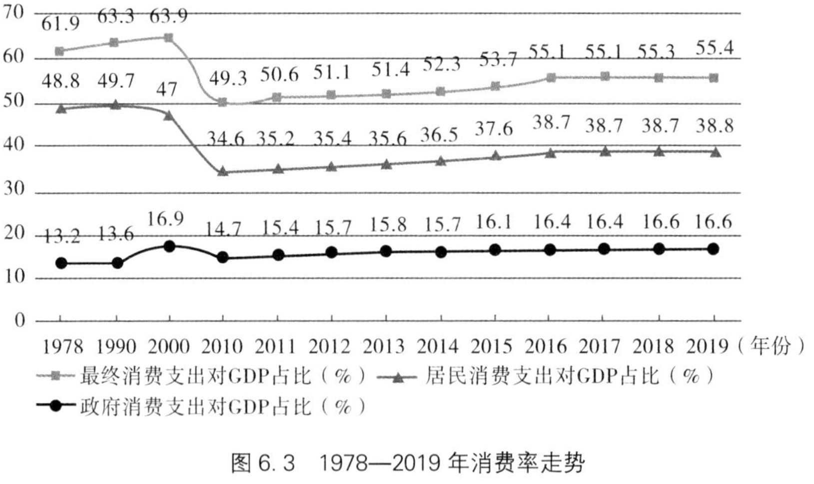

图6.3 1978—2019年消费率走势

数据来源：国家统计局．中国统计年鉴2020[M]．北京：中国统计出版社，2020.9.

3. 消费拉动经济增长具有稳定性和可持续性

（1）消费拉动经济增长具有稳定性。投资是一个快变量，波动幅度相对较大。相比之下，消费拉动的经济增长更具稳定性。从2001—2019年的数据看，最终消费的波动最小，投资稍大，净出口的稳定性最低。这表明，消费率上升将提升GDP增长的稳定性（见表6.1）。

表6.1　2001—2019年三大需求标准差、均值和变异系数

时期	变量	GDP增长率	最终消费增长率	资本形成总额增长率	货物和服务净出口增长率
2001—2019年	标准差（%）	4.56	3.75	6.97	49.40
	均值（%）	12.95	12.08	14.53	18.94
	变异系数	0.35	0.31	0.48	2.61
2009—2019年	标准差（%）	3.75	3.56	6.03	47.00
	均值（%）	10.98	12.03	11.23	3.84
	变异系数	0.34	0.30	0.54	12.22
2001—2008年	标准差（%）	4.34	4.24	5.70	47.64
	均值（%）	15.66	12.16	19.07	39.70
	变异系数	0.28	0.35	0.30	1.20

数据来源：中改院课题组测算。

（2）新发展阶段消费拉动经济增长具有可持续性。在以往投资主导的经济增长模式下，我国以重化工业为重点，尽管经济一直以较快的速度增长，但产能过剩、环境问题日益突出。与投资不同，消费主导的经济增长模式是以服务业为重点，对环境的破坏相对较小。近年来，我国环境问题持续改善，除了严格监管外，与服务业主导形成的产业格局有直接联系。

二、服务型消费成为拉动经济增长的新引擎

进入21世纪以来，我国城乡居民消费结构升级趋势明显，服务型消费及其引致的服务业投资，成为拉动经济增长的重要动力。

1. 服务型消费带动新业态、新投资和新就业快速增长

（1）服务型消费带动新业态快速发展。从近年来的情况看，服务型消费领域的产业发展速度不仅远远高于传统工业，而且远高于GDP增长。在

服务型消费的推动下，消费成为经济增长重要驱动力的阶段性特征逐步增强。2019年，我国GDP增速为6.1%，其中第二产业增长率为7.6%，而服务型消费领域的相关产业大都保持两位数的增长①。

（2）服务型消费带来巨大的投资需求。以健康消费为例，随着城乡居民的健康需求快速释放，健康产业投资需求快速增长，我国将成为增长最快、规模最大的健康服务业市场。根据相关机构预计，到2030年，我国健康服务业总规模将达16万亿元②。

（3）服务型消费创造大量新兴就业形态。就业是经济增长的晴雨表，也是衡量新经济潜力的重要指标。据中国就业培训技术指导中心发布的《2019年第三季度全国招聘求职100个短缺职业排行》显示，服务类职业成为最主要的短缺岗位。近年来，随着我国进入消费新时代，数字经济创造新就业机会、带动服务型消费领域就业增长的效应日益增强。

2. 服务型消费对经济增长的贡献率稳步提升

目前学术界还没有服务型消费增长对经济增长贡献率的研究和测算。本报告借鉴消费贡献率的算法，把服务型消费对GDP增长贡献率定义为服务型消费增量与GDP增量之比③。从初步测算结果看，采用不变价格计算，2017年，服务型消费增长对GDP增长的贡献率为25.33%，2013—2017年贡献率平均为22%（见图6.4）。而且从长期趋势看，服务型消费对GDP的贡献率呈现稳步提升态势。

① 国家统计局. 中华人民共和国2020年国民经济和社会发展统计公报[M]. 北京：中国统计出版社，2021.3.

② 国家卫计委：2030年我国健康服务业总规模将达16万亿元[EB/OL]. 新华网，2017-08-14.

③ 关于服务型消费对GDP贡献率的测算，中改院课题组研究使用2013—2017年《我国住户调查统计》的数据对服务型消费额进行提取，根据贡献率公式（服务型消费对GDP贡献率=服务型消费额/GDP增加值）进行计算从而得到服务型消费对GDP的贡献率；由于服务型消费口径发生变化，1981—2012年的贡献率，本报告采用模拟系数法对服务型消费额进行调整测算。

三、消费对经济增长的拉动作用逐季回升

2020 年的新冠肺炎疫情对我国经济发展产生了严重冲击。由于我国疫情较早得到防控，成为全球唯一率先实现经济正增长的主要经济体。其中，消费对经济增长的拉动作用已逐步恢复。

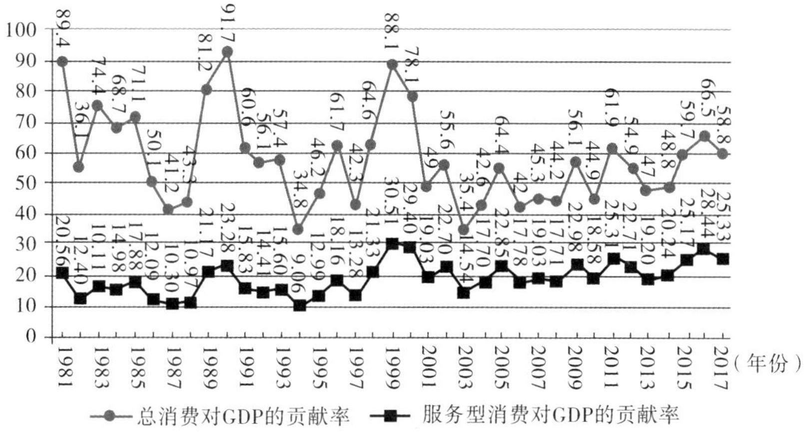

图 6.4　消费贡献率及服务型消费贡献率（单位：%）

数据来源：中改院课题组．我国城乡居民服务型消费：现状与趋势[R]. 2018. 8.

1. 消费对经济增长的拉动作用实现由负转正

（1）消费对经济增长的拉动点数实现由负转正。2020 年，我国经济增长速度为 2. 3%，其中，最终消费支出对经济增长的拉动点数为-0. 5 个百分点，低于投资对经济增长拉动 2. 7 个百分点。2020 年 1—4 季度，我国 GDP 增速分别为-6. 8%、3. 2%、4. 9%和 6. 5%。随着我国疫情防控率先取得较好效果，消费市场逐步恢复，我国超大规模市场的潜力得以不断释放，消费对经济增长的拉动作用逐季回升。

数据显示，2020 年 1—4 季度，最终消费支出对 GDP 增长的拉动点数分别为-4. 3 个、-2. 3 个、1. 4 个和 2. 6 个百分点（见图 6. 5）。也就是说，从第三季度开始，最终消费支出对经济增长的拉动点数由负转正，这表明最终消费支出已经从前两个季度下拉态势中恢复过来，并呈现持续恢复的势头。

（2）消费对经济增长的贡献率逐季回升。在2020年疫情冲击的特殊时期，投资成为拉动经济增长的主要动力。从全年的情况看，最终消费支出对经济增长的贡献率为-21.7%，而投资对经济增长的贡献率高达95.7%，成为全年拉动经济增长的第一动力（见图6.6）。从各季度情况看，最终消费对经济增长的贡献率从第三季度开始回升（见图6.7）。

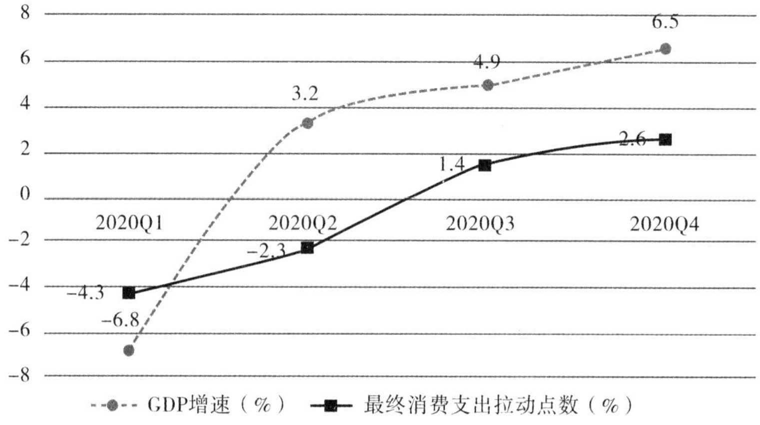

图6.5　2020年1—4季度最终消费支出对经济增长的拉动点数

数据来源：经济持续稳定恢复 综合国力不断增强——国家统计局相关负责人解读2020年主要经济数据（上）[N]. 经济日报，2021-01-19.

2. 新型服务型消费成为疫情中拉动经济增长的重要动力

受疫情冲击，线下接触式消费断崖式下降，但线上非接触式等服务型消费快速增长，成为疫情中拉动经济增长的重要动力。在常态化疫情防控条件下，线上购物、直播带货、在线诊疗、在线教育等新型消费逆势上扬，新型消费快速发展。比如，居民居家时间增加，通信需求明显增多，网购行为大幅增加，2020年全国居民人均通信服务支出增长6.2%。2020年，限额以上单位文化办公用品类、体育娱乐用品类、化妆品类和通信器材类等消费升级类商品零售额比上年分别增长5.8%、8.4%、9.5%和

12.9%，增速明显高于商品零售平均水平[1]。

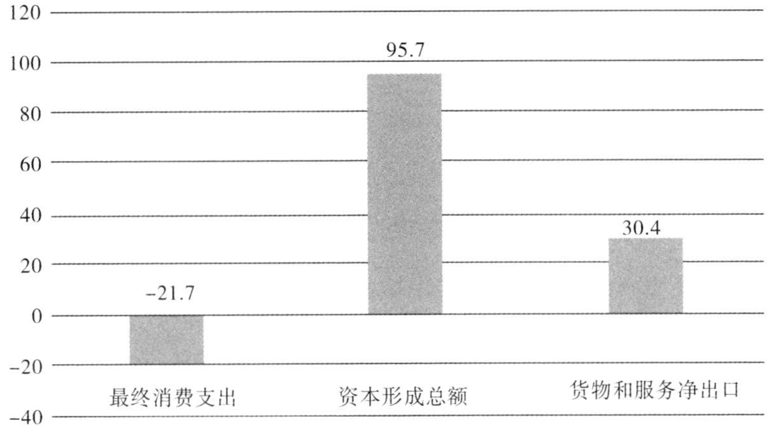

图 6.6　2020 年三大需求对经济增长的贡献率（单位：%）

数据来源：国家统计局．中华人民共和国 2020 年国民经济和社会发展统计公报[M]．北京：中国统计出版社，2021.3.

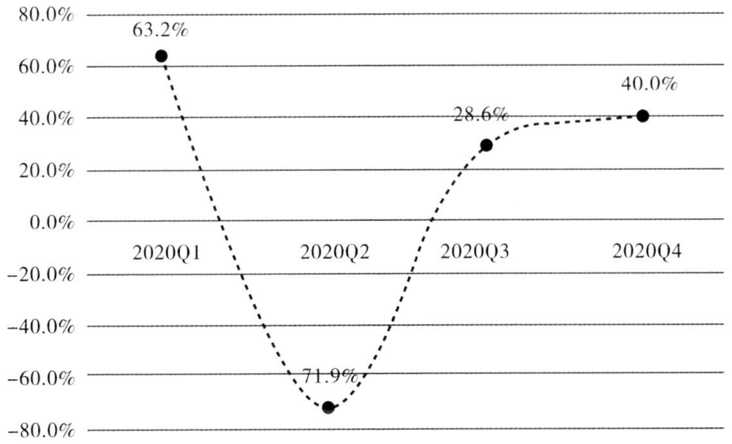

图 6.7　2020 年 1—4 季度最终消费支出对经济增长的贡献率（单位：%）

数据来源：国家统计局网站。

① 董礼华：消费市场经受住疫情冲击 消费结构持续升级[EB/OL]．中国经济网，2021-01-19.

3. 消费仍是特殊时期经济稳定运行的“压舱石”

随着疫情逐步得到有效控制，消费需求的动力进一步恢复。从全年的数据看，2020 年，我国最终消费率接近 55%，而 2011—2019 年平均消费率为 53.4%。消费尽管受到疫情的严重冲击，但全年最终消费支出占 GDP 的比重仍然到了 54.3%，高于投资 11.2 个百分点①。更重要的是，疫情下新型消费快速增长，并成为我国经济的突出亮点。也就是说，消费仍是特殊时期经济稳定运行的“压舱石”。

专栏6.1

消费拉动经济增长的基础日益夯实

2020 年社会消费品零售总额之所以比上年下降，一个重要的原因就是受新冠肺炎疫情的影响，其中线下接触式消费受到的影响尤其明显。尽管如此，消费在 2020 年我国经济稳定运行中依然发挥了“压舱石”的作用。未来，消费仍将是拉动我国经济增长的第一动力。

第一，促进消费有广阔市场基础。我国有超大规模市场优势。14 亿人口规模，居世界第一；中等收入群体 4 亿多人，数量居世界第一，且仍在持续增长；2020 年最终消费支出已经超过 55 万亿元，消费潜力仍在持续释放；居民消费不断升级，消费结构向发展型、享受型、品质型加快转变。

第二，促进消费有针对性政策基础。自 2020 年以来，我国在促进消费方面出台了一系列政策文件。《关于促进消费扩容提质加快形成强大国内市场的实施意见》《关于稳定和扩大汽车消费若干措施的通知》《关于支持新业态新模式健康发展激活消费市场带动扩大就业的意见》《近期扩内需促消费的工作方案》……随着这些政策的深入贯彻落实，消费将持续向好。

第三，促进消费有坚实消费能力基础。消费是收入的函数，收入是消费的基础。从 2019 年到 2020 年，我国人均国内生产总值连续两年超过 1 万美元，稳居中等偏上收入国家行列。2020 年，全国居民人均可支配收入达 32189 元，比上年增长 4.7%，扣除价格因素，实际增长 2.1%。人们的“钱袋子”鼓起来，消费能力日益提高。

第四，促进消费有较强消费意愿基础。有钱消费是前提，敢于花钱消费才是关键。

① 国家统计局局长就 2020 年全年国民经济运行情况答记者问[EB/OL]. 国家统计局网站，2021-01-18.

让居民敢消费，就要织牢织密社会保障网，减少人们消费的后顾之忧。如今，我国已建成世界上规模最大的社会保障体系，基本医疗保障覆盖超过13亿人，基本养老保障覆盖近10亿人。社会保障更有力，居民生活更踏实，消费也更有底气。

第五，促进消费有良好消费环境基础。良好消费环境给消费者安全感，让消费可持续。近年来，从中央到地方着力加强消费环境建设，切实规范市场主体经营行为，强化市场整治，打击假冒伪劣商品，维护消费者权益，努力为消费者营造安全放心的消费环境。消费者权益日益彰显，人们消费更加舒心，更有信心。

资料来源：乔瑞庆．消费仍将是拉动经济增长的第一动力[EB/OL]．中国经济网，2021-01-24.

第二节　消费导向转型的经济增长

早在2012年，中改院就提出“走向消费主导的经济增长”。从现实情况看，服务型消费的全面快速增长正在深刻影响我国的经济增长格局，消费成为经济增长重要驱动力的阶段性作用正在明显强化。

一、经济增长：由投资主导转向消费主导

国家“十四五”规划和2035年远景目标纲要提出，要“深入实施扩大内需战略，增强消费对经济发展的基础性作用和投资对优化供给结构的关键性作用，建设消费和投资需求旺盛的强大国内市场”。实现经济增长由投资导向转向消费导向，既是经济的高质量发展的现实要求，也是满足城乡居民对美好生活向往的重要举措。

1. 投资主导的经济增长模式难以持续

（1）投资主导下经济增长面临产能过剩的巨大压力。从现实情况看，投资拉动经济增长要明显快于消费，但投资如果满足不了需求，便是无效

投资。近10多年来，在投资主导的模式下，物质型消费供给过剩，不仅表现在传统制造业领域，而且新兴制造业也出现产能过剩问题。按照全球制造业的一般标准，当企业产能利用率在90%以下且持续下降时，产能过剩的问题将会出现并且有可能恶化。据统计，2006—2019年，我国工业产能利用率平均为76.9%（见图6.8）。长期实施投资主导的政策，势必会带来比较严重的产能过剩问题。2015年中央经济工作会议提出“三去一降一补”，并把去产能作为供给侧结构性改革的重点。

（2）缺乏消费增长基础，投资效率持续下降。近年来，随着投资的进一步扩张，投资率虽然很高，但投资效率很低。1997年，我国经济增长中每1元固定资产投资可以产出3.2元GDP，到2019年只能产出1.77元GDP，20余年里投资产出率持续下降（见表6.2）。在发展模式不变的情况下，未来几年要想保持同一水平的经济增长速度，需要不断扩大投资规模。

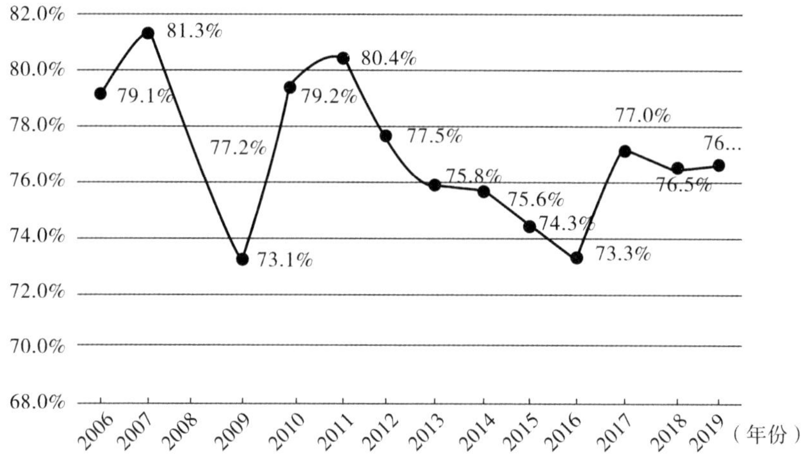

图6.8　2006—2019年我国工业产能利用率情况（单位：%）

数据来源：国家统计局网站。

表 6.2　1997—2019 年我国投资产出率

年份	GDP（亿元）	固定资产投资（亿元）	投资产出率（倍）
1997	79715.0	24941	3.20
1998	85195.5	28406	3.00
1999	90564.4	29855	3.03
2000	100280.1	32918	3.05
2001	110863.1	37214	2.98
2002	121717.4	43500	2.80
2003	137422.0	55567	2.47
2004	161840.2	70477	2.30
2005	187318.9	88774	2.11
2006	219438.5	109998	1.99
2007	270092.3	137324	1.97
2008	319244.6	172828	1.85
2009	348517.7	224599	1.55
2010	412119.3	278122	1.48
2011	487940.2	311485	1.57
2012	538580.0	374695	1.44
2013	592963.2	446294	1.33
2014	643563.1	512021	1.26
2015	688858.2	562000	1.23
2016	746395.1	606466	1.23
2017	832035.9	641238	1.30
2018	919281.1	645675	1.42
2019	990865.1	560874	1.77

数据来源：国家统计局．中国统计年鉴 2020［M］．北京：中国统计出版社，2020.9.
注：投资产出率=GDP/固定资产投资。

（3）投资主导下全要素生产率下降成为突出挑战。改革开放后，我国在投资拉动经济增长中，全要素生产率的贡献明显，但近20年来，我国全要素生产率的增长出现了较为明显的减速。数据显示，1979—2019年，我国全要素生产率年均增长0.08%，对经济增长的贡献率为0.20%。2008年之前，全要素生产率的贡献率为正，但2008年后则为负。其中，2014—2019年年均增长-1.27%，对经济增长的贡献率为-16.74%（见表6.3）。从全要素生产率的结构看，目前，我国全要素生产率的增长对GDP增长率的贡献不高，说明经济增长方式仍然以要素投入为主。

表6.3　1979—2019年我国潜在经济增速及增长动力变化情况（单位:%）

变量	总时间段	子时间段				
	1979—2019年	1979—1989年	1990—1999年	2000—2007年	2008—2013年	2014—2019年
实际GDP	9.40	9.54	10.00	10.56	9.15	6.85
潜在GDP	9.45	9.50	10.10	10.24	9.88	7.25
资本	12.22 (76.00)	8.29 (51.48)	11.06 (72.44)	14.21 (80.09)	18.09 (97.83)	12.85 (99.65)
劳动	3.99 (16.25)	5.89 (25.56)	4.98 (15.21)	2.86 (11.84)	2.85 (13.00)	1.53 (10.00)
人力资本	1.72 (7.55)	3.29 (14.27)	0.76 (2.65)	0.93 (4.02)	1.91 (8.58)	1.16 (7.08)
全要素生产率	0.08 (0.20)	0.83 (8.69)	1.00 (9.70)	0.40 (4.00)	(-1.87) (-19.41)	(-1.27) (-16.74)

数据来源：刘伟，陈彦斌.2020—2035年中国经济增长与基本实现社会主义现代化[J].中国人民大学学报，2020（04）.

注：表中单元格内数字为各变量在相应时间段内的平均增长速度，括号内的数字表示该生产要素对经济增长的贡献率。

（4）投资主导给地方政府带来的金融风险增大。投资主导的增长模式不可避免地导致地方政府间的投资竞争，在当前的中央地方财税体制下形成了大量的地方政府债务，并成为金融风险的聚焦点。据财政部相关统计数据显示，2014—2019年，我国地方政府债务余额由15.4万亿元扩大到21.31万亿元，5年间增长了5.91万亿元，年均增长约1.2万亿元（见表6.4）。

表 6.4　2014—2019 年我国政府债务情况

年份	地方政府债务余额（万亿元）	地方政府债务率（债务余额/综合财力,%）	中央政府债务（万亿元）	债务合计（万亿元）	总负债率（债务余额/GDP,%）
2014	15.4	86.0	9.57	24.97	38.8
2015	16.0	89.2	10.66	26.66	39.4
2016	15.32	80.5	12.01	27.33	36.7
2017	16.47	76.5	13.48	29.95	36.2
2018	18.39	76.6	14.96	33.35	37.0
2019	21.31	82.9	16.8	38.11	38.5

数据来源：国家财政部网站。

2. 从投资拉动转向消费拉动

（1）由投资拉动向消费拉动转变符合经济发展的一般规律。发达国家的发展经验表明，当一国经济发展由高速增长阶段转向中高速发展阶段，投资对经济增长的贡献率先上升后下降，与之相对应，消费的贡献率先下降后上升。例如，日本在人均 GDP 超过 1 万美元后，投资对经济增长贡献率由 40%左右下降至目前的 18.9%①。投资效率下降、投资空间不足使得投资难以继续成为拉动经济增长的第一动力。

（2）投资与消费失衡的结构性矛盾突出。当前，某些物质型消费领域产能过剩与大多服务型消费领域供给严重不足并存，重要的原因就在于我国投资消费结构长期失衡，投资结构与消费结构不匹配。从投资率和消费率变动趋势角度看，1978—2019 年我国投资率总体呈现上升趋势，1982 年处于历史最低点，仅为 31.9%；2010 年上升到历史最高点，为 47%，上升幅度近 15 个百分点；到 2019 年，投资率仍然保持在 43.1%的高位。

与投资率不断上升相比，我国最终消费率始终保持在较低水平。例如，我国消费率在 1983 年处于历史最高点，达 67.3%；2010 年降到历史最低点，只有 49.3%。居民消费率由 1978 年的 48.8%下降到 2010 年的历

① 根据世界银行统计数据整理得出。

史低位 34.6%，直到 2011 年和 2012 年才开始出现 0.6 个百分点的回升。2019 年，我国最终消费率与居民消费率分别为 55.4%和 38.8%，仅回升到 2004—2005 年的水平（见图 6.9）。

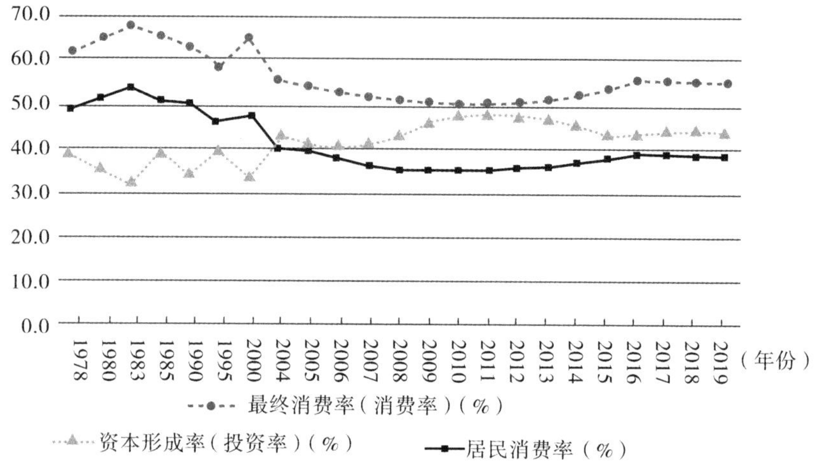

图 6.9　1978—2019 年我国最终消费率、居民消费率和投资率变化趋势

数据来源：国家统计局．中国统计年鉴 2020［M］．北京：中国统计出版社，2020. 9.

（3）把释放消费潜力作为中长期发展目标。扩大消费，释放消费潜力，不仅仅是短期宏观政策相机抉择中的一个工具，更是中长期实现经济可持续发展的重要战略途径。简单用消费、投资、出口这“三驾马车”的分析框架来分析消费，尤其是分析中长期问题，使“扩大消费”短期化，可能会带来战略上的误判。在当前全球疫情和国际国内宏观经济形势发生深刻复杂变化的背景下，注重短期政策和短期平衡是必要的。问题在于，政府过于注重短期问题，往往容易忽视长期问题，反而加大了解决短期问题的难度。比如，一些长期问题也到了解决的关键时刻，包括扩大消费依赖于居民收入的稳定增长和消费预期稳定，现实的情况是，收入分配差距过大等因素制约消费潜力释放的问题已经绕不开、躲不过。

3. 提升消费对经济增长的拉动作用

（1）居民消费率仍有 15～20 个百分点的提升空间。近 10 年来，尽管我国居民消费率有所提升，但与欧美、日本、韩国等相比，我国居民消费率仍然偏低。2018 年，我国居民消费率低于美国 29.4 个百分点，低于法国 15.2 个百分点，低于日本近 17 个百分点，低于韩国近 10 个百分点（见表 6.5）。我国进入消费新时代，与发达国家相比，居民消费率仍有 15~20 个百分点的提升空间。

表 6.5　我国与部分国家居民消费率比较（单位：%）

国家	2000 年	2005 年	2010 年	2015 年	2017 年	2018 年
中　国	46.9	40.2	35.4	38.8	38.7	38.7
印　度	63.7	57.4	54.7	59.0	59.0	59.4
日　本	54.4	55.6	57.8	56.6	55.5	55.6
韩　国	53.8	52.2	50.3	49.3	48.1	48.6
新加坡	41.9	39.8	36.3	37.2	35.6	34.9
南　非	63.1	62.0	59.0	59.8	59.2	59.9
加拿大	54.7	54.5	57.1	57.9	58.0	58.0
墨西哥	67.9	68.6	65.3	65.6	65.3	64.8
美　国	66.0	67.1	67.9	67.4	68.3	68.1
巴　西	64.6	60.5	60.2	64.0	64.0	64.3
法　国	53.9	54.4	55.4	54.0	54.0	53.9
德　国	56.3	56.5	55.1	52.9	52.3	52.1
俄罗斯	46.2	49.9	51.5	52.4	52.7	49.4
英　国	66.5	64.9	64.2	64.5	65.0	65.5

数据来源：国家统计局．国际统计年鉴 2019 [M]．北京：中国统计出版社，2020.1.

（2）2025 年最终消费率将达 60%左右。从国际经验看，出口主导型经济体最终消费率要比一般国家偏低，但即便如此也不会低于 50%。例如，日本 1980 年最终消费率为 55%，韩国 1990 年为 52.3%，马来西亚 1990 年为 51.8%，泰国 1990 年为 56.6%，其他市场经济国家的最终消费率没有低于 60%的①。我国进入新发展阶段，降低经济增长的波动，需要不断提

① 石明明，刘向东．空间、消费黏性与我国低消费率之谜[J]．中国人民大学学报，2015（03）.

升最终消费率。到2025年，最终消费率提高到60%左右，其中，居民消费率提高到45%左右，使消费成为稳定经济增长的内生动力。

二、产业结构变革：由工业主导转向服务业主导

从各国的发展历程看，随着工业化的推进，从工业主导向服务业主导的升级是一个客观趋势。当前，我国总体上进入工业化后期，产业结构升级正处于新的历史起点。

1. 从工业主导转向服务业主导的大趋势

（1）工业化后期产业结构演进的客观规律。经过40多年的改革开放，我国产业结构发生了历史性变化。根据人均GDP、产业结构、城镇化率、第一产业就业占比等指标判断，我国总体上已进入工业化后期，这是发展进入新时代的重要标志之一（见表6.6）。进入工业化后期，产业结构演进的一个基本趋势是从工业经济向服务经济转变，形成服务业主导的新格局。

表6.6　我国进入工业化后期的判断指标

基本指标	工业化初期（1978）	工业化中期（2004）	工业化后期（2019）
人均GDP（美元）	228.7（低于496美元进入工业化初期的标准）（1978年美元）	3957（符合2880~5760美元的标准）（2004年美元）	9771（2018）（符合7112~13910美元的标准）（2017年美元）
产业结构（%）	27.7∶47.7∶24.6（符合第一产业占比>20%，且第一产业占比低于第二产业占比的标准）	12.9∶45.9∶41.2（符合第一产业占比<20%，且第二产业占比超过第三产业占比的标准）	7.1∶39∶53.9（符合第一产业占比<10%，且第三产业占比超过第二产业占比的标准）
城镇化率（%）	17.92（符合低于30%的标准）	41.76（符合30%~50%的标准）	60.60（符合50%~70%的标准）
第一产业就业占比（%）	70.53（符合超过50%的标准）	46.90（符合30%~50%的标准）	25.1（符合低于30%的标准）

数据来源：黄群慧．中国的工业化进程：阶段、特征与前景［J］．经济与管理，2013（07）；国家统计局．中国统计年鉴2020［M］．北京：中国统计出版社，2020.9.

注：人均GDP（2010年不变价美元）数据来源为世界银行数据库。

（2）现代服务业发展是迈向高收入国家的重要标志。比传统工业、农业附加值更高的现代服务业快速增长，是一个国家进入高收入阶段的必经之路。进入高收入阶段的国家无一例外地经历了一场向服务经济转型的结构性变革，即服务业的产值和就业贡献在经济社会发展中占据主导地位（见表6.7）。例如，1980—2004年，全球服务业增加值占GDP比重由56%升至68%，其中高收入国家为72%，中等收入国家为53%，低收入国家为49%。2004年，美国这一比重为77%，法国为76%，英国为73%，日本、新加坡、韩国和印度分别为68%、65%、56%和52%。从服务业就业比重看，2009年高收入国家为68.5%，中等偏上收入国家为56%，中等偏下收入国家为47.3%[①]。日本和韩国从中等收入国家跨入高收入国家，大约经历了12年，重要的历史经验是高附加值的现代服务业快速发展，而且高附加值的现代服务业就业比重快速提升。

2019年，我国人均GDP约为10276美元，第三产业占比为53.9%；就业结构中第三产业就业人员占比为47.4%[②]。尽管第三产业吸纳就业接近五成，成为绝对主力，但与高收入国家相比还差20多个百分点。初步预测，如果“十四五”期间，服务业占GDP的比例达60%左右，服务业就业占比在55%以上，人均GDP将达1.2万美元左右，从而步入高收入国家行列。

① 陈宪，殷凤，程大中．中国服务经济报告2009［M］．上海：上海大学出版社，2010.2.

② 国家统计局．中国统计年鉴2020［M］．北京：中国统计出版社，2020.9.

表 6.7　不同类型国家服务业增加值比重与服务业就业比重（单位：%）

	低收入国家		中等偏下收入国家		中等偏上收入国家		高收入国家	
	服务业占比	服务业就业占比	服务业占比	服务业就业占比	服务业占比	服务业就业占比	服务业占比	服务业就业占比
平均值	44.1	27.3	53.5	44.5	60.4	58.3	68	69.8
中位数	44.9	25.5	55.0	41.8	62.5	59.9	71.1	71.3
最大值	63.4	44.3	79.0	61.9	78.3	75.2	98	85.6
最小值	21.3	8.6	19.6	24.7	20	28.4	4.7	54.4
标准差	11	12.9	13.8	10.1	13.1	9.3	16.9	8.2
样本数	33	8	49	20	45	31	44	51

数据来源：江小涓．服务业增长：真实含义、多重影响和发展趋势[J]．经济研究，2011（04）．

注：第一，国家分类根据世界银行标准划分，即以 2009 年人均 GNI 划分为四个类别：低收入国家、中等偏下收入国家、中等偏上收入国家和高收入国家。划分标准分别为：低于 995 美元、996~3945 美元、3946~12195 美元、12196 美元及更高。第二，数据时间样本为：服务业增加值比重主要是 2009 年数据，共 173 个有效样本，其中个别国家由于缺乏数据，使用的是 2008 年或更早年份数据。服务业就业比重由于 2008 年和 2009 年数据严重缺乏，使用的主要是 2007 年数据，共 110 个有效样本。

（3）生产性服务业决定制造业发展水平。从过去几年的实践看，全球新一轮工业革命对我国工业产生深远影响，开启了以智能生产、创新驱动、数字集成、共享经济等为核心特征的新范式，物联网、云计算、大数据等先进技术取代传统制造系统，并逐步成为未来工业生产的基础。从产业结构看，未来与服务业毫无关联的制造业企业会越来越少，把制造融入服务中的企业将具备更强的竞争力。以汽车工业为例，人工智能和大数据技术正成为汽车产业变革的重要推动力量，谁掌握了大数据，谁就掌握了汽车工业竞争的主动权。

（4）中高端生活性服务业快速发展的趋势。城乡居民需求结构的不断升级，对中高端生活性服务业提出了迫切需求。旅游、体育、养老、教育、医疗保健等生活性服务业呈现快速发展趋势。以居民生活服务业①为

① 《居民生活服务业发展“十三五”规划》提出，居民生活服务业主要包括餐饮、住宿、家政、洗染、沐浴、美容美发、家电维修、人像摄影等行业。

例，据测算，2018 年，我国居民生活服务业营业收入达 6.8 万亿元，比上年增长 7.5%，高于国内生产总值增速（5.7%）①。预计未来 5 年，随着我国消费结构升级与城镇化提速，生活服务业营业收入仍将保持较快增速。

2. 服务业开始成为拉动经济增长的主要动力

（1）服务业对经济增长的贡献率超过 50%。改革开放以来，工业在较长时期内是拉动我国经济增长的主要动力。1978 年，工业对经济增长的贡献率为 61.8%；到 1980 年，工业对经济增长的贡献率为 85.6%，两年间提升了近 24 个百分点。近 10 年来，随着我国开始进入工业化后期，服务业成为国民经济的主导产业，服务业对经济增长的贡献率持续提升。2015 年，服务业对经济增长的贡献率首次超过工业并突破 50%，为 55.9%。2010—2019 年，服务业对国内生产总值的贡献率从 39.0%增长到 59.4%，提高了 20.4 个百分点，而同期工业对国内生产总值的贡献率从 57.4%下降至 36.8%，下降了 20.6 个百分点（见表 6.8）。这“一升一降”反映我国经济增长动力机制发生了重大转变。

表 6.8　1978—2019 年三次产业对经济增长的贡献率（单位：%）

年份	第一产业	第二产业	第三产业	年份	第一产业	第二产业	第三产业
1978	9.8	61.8	28.4	2008	5.2	48.6	46.2
1980	-4.8	85.6	19.2	2009	4	52.3	43.7
1985	4.1	61.2	34.8	2010	3.6	57.4	39
1990	40.2	39.8	20	2011	4.1	52	43.9
1995	8.7	62.8	28.5	2012	5	50	45
2000	4.1	59.6	36.2	2013	4.2	48.5	47.2
2001	4.6	46.4	49	2014	4.5	45.6	49.9
2002	4.1	49.4	46.5	2015	4.4	39.7	55.9
2003	3.1	57.9	39	2016	4	36	60

① 18 年生活服务业供给增速，2019 消费升级或将变革[EB/OL]. 凤凰网，2019-01-15.

续表

年份	第一产业	第二产业	第三产业	年份	第一产业	第二产业	第三产业
2004	7.3	51.8	40.8	2017	4.6	34.2	61.1
2005	5.2	50.5	44.3	2018	4.1	34.4	61.5
2006	4.4	49.7	45.9	2019	3.8	36.8	59.4
2007	2.7	50.1	47.3				

数据来源：国家统计局．中国统计年鉴 2020［M］．北京：中国统计出版社，2020.9.

（2）服务业对经济增长的贡献率仍有提升空间。尽管目前我国服务业已经成为拉动经济增长的主要动力，服务业对经济增长的贡献率为 60%左右，但与欧美发达国家相比还有较大差距。例如，2018 年，我国服务业对经济增长的贡献率低于美国 23.8 个百分点，低于德国 16.8 个百分点，低于澳大利亚约 10 个百分点（见表 6.9）。随着我国服务业，尤其是新兴服务业的快速发展，服务业对经济增长的贡献率仍有较大幅度的提升空间。

表 6.9　2018 年部分国家三次产业对经济增长的贡献率（单位:%）

国家	第一产业	第二产业	第三产业
中　国	4.1	34.4	61.5
韩　国	1.1	36.6	62.3
新加坡	—	36.4	63.6
加拿大	1.6	14.3	84.1
墨西哥	3.9	2.5	93.5
美　国	-3.3	17.9	85.3
巴　西	0.6	9.9	89.4
法　国	3.2	1.1	95.7
德　国	-1.0	22.7	78.3
俄罗斯	-4.2	43.9	60.3
英　国	-1.3	7.1	94.2
澳大利亚	-3.8	31.8	72.0

数据来源：国家统计局．国际统计年鉴 2019［M］．北京：中国统计出版社，2020.1；国家统计局．中国统计年鉴 2020［M］．北京：中国统计出版社，2020.9.

注：美国和日本为 2017 年数据。

3. 服务业结构逐步优化

（1）“十四五”期间，生产性服务业占服务业的比重将达55%左右。一个国家是否是工业强国，既要考虑其有多大的生产能力，更要考虑其是否具有强大的工业生产服务能力。目前，我国是制造大国，但还不是制造强国，突出表现在生产性服务业发展还比较滞后。近年来，我国生产性服务业占比有所提升，但与发达国家相比，我国生产性服务业占比仍然偏低。未来5年，随着技术研发的不断深入，我国生产性服务业占服务业的比重将逐步提升，到2025年有望达55%左右。

（2）“十四五”期间，生活性服务业发展质量将明显提升。目前，我国生活性服务业提质增效的特征较为明显。未来5年，随着居民消费结构升级、专业化分工程度深化、新技术的突破和信息化的推进，我国生活性服务业领域将涌现出一批快速发展的新兴行业和新兴业态，具有代表性的有网络零售、移动电子商务、跨境电子商务、在线旅游、在线教育、在线医疗、在线娱乐等。

三、产业链变革：消费结构升级引领产业链走向中高端

消费结构变革加速推进产业结构变革，尤其是在我国进入工业化后期与全球新一轮科技革命呈现历史性交汇的背景下，消费结构升级正加速推动我国产业链不断走向中高端。

1. 产业结构升级取决于消费结构升级

（1）消费结构升级先于产业升级。一个经济体的消费结构升级要快于产业结构升级。随着人均收入水平的提高，消费需求结构发生变化，引导工业化进程和产业结构的调整；同时，消费结构变化速度也快于产业结构变化速度。以美国为例，1960—1978年，美国恩格尔系数从18.87%持续下降到13.74%，在此期间第一产业的比重只下降了0.8%，而农产品消费的比重却下降了5.7%；第三产业的比重上升了5%，并成为支柱产业，而

同期居民服务消费比重却上升了 6.7%[1]（见表 6.10）。

表 6.10　美国消费结构与产业结构变化速度的比较（单位:%）

	1960 年	1970 年	1978 年	结构变动幅度（平均变动率）
第一产业	4	3.6	3.2	-0.8
农产品消费	27.1	23.8	21.4	-5.7
第二产业	38	36.5	34	-4
工业品消费	24.7	24.2	23.7	-1
第三产业	58	60	63	5
服务消费	48.2	52	54.9	6.7

数据来源：上海国际问题研究所．现代美国经济问题简论[M]．上海：上海人民出版社，1981.3.

（2）消费结构升级是产业结构升级的重要导向。没有消费需求的释放，产业结构调整将成为无源之水。只有围绕消费升级的方向进行投资、创新和生产，才能最大限度地提高投资和创新的有效性、提升产业竞争力，进而实现经济提质增效。未来，需要加大消费对产业升级的引领作用，以消费升级带动产业升级，引导科技创新和基础设施建设、公共服务等相关领域的新投资，促进产业结构升级和创新消费供给，进而加快培育形成经济发展的新动力。

2. 技术升级在一定程度上取决于消费结构升级

中长期的经济增长依赖于技术进步。但技术进步不是随机的，而是有着明确的需求导向和市场导向。世界科技史表明，几次工业革命的基本发出点都是为了满足不断扩大的市场需求。美国在技术创新上的优势在于它有坚实的市场需求基础。例如，早在 1986 年，乔布斯就投资于尚未成熟的电脑动画技术，成立皮克斯动画工作室。他的预测是，这项技术有广泛的

---

① 根据美国经济分析局统计数据整理得出。

市场基础。此后推出的《玩具总动员》成为电影技术跨时代的产品[①]。正是有这样的消费需求，一些类似的高科技大都在好莱坞电影制作中率先使用。再如，美国航天航空领域不断推出新技术，很重要的原因之一就在于这些技术可以很快地投入市场，转化为社会的消费需求。因此，技术升级不仅要适应消费结构升级的趋势，还要适应市场需求变化的趋势。

3. 以消费结构升级引领新业态快速发展

（1）加快创新“互联网+生活性服务业”的新业态。在当前新业态不断涌现的基础上，适应新消费、新群体的趋势，加快创新生活性服务业的业态。加快线上线下融合，培育新型服务消费。例如，以“互联网+”形成家庭服务、健康服务、养老服务新业态，以“互联网+”形成教育、文化、旅游、餐饮服务新业态。

（2）形成“服务型消费+高端制造”的新业态。要以内需为导向，发展具有市场潜力的创新工厂等，包括可穿戴智能设备、家用机器人、智能家居等行业。到2025年形成一批“服务型消费+高端制造”的新业态品牌。

（3）形成智慧生活新业态。随着物联网、大数据、云计算及移动互联网的快速发展，智慧城市建设步伐加快。综合运用新一代信息技术，推动城市规划、建设、管理、运营智慧化，产生一批智慧教育、智慧医疗、智慧旅游、智慧政务、城市运营中心、平安城市、应急指挥、智慧城管、智慧交通、智慧环保、智慧社区、智慧物流及智慧园区等新业态。到2025年，形成一批比较成熟的智慧城市产业集群，形成一批专业化的知名国产品牌。

① [美]阿兰·道伊奇曼著，孙成昊、张蓓译．追随内心：乔布斯，从每一次失利开始［M］．北京：中信出版社，2011. 10.

第三节　消费成为拉动经济增长的重要动力

在全球疫情防控常态化的背景下，未来15年，我国要实现人均国内生产总值达到中等发达国家水平，既要用好国际大市场，更要释放14亿人的内需大市场的潜力。超大规模内需市场潜力的释放，不仅将支撑我国未来15年每年5%左右的中速增长，而且将为全球经济复苏注入更多增长动能。

一、消费对经济增长的贡献率将逐步恢复

2021年，消费对经济增长的拉动作用将进一步加强，我国经济将继续稳步回升，进入恢复性增长轨道。

1. 我国经济增长速度将恢复至8%以上

2020年，我国经济增速为2.3%，成为全球唯一实现经济正增长的主要经济体。着眼于国际国内形势，2021年《政府工作报告》提出，2021年我国经济增长6%以上的预期目标。这是考虑到2021年是在恢复性增长的基础上前行，有很多不可比的因素，而且世界经济复苏不确定性依然很大[①]。有研究表明，2021年，我国经济增长速度为7.8%左右[②]；也有研究显示，2021年，我国经济增长速度将达8.5%[③]。这表明国内对2021年经济增长有着良好预期。不仅如此，国际社会也对我国经济充满信心。国际货币基金组织（IMF）、世界银行（WB）、经合组织（OECD）三大国际组织对2021年我国GDP增速预测值分别为8.2%、6.9%、6.8%，高于全球平均水

---

① 国务院总理李克强回答中外记者提问[EB/OL]. 新华网，2021-03-11.

② 谢伏瞻. 经济蓝皮书：2021年中国经济形势分析与预测[M]. 北京：社会科学文献出版社，2020.12.

③ 陈锡康，杨翠红，祝红福，王会娟，李鑫茹，姜青言. 2021年中国经济增长速度的预测分析与政策建议[J]. 中国科学院院刊，2021（01）.

平3.0个、2.7个、1.6个百分点[①]。总的来看，2021年我国经济增长有可能在8%以上。

2. 消费对经济增长的贡献率将恢复至50%以上

随着我国疫情得到较好的控制，居民收入稳定增长，2021年，我国消费水平有望持续回升。2021年1—2月，受同期基数较低影响，社会消费品零售总额同比增长33.8%[②]。与2019年1—2月相比，社会消费品零售总额增长6.4%，基本上恢复消费的常态化增速。有学者预计，2021年，消费对经济增长的贡献率将达57.7%，拉动GDP增长4.9个百分点；投资对经济增长的贡献率将达38.8%，拉动GDP增长3.3个百分点；货物和服务净出口对经济增长的贡献率为3.5%，拉动GDP增长0.3个百分点（见表6.11）。

表6.11　2019—2021年我国GDP增长率和三大需求对GDP的拉动情况

年份	GDP增长率（%）	对GDP的贡献率（%）			拉动GDP增长情况（%）		
		最终消费	资本形成总额	净出口	最终消费	资本形成总额	净出口
2019	6.1	57.8	31.2	11.0	3.5	1.9	0.7
2020（预测）	2.4	-14.0	97.5	16.5	-0.3	2.3	0.4
2021（预测）	8.5	57.7	38.8	3.5	4.9	3.3	0.3

数据来源：陈锡康，杨翠红，祝坤福，王会娟，李鑫茹，姜青言.2021年中国经济增长速度的预测分析与政策建议[J].中国科学院院刊，2021（01）.

3. 促进消费与投资有效融合

消费与投资是扩大内需的两大组成部分，两者对促进经济增长至关重要。当前，强调消费导向并不是不要投资，而是要通过消费需求来引导更有效、更合理的投资，最大限度地提升投资效率，避免无效投资造成产能

① 谢伏瞻.经济蓝皮书：2021年中国经济形势分析与预测[M].北京：社会科学文献出版社，2020.12.

② 1—2月份消费市场恢复性增长[EB/OL].国家统计局网站，2021-03-15.

过剩与资源浪费。2021年，我国经济发展牢牢把握扩大内需这个战略基点，关键要在促进消费和扩大投资的结合点上取得实质性突破。在这个特定背景下，2021年《政府工作报告》强调，“促进消费与投资有效结合，实现供需更高水平动态平衡。”这就需要全面促进消费，拓展投资空间，加快形成完整的内需体系。

专栏6.2

2021年促进消费与扩大投资的重点任务

紧紧围绕改善民生拓展需求，促进消费与投资有效结合，实现供需更高水平动态平衡。

稳定和扩大消费。多渠道增加居民收入。健全城乡流通体系，加快电商、快递进农村，扩大县乡消费。稳定增加汽车、家电等大宗消费，取消对二手车交易的不合理限制，增加停车场、充电桩、换电站等设施，加快建设动力电池回收利用体系。发展健康、文化、旅游、体育等服务消费。鼓励企业创新产品和服务，便利新产品市场准入，推进内外贸易产品同线同标同质。保障小店商铺等便民服务业有序运营。运用好“互联网+”，推进线上线下更广更深融合，发展新业态新模式，为消费者提供更多便捷舒心的服务和产品。引导平台企业合理降低商户服务费。稳步提高消费能力，改善消费环境，让居民能消费、愿消费，以促进民生改善和经济发展。

扩大有效投资。今年拟安排地方政府专项债券3.65万亿元，优化债券资金使用，优先支持在建工程，合理扩大使用范围。中央预算内投资安排6100亿元。继续支持促进区域协调发展的重大工程，推进“两新一重”建设，实施一批交通、能源、水利等重大工程项目，建设信息网络等新型基础设施，发展现代物流体系。政府投资更多向惠及面广的民生项目倾斜，新开工改造城镇老旧小区5.3万个，提升县城公共服务水平。简化投资审批程序，推进实施企业投资项目承诺制。深化工程建设项目审批制度改革。完善支持社会资本参与政策，进一步拆除妨碍民间投资的各种樊篱，在更多领域让社会资本进得来、能发展、有作为。

资料来源：李克强．政府工作报告——2021年3月5日在第十三届全国人民代表大会第四次会议上[M]．北京：人民出版社，2021.3.

二、消费对经济增长的贡献率将逐步趋于稳定

未来10~15年，要推进消费导向转型，基本形成消费导向的经济增长格局，关键是要释放服务型消费需求，并以此推动形成投资消费的动态平衡。

1. 消费对经济增长的贡献率仍有10个百分点左右的提升空间

经济增长依靠内需支撑，符合大国经济的一般规律。当前，我国加快构建双循环新发展格局，需要在高水平开放中更好地发挥国内超大规模市场的突出优势，充分发挥消费在促进经济增长中的重要作用。目前，欧美发达国家最终消费支出对经济增长的贡献率一般在70%~80%。2018年，我国最终消费支出对经济增长的贡献率为65.9%，低于韩国近10个百分点，低于加拿大近19个百分点，低于澳大利亚18个百分点，低于巴西14.4个百分点（见表6.12），不仅低于部分发达国家，而且也低于部分发展中国家。我国进入消费新时代，充分发挥消费对经济增长的支撑作用，最终消费支出对经济增长的贡献率不应低于70%。也就是说，未来10~15年，我国最终消费支出对经济增长的贡献率仍有10个百分点左右的提升空间。

表6.12　2018年部分国家三大需求对GDP增长的贡献率（单位:%）

国家	资本形成总额	最终消费支出	货物和服务净出口
中国	41.5	65.9	11.0
印度尼西亚	56.3	62.9	-19.2
韩国	-22.5	75.4	47.1
新加坡	-21.5	50.6	70.9
泰国	96.7	64.6	-61.3
加拿大	49.2	84.5	-33.8
巴西	45.9	80.3	-26.2
德国	73.3	58.7	-31.9
俄罗斯	8.4	56.4	35.2
澳大利亚	39.2	83.9	-23.1

数据来源：国家统计局．国际统计年鉴2019［M］．北京：中国统计出版社，2020.1；国家统计局．中国统计年鉴2020［M］．北京：中国统计出版社，2020.9.

注：加拿大为2017年数据。

2. 消费对经济增长的贡献率将稳定在65%~70%

从近5年的情况看，消费对经济增长的贡献率波动幅度很大。2015年全年消费对经济增长的贡献率达69%，但这是在投资增速快速下降的条件下实现的。近几年来，随着投资增速进一步反弹，消费对经济增长的贡献率出现再次回落的趋势，尤其是在疫情影响下，经济增长主要再次依靠投资驱动。当前，我国消费市场快速恢复，消费对经济增长的拉动作用由负转正，并呈现出稳定提升的态势。未来10~15年，消费对经济增长的贡献率将稳定在65%~70%，能够支撑5%左右的经济增长。

3. 形成以服务型消费引领投资的新格局

消费的增长和结构升级，可以带动投资增长和产业结构优化，从而形成消费与投资的良性互动。未来10~15年，使消费对经济增长的贡献率稳定在65%~70%，要避免走投资导向拉动经济的“回头路”。如果走了“回头路”，不仅不利于供给侧结构性改革，还会积累更大的经济运行风险。稳定经济需要增加投资，但投资的增加应当建立在消费驱动的前提下，建立在投资效益提升的基础上。未来几年，比较理想的状态是通过供给侧和需求侧改革，以服务型消费拉动投资，在产业创新的条件下，实现投资消费两旺。

三、消费支撑经济可持续增长

未来10~15年，依托国内强大市场的突出优势，充分释放14亿人的消费需求潜力，将支撑未来15年我国经济5%左右的中速增长。

1. 我国已进入中等偏上收入国家行列

2020年，我国人均GDP为10503.5美元，比中等偏上收入国家的平均水平（9040美元）高出16.2%，接近高收入国家分组的下限水平（12235美元）①，相较改革开放之初，增长了约27倍②，虽然仍略低于全球人均水平，但已接近发展中国家人均GDP的2倍（见表6.13）。未来5年，我国经济仍有条件保持5%左右的增速，并有望在“十四五”末期达到现行的高收入国家标准，为我国在2035年如期基本实现社会主义现代化以及人均GDP达到中等发达国家水平奠定坚实基础。

表6.13　1978—2020年我国GDP与人均GDP

年份	GDP（亿元，人民币）	人均GDP（元，人民币）	人均GDP（现价美元）
1978	3678.7	385	—
1985	9098.9	866	294.8
1990	18872.9	1663	347.6
1995	61339.9	5091	609.6
2000	100280.1	7942	959.4
2005	187318.9	14368	1754.0
2010	412119.3	30808	4551.0
2015	688858.2	50237	8065.8
2016	746395.1	54139	8150.6
2017	832035.9	60014	8888.6
2018	919281.1	66006	9974.6
2019	990865.1	70892	10276.4
2020	1015986.0	—	10503.5

数据来源：国家统计局．中国统计年鉴2020[M]．北京：中国统计出版社，2020.9；国家统计局．中华人民共和国2020年国民经济和社会发展统计公报[M]．北京：中国统计出版社，2021.3.

① 蔡昉．科学把握新发展阶段（深入学习贯彻党的十九届五中全会精神）[N]．人民日报，2020-11-25.

② 2020年我国GDP突破百万亿：里程碑 新起点[EB/OL]．中央纪委国家监委网站，2021-01-19.

2. 2021—2035 年将实现 5%左右的中速增长

（1）1978—2019 年，我国 GDP 年均增速达 9.4%。改革开放以来，我国 GDP 增长速度明显加快，经过 40 多年的发展，我国不仅成为全球第二大经济体，而且与美国经济总量的差距不断缩小。据统计，1978—2019 年，我国 GDP 年均增速达 9.4%。2020 年，受疫情影响，全年 GDP 增速仅为 2.3%（见图 6.10）。即便如此，我国仍是全球唯一实现经济正增长的主要经济体，而且经济总量突破百万亿大关，人均 GDP 连续两年超过 1 万美元，稳居中等偏上收入国家行列，成为推动全球经济复苏的主要力量。

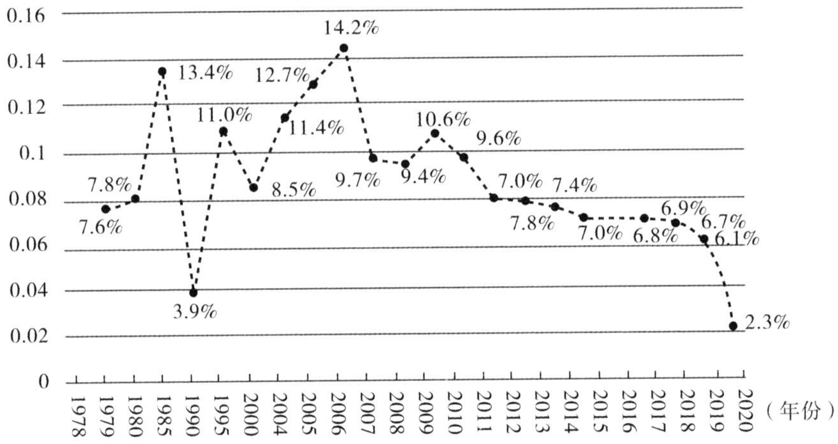

图 6.10　1978—2020 年我国 GDP 增速变化趋势

数据来源：国家统计局．中国统计年鉴 2020［M］．北京：中国统计出版社，2020.9；国家统计局．中华人民共和国 2020 年国民经济和社会发展统计公报［M］．北京：中国统计出版社，2021.3.

（2）2021—2035 年，我国 GDP 年均增速有望保持在 5%左右。从 2021 年到 2035 年的经济发展质量关系到我国基本实现社会主义现代化。对于未来10～15 年我国经济增长速度，学术界有不同的预测。有学者预计，2021 年我国 GDP 增速为 8.5%左右；“十四五”期间（2021—2025 年）平均增速有望达 6.3%；“十五五”期间（2026—2030 年）平均增速有望达 5.4%；“十六五”期间（2031—2035 年）平均增速将低于 5%，进入“4”时代。

2021—2035年，我国GDP年均增速有望达5%①。也有学者认为，2020—2035年，我国经济至少要完成人均实际GDP水平翻一番的增长目标，即实现GDP增速达4.8%（见表6.14）。综合判断，2021—2035年，我国GDP增速将保持5%左右的年均增速。

表6.14　2020—2035年我国经济增速的合理目标分析

	2020—2035年实际GDP年均增速	2035年人均实际GDP/2020年人均实际GDP
跨越中等收入陷阱	超过门槛值20%	1.1%
	超过门槛值40%	2.1%
	超过门槛值60%	3.1%
跻身创新型国家前列	参照标准的40%	4.3%
	参照标准的50%	5.9%
	参照标准的60%	7.3%
追赶发达经济体	平均水平的50%	4.1%
	平均水平的60%	5.4%
	平均水平的70%	6.5%
2020—2035年合理增速目标	4.83%	2.00%

数据来源：刘伟，陈彦斌.2020—2035年中国经济增长与基本实现社会主义现代化[J].中国人民大学学报，2020（04）.

3. 14亿人的消费需求释放将拉动经济中速增长

近年来，我国经济从高速增长阶段转向中速增长阶段，从追求经济增长速度和规模向注重质量效益转变，从要素驱动、投资驱动向创新驱动、消费驱动转变。消费是经济增长的原动力，但消费需求释放能带来多大程度的增长，则需要进行相关的定量分析。中改院课题组通过构建“消费释放—人力资本—长期增长”模型，以2019年为起点进行预测。2019年，

① 陈锡康，杨翠红，祝坤福，王会娟，李鑫茹，姜青言．2021年中国经济增长速度的预测分析与政策建议[J]．中国科学院院刊，2021（01）.

我国消费率为55.4%，居民消费率为38.8%。未来5~15年，经过努力，我国消费率可以在65%~70%，居民消费率在55%~60%（见表6.15）。以此为基准情景，考虑乐观情景与谨慎情景，对我国经济增长的情景做初步预测。

表6.15　未来15年不同消费率提升情景下的经济增长前景

	基准情景	乐观情景	谨慎情景
情景描述	转型顺利实现	转型取得重大突破	转型滞后，甚至倒退
消费率	65%~70%	70%~75%	60%~65%
居民消费率	55%~60%	60%~65%	50%左右
经济增长名义速度	4.3%	4.6%	3.8%

数据来源：中改院课题组测算。

从上表可以看出，综合考虑通货膨胀（3%左右）以及其他不同因素，在基准情景下，未来15年，我国经济增长实现5%左右的增长是有可能、有条件的。

第四节　消费导向的经济增长是个大趋势

学术界对投资与消费关系、消费能否拉动经济增长等问题存在不同认识和分歧。大部分学者认为，我国经济增长应该向消费导向转型；也有学者认为，消费拉动经济增长在理论上说不通，而在经验上也有欧美家庭过度负债造成危机的前车之鉴。作为拥有14亿人口的大国，其经济增长在特定时期可以并且需要依赖投资，但长期经济增长必然要建立在自身扩大消费的基础上。没有哪个大国是离开消费导向的增长而保持经济增长的。消费导向的经济增长，是今后一个相当长时期内我国经济发展的大趋势。

一、消费既是增长的动力，更是增长的目的

消费是生产者的生产。我国经济增长不缺乏动力和亮点，其根本原因在于14亿人的消费需求仍处于规模增长之中，消费结构仍处于升级之中。更深层次地说，14亿人对美好生活的向往，成为经济增长的重要动力。投资、收入、财产等，都要与消费结合起来，与满足人民对美好生活的向往结合起来，才有意义和价值。也就是说，消费既是增长的动力，更是增长的目的。

1. 消费是生产的重要动力

马克思指出，“没有消费，也就没有生产，因为如果这样，生产就没有目的”，“生产直接也是消费”，“消费直接也是生产”①。衡量经济发展质量高低的重要指标之一，就是看拉动经济增长的要素结构是否合理。在供给与需求两个因素中，需求具有决定性作用，需求决定生产、决定供给。消费需求不仅决定着中长期经济增长的速度，而且还决定着经济增长方式的转变。

消费是收入的函数，经济发展与消费之间存在相互促进或相互制约的关系。一方面，经济发展起来后，随着国民收入的提高，居民消费能力相应大大增强，消费水平也在不断提高，反过来又促进经济的进一步发展，从而形成良性循环；另一方面，如果经济发展过度依赖投资出口，国民收入分配格局失衡，居民收入水平并未同步提高，消费能力增长慢于投资能力增长，很有可能导致产能过剩，进而制约经济增长，反过来又进一步制约收入与消费的增长，形成恶性循环。我国推进消费导向的经济转型，就是要避免消费与发展之间出现相互制约的恶性循环，尽快建立起两者相互促进的良性循环。

① 中共中央马克思、恩格斯、列宁、斯大林著作编译局．马克思恩格斯选集（第二卷）［M］．北京：人民出版社，1972. 5.

2. 在消费中促进人的发展，是发展的最终目的

（1）一切商品和劳务的供给，归根结底都是为了消费，是服务于消费者的生存与发展需要。衡量一个经济体经济增长的效果，短期内可以看经济总量的扩大，但中长期要以消费水平的提高和消费结构的改善为最终标准。我国社会主义初级阶段主要矛盾是“人民日益增长的物质文化需要同落后的社会生产之间的矛盾”。进入新时代，我国社会主要矛盾已经转化为“人民日益增长的美好生活需要和不平衡不充分的发展之间的矛盾”。这表明，我国经济增长的重要目的从满足“人民日益增长的物质文化需要”转向满足“人民日益增长的美好生活需要”。在这个进程中，“瓶颈”从“社会生产的落后”转向“发展不平衡不充分”，这都是有效供给不足的问题，区别在于供给结构不同。

（2）扩大消费有利于人力资本积累。20 世纪 80 年代，内生经济增长理论重新探讨了长期经济增长的关键因素，认为人力资本是经济增长的关键因素。人力资本要实现简单再生产和扩大再生产，消费是其基本保障和根本途径。在生存型阶段的社会生产力和社会产品供给约束下，只能解决居民的温饱问题，这个消费主要用于维持劳动的简单再生产。到发展型新阶段，随着社会生产力的提升和社会产品供给的不断丰富，消费更多地用于提升劳动力素质，实现人力资本的扩大再生产，并由此提升全要素生产率，形成经济增长的内生动力。

（3）消费成为经济发展的最终目的。消费公平是最重要的社会公平。从人的自身发展来看，消费既是最重要的发展目标，又是形成人的基本能力的重要途径。如良好的身体素质、文化素质和一定的劳动技能，都是在消费过程中形成的。消费的过程就是人口、劳动力生产和再生产的过程，消费直接决定了人的发展，决定了一国国民的能力水平。国民能力反映出人力资源的丰裕程度，也说明了人力资源或人力资本的多寡。无论是从个体来看，还是从社会整体来看，在市场经济循环中，国民能力的差距从根本上决定了收入、财产的差距。从这个循环关系来看，妨碍社会公平的不

是收入、财产差距，而是消费不公平导致的能力不公平，从而使起点不公平。因此，走向消费导向的经济转型，就是要尽量缩小社会成员之间的消费差距，进而缩小发展的起点差距。

二、消费拉动经济增长是一个客观规律

无论是从发展阶段看，还是从增长路径看，消费都是拉动经济增长的主要动力。消费拉动经济增长不仅能够实现经济的内部再平衡，也能有效化解国际贸易结构失衡问题。

1. 消费需求决定增长的最大边界

（1）增长能够满足人们日益增长的消费需求。在给定其他条件不变的情况下，一个经济体消费需求规模越大，其市场空间就越大，就可以容纳更多的分工、更多的创新，以及更多的投资。从这个意义来看，消费规模与市场规模是同义等价的。亚当·斯密也曾在《国富论》中提出“增长源泉是市场规模的不断扩大”[①] 的命题。

（2）消费需求规模决定一个经济体最大的经济增长边界。比较两个经济体，假如其中一个经济体拥有 14 亿人口，另一个经济体只有 3 亿人口，在其他条件不变的情况下，14 亿人的消费需求要大于 3 亿人的消费需求，其增长的动力也更为强劲。经济生活中，由于受到资本、技术、制度等因素的影响，14 亿人口实际消费规模甚至可能不如 3 亿人的实际消费规模，但前者的消费潜力是客观存在的。只要打破资本、技术、制度等因素的掣肘，14 亿人的经济体的经济增长就有可能超越 3 亿人的经济体，前者的潜在经济增长率就会超过后者。

2. 消费拉动经济增长的传导路径

对于消费到底是否拉动经济增长，中改院课题组做过定量分析，并提出了消费拉动经济增长的三大路径：一是根据内生增长理论，消费能够形成创

---

① [英]亚当·斯密著，郭大力、王亚南译. 国富论[M]. 上海：上海三联书店，2009. 3.

新的原动力，从而形成“消费释放—人力资本（技术创新）—经济增长”的传导机制；二是基于结构变迁理论，认为消费需求结构变化的“恩格尔定律”是产业结构变动的“配第—克拉克法则”的根源，由此形成“消费释放—需求结构—经济增长”的传导机制；三是消费释放带来社会公平，社会公平形成了经济增长的内生动力，由此形成“消费释放—社会公平—经济增长”的传导机制①。

3. 消费成为新发展阶段经济增长的主要动力

从经济发展规律看，改革开放40多年来，我国三大需求结构变化趋势是符合经济发展规律的。目前，在国民经济中出现的结构性矛盾就在于投资率偏高、消费率偏低。从经济发展阶段看，2019年，我国人均GDP超过1万美元，在这个发展阶段，无论是消费率，还是消费对经济增长的贡献率都将处于上升期。从经济增长实际情况看，近年来，消费率和消费对经济增长的贡献率都呈现上升的趋势，而且我国消费率和消费对经济增长的贡献率还有10个百分点左右的提升空间。这意味着进入新发展阶段，消费成为拉动经济增长的主要动力是一个大趋势。

专栏6.3

学者认为经济持续增长的驱动力是投资而不是消费

我国作为一个发展中、转型中国家，必然存在着各种体制机制不完善的结构性问题，尤其中国是以双轨渐进的方式来推动从计划经济体制向市场经济体制的转型，这种方式固然使中国的经济避免了苏联东欧休克疗法所带来的崩溃和长期停滞，并且在转轨过程中保持了经济的快速增长，但是，双轨制所遗留下来的一些扭曲和干预，也导致了收入分配的恶化和寻租、腐败现象屡禁不止。中国确实需要毫不动摇地继续深化改革开放，解决双轨制遗留下来的各种扭曲，建立现代化、完善的市场经济体制，以釜底抽薪的方式消除寻租、腐败和收入分配不均的根源。中国的投资在如何避免潮涌现象、产能

① 匡贤明．消费能否拉动经济增长？——基于消费-增长路径的分析[J]．经济体制改革，2015（01）．

过剩、低水平重复等问题上也有许多可以改善的空间。但是，把中国国民经济中存在的居民收入占比下降、货币超发、创新能力不足、污染、腐败等一系列问题都归结为投资惹的祸，认为中国应该放弃投资拉动的增长模式，改为以消费来拉动中国的经济增长，显然是一种头痛医脚，因噎废食，“把婴儿和洗澡水一起倒掉”的主张。

资料来源：林毅夫．投资、消费和当前经济形势[N]. 21世纪经济报道，2013-07-22.

三、实现投资与消费的动态平衡

当前，我国经济增长中最突出的挑战是投资过剩与投资不足并存，其中，生产商品的投资严重过剩与生产服务的投资严重不足是一个突出表现。我国要解决的不是一个简单扩大投资还是缩小投资的问题，而是如何适应消费结构优化调整投资结构的问题。

1. 投资不能脱离消费而空转

国内有学者认为，“生产力水平的提高不是吃出来的，不是消费出来的，生产力水平的提高是投资出来的。”“劳动生产率水平的不断提高需要依靠产业不断创新、不断升级，而创新、产业升级则需要投资。在提高劳动生产力水平以后，家庭收入增加，消费者增加，投资跟消费共同变成经济的组成部分。”① 从理论上看，生产可以分为简单再生产和扩大再生产，无论技术条件是否发生变化，再生产都需要扩大投资，但如果消费需求不增加，增加的投资如何消化将成为难题。从我国经济发展的实践看，一些特殊时期的扩大投资政策，在避免经济断崖式下降的同时也带来了投资结构扭曲、产能过剩等问题。

2. 不同发展阶段投资与消费的作用不同

市场经济是一种需求导向型的经济，投资、消费和出口构成了拉动经济增长的“三驾马车”。在这“三驾马车”中，有时候消费是关键。例如，消费能不能拉动经济增长、能不能促进投资转型，这是关键。也就是说，

① 林毅夫：主张消费拉动我国经济是误导[EB/OL]. 博客中国，2017-07-21.

不同的发展阶段，投资、消费对经济增长的作用不同。有研究表明，当一个国家经济发展从低收入阶段到中等收入进而向高收入阶段迈进过程中，投资对经济增长的贡献作用呈现抛物线变化，先上升后下降，消费贡献作用是呈现U形变化，先下降后上升[①]。一般来说，一个国家从低收入阶段向中等收入阶段发展过程中，投资拉动经济增长有很大空间，但从中等收入阶段向高收入阶段迈进过程中，投资的边际效益会迅速递减，这个时候主要依靠消费拉动增长。我国目前正处在由中等收入向高收入阶段迈进的关键时期，消费对经济增长的贡献率呈现上升趋势也是必然。

专栏6.4

日韩不同发展阶段投资与消费对经济增长的贡献变化

与收入转型相对应，日本投资率对经济增长的贡献经历了先升后降、消费贡献先降后升的过程。1952年日本的投资贡献率为21.3%，1966年上升到32.6%，1970年进一步上升到39%，此时日本人均国民收入1940美元折合2010年美元价格恰好超过一万美元，为10760美元。日本人均收入越过一万美元门槛后，投资贡献率不断下降，1973年下降到38.2%，1980年为32.2%，1993年为29.9%，2006年进一步降到23%。随着投资贡献率下降，消费贡献率也在发生着变化，1950年日本的消费贡献率为77%，1966年下降到65.9%，1970年进一步降到59.7%。此后开始上升，1973年达61.8%，1980年达68%，2006年达75%，2015年达76.42%。由此可以看出，日本投资贡献率上升、消费贡献率下降至少经历了18年，投资贡献率从升到降、消费贡献率由降到升的拐点发生在20世纪70年代初期，此时人均国内生产总值恰好为一万美元（2010年美元价格）。

韩国在从低收入阶段向高收入阶段迈进过程中，同样经历了投资贡献率先升后降、消费贡献率先降后升的过程，拐点也发生在人均国内生产总值一万美元左右。从1961年到2008年，韩国人均国民收入由100美元上升到21530美元。1960年，韩国的投资贡献率只有11.5%，此后连续上升，到20世纪90年代初期到了最高，之后连续下降。

① 马晓河．消费拉动经济转型不仅可行而且必要[EB/OL]．财经网，2017-08-04.

消费率与此相对应，先是连续下降，后是持续上升。比如，韩国的投资率1970年为24.97%、1980年为31.61%、1991年为38.9%、1997年为34.97%、2002年为26.7%，消费率1965年为92%、1980年为76%、1990年为63%、2000年为66%、2006年为69%。从统计资料看，韩国投资贡献率上升、消费贡献率下降至少经历了30年，投资贡献率从升到降、消费贡献率由降到升的拐点发生在20世纪90年代初期，此时人均国内生产总值按照2010年美元计算是10501美元。

资料来源：马晓河．消费拉动经济转型不仅可行而且必要[EB/OL]．财经网，2017-08-04.

3. 消费拉动经济增长有助于经济再平衡

扩大消费既是我国经济实现再平衡的内在要求，也是化解国际贸易失衡的重要举措。目前，我国仍是世界上储蓄率最高的国家。早在2008年国际金融危机爆发后，国内就有学者型官员看到消费对经济增长的重要性，并建议要加快调整我国储蓄和消费的关系，使我国逐步成为内生性的需求大国，为全球提供巨大市场[①]。2018年5月，中美经贸磋商联合声明曾提出“双方同意，将采取有效措施实质性减少美对华贸易逆差。为满足我国人民不断增长的消费需求和促进经济高质量发展，中方将大量增加自美购买商品和服务。[②]”尽管这个联合声明由于美国挑起贸易摩擦而没有实施，但由此也可以看出，消费对经济增长以及平衡中美贸易问题的重要性。

① 刘鹤．没有画上句号的增长奇迹．见吴敬琏，樊纲、刘鹤、林毅夫、易纲、许善达，吴晓灵．中国经济50人看三十年——回顾与分析[M]．北京：中国经济出版社，2008.10.

② 中美就经贸磋商发表联合声明[EB/OL]．新华网，2018-05-20.

China's Consumption

第七章

消费导向转型下的结构性改革

推进消费导向转型，涉及经济领域重大关系的再平衡，涉及社会结构的深刻变化，涉及重大利益关系调整。这需要深化以服务业市场全面开放为重点的供给侧结构性改革，破解有需求、缺供给的突出矛盾；需要加强需求侧管理、注重需求侧改革，在有效应对疫情短期冲击的同时，形成中长期消费潜力释放的长效机制；需要深化收入分配制度改革，明显增大中等收入群体比重。

14亿人的消费大市场，既是我国改革开放40多年的突出成就，也是“加快构建以国内大循环为主体、国内国际双循环相互促进的新发展格局”的突出优势。“十四五”时期，加快推进消费导向转型，着力破解制约消费潜力释放、消费结构升级的突出矛盾，就能够形成我国经济中长期可持续增长的推动力。

第一节　推进消费导向转型

相对于投资导向而言，消费导向转型是以释放14亿人的消费潜力为基础，并由此形成经济持续增长的重要支撑，充分发挥消费在“加快构建以国内大循环为主体、国内国际双循环相互促进的新发展格局”中的重大作用，形成结构性改革的内在动力。适应消费导向转型的新趋势，实现建设强大国内市场的战略目标，需要有效解决经济社会领域面临的诸多结构性矛盾。

一、适应经济社会发展趋势推进消费导向转型

推进消费导向转型，是适应我国新发展阶段、构建双循环新发展格局的基本要求，是发挥我国超大规模市场优势、更高层次参与国际合作竞争的务实选择。

1. 消费导向转型是构建新发展格局的重大任务

（1）扩大消费是引领国内大循环的重要动力。一方面，消费在我国国民经济中的占比不断提升，成为经济增长的第一拉动力；另一方面，在供给与需求两个因素中，需求具有决定性作用，需求决定供给。例如，随着消费结构不断升级，居民在消费时不仅仅关心产品的质量，还追求时尚、品牌与品质，高质量、高品质、个性化、特色化消费渐成趋势，投资主体与企业也更加关注消费升级带来的投资空间，由此形成需求牵引供给、供给创造需求的更高水平动态平衡。

（2）消费导向转型是畅通国内大循环的基本要求。党的十九届五中全会强调，“坚持扩大内需这个战略基点，加快培育完整内需体系”。畅通国内大循环，要求贯通生产、分配、流通、消费各环节，实现供求关系的动态平衡。增加高品质的产品和服务有效供给，推动需求引领和供给变革相互促进，是畅通国内经济大循环的重大任务。推进消费导向转型，把握消费结构升级的基本趋势，不断提高供给质量和水平，实现消费函数与生产函数的关联匹配，形成产业关联畅通和经济循环流转。

（3）消费导向转型是实现国内国际双循环相互促进的重要动力。改革开放以来，我国充分利用要素成本优势，参与国际经济大循环，形成市场和资源“两头在外”的发展模式，并推动自身经济高速增长。当前，更高层次参与国际经济大循环，需要发挥我国超大规模市场优势。推进消费导向转型，不仅可以使我国在新形势下参与国际分工和合作中处于更加有利的位置，也有利于提升国内大循环的效率和水平，形成国内国际双循环良性互动的新局面。

2. 消费导向转型是实现经济中长期持续增长的务实选择

（1）应对疫情冲击导致的短期经济下行压力要求尽快推进消费导向转型。面对亚洲金融危机和国际金融危机两次冲击，我国实施了扩大内需战略，但主要是依靠扩大投资的方式实施。例如，2009 年，我国固定资产投资占 GDP 的比重达 64%，资本形成总额对 GDP 增长的贡献率达 85.3% 的历史高位①。当前，面对疫情对我国经济的严重冲击，短期内需要扩大投资来对冲经济断崖式下滑，但疫情得到控制后，再以投资为主的扩大内需方式难以收到预期效果：一方面，2020 年，我国固定资产投资占 GDP 的比重仍在 50%以上，其空间有限；另一方面，我国投资产出率总体呈现下降趋势，疫情后继续加大投资将加剧供需脱节、增大经济运行风险。

（2）以推进消费导向转型实现经济中长期持续增长。一方面，我国消费潜力释放、消费结构升级是一个长期过程。从美国的经验来看，服务型消费比重由 45%提升至 50%用了 13 年，由 50%提升至 60%用了 20 年②。考虑到我国居民服务型消费滞后于实际收入水平、服务型消费占比快速提升等因素，我国消费结构升级仍将持续 15 年左右的时间。另一方面，根据对我国 GDP 潜在增长能力的测算，在“十四五”乃至更长的时期里，经济仍有能力保持中速增长，增长速度可以继续高于世界大多数主要经济体③。充分释放增长潜力，需要有与之相适应的总需求保障。

3. 消费导向转型是赢得国际合作竞争新优势的重要举措

（1）推进消费导向转型有利于应对外部新挑战。2008 年以来，全球有效需求不足，世界经济步入低速增长轨道，这是导致西方主要国家贸易保护主义抬头的重要原因。在疫情全球大流行的背景下，逆全球化趋势更加明显，全球产业链、供应链面临重大冲击，我国面临更加不确定、不稳定的外部环境。在这种特定背景下，坚持扩大内需的战略基点，不仅有利于我国自身经济增长，而且有利于应对国际环境变化带来的新挑战。

（2）以消费导向转型提升我国在全球经济格局中的地位和作用。当前，超大规模的市场优势成为我国推进经济全球化、参与全球经贸合作竞争的突出优势和最大基础。在超大规模内需的拉动下，消费潜力释放越充分，对世界经济的外溢效应越强劲，进而促进我国在世界经济中的地位进

---

① 国家统计局．中国统计年鉴 2020［M］．北京：中国统计出版社，2020. 9.

② 根据美国经济分析局统计数据整理得出。

③ 蔡昉．坚持扩大内需战略基点形成强大国内市场［N］．中国青年报，2020-11-04.

一步上升、与世界经济联系的紧密性进一步增强，这将为其他国家提供新的市场机会。

（3）在推进消费导向转型中赢得国际合作竞争新优势。依托服务型消费大市场和创新应用大市场，吸引全球优质商品和人才、技术、资金等要素，将明显提升我国经济竞争力和参与全球经济治理的话语权。例如，如果将我国服务型消费大市场与欧盟发达的服务业相结合，将释放千亿级美元的服务贸易发展潜力，不仅有利于中欧双方经济可持续增长，也会对维护多边贸易体制产生重要影响。

二、消费导向转型带来深刻的经济社会变革

消费导向转型，不仅意味着经济结构的优化，也涉及社会结构及重大利益关系的调整，同时要求政府治理能力与治理体系的现代化。

1. 消费导向转型促进经济领域重大关系的调整

（1）优化生产和消费关系。消费是生产的最终目的和动力。总的来看，我国消费率仍处于世界较低的水平，生产和消费的比例关系仍有较大优化空间。例如，2019 年，我国居民消费率低于中高收入国家 9. 6 个百分点，低于世界平均水平 17. 7 个百分点，与巴西、印度等金砖国家和美国等发达国家的差距更大（见图 7. 1）。推进消费导向转型，更加重视消费在引导和推动经济发展中的重要作用，消费率将稳步提升，由此促进形成与我国发展阶段相适应的、更加协调的投资和消费关系。

（2）引领产业结构优化调整。产业结构实质是供给结构。经济要实现可持续发展，供给结构需要与需求结构、消费结构相匹配。从实际情况看，消费需求变化决定了产业结构调整的方向，是产业结构调整的决定性因素。当前，我国消费结构中个性化、精细化消费需求不断增强，服务型消费全面快速增长，由此对优化供给结构和产业结构提出新的要求。如果能够因势利导地推进产业结构升级，加快服务业发展，推进制造业服务化转型，就能给我国经济发展带来持续的增长动力。

（3）带来要素投入与创新驱动关系的优化调整。国家“十四五”规划和2035年远景目标纲要提出“坚持创新驱动发展，全面塑造发展新优势”。从我国的实际情况看，推进消费导向转型将形成经济中长期增长的创新动力。例如，超大规模市场可以为科技创新产品提供广阔销路，从而降低科技创新的成本。再如，虽然数字技术不是诞生在我国，但在信息消费的推动和引领下，依托超大规模的数字技术应用市场，我国已成为引领全球数字经济发展趋势的重要市场和数字企业创新的乐土。2014—2019年，我国数字经济对GDP增长贡献率始终保持在50%以上，其中2019年为67.7%①。

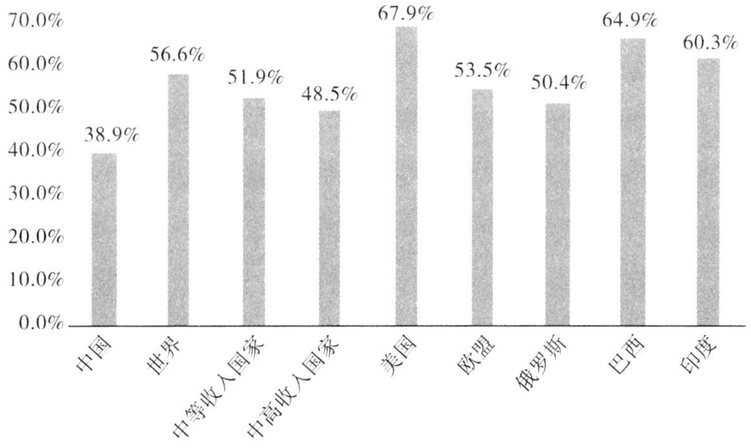

图7.1　2019年世界主要经济体居民消费率比较

数据来源：世界银行数据库。

2. 消费导向转型促进社会利益结构的调整

（1）有利于缩小收入差距。从实践看，我国消费结构转型已对收入差距产生了一定影响。例如，城镇居民消费支出差距在2002年到2013年扩大了25%，且主要源于住房、交通通信和文化娱乐消费差距的扩大；在2013年到2018年，消费支出差距缩小了19%，且主要源自教育、交通通

① 中国信息通信研究院．中国数字经济发展白皮书（2020年）［R］. 2020. 7.

信和文化娱乐消费差距的缩小①。有研究表明，城乡居民收入提高后对服务型需求增加，服务型消费需求不断增强并推动服务业集聚发展，有助于吸收农村剩余劳动力，进而缩小城乡收入差距。

（2）有利于扩大中等收入群体。一方面，消费导向转型背景下，服务业将成为国民经济的主导产业。与资本密集型的工业不同，服务业大多以人员或技术密集型为主，能够有效提升劳动者报酬在国民收入初次分配中的比重，推动更多劳动者跨入中等收入群体行列。另一方面，消费导向转型背景下，居民教育、健康等服务消费逐步提升，将提升劳动者人力资本水平。同时，消费结构升级不仅将催生新供给、新产业、新业态，还会带来较高收入的就业机会。

（3）有利于改善社会治理。从消费变迁的角度看，日本、美国都经历了大众消费—品质化消费—理性消费等阶段。目前，我国约有 4.4 亿人口处于大众消费阶段、5.6 亿人口处于品牌消费阶段、3.9 亿人口处于品质消费阶段②。同时，消费趋势日益个性化、多元化，无形中形成了多元化的消费主体。如何治理多元化消费的社会，是一个新的重大课题。

3. 消费导向转型促进政府治理变革

近年来，我国政府职能转变取得重要进展，但与消费导向转型不相适应的矛盾仍然突出，需要在政府治理模式创新方面实现重大改变。例如，释放居民巨大消费潜力，既需要完善二次分配的政策与制度，使得更多的国民收入向居民倾斜，也需要以提升财政公共性为重点，形成基本公共服务均等化的财政支出格局，充分发挥财税政策在促进消费导向转型上的积极作用；适应多元化教育、医疗等服务型消费需求快速增长的趋势，需要弱化以行政审批为主的服务业管理模式，并实现打破行政垄断的重要突破；适应“非接触化”服务消费的快速增长，在完善相关标准的同时，需

---

① 罗楚亮，颜迪．消费结构与城镇居民消费不平等：2002—2018 年[J]．消费经济，2020（06）.

② 嘉实基金：未来十年中国经济增长的机遇在哪里？[EB/OL]．金融界，2019-04-11.

要强化对平台经济、远程服务等领域的监管，形成有利于新型消费潜力释放的相关政策与制度安排。

三、消费导向转型面临诸多结构性矛盾

无论是从外部环境看，还是从内部条件看，我国推进消费导向转型的时机条件均已基本成熟。问题在于推进消费导向转型面临诸多因素的掣肘，需要破解需求侧与供给侧的诸多结构性矛盾。

1. 消费潜力与消费能力可持续性不足的结构性矛盾

（1）我国消费仍具有较大增长潜力。2019 年，我国人口占世界人口的比重为 18.2%，GDP 占世界的比重为 16.4%，但最终消费支出额只占世界的 12.1%[①]。如果我国最终消费支出额在世界的占比达到了 GDP 占比的水平，就意味着还有超过 4 个百分点的消费潜力可以挖掘，由此产生的消费增量相当于英国目前的消费总规模。如果进一步把我国最终消费支出占世界的比重提高到与我国人口的占比相一致的水平，新增消费规模更为显著。

（2）中等收入群体比重较低掣肘整体消费能力提升。目前，我国虽然拥有全球规模最大的中等收入群体，但其仅占人口总数的 30%左右，不仅低于巴西等发展中国家 10 个百分点以上，更远低于发达国家 60% 的水平[②]。中等收入群体占比偏低使得其难以有效带动居民整体性消费倾向的提升。

（3）疫情冲击增大居民收入与财富差距。一方面，疫情加剧了收入分化。根据西南财经大学的调研，年收入 5 万元以下的低收入家庭 2020 年四个季度收入均呈环比下降趋势，而年收入 30 万元以上的高收入家庭 2020

---

① 蔡昉．坚持扩大内需战略基点形成强大国内市场[N]．光明日报，2020-11-03.

② 社论：“中等收入群体显著扩大”需要做大做好蛋糕[EB/OL]．第一财经，2020-11-01.

年各季度收入均环比增长①。另一方面，疫情期间，信用扩张推升地产热度，加剧财富分化。2020年四个季度，年收入在30万元以上的家庭财富指数一直保持较高水平，第四季度为132.1；年收入5万元及以下家庭的财富指数一直处于较低水平，第四季度仅为72.4②。

2. 居民收入稳定增长与消费意愿不足的结构性矛盾

（1）居民收入增速持续快于消费增速。一般而言，消费增速与居民收入增速同步是客观规律。从实际情况看，我国居民消费增速持续低于居民收入增速。2013—2019年，我国居民人均消费支出年均增长8.5%，低于同期居民收入增速0.5个百分点。分年份看，除2016年外，2014—2019年我国居民人均消费支出增速均低于收入增速。2020年，在我国居民收入增长4.7%的情况下，居民人均消费下降1.2%（见图7.2）。这表明，疫情暴发前后，我国居民消费意愿都呈现下降趋势。

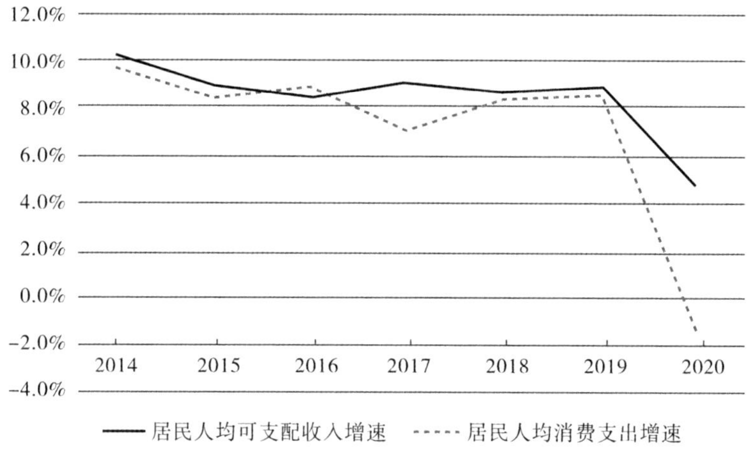

图7.2　2014—2020年中国居民人均可支配收入与人均消费支出增速

数据来源：国家统计局网站。

---

① 西南财经大学中国家庭金融调查与研究中心，蚂蚁金服集团研究院．疫情下中国家庭的财富变动趋势（中国家庭财富指数调研报告2020年度）[R].2021.2.

② 同上。

（2）公共服务供给不足导致居民储蓄率上升。近年来，我国公共服务体系建设有了一定进展，但与居民需求相比仍有较大差距。例如，看病贵、看病难、上学贵、上学难、就业难、安居难等涉及群众切身利益的民生短板问题尚未得到有效解决，基本公共服务均等化水平不高，使得居民面临后顾之忧，消费意愿不强。2013—2019 年，我国居民储蓄率（1-消费支出/可支配收入）由 27.8%上升至 29.9%；其中城镇居民储蓄率由 30.1%提升至 33.7%。2020 年，受疫情影响，我国居民储蓄率上升了 3~4 个百分点（见图 7.3）。能否尽快完善社会保障体系、提升公共服务供给水平，直接关系到城乡居民消费意愿的提升。2020 年第四季度城镇储户问卷调查报告的数据显示，倾向于“更多消费”的居民占 23.3%，比 2019 年第四季度下降了 5 个百分点[①]。

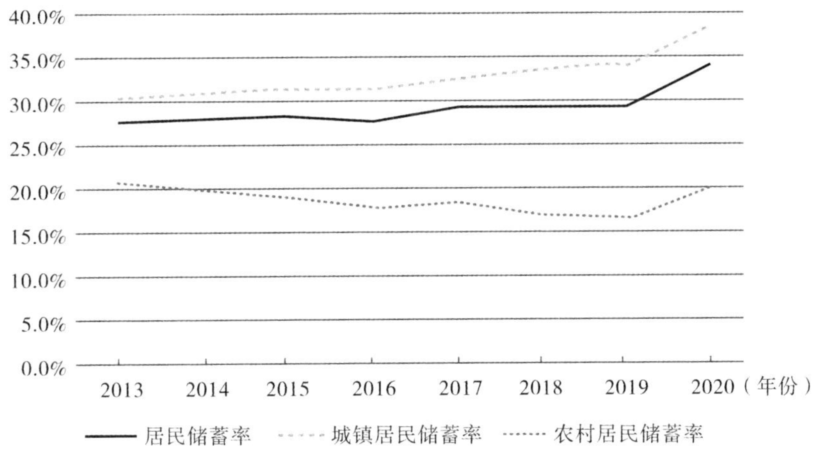

图 7.3　2013—2020 年我国居民储蓄率

数据来源：国家统计局网站。

① 中国人民银行 . 2020 年第四季度城镇储户问卷调查报告[R]. 2021. 1.

（3）居民杠杆率上升掣肘居民中长期消费意愿提升。中国人民银行的《中国区域金融运行报告（2019）》研究表明，居民杠杆率水平每上升1个百分点，社会零售品消费总额增速会下降0.3个百分点左右①。近年来，我国居民杠杆率明显上升。2020年12月，我国居民杠杆率（居民债务占GDP的比重）达62.2%，比5年前提高了23个百分点（见图7.4）；居民债务占收入的比重达108%。随着改善型住房需求的上升，住房贷款在家庭金融结构中的比重进一步上升并推动居民杠杆率持续提升，不仅会对消费产生挤出效应，也会对我国经济金融安全产生不利影响。

3. 消费结构升级与供给体系优化滞后的结构性矛盾

（1）高端产品通胀与一般消费品价格低迷共存。《2020年中国奢侈品市场》报告显示，2020年中国境内奢侈品销售额猛增48%，达3460亿元②，而日用品类零售额增长7.5%。从价格看，2020年富豪价格指数同比从2019年的-0.3%上升到3.4%，而总体非食品CPI则从2019年的1.4%回落到2020年的0.4%。从区域看，一线城市人均消费还在增长，四五线包括农村居民的人均消费呈现下降的趋势③。这主要是由于疫情影响下国内高端消费回流所致，也表明国内高端产品供给不足与大众消费品供给过剩并存。

（2）服务型消费需求加大与供给不足并存。以养老为例，截至2019年底，我国共有各类养老机构和设施20.4万个，养老床位合计为775.0万张，每千名老年人拥有养老床位数量仅为30.5张。按照国际通行标准，5%的老年人（60岁以上）需要进入机构，则2019年我国机构养老床位的需求量为1269.4万张，缺口为494.4万张④。调研数据显示，我国老年人愿意入住养老机构的人数大约保持在10%⑤，按此计算，养老服

① 中国人民银行．中国区域金融运行报告[R].2019.7.
② 贝恩公司．2020年中国奢侈品市场报告[R].2020.12.
③ 沈建光：疫后或影响消费格局[EB/OL].中国发展网，2020-09-27.
④ 前瞻产业研究院．2021年中国养老地产产业全景图谱[R].2021-03.
⑤ 我国养老服务机构床位缺口扩大至900万[EB/OL].界面新闻，2019-07-23.

务供给短缺问题更加显著。

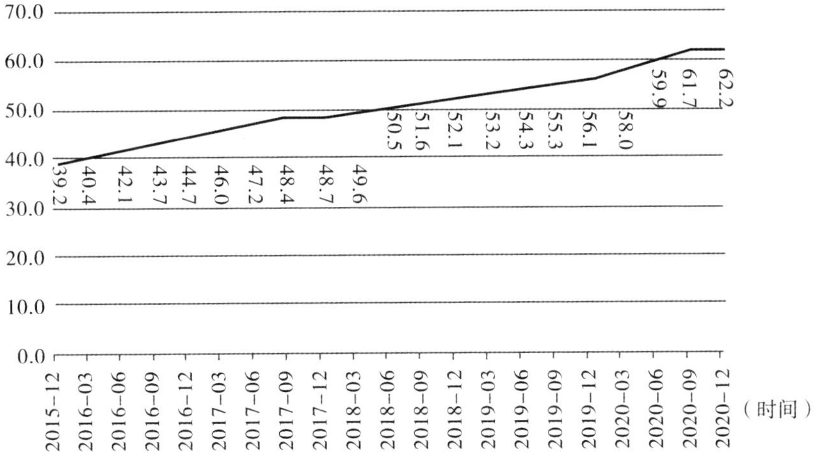

图 7.4　2015—2020 年我国居民杠杆率

数据来源：国家资产负债表研究中心。

（3）大众消费品供给过剩与个性化消费品供给不足并存。无论是从生产能力看，还是从生产总量看，我国大众消费品供给已经相对过剩。但随着居民个性化商品和服务需求的快速增长，其供给不足的矛盾仍然突出。以局部定制为例，为覆盖更多的消费群体，品牌往往以个性化元素入手，定制化程度较低，对消费者吸引力不足，还停留在“博眼球”阶段；互联网应用同质化和恶性竞争较为普遍，直播电商、在线教育等新型信息服务具有爆发式、短期性的发展特点，商业模式与内容同质化严重。

第二节　以扩大中等收入群体为重点的利益结构调整

中等收入群体持续扩大，是释放消费潜力、扩大内需的重要基础。当前，我国中等收入群体比重偏低、规模过小，不仅抑制潜在消费需求的有效释放，还造成社会结构失衡、贫富差距过大等突出问题。推进消费导向转型，重在加快扩大中等收入群体规模，形成以中等收入群体为主体的“橄榄型”社会结构。

一、消费导向转型下扩大中等收入群体的现实性凸显

总的来看，我国中等收入群体发展滞后于经济发展进程。推进消费导向转型，迫切需要以明显扩大中等收入群体规模为重点，带动消费规模的扩大、消费结构的升级。

1. 扩大中等收入群体是推进消费导向转型的基本要求

（1）中等收入群体是释放消费潜力的“主力军”。相比于其他收入水平的群体，中等收入群体不仅具有较强的消费意愿，也具备较强的消费能力，是支撑消费潜力释放的主要人群。目前，我国中等收入群体规模在全国占29.4%，但其消费总支出约占全国的46.5%[①]。

（2）中等收入群体是提升居民消费率的“主力军”。研究结果表明，2018年，我国中等收入群体消费率约为74.1%，同年全国居民消费率不足60%。2014—2018年，我国中等收入群体消费率大约上升了10个百分点，是我国居民消费率整体上升幅度的3.8倍[②]。也就是说，中等收入群体既是决定我国存量消费潜力释放的关键，更是拓展消费空间、扩大消费需求的“主力军”。

（3）中等收入群体是促进消费结构升级的“主力军”。当前，中等收入群体正处于服务型消费快速增长阶段，其消费选择更加注重个性化与多样化。同时，消费金融的兴起使得中等收入群体的负债消费更加便利，社会整体消费环境的变化使得中等收入群体负债消费的承受能力加强。例如，我国中等收入群体人口数量已居世界前列并且仍在高速增长，

---

① 李实，杨修娜．中等收入群体与共同富裕[R]．2020.11.

② 李长安．中等收入群体消费的新趋向[J]．人民论坛，2021（04）.

使得中高端酒店及非标住宿增长强劲，中档酒店越来越成为投资小、回报快和合作模式灵活的资产标的[①]。

2. 改变中等收入群体发展滞后的现实

（1）改变中等收入群体比重过低的现实。按照国家统计局关于中等收入群体的测算标准，我国典型的三口之家年收入在10万~50万元则为中等收入群体。按此标准计算，我国中等收入群体在2017年为4亿人[②]，居全球之首，并仍处在持续快速增长阶段，但其占比仅为30%左右，明显低于发达国家50%~75%的水平，总体上尚未形成“橄榄型”社会结构。中等收入群体比重偏低使其难以有效带动我国居民消费倾向的整体性提升。

（2）改变中等收入群体脆弱性偏高的现实。我国中等收入群体大部分是刚迈过中等收入下限的群体。2020年，我国20%中间收入组家庭人均可支配收入仅为26249元，低于中等收入群体标准；20%中间偏上收入组家庭人均可支配收入为41172元，仅高于中等收入群体标准的17.7%（见图7.5）。同时，相当一部分中等收入群体是比较脆弱的，“一场大病”“一场意外”就有可能使其成为低收入群体。

（3）改变中等收入群体区域分布不均衡的现实。从城乡看，我国中等收入群体中城市户籍人口占77%左右，农村居民和流动人口合计占比为23%。从区域看，中等收入群体主要分布在东部地区，占比为53%，中西部地区占比分别为25%、22%（见图7.6）。从行业分布看，中等收入群体主要集中在金融、教育、公共管理、科技研发、医疗、文化、体育、信息技术、租赁和商务服务等技术与知识密集型行业，其中金融、教育、公共管理等行业的中等收入群体比重更高，而批发和零售业、制造业等就业容量大的行业，中等收入群体绝对规模更大，但占本行业就业人员比重相对

① 罗钦，高满霞. 2019年中国旅游住宿品牌指数分析及2020年趋势展望[R]. 2020.6.

② 国家统计局局长解读2018年国民经济运行情况答记者问[EB/OL]. 国家统计局网站，2019-01-21.

较低[①]。

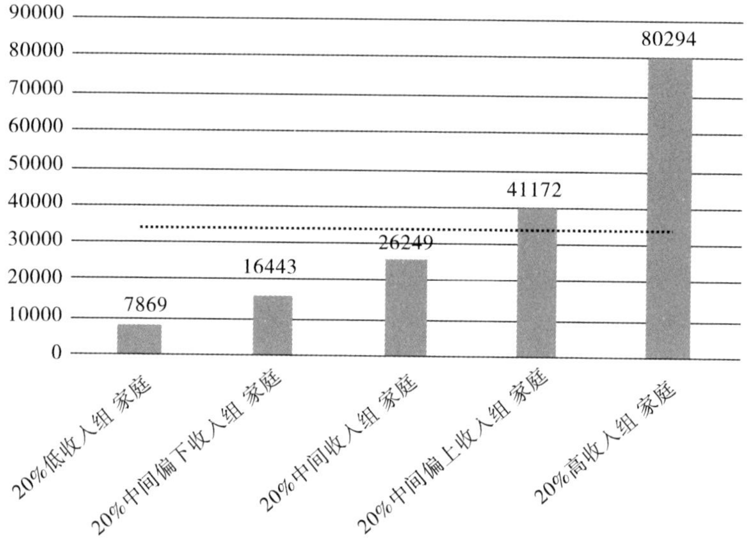

图 7.5　2020 年全国居民按收入五等份分组的人均可支配收入（单位：元）

数据来源：国家统计局．中华人民共和国 2020 年国民经济和社会发展统计公报[M].北京：中国统计出版社，2021.3.

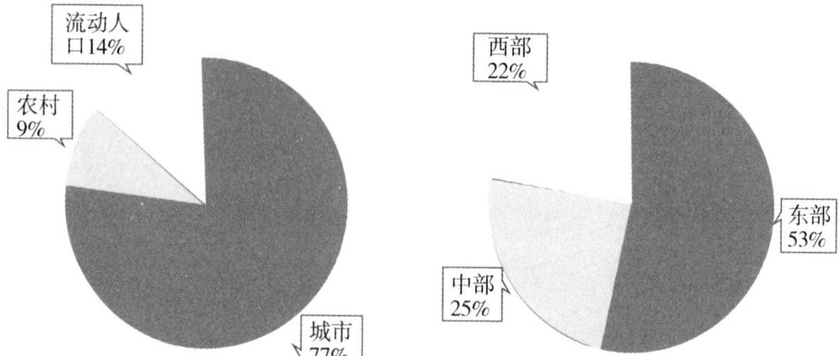

图 7.6　2018 年我国中等收入群体区域分布与城乡分布

数据来源：李实，杨修娜．中等收入群体与共同富裕[R].2020.11.

① 王一鸣．扩大中等收入群体是构建新发展格局的重要途径[J]．金融论坛，2020(12).

3. 以消费导向转型形成扩大中等收入群体的新动力

（1）在扩大中等收入群体中释放消费潜力。估算表明，我国中等收入群体占比每提升 1 个百分点，将增加 1.1 万亿元的消费支出。未来 15 年，如果我国中等收入群体规模将由目前的 4 亿多人扩大至 8 亿人[①]，将累计释放近 30 万亿元的消费潜力。

（2）在扩大中等收入群体中协调重大利益关系。近年来，随着中等收入群体的扩大，我国在优化投资和消费比例关系方面取得了一定进展。2010—2019 年，我国最终消费支出占 GDP 的比重由 49.3%提升至 55.4%，提高了 6.1 个百分点。其中，居民消费支出占 GDP 的比重由 34.6%提升至 38.9%[②]。未来 10~15 年，中等收入群体规模继续扩大意味着劳动报酬占比的提升，将促进投资与消费的动态平衡。

（3）在扩大中等收入群体中走向共同富裕。国家“十四五”规划提出，“扩大中等收入群体，更加积极有为地促进共同富裕”。未来几年，如果能够通过收入分配改革等多种举措使更多低收入者进入中等收入群体行列，实现扩大中等收入群体的重要突破，并逐步形成更加公平的向上流动机会，将为形成中等收入群体为主体的社会结构奠定重要基础，由此实现中央提出的到 2035 年人的全面发展、全体人民共同富裕取得更为明显的实质性进展的要求。

二、2035：中等收入群体占比将提升至 55%左右

未来 15 年，随着经济持续稳定增长、收入差距逐步缩小以及制约低收入群体上升的体制机制矛盾实现重要突破，我国中等收入群体占比有条件实现年均提升 1.5~2 个百分点，到 2035 年为 55%左右，为实现消费导向转型奠定重要基础。

---

① 王一鸣．扩大中等收入群体是构建新发展格局的重要途径[J]．金融论坛，2020（12）.

② 国家统计局．中国统计年鉴 2020[M]．北京：中国统计出版社，2020.9.

1. “十四五”：中等收入群体占比将达40%左右

（1）2025：中等收入群体占比将达40%左右。“十四五”期间，我国中等收入群体占比年均有可能提升2个百分点左右，到2025年中等收入群体规模将达5.6亿人。

（2）我国有条件实现“十四五”中等收入群体占比40%左右的目标。

——从规模增速看：2010—2019年，我国中等收入群体规模由1亿多人增加到4亿多人[①]，年均增加3000万人左右，占总人口的比重年均提升2.1个百分点。

——从潜在人群看：目前，在低收入人群中有15%的人其收入水平与中等收入群体（下限）标准的差距不足20%[②]，若这部分人收入提升并成为中等收入群体，则我国中等收入群体比重将上升10个百分点，为40%。对照国家统计局相关数据，这部分群体主要为“20%中间收入组家庭”，其2020年人均可支配收入为26249元；“十四五”期间，这部分低收入人群人均可支配收入年均增长6%以上即可在2025年到中等收入群体（下限）标准，而2013—2020年这组家庭人均可支配收入增速为7.6%。因此，这一目标应当是可以实现的。

——从经济转型升级的进程看：2025年，我国服务业占比将提升至60%左右，将带动数千万人就业。由于服务业从业人员的收入水平总体高于一、二产业，服务业就业比重的提升意味着中高收入就业岗位的增加，意味着中等收入群体不断扩大的发展空间。

（3）实现中等收入群体消费规模扩大与消费结构升级。根据样本数据，中等收入群体高质量消费品（汽车和耐用品）和服务型消费（文化娱乐、旅游和保健美容）的绝对消费额分别是低收入群体的4.8倍和6.3倍。中等收入群体占比提升至40%左右，意味着1.6亿人左右对高质量消费品

① 从1亿多人增至4亿多人！十年间中等收入群体规模扩大[N]. 科技日报，2020-10-30.

② 李实，杨修娜. 中等收入群体与共同富裕[R]. 2020.11.

和服务型消费的 4.8~6.3 倍的增长，这将推动我国商品和服务消费规模快速增长。

2. 2035：中等收入群体占比将提升至 55%左右

（1）确立中等收入群体占比 55%的总体目标。在 2025 年中等收入群体占比为 40%左右的基础上，每年提升 1.5 个百分点，到 2035 年为 55%左右，届时中等收入群体规模将扩大到 7.7 亿人，基本实现倍增，初步形成“橄榄型”社会。

（2）我国有条件实现中等收入群体占比 55%的目标。

——从潜在人群看：2020 年，我国 20%中间偏下收入组家庭人均可支配收入为 16443 元，是目前中等收入群体（下限）标准的 50%。若未来 15 年，中等收入群体（下限）标准年均提升 3%，人均可支配收入年均增长 6.9%可以实现这部分人群平均值高于当时标准下限；如果其中 50%进入中等收入群体，将使得中等收入群体占比提升 10 个百分点，再加上财产性收入、收入差距缩小等因素，有条件在 2035 年实现占比 55%的目标。

——从经济转型升级进程看：近年来，我国户籍人口城镇化率已连续多年年均提升 1 个百分点以上。到 2035 年，我国户籍人口城镇化率预计将提高到 55%~60%，将带动 1.7 亿~2.2 亿人农村户籍人口进入城市成为新增中等收入群体的“后备军”；若将产业结构转型考虑在内，将进一步拉动中等收入群体比重的提高。

（3）形成以中等收入群体为主体的消费新格局。一方面，随着中等收入群体规模的快速扩大，中等收入群体消费占全社会消费总额的比重将由目前的 46%左右提升至 70%~80%，真正成为拉动消费的“主力军”；另一方面，城乡结构变革使得农村中等收入群体消费率提升 10~20 个百分点[1]，将带动我国整体消费率由目前的不足 40%提升至 55%左右。清华大学报告

① 王一鸣．扩大中等收入群体是构建新发展格局的重要途径[J]．金融论坛，2020(12)．

预测，如果15年内中等收入群体数量倍增，届时每百户的空调保有量能增加6.6~9.3台，每年新增的住房需求能增加10亿平方米，汽车保有量每年能提升2300万辆，仅这三项每年就可提升GDP增长0.7%~0.75%[①]。

三、以调整财产关系为重点扩大中等收入群体

实现中等收入群体规模明显扩大目标，关键是要以财产权为重点调整利益关系。一方面，城乡居民财富存量不断增长，成为中等收入群体有所扩大的重要因素；另一方面，如果财产关系处理不好，将导致中等收入群体的波动性增大，由此拉大贫富差距。

1. 财产关系不协调是扩大中等收入群体的突出掣肘

（1）财产性收入不足加大中等收入群体脆弱性。当前，我国中等收入群体财产性收入的比重在10%左右，远低于美国的20%、日本的24%[②]。也就是说，我国中等收入群体90%的收入来源于工资性收入和经营性收入，意味着其更容易受到经济波动或短期冲击的影响。

（2）财产性收入不足制约低收入群体向上流动。目前，我国农村中等收入群体发展严重滞后。从纵向看，中等收入群体中农村人口占比仅为9%；从横向看，农村居民中仅有6.6%属于中等收入群体，93.1%为低收入群体[③]。我国要实现中等收入群体倍增，最大的空间在农村，最大的掣肘在于农民土地财产权未得到落实。中等收入群体中的农民比重严重偏低，主要原因是其财产性收入占比太低，由此限制了农民向上进入中等收入群体的机会。2020年，农村居民人均财产净收入仅为419元，仅为城镇居民的9.1%[④]。尽快提升农村居民财产性收入成为拓宽农村居民进入中等收入群体的重大课题。

---

① 报告预计未来15年我国中等收入群体数量有望翻倍[EB/OL]. 新华网，2019-06-24.

② 李长安. 中等收入群体消费的新趋向[J]. 人民论坛，2021（04）.

③ 李实，杨修娜. 中等收入群体与共同富裕[R]. 2020.11.

④ 根据中经网统计数据整理得出。

（3）财产配置结构不合理降低中等收入群体消费预期。目前，我国城市家庭财产中房产占比高达 77.7%，金融资产占比为 11.8%。从金融资产内部看，高达 67.7%的家庭仅有一种投资品[①]；股市的异常波动也对其带来重大冲击，增大了中等收入群体的不稳定性。2020 年，面对疫情的冲击，我国年收入 10 万~30 万元的家庭财富在第三季度实现了正增长，但主要是由于房产价格的上升[②]。财产配置结构不合理、流动性资产风险较大等因素制约了达到中等收入群体消费预期。

2. 以扩大中等收入群体为主要目标调整财产关系

（1）扭转实体经济的结构性失衡，防止虚拟经济和房地产异常波动导致中等收入群体规模下降。近几年，股市和楼市的异常波动，资金脱实向虚、金融体系内自我循环，都反映了实体经济与虚拟经济的失衡。振兴实体经济，实现资本市场和房地产市场的平稳发展，既是经济运行中的重大挑战，也是实现稳定并扩大中等收入群体规模的重大任务。例如，按着机会、规则、权利平等，废除对非公有制经济多种形式的不合理规定；尽快梳理和消除各种隐性壁垒，支持各种所有制经济依法平等使用生产要素、公平参与市场竞争、同等受到法律保护、共同履行社会责任；为中小企业提供多元化的融资渠道，不断扩大企业信贷抵押担保物范围；鼓励地方政府设立各类创业投资基金等新的融资模式，支持草根创业。

（2）加快落实农民土地财产权，使部分农民进入中等收入群体。初步测算：第一，土地承包权流转。户均耕地为 8 亩左右，若每亩流转平均收益 500 元左右，每户农民每年可新增流转收益 4000 元左右。第二，宅基地使用权流转。农村宅基地估值约为 50 万亿元，户均 22.7 万元。如果年收益率达 5%，每户农民每年可获得 1.1 万元左右的新增收入。若上述两项

① 中国中等收入群体全球最大，家庭财富管理却不尽如人意[EB/OL]. 界面新闻，2019-01-22.

② 西南财经大学中国家庭金融调查与研究中心，蚂蚁金服集团研究院. 疫情下中国家庭的财富变动趋势（中国家庭财富指数调研报告 2020 年度）[R]. 2021. 2.

财产性收入能落地，每户农民每年可新增收入 1.5 万元左右，由此为相当一部分农民进入中等收入群体提供重要条件。

（3）提升产权保护的制度化与法治化水平，稳定中等收入群体的制度预期。例如，中高收入群体的重要来源是创新创业，尤其是科技创新高度依赖知识产权保护。这些年我国科技成果转化率不足 30%，远低于发达国家 60%~70%的水平[①]，重要原因之一在于知识产权保护不到位。扩大中等收入群体，需要加大知识产权保护力度，为知识产权资本化创造有利的制度环境。此外，我国小微企业经营者、个体商贩已占全社会就业人群的比重较大，他们或者是中等收入人群中的“脆弱者”或者仍是低收入人群，建议加强对中小企业的政策支持，加大对民营经济尤其是小微企业的产权保护力度，尽快建立并完善有利于企业家创新创业的激励约束机制。

3. 以结构性改革破解扩大中等收入群体的结构性矛盾

（1）加快城乡结构变革，在城乡一体化中使部分农民和农民工进入中等收入群体。扩大农村中等收入群体，当务之急是在严格农村土地用途管制和规划限制的前提下，尽快赋予农民土地使用权及宅基地使用权的物权性质。这需要在尽快落实农村集体经营性建设用地平等入市政策的基础上，赋予农村居民宅基地完整产权。例如，赋予农民宅基地及其房屋所有人完整的财产权；发放统一的、具有法律效力的宅基地证书，从法律上赋予农民对宅基地使用权、用益物权性质，赋予其占有、使用、收益、转让、抵押的完整权利。

（2）加快教育结构变革，在提升人力资本中扩大中等收入群体。教育是扩大中等收入群体、阻断贫困代际传递的关键因素。目前，我国中低收入群体的平均受教育年限为 9 年，大约在初中毕业的受教育程度，中高收入群体的平均受教育年限为 10 年，远高于低收入群体平均 7 年的受教育年

① 李毅中：中国科技成果转化率仅为 30% 发达国家达 60~70%[EB/OL]. 澎湃网，2020-12-11.

限[①]。当前的突出矛盾是：一方面，一部分大学生面临就业难、学非所用的突出问题。例如，本科生毕业所找工作与所学专业相关度仅为59.2%[②]。另一方面，制造业转型升级所急需的实用型、技术型人才严重短缺。面对全球新一轮的科技革命，既需要加大教育资源在农村和欠发达地区的投入，更需要通过改革教育结构和开放教育市场，加快建立创新型、开放性、专业化的教育体制，形成与经济转型升级相匹配的人力资源结构。由此，使具有创新意识、专业技能的劳动者有条件地进入中高收入群体。

（3）加快税收结构变革，形成有利于扩大中等收入群体的新税制。合理的税收结构能够降低中低收入者税负，增强中等收入群体的自我认同感。从实际情况看，以间接税为主的税制加大了企业税收负担，产生了税收逆向调节的某些矛盾，使得中低收入群体实际承担的流转税税负要高于高收入群体。适应经济转型升级大趋势，培育中等收入群体，需要逐步改变以间接税为主的税制结构，提高直接税比重。此外，扩大以财产税为重点的直接税征收范围和征收力度，有利于降低工薪阶层税负。

四、以扩大中等收入群体为重点深化收入分配制度改革

国民收入分配格局与多种分配关系失衡，是居民消费率持续走低的重要原因，对扩大中等收入群体形成掣肘。“十四五”期间，要加快完善一次、二次分配基础制度，并在提升低收入群体收入水平上实现重要突破。

1. 深化收入分配制度改革

（1）某些领域市场化改革相对滞后是收入差距较大的重要原因。市场化改革并不是收入差距提升的根源。从我国实际情况来看，市场化水平较高的地区，其收入差距反而较小。例如，根据市场化指数，浙江、上海分别是我国市场化程度较高的地区，其城乡收入比分别为2.21、2.01，不仅

---

① 李春玲．中国中等收入群体发展状况分析[R]．2017.4.

② 根据《2016大学生就业质量报告》统计数据整理得出。

低于全国平均水平（2.64），也远低于甘肃（3.36）、贵州（3.20）、青海（2.94）等市场化指数相对较低的省份①。

（2）缩小收入差距需要坚持市场化改革导向。我国收入差距很大程度上是由于市场化改革相对滞后造成的。例如，城乡二元制度造成劳动收入差距和财产性收入差距、不合理的市场垄断与行政垄断造成行业差距相对较高等。未来几年，缩小收入差距不是要放慢市场化改革进程，而是需要推进与市场化改革相适应的深层次的制度与体制创新。

（3）在深化市场化改革中缩小收入差距。一方面，市场化改革必然带来深层次的利益结构调整，有效防止利益固化并实现机会平等，使得各收入群体可以在公平竞争中通过自身劳动、技术、资金等要素向更高收入水平流动；另一方面，以要素市场化配置改革显著拓宽居民收入增长渠道，使得各收入群体通过土地、资本、技术、创新成果等要素使用权、收益权增加非工资性收入。

2. 优化一次收入分配格局

（1）提升劳动报酬占比。我国在经济高速发展过程中，劳动所得占比曾出现一定程度的下降，2008年之后有所回升，但仍然偏低，这制约了国民经济循环的有效畅通。缩小收入差距，需要确保劳动者报酬与劳动生产率增长同步，努力提高劳动者报酬在GDP中的占比。最近10年，我国劳动生产率年均增长9%左右。未来5年，考虑通货膨胀因素，劳动者报酬年均增长不应低于8%，使劳动报酬占GDP比重从2017年的47%提高到50%以上。

（2）提升一线劳动者报酬水平。《关于新时代加快完善社会主义市场经济体制的意见》提出，“增加劳动者特别是一线劳动者劳动报酬”。增加劳动者特别是一线劳动者报酬，提高劳动报酬在初次分配中的比重，缩小

① 王小鲁，樊纲，胡李鹏．中国分省份市场化指数报告（2018）［M］．北京：社会科学文献出版社，2019.3.

分配差距，要进一步完善反映市场供求关系和企业生产经营效益的工资决定机制，包括劳动报酬增长机制和薪酬支付保障机制；进一步完善劳动力需求方和劳动力供给方的工资集体协商机制，同时参照市场工资水平，合理调整国有企业、机关事业单位职工的劳动报酬。

（3）完善企业工资宏观调控体系。完善最低工资标准调整的评估机制，引导各地建立最低工资标准调整的启动机制，提高最低工资和工资支付保障立法层次，加强对低工资群体的保障托底。强化对垄断行业税款和税后利润的征收，完善对垄断行业工资总额和工资水平的双重调控政策，结合中央管理企业负责人薪酬制度改革，制定其他企业高管薪酬监管办法，以促进扩大中等收入群体。

3. 提升低收入群体的收入水平

（1）我国仍具有巨大规模的低收入群体。2020 年 5 月 28 日，李克强总理在答中外记者问时提出，“我们人均年收入是人民币 3 万元，但是有 6 亿人每个月的收入也就 1000 元”。近年来，我国居民收入快速增长。2002 年以来，我国低收入人群减少了近 4 亿人，且基本上都升级进入中等收入人群；月收入 1000 元以下人口减少了 7.7 亿人，比例下降了 62 个百分点，月收入 500 元以下人口减少了 6.7 亿人，比例下降了 53 个百分点；但从绝对数看，我国低收入群体规模仍较大。我国月收入 500 元以下、1000 元以下、2000 元以下人口分别为 1.1 亿人、3.1 亿人和 7.1 亿人[①]。为此，充分利用政策、改革等举措提升低收入群体收入水平，争取到 2025 年，月收入 2000 元以下的低收入群体减少至 4 亿人。

（2）加大对农民工等低收入群体的职业技能培训力度。目前，我国低收入群体中，农村居民占比 55.1%[②]。职业技能培训是提高低收入群体收入，带动产业工人进入中等收入群体的重要渠道。这就需要政府通过独资

① 李实，岳希明，罗林亮等．中国低收入人口知多少？[EB/OL]．北京师范大学中国收入分配研究院网站，2020-07-21.

② 李实，杨修娜．中等收入群体与共同富裕[R]．2020，11.

或 PPP 等多种方式加大对技能培训项目的投入，促进校企深度合作，通过“旺工淡学”等多种方式提升农民工技能。

（3）在全面脱贫的基础上适当提高各地最低生活保障水平。目前，我国城镇居民最低生活保障水平约为 500 元，农村居民约为 350 元。建议在全面脱贫基础上，确保低收入者家庭子女的义务教育和职业技能培训权益，畅通低收入群体的社会上升通道，最大限度避免低收入群体阶层固化。同时，建立低收入者的精准识别机制，在有效精准识别的基础上分类施策，不断提升低收入群体收入。

4. 加大收入再分配政策的调节力度

有效缩小再分配差距，关键是加大收入再分配政策的调节力度。例如，进一步加大财政转移支付的规模，提高转移支付资金的精准性，借鉴“精准扶贫”经验，充分利用消费数据、收入数据等优化财政转移支付的内部结构；有效发挥税收对收入差距的调节作用，探索开征遗产税和赠予税，并加强对个人所得税征收的监管；发挥政府的政策引导和环境建设作用，营造和鼓励第三部门的慈善参与。

第三节 适当增加公共消费

2003 年 SARS 危机时期，中改院曾建议“从经济建设型政府转向公共服务型政府”，并提出“市场经济条件下，政府的主要任务是为全社会提供基本的公共产品和公共服务”。国家“十四五”规划和 2035 年远景目标纲要明确提出，“全面促进消费，提升传统消费，培育新型消费，适当增加公共消费”。在消费导向转型趋势下，增加公共消费既是扩大消费的重要内容，也是促进居民消费、优化消费环境的重大任务。

一、增加公共消费的现实性增强

加大公共消费，不仅可以改善消费预期，为居民消费升级提供重要支持，而且可以推动社会利益结构优化。随着城乡居民公共服务需求的快速增长，增加公共消费更具现实性和紧迫性。

1. 公共消费较快增长的趋势

（1）政府最终消费支出的较快增长。近年来，我国政府最终消费支出快速增长，其占 GDP 的比重持续提升。2008—2019 年，我国一般政府最终消费支出由 0. 67 万亿美元增长至 2. 40 万亿美元，年均增长 12%，不仅明显高于世界其他国家水平，也快于我国 GDP 增速；从占比看，2008—2019 年，我国一般政府最终消费支出由约 14. 5%提升至约 16. 7%，提升了约 2. 2 个百分点，年均提升 0. 2 个百分点（见图 7. 7）。从占比看，我国已高于世界中高收入国家 16. 3%的平均水平，且日益接近高收入国家 17. 6%的平均水平。

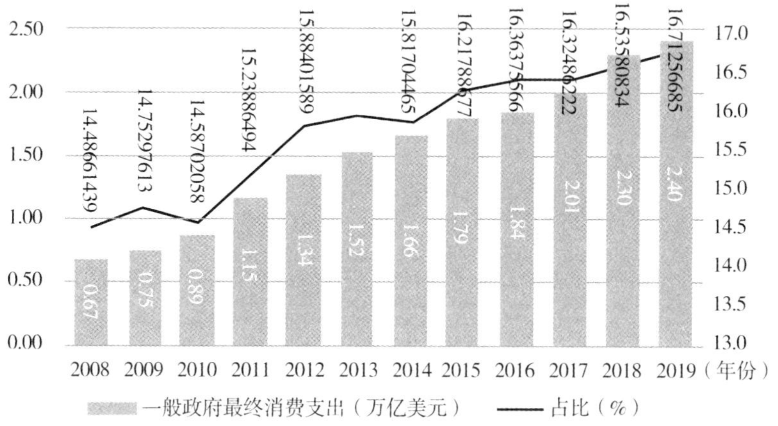

图 7. 7　2008—2019 年我国一般政府最终消费支出及占比

数据来源：世界银行数据库。

（2）公共消费的较快增长。近年来，为适应城乡居民公共服务需求快速增长的趋势，政府用于教育、医疗卫生、社会保障和就业、保障性住房等公共消费[①]支出快速增长。2007—2020年，我国公共消费支出额由2.2万亿元增长至12.6万亿元，年均增长14.7%；占GDP的比重由8.2%提升至12.4%，年均提升0.32个百分点（见图7.8）。从增速看，2007—2020年，公共消费支出增速快于一般公共财政预算支出增速1.2个百分点，高于一般政府最终消费支出增速2.5个百分点；其中，医疗卫生与计划生育、社会保障和就业、城乡社区事务等支出分别年均增长19.0%、14.8%、15.0%，快于公共消费整体增速。

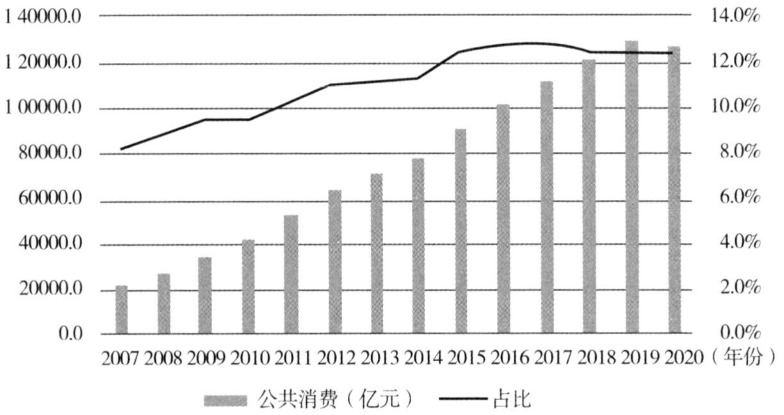

图7.8　2007—2020年我国公共消费支出额及占比

数据来源：中经网数据库。

2. 消费结构升级对公共消费提出新要求

（1）消费结构升级趋势下居民公共服务需求进一步增强。城乡居民的公共需求全面快速增长，全社会需求结构发生深刻变化。这个变化，早在2003年SARS危机时就已显现，并且在过去15年中日益突出。梳理2015—2021年全国“两会”热点问题可以发现，城乡居民对公共产品的需求全面提升，社会保障、医疗、养老、教育公平、环境污染、公共安全等

① 本报告中公共消费包含一般财政预算支出中的教育支出、文化体育与娱乐支出、医疗卫生和计划生育支出、社会保障和就业支出、城乡社区事务支出、保障住房支出、公共安全支出。

问题长期受到关注，且近几年关注度不断提升。

（2）扩大中等收入群体需要公共消费更快增长。2.9亿农民工是我国中等收入群体的“后备军”，占我国城镇就业总人口4.4亿人的近66%。有估算认为，实现农民工市民化需要政府37.7万亿元的公共消费支出①。

（3）人口老龄化需要公共消费快速增长。截至2019年，我国65岁及以上老年人口占比为11.5%，处于老龄化初期阶段。根据联合国人口署预测，2025年，中国65岁及以上人口占总人口比例达14.03%，将进入深度老龄化社会；2050年将达34%②。面对快速增长的养老保障需求，我国养老支付能力受到严峻挑战。据中国社科院预计，到2050年我国养老金当期缺口可能会到11.28万亿元③。这既需要调整退休政策，也需要进一步增加政府养老公共消费。

3. 公共消费面临总量不足、结构不合理的突出矛盾

（1）我国公共消费仍面临不足和缺口。“中国已从生存型阶段进入发展型新阶段，公共产品短缺取代私人产品短缺成为经济社会发展的突出矛盾”④。近年来，我国居民公共产品短缺问题得到了较大程度的缓解，但与居民需求相比仍有进一步提升空间。例如，我国政府教育支出占GDP的比重为4.1%，政府卫生支出占GDP的比重为3.02%⑤，考虑到我国庞大的人口基数，我国人均公共消费支出不足的矛盾依然突出。与经合组织国家平均值相比，我国初等教育、中等教育和高等教育生均经费分别相差7153美元、7929美元和11763美元⑥。也就是说，我国仍处于公共消费相对不足的阶段，与部分发展中国家及发达国家仍有较大差距。

---

① 农民工市民化成本按人均13万元计算。

② 海通证券．如何应对加速的老龄化？[R]. 2020-05-27.

③ 中国社科院世界社保研究中心. 中国养老金精算报告2019-2050[R]. 2019. 4.

④ 联合国开发计划署．中国人类发展报告2007—2008：惠及13亿人的基本公共服务[M]. 北京：中国对外翻译出版公司，2008. 11.

⑤ 国家统计局．中国统计年鉴2020[M]. 北京：中国统计出版社，2020. 9.

⑥ 陈纯槿，郅庭瑾. 世界主要国家教育经费投入规模与配置结构[J]. 中国高教研究，2017（11）.

在结构上，公共消费结构仍需调整优化。数据显示，发达国家的医疗、教育及社会保障三部分支出占财政支出的比重普遍在60%以上，而我国占比只有34%[①]，尤其是在社会保障和卫生投入方面，与发达国家相比差距较大。

（2）公共消费不足制约消费导向的转型。

——公共消费不足制约消费潜力释放。居民公共服务个人承担费用持续增长，从而对私人消费产生严重挤占。2014—2019年，教育文化娱乐、医疗保健居民人均消费支出年均增长分别为10.3%、12.7%，高于其他消费支出项目；教育文化娱乐、医疗保健居民人均消费支出占消费支出总额的比重从2014年的17.8%提高到2019年的20.5%[②]，是我国居民消费支出的第三大开销（仅次于食品烟酒、居住）。

——公共消费不足制约消费率提升。公共服务短缺，社会保障体系不健全，直接影响城乡居民对未来风险的判断，影响居民消费预期。据高盛预计，中国家庭在疫情期间积累了人民币约2万亿元（合3080亿美元）的额外储蓄，占国内生产总值的2%，占家庭总消费的7%；2020年底，中国家庭储蓄率从2019年的30%左右跃升至33.9%[③]。

——公共消费不足增大中等收入群体脆弱性。在中等收入（下限）标准附近分布着大量中等收入人群，他们属于底层的中等收入人群，也是“脆弱”的中等收入人群。他们的收入可能因工作变动、失业、家庭变故、自然灾害等不确定因素的冲击而受到严重影响，甚至跌落为低收入者。

——公共消费不足拉大收入差距。以城乡收入差距为例，如果加上义务教育、基本医疗和公共卫生、社会保障等方面的公共服务差距，城乡居民实际收入差距更大。例如，2018年北京生均教育经费额为2.8万元，是

---

① 林采宜：社区管理费用和政府行政支出应该适度削减[EB/OL].中国首席经济学家论坛，2020-10-16.

② 国家统计局．中国统计年鉴2020[M].北京：中国统计出版社，2020.9.

③ 高盛：中国家庭在疫情期间积累的额外储蓄达2万亿元[EB/OL].凤凰网，2021-03-16.

全国平均水平的2倍[①]。更重要的是，公共消费的过程是人口、劳动力生产和再生产的过程，直接关系到人力资本水平的提升。从这个角度说，城乡区域间的公共消费差距导致了能力不公平，从而造成起点差距。

二、适当增加公共消费助推消费升级

公共产品和服务供给不足、供给质量不优、供给结构不合理，不仅抑制居民当期消费，也影响居民中长期消费预期。推进消费导向转型，需要把适当增加公共消费作为优化消费环境的重大任务。

1. 2025年初步形成公共消费体系

（1）公共消费占比达到15%左右。“十四五”期间，为适应消费导向转型的趋势，加大公共消费支出力度，扭转公共消费增速下滑的局面，公共消费增速快于GDP 2个百分点，到2025年公共消费额接近20万亿元，占GDP的比重为15%左右。

（2）公共消费结构进一步优化。争取到2025年，教育、医疗卫生、社保就业、保障性住房四项基本公共服务的财政支出占国家财政总支出的比重由2020年的38%提高到45%左右，占GDP的比重由9%提高到12%左右。

（3）公共消费体制机制进一步完善。提高财政预算的公开度、透明度，建立并完善公众参与预算过程的机制与渠道，提升预算制定、实施、监督等环节的公共性和透明性；基本形成中央和地方政府责任清单与支出清单相对应、财力配置与支出清单相适应的格局，形成有利于提升公共性的中央与地方财税关系。

2. 加快实现基本公共服务均等化

（1）在增加农村公共消费中推进城乡基本公共服务均等化。近年来，我国在加大农村公共服务领域投入方面取得了重要进展，但与基本公共服

① 根据国家统计局统计数据计算得出。

务均等化的目标仍有一定差距。2019 年，我国城市每千人医疗卫生机构床位数城乡比为 3.97，每千人职业（助理）医师数量城乡比为 2.14[①]。为此，需要进一步加大农村公共消费力度，实现“十四五”农村公共消费增速快于城市 3~5 个百分点；到 2025 年初步实现城乡基本公共服务均等化，并在提升农村居民人力资本发展水平的基础上，为农民创造良好的制度预期，激活农村大市场。

（2）在增加中西部地区公共消费中推进区域基本公共服务均等化。加大中央政府在中西部地区的公共养老、公共教育等消费，加快实施职工基本养老保险全国统筹，平衡各地畸轻畸重的养老保险负担和待遇水平，促进全国人力资源的合理流动。同时，划转国有资本补充职工基本养老保险基金的工作，也应在职工基本养老保险全国统筹的基础上开展。

3. 妥善应对公共消费增长不足的挑战

（1）重视公共消费增速下滑问题。近年来，由于我国财政收入增速的大幅下降，公共消费增速明显放缓。2016—2020 年，我国公共消费年均增长 4.3%，不仅低于政府一般公共预算支出年均增速，也低于 GDP 增速，与 2009—2016 年相比下降了 12.2 个百分点[②]。

（2）妥善应对经济下行压力加大对公共消费增长的影响。近年来，我国经济增速持续放缓对我国公共消费支出增长形成了较大压力。尤其是近几年，经济下行压力加大直接传导至政府收入端，政府一般公共预算收入增速下滑明显。2012—2020 年，我国 GDP 增速由 7.9%下降至 2.3%，相应的一般财政预算收入由 12.9%下降至-3.9%[③]（见图 7.9）。“十四五”时期，我国经济潜在增速将下降至 5.5%，2026—2035 年将下降至 4.2%[④]。可以预计，“十四五”时期，我国一般财政可支配收入依然保持低速增

① 国家统计局．中国统计年鉴 2020［M］．北京：中国统计出版社，2021.9.

② 根据中经网统计数据整理得出。

③ 根据国家统计局《中国统计年鉴 2020》《中华人民共和国 2020 年国民经济和社会发展统计公报》统计数据整理得出。

④ 王一鸣. 扩大中等收入群体是构建新发展格局的重要途径[J]. 金融论坛，2020（12）.

长。这需要在保持财政基本平衡的同时，更加重视对政府支出结构的优化调整。

（3）妥善应对政府债务增长挤占公共消费增长空间的挑战。受到经济下行压力加大、公共消费需求增长等因素影响，我国政府杠杆率持续增长。2013 年 3 月至 2020 年 12 月，我国政府债务余额与 GDP 之比由 34.8% 提升至 45.6%；其中中央政府杠杆率由 15.6%提升至 20.0%，地方政府杠杆率由 19.2%提升至 25.6%（见图 7.10）。总体而言，我国政府杠杆率仍低于国际通行的 60%警戒线，风险总体可控，但若考虑到隐性债务因素，仍有较大风险。为此，国务院常务会议提出“保持宏观杠杆率基本稳定，政府杠杆率要有所降低”。

三、全面促进农村公共消费

多年来，我国城乡发展不平衡，有收入差距的因素，更有城乡公共消费差距的因素。由于在农村基本的教育、医疗、养老等公共消费难以满足，导致农村失去吸引力，缺乏动力和活力。要让乡村全面振兴战略落地生根，促进三要素流入农村，核心问题是把农村公共消费的问题解决好。

1. 以公共消费提振农村消费预期

（1）要解除农民消费的后顾之忧。2020 年，农村居民人均可支配收入与过去相比尽管有很大提升，但如果考虑孩子上学、看病、父母养老等因素，农民的后顾之忧很大：第一，孩子上学、看病、父母养老等任何一项支出，都可能上万元，甚至花去农民一年的可支配收入。第二，相比城市居民，农民的收入常常是不稳定的，就算一时收入高，也要考虑没有收入时候的支出平衡。第三，养老问题是一项长期大额支出，农民的预期是年轻时候多赚钱、少花钱、不花钱，以防备未来的养老。

（2）公共消费对农村消费产生“挤入效应”。公共消费的一个重要特征是它的增加更多由政府负担，不会对私人消费产生“挤出效应”，相反是“挤进”私人消费，并由此使居民消费率明显提升。例如，有了医疗保险，农民就会倾向于多去看病，这不仅不会减少他们的其他消费，还会鼓励他们增加其他消费。政府教育、医疗、养老、育幼等公共消费支出的增长，会提升居民的人力资本水平，进而提高劳动者收入水平，促进居民消费增长。

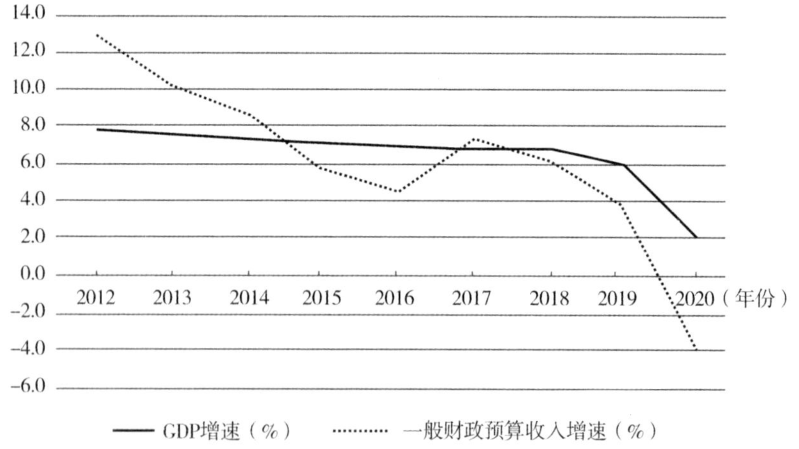

图 7.9　2012—2020 年我国 GDP 与一般财政预算收入增速对比

数据来源：中经网数据库。

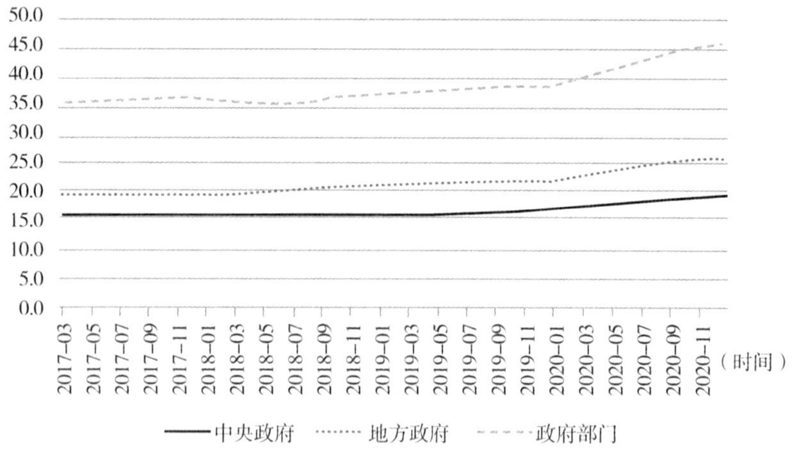

图 7.10　政府部门杠杆率（单位：%）

数据来源：国家资产负债表研究中心数据库。

（3）公共消费对农村消费产生“乘数效应”。农村消费升级在多方面依赖于公共消费。例如，农村汽车消费的前提是农村道路基础设施畅通；农民计算机、手机等信息产品的消费，有赖于农村新基建的完善；农村空调、洗衣机等普及，有赖于农村电力和自来水等基础设施健全。经济学的“乘数—加速”原理适用于乡村公共消费。政府增加农村公共消费支出，促使农村产业兴旺，会促进农村消费增长，农村消费增长反过来促使国民收入增加和税收增加，政府更有条件提升农村公共消费水平。

2. 2025：推动城乡基本公共服务制度统一

（1）城乡基本公共服务进程加快。2021 年中央“一号文件”强调，提升农村基本公共服务水平，建立城乡公共资源均衡配置机制，强化农村基本公共服务供给县乡村统筹，逐步实现标准统一、制度并轨。

（2）以缩小城乡公共消费差距为目标。制定城乡统一的公共消费标准，在县级层面推进城乡基本公共服务制度并轨，推动公共服务向农村延伸、社会事业向农村覆盖，争取到 2025 年，形成全民覆盖、普惠共享、城乡一体的基本公共服务体系。

（3）公共财政在促进公共消费上持续发力。根据财政部数据，2016—2019 年全国财政一般公共预算累计安排农业农村相关支出 6.07 万亿元，年均增长 8.8%，高于全国一般公共预算支出平均增幅①。“十四五”时期，财政支持农村，重点是促进公共消费，更多投资于人，实现城乡居民基本消费权益的平等化。“两新一重”投资，要突出农村基础教育、基本医疗和公共卫生、基本养老保障等公共消费投资，并将其纳入新基建的投资范围。

3. 加快补齐农村公共消费短板

（1）优先发展农村义务教育、职业教育和学前教育。一是加大农村教

① 全国财政一般公共预算累计安排农业农村相关支出 6.07 万亿元 年均增长 8.8%[EB/OL]. 央视网，2020-12-24.

育经费投入，到2025年，农村教育的硬件设施条件基本达城市标准，城乡教师双向流动机制基本建立，初步实现师资队伍建设一体化。二是着眼于培养技术工人、新型职业农民，大力兴办农村职业教育，对标国际上高水平的职业技术教育标杆，优化人才培养模式，走出一条以职业技术教育促进农业现代化的新路子。三是把发展农村普惠性学前教育作为城乡基本公共服务均等化的重要目标，扩大农村普惠性学前教育资源供给，逐步实行农村学前教育免费。

（2）优先发展农村公共卫生和基本医疗服务。一是将农村困难群体免费纳入农村医疗保险的保障范围，并为农村贫困居民提供大病兜底保障。二是推进城乡医保并轨，提升农民报销标准，将更多的疾病纳入农村医疗保险的保障范畴，并扩大农村医疗保险的保障范围。三是鼓励城市大医院和农村的卫生所建立医疗共同体，鼓励城市大医院对农村医疗卫生的对口帮扶，通过发展远程医疗提升农村居民医疗卫生服务质量。

（3）优先发展农村基本养老服务。大幅上调农村基本养老金标准，并把缩小城乡差距作为重要目标，形成动态调整机制。大幅提高财政投入，建立与农民生活水平的提高和物价上涨挂钩的农村基本养老保险标准调整机制，使养老保障能够基本满足农民的养老需求。争取到2025年，县乡村衔接的三级养老服务网络基本建成，村级幸福院、日间照料中心等养老服务设施建设健全，农村普惠型养老服务和互助性养老服务发展取得重要突破，基本形成农村医养结合的新格局。

四、扩大重点领域公共消费

“十四五”期间，要着眼于社会关注度较高、对居民消费能力和预期制约较大的领域，增加公共消费支出规模，明显提升公共消费对消费导向转型的推动、保障作用。

1. 明显增加公共教育消费并优化教育供给结构

（1）增加公共教育消费规模。教育是劳动者提高素质、使中低收入者获得更高收入的基本前提。当前，我国教育事业发展既面临供给总量不足的问题，也面临供给结构不合理的矛盾。例如，2016—2020 年，我国求人倍率（有效需求人数与有效求职人数之比）由 1.05 上升至 1.32；其中，技能劳动者的求人倍率一直在 1.5 以上，高级技工的求人倍率甚至到 2 以上的水平①。建议继续加大教育财政投入，实现教育财政拨款增长高于财政经常性收入的增长。到 2025 年，财政性教育经费投入占 GDP 的比重提升至 4.5%~5%。

（2）优化公共教育供给结构。一方面，继续加大教育经费的倾斜力度，保证农村、牧区、中西部地区、老少边穷地区的财政性教育经费增长速度明显高于全国平均增长速度；同时，把解决农民工子女义务教育问题作为完善教育公共服务体系的首要目标。另一方面，优化教育服务供给结构，尽快建立起中职、高职、应用型本科、专业学位研究生教育纵向衔接，学历、学位教育与职业培训统筹发展、横向贯通的职业教育体系，加快学前教育发展；进一步扩大教育开放，完善多元参与的教育公共服务体系。

（3）统筹推进教育事业机构改革。总的来看，由于改革的不到位和实践中的某些偏差，公共教育机构自身利益倾向较为突出，收取高额择校费、课外辅导费等“去公益性”行为屡禁不止。这就需要加快教育事业机构改革，强化公共教育事业机构监管。

2. 增加公共医疗卫生消费

（1）增加公共医疗消费。从国际比较看，美国有 3 亿多人口，卫生人员总数达 1900 万人；我国有 14 亿人口，到 2019 年末卫生人员总数仅为 1292.8 万人②。进入新发展阶段，在广大社会成员的卫生健康需求全面快速增长的背景下，建设公共卫生体系、扩大公共卫生基础设施建设、提高

① 根据人社部网站统计数据整理得出。

② 国家统计局. 中国统计年鉴 2020［M］. 北京：中国统计出版社，2020.9.

公共卫生发展水平有巨大的需求，仍存在巨大提升空间。建议建立稳定的投入增长机制，使公共医疗投入增速不低于财政增长速度，到2025年实现公共医疗投入占GDP的比重由目前的1.9%提升至3%左右。

（2）增加公共卫生消费。此次疫情不仅暴露出我国在重大疫情防控体制机制、公共卫生应急管理体系等方面存在诸多问题，也暴露出我国在公共卫生事业方面投入不足的突出短板。例如，公立医院医护人员为生存超负荷劳动、付出与收入不成正比，导致了专业价值取向偏离，造成优秀的高中学生不选择学医。建议明显加大在公共卫生领域的财政投入，提供疾控体系和基层公共卫生体系正常运转的资金支持；推动公共卫生支出向农村和落后地区倾斜，由此缩小城乡和地区间基本公共卫生服务的差距，加快基本公共卫生服务均等化进程；完善对公立医院履行公共卫生职能的补偿机制。

（3）适当增加公共健康消费。适应医疗卫生与健康分离大趋势，适度加大公共健康消费，满足居民快速增长的健康服务需求。例如，加大健康管理经费投入，明确经费来源，加快建立公益性、信息化的健康管理公共服务平台；通过政府购买服务方式，开展健康管理知识宣传普及，减少慢性病的发生、控制慢性病的发展。

3. 增加公共养老消费

（1）加快推进城乡基本养老服务全覆盖。加大财政投入力度，加快养老服务设施建设，为有养老服务需求的所有城乡老年人口提供均等化的基本养老服务。缩小城乡、区域间基本养老服务差距。加大对中部落后地区的基本养老服务倾斜力度，加快推进基本养老服务由城市向农村延伸，加快缩小城乡、区域之间的基本养老服务差距。

（2）以便利可及为重点加快完善城乡居家社区养老服务体系。

——补齐居家养老服务短板，提升服务便捷性。整合社区养老服务资源，为社区老年人提供一体化综合居家养老服务。打破社区居家养老与机构养老之间的界线，将养老机构的助餐、助浴、康复护理等专业化服务延伸到周边社区有需求的老年人。

——鼓励社会力量提供高质量的居家社区养老服务。到2025年，以城乡社区为平台、社会组织为载体、社工为支撑的“三社联动”基本养老服务供给机制基本实现全覆盖。

——做好重点人群的居家养老服务。重点关注特困人员和经济困难的高龄、独居、空巢、失能失智等老年群体。

4. 增加公共住房保障消费

（1）加大公共住房供给。通过增加土地供应、安排专项资金、集中建设等办法，切实增加保障性租赁住房和共有产权住房供给，有效增加保障性住房供给。完善土地出让收入分配机制，探索支持利用集体建设用地按照规划建设租赁住房，完善长租房政策，扩大保障性租赁住房供给。鼓励采取包括单位自建房等多种形式，加大公共住房供给，提高公共住房比重。

（2）把进城务工农民工纳入城镇住房保障体系。建议将符合条件的外来务工人员纳入各级政府公共租赁住房保障范围的同时，对招用农民工比较多的企业，在符合规划的前提下，可以考虑出台政策鼓励支持企业在依法取得的土地上建设农民工宿舍楼；促进住房租赁市场发展，可以参照上海的做法，实行5%的综合税率，以降低房屋出租人的税负。

五、以公共消费为重点的中央与地方关系

国家“十四五”规划和2035年远景目标纲要提出“更好发挥中央、地方和各方面积极性，着力固根基、扬优势、补短板、强弱项”。“十四五”期间，要以适当增加公共消费为导向，更好发挥中央和地方在推进消费导向转型中的积极性，形成科学合理的中央和地方公共消费事权和支出责任。

1. 明确中央和地方公共消费事权和支出责任

（1）中央地方事权与支出责任仍需进一步明确。2018年以来，我国在

基本公共服务领域中央与地方共同财政事权和支出责任划分改革方面取得了重要进展，并在公共教育领域较为明确地划分了中央与地方事权和支出责任。从实际执行情况看，地方政府拥有的事权几乎全是中央政府事权的延伸或细化，不可避免地导致中央地方权力不清、责任不明、效率低下。这就需要在基本公共就业服务、公共卫生与基本医疗服务、基本养老服务及基本住房保障等方面进一步明确中央与地方事权和支出责任的同时，强化相关标准建设。

（2）进一步明确公共消费中的中央政府事权与支出责任。具体来看，涉及国家主权、促进经济总量平衡和区域协调发展、保障要素自由流动、维护生态环境安全等领域的事务，需要集中到中央，减少委托事权，确保政令统一、市场统一。同时，尽快推进宏观管理目标制定和政策手段运用机制化，增强宏观调控前瞻性、科学性、针对性、协同性，强化宏观调控措施的权威性和有效性。

（3）进一步明确公共消费中的地方政府事权与支出责任。将区域性公共服务明确为地方事权；将具有地域管理信息优势但对其他区域影响较大的公共产品和服务明确为中央与地方共同事权。根据地方具体情况和实际需要用好地方立法权，统筹区域内经济社会发展，促进基本公共服务均等化。并且，在强调改革顶层设计的同时，还要看到基层创新的重要作用。充分发挥省级政府主动性，因地制宜，加强区域管理和统筹协调。

2. 形成稳定的地方政府公共消费资金来源机制

（1）形成稳定的地方政府收入来源机制的迫切性凸显。一方面，“营改增”改革完成后，地方主体税种缺位问题突出。1997—2019 年，地方政府税收收入占一般公共预算收入的比重持续下降，由 90.5%下降至 76.2%（见图 7.11）。另一方面，在支出需求加大的情况下，地方政府一般公共预算收入与支出差额逐步扩大，由 1997 年的 3960 亿元快速增长至 2019 年的 10.3 万亿元。部分欠发达省份的财政支付缺口更加明显。在此背景下，建立稳定的地方政府资金来源机制更为迫切。

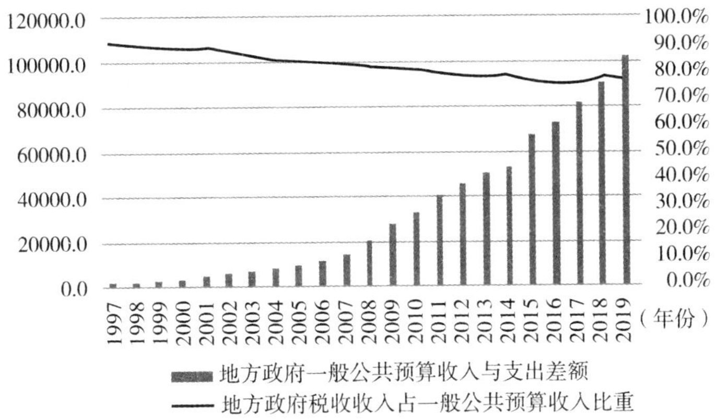

图 7.11　1997—2019 年地方政府收入情况（单位：亿元）

数据来源：中经网数据库。

（2）适应消费导向转型把消费税作为地方主体税种。把消费税作为地方政府的主体税种，可以抑制地方政府投资冲动，把更多的注意力放在改善消费环境等方面，倒逼地方政府尽快转变为公共服务型政府。随着经济发展和居民收入的不断增加，消费税课税范围有不断扩大的趋势，能为地方带来持续且不断增长的税收。加快研究消费税由“价内税”改为“价外税”的可行性，并将由生产企业代缴的消费税改为由零售企业直接缴纳；进一步扩大征税范围，特别是要将部分高档服务纳入征税范围；优化消费税制设计，设置应税消费品免税条件，并设计阶梯形税率结构，如对于奢侈品、高污染品等消费品实行高税率。

3. 形成规范化、制度化的地方融资渠道

（1）加大对地方政府发债行为的监督和约束。加强人大的作用，地方债发行必须经过人大的审查批准；地方建立专门的债务管理机构，统一管理本级各部门所有政府性债务，对下级政府的政府性债务进行监督，同时不断加强社会监督。

（2）探索地方债资产证券化。目前，我国债券市场的深度和广度不足，还有相当大的改进空间；资产证券化基础资产选择过于谨慎，范围相对偏小；信息披露、风险管理和投资者教育等基础市场制度仍需进一步完善等。这需要完善资产证券化风险防控法律和配套机制建设，规范资产证券化操作，为资产证券化的大规模开展提供法律保障。

4. 发挥国有企业在增加公共消费中的补充作用

2020 年末，我国符合条件的中央企业和中央金融机构划转部分国有资本充实社保基金工作全面完成，共划转 93 家中央企业和中央金融机构国有资本总额 1.68 万亿元，有效缓解了社保基金支付压力①。未来几年，需要进一步加大国有资本在公共服务领域的布局。一方面，推动国有资本有序退出批发零售、住宿餐饮、旅游、房地产等竞争性行业，将其布局在提供公共产品和服务的行业和领域，提升国有资本在公共服务领域的集中度；另一方面，加大国有资本经营预算用于公共服务的支出比重，统筹用于保障基本民生，使国有资本能够更多满足全社会日益增长的公共需求，在公共服务领域做出更大贡献。例如，考虑到东北地区社保基金缺口相对较大等因素，建议将东北地区企业国有股权划转社保比例由目前的 10% 提升至 20%。

第四节　形成消费潜力释放的动力机制

2020 年中央经济工作会议强调，“要紧紧扭住供给侧结构性改革这条主线，注重需求侧管理，打通堵点，补齐短板，贯通生产、分配、流通、消费各环节，形成需求牵引供给、供给创造需求的更高水平动态平衡”。总的来看，统筹供给侧结构性改革与需求侧管理既是新发展阶段宏观经济治理的鲜明特点，也是推进消费导向转型的客观要求。

---

① 中央层面划转部分国资充实社保基金完成 共划转国有资本总额 1.68 万亿元[N]. 经济日报，2021-01-13.

一、统筹供给侧结构性改革与需求侧管理的现实需求

随着居民消费结构升级，需求结构与供给结构不相适应的矛盾突出。在这个特定背景下，要以深化供给侧结构性改革为主线，打破长期制约消费潜力释放的体制机制壁垒，加强需求侧管理。

1. 从供给侧看，供给结构需要适应需求结构变化

（1）供给侧仍面临过剩与短缺并存的结构性矛盾。当前，我国人均国内生产总值超过 1 万美元，需求结构和生产函数发生重大变化，生产体系内部循环不畅和供求脱节现象显现，“卡脖子”问题突出，结构转换复杂性上升。一方面，服务型消费供给有效性不足。例如，若按人均 GDP 比例计算，我国人均潜在健康消费需求应在 0.8 万~1.2 万元，按此估算我国潜在健康消费市场应有 10 万亿~15 万亿元的规模，供给缺口在 5 万亿~10 万亿元①。另一方面，新兴消费领域供给结构不优和供给能力滞后的矛盾更加突出。例如，在智能家庭机器人领域，高精尖零部件、工业设计、大型智能系统、大规模应用系统以及基础平台等仍依赖国外。

（2）以供给侧结构性改革激发市场活力。受制于政策与体制，近年来我国民间固定资产投资持续下滑。2019 年，我国民间固定资产投资增速为 4.7%，低于固定资产投资整体增速 0.4 个百分点，低于房地产投资增速 5.3 个百分点；占固定资产投资总额的比重下滑至 56.4%，低于 60%②。2020 年，我国民间固定资产投资增速仅为 1%，低于固定资产投资增速 1.7 个百分点③。

（3）以供给侧结构性改革解决长期制约消费潜力释放的体制机制掣

---

① 根据 OECD 统计数据整理得出。健康消费包含：住院治疗与康复护理、门诊治疗和康复护理、长期护理（健康）、辅助服务、医疗用品（非功能规定）、预防保健、治理和卫生系统及筹资管理，其他医疗服务未知。

② 国家统计局．中国统计年鉴 2020［M］．北京：中国统计出版社，2020.9.

③ 国家统计局．中华人民共和国 2020 年国民经济和社会发展统计公报［M］．北京：中国统计出版社，2021.3.

肘。从我国实际情况看，在市场经济体制还不够完善的情况下，尤其是我国经济运行面临的主要矛盾仍然在供给侧、供给结构不能适应需求结构变化的特殊情况下，仍然需要以深化供给侧结构性改革为主线，优化产业结构和投资结构，实现投资与消费的长期动态平衡。

2. 从需求侧看，疫情冲击放大消费与投资的结构性矛盾

（1）需求侧仍复苏缓慢。在我国疫情防控取得重大进展后，经济出现“V 形”反弹。但从结构看，供给端恢复快、需求端恢复慢，工业生产投资出口恢复快而服务业、消费恢复慢的特点突出。例如，2020 年我国固定资产投资同比增长 2.7%，房地产开发投资同比增长 7.0%；社会消费品零售总额同比下降 3.9%，人均服务性消费支出同比下降 8.6%①。2021 年 1—2 月，固定资产投资比 2019 年同期增长 3.5%，其中房地产投资同比增长 15.7%；社会消费品零售总额虽然同比增长 6.4%，但消费品价格下降 0.3%，服务价格下降 0.1%②。

（2）以需求侧管理有效应对疫情的短期冲击。从历史经验看，当经济面临较大的外部冲击时，加强需求侧管理便显得至关重要。为了应对疫情对经济的冲击，我国通过“六稳”、“六保”、阶段性大规模减税降费等需求侧管理，实现了经济的快速复苏。同时，我国以消费为重点的需求侧仍未完全恢复。这就需要加强需求侧管理，注重需求侧改革，努力挖掘我国超大规模市场潜力，形成经济增长的重要支撑。

（3）更加重视以扩大消费为重点的需求侧管理。从以往实践看，刺激房地产和基建的投资需求是我国需求侧管理的重要手段。例如，2008 年全球金融危机以后，我国实施了“四万亿”的刺激政策，同时推出了降低房贷利率等政策以激活楼市。在特定的时期和环境之下，这些政策组合在带

① 国家统计局．中华人民共和国 2020 年国民经济和社会发展统计公报[M]．北京：中国统计出版社，2021. 3.

② 国家统计局．1—2 月份国民经济保持恢复性增长[EB/OL]．国家统计局网站，2021-03-15.

动国内经济快速复苏方面发挥了重要作用，但也产生了包括钢铁、煤炭等行业的产能过剩与库存积压，居民和企业债务压力逐渐加大等问题，进而对国内需求的进一步释放造成了制约。当前，在我国经济下行压力持续加大的背景下，需要以扩大消费为目标加强需求侧管理，并在扩大消费中提升投资的有效性与可持续性。

3. 2025：实现需求与供给更高水平的动态平衡

（1）需求牵引供给。近年来，在消费需求刺激下，我国产业体系、投资结构都有一定程度的提升。例如，在信息消费的推动和引领下，信息技术与传统消费深度融合，各行业数字化转型进程不断加快，培育形成诸多新业态、新模式，由此加速了产业升级、市场扩大和经济循环，并带动经济快速增长。“十四五”期间，在社会需求升级和消费释放的大趋势下，需要在加快服务业市场开放中扩大服务的有效供给，进一步畅通需求牵引供给的渠道，推动实现供给与需求相互刺激、动态平衡。

（2）供给创造需求。进入数字经济时代，一方面，需求牵引供给；另一方面，科技创新创造消费需求，并通过引致投资、消费等创造新需求，从而实现投资与消费的动态平衡。“十四五”期间，需要适应消费潜力释放与消费结构升级的趋势，深化供给侧结构性改革，提高供给体系对国内需求的满足能力，以创新驱动、高质量供给引领和创造新需求，促进国民经济良性循环。

二、把服务业市场全面开放作为深化供给侧结构性改革的重大任务

未来几年，为了适应服务型消费快速增长的大趋势，需要加快服务业市场全面开放，着力解决制约服务型消费潜力释放与服务业发展的体制“瓶颈”，扩大服务型消费的有效供给，不仅为短期稳定经济创造有利的市场条件，而且为中长期实现供给与需求动态平衡创造良好的制度环境。

1. 服务业市场开放相对滞后是服务型消费供给短缺的重要原因

（1）服务业领域对社会资本开放相对滞后。由于服务业领域市场垄断和行政垄断的存在，社会资本进入服务领域仍面临市场与非市场因素的制约，这使得服务业难以通过公平竞争提高供给能力、供给质量和供给效率。目前，市场准入负面清单123条事项中针对农业和工业领域的限制举措较少，但针对服务业领域的限制举措仍多达60余项①。

（2）服务业领域边境内壁垒依然较高。2018年以来，我国服务业对外开放进入加速期，在金融、养老等领域都实现了重要突破。但与制造业对外开放不同，服务业对外开放不仅涉及市场准入，也涉及准入后的标准规则等对接。例如，由于缺少国际职业资质互认制度，在一定程度上限制了我国利用国际化人才提供专业服务的有效性。

（3）服务业发展面临政策与体制的掣肘。例如，2019年第一季度，全国主要监测城市商服、工业地价分别为人民币7665元/平方米和人民币841元/平方米，商服用地价格是工业用地价格的9.11倍②。服务业用地成本大幅高于工业用地成本，很大程度上制约了现代服务业的发展。

2. 推进服务业领域对内对外开放进程

（1）打破服务业领域的市场垄断与行政垄断。在市场准入限制大幅缩减的情况下，只有有效打破市场垄断与行政垄断，社会资本和外资才能有效进入。“十四五”期间，打破行政垄断与市场垄断，成为推进服务业市场高水平开放的重大任务。建议在教育、医疗、文化娱乐、交通运输等领域，进一步破除行政垄断，强化反垄断审查，全面放开社会资本准入。尽快修订《反垄断法》，增加并细化反行政垄断的内容，将竞争政策以及相应的公平竞争审查制度纳入《反垄断法》。

（2）完善准入前国民待遇加负面清单管理制度。参照国际经贸谈判负

① 根据《市场准入负面清单2020年版》统计数据整理得出。

② 中国土地勘测规划院城市地价动态监测组．2019年第一季度全国主要城市地价监测报告[EB/OL]．中国地价信息服务平台，2019-04-17.

面清单模板，详细列明负面清单管理措施与相关描述，建立健全外资投诉机制；管理措施描述尽可能细化到具体业务，以提高负面清单的可操作性；更多采取比例限制、岗位限制、差别待遇等方式，降低负面清单的行业限制强度；完善负面清单的附件体系；为关键领域及未来新业态预留空间。

（3）推进服务业领域审批制度改革。在自贸试验区、海南自贸港等便于管理、相对集中的区域实行负面清单外无审批试点，率先在电信、教育、医疗、健康、文化等内外投资者关注、国内市场缺口较大的服务业领域，实行企业自由生、自主营、自由死等政策，最大限度提高企业自主权。同时，形成以企业信用为基础的事中事后监管，并适时拓展到全国。

（4）推动服务业领域政策与体制变革。深化土地要素市场化配置改革，实现服务业与工业同地同价；逐步提升非公有制机构和公益性社会组织各类人才的社会保障水平，最大限度地缩小体制内外各类人才基本社会保障水平。

3. 促进实体经济与数字技术的深度融合

（1）以促进实体经济与数字技术深度融合提升供给有效性。随着我国居民消费结构升级，个性化、定制化产品将成为未来消费品的主流。数字技术能够把市场信号更快、更准确地传递到供给侧微观主体，通过对大数据技术的应用实现企业按需生产、个性化定制生产，从而实现更加精准的供需匹配，极大提高市场透明度，降低企业市场风险。

（2）推进数字技术与制造业融合进程。鼓励支持制造业企业开展数字化改造，加强数字技术在生产制造、经营管理、市场服务等环节的应用，加速业务数据集成共享；打造区域制造业数字化集群，加快重点区域制造业集群基础设施数字化改造，推动智慧物流网络、能源管控系统等新型基础设施共建共享；培育数据驱动的新模式新业态，引导企业依托工业互联网平台打通消费与生产、供应与制造、产品与服务间的数据流和业务流，培育个性化定制、按需制造、产业链协同制造等新模式。

(3) 推进生活性服务业数字化转型。由于生活性服务业涉及行业较多，目前我国数字化转型进程不一。鼓励不同生活性服务行业数字化转型，不断拓展领域和范围，持续推动生活服务业数字化进程。例如，通过AR、VR、AI等数字技术加快推进教育、医疗、旅游、文化娱乐等数字化、智能化、沉浸式改造，提升服务业智慧化服务能力；鼓励支持5G、云计算、边缘计算、大数据、区块链、人工智能等技术在生活服务业落地应用，形成基于云计算的低成本数字化解决方案供给能力，降低企业转型壁垒。

三、推进需求侧管理与需求侧改革

当前，消费恢复慢成为我国缓解经济下行压力、释放中长期巨大消费潜力的突出障碍。“十四五”期间，需要加强需求侧管理，注重需求侧改革，努力挖掘我国消费增长的超大潜力。

1. 把稳定就业作为促进消费的重中之重

促进就业是最大的民生，也是促进消费的根本之举。例如，如果实现每年数百万新毕业大学生顺利就业，不仅能增加当期消费，也将对扩大中等收入群体产生重要影响。为此，需要继续在宏观政策层面强化就业优先政策，巩固就业作为居民收入主要来源的基础作用。

——加强对重点群体的就业支持。帮扶贫困家庭、零就业家庭高校毕业生尽快就业；畅通农民外出务工渠道，支持农民就近就业创业；做好退役军人安置和就业保障；保持对零工经济、自由职业的包容审慎管理。

——不断提高居民就业质量。培育适度规模经营主体，促进小农户和现代农业发展有机衔接；保持制造业比重基本稳定，加快发展现代服务业，推进数字产业化和产业数字化，创造更多技术型专业化就业岗位；落实2021年职业技能培训和高职院校扩招政策，提升居民就业能力。

2. 提升扩大消费的战略功能

(1) 制定促进消费的中长期规划。明确提出最终消费和居民消费率等指标的增长目标，明确提出分类解决不同收入群体消费潜力释放的制约因素。例如，对中低收入群体要通过加快收入分配制度改革和完善社保体制，提升其消费能力；对中高收入群体，重点解决不便消费、无处消费、畸形消费问题；加强消费设施建设和市场体系及社保体系建设，优化消费结构，促进便利消费；通过培育信用消费、服务消费、网络消费、文化消费、绿色消费、低碳消费等新的消费增长点，引导居民转变消费观念，科学合理地消费和放心大胆地消费。

（2）建立以促进消费为导向的政府考核机制。减少 GDP、财政收入、固定资产投资、城镇化建设等传统经济指标的考核权重，通过加大对民生和消费的考核，使得各级政府要像过去重视扩大投资一样重视优化消费环境、增加消费动能。

（3）优化消费基础设施投入机制。明确消费中心、消费商圈等基础设施建设投入机制，全面振兴街道经济，保护传统商业系统，优化消费的空间环境。同时，提升居民消费的时间便利化水平，如进一步改革假日制度，挖掘春节等传统假日经济的新潜能。

3. 继续实施结构性减税

（1）进一步降低个人税费负担。近几年来，我国每年减税降费超 2 万亿元，政策重点在企业。未来要扩大消费，应该更注重减轻居民负担。2020 年增值税、企业所得税都呈下降态势，但个人所得税仍然同比增长 11.4%[①]。未来几年，随着经济增长速度的下降，我国居民收入将进入慢增长轨道。为此建议，研究提升个税起征点的相关影响，加大专项附加扣除的力度，拓展专项附加扣除范围，实质性降低居民税费负担。

（2）切实落实社保缴费降费政策措施，确保企业负担只降不升。例如，对劳动力成本占比较高的行业或企业实施动态监测，在政策实施中更好地优化、调整，更好地确保这类行业或企业的社保缴费负担有所下降；

① 2020 年中国财政收入下降 3.9%逐步好转[EB/OL]. 中国新闻网，2021-01-28.

降低小微企业的社保缴费负担，把部分中型企业纳入优惠范围，并强化税收优惠政策的连续性，促进小微企业做大做强。以提高企业职工基本养老保险基金中央调剂金比例为基础加快推动养老保险全国统筹。加大对商业保险的监管力度，在适当降低社保缴费比例的同时，对企业和个人购买商业保险税前扣除额的范围、额度予以适当调整扩大，支持企业和个人自主购买商业保险作为社保的灵活补充。

（3）加快房地产税立法。制定合理征税的原则和过渡期设计，引导房地产稳定健康发展，最大化地减少房价过快增长对居民消费与实体经济的“挤出效应”。

四、适应消费升级趋势深化市场监管变革

当前，释放服务型消费需求的巨大内需潜力直接依赖于服务业市场监管的有效性，推进以服务业为重点的开放进程也与市场监管的能力水平直接相关。为适应服务业市场开放的现实需求，推进监管变革的现实性、迫切性全面凸显。

1. 实现市场监管主要对象由商品为主向服务为主转变

（1）服务型消费投诉占比过半。随着我国居民消费结构快速升级、服务型消费数量快速增长，服务领域的市场监管逐步成为监管的重点与主体。2015—2020 年，我国消费者服务类投诉数量由 18.7 万件增加到 49.9 万件，年均增速达 21.6%，是消费者投诉数量平均增速的 2.4 倍；占消费者投诉数量的比重由 29.3%提升至 50.9%（见图 7.12）。

（2）加强重点领域的服务业市场监管。

——加强医疗健康领域的市场监管。在加快健康服务业市场开放政策创新的同时，加强医疗健康领域的监管，尤其是加强对威胁公共安全的重点领域的全过程实时监管，进一步明确监管主体、责任、方式、标准等，加大对专业化人才吸引力度，提高监管能力。

——加强文化领域的市场监管。对重大题材或者涉及政治、宗教等特

殊题材的节目，除要加强事前审批外，还要进一步加强时间效果的评估等；对一般性文化体育娱乐项目及服务，进一步减少事前审查，将监管重点放在事中事后领域，并通过事后社会反馈等手段及时调整。

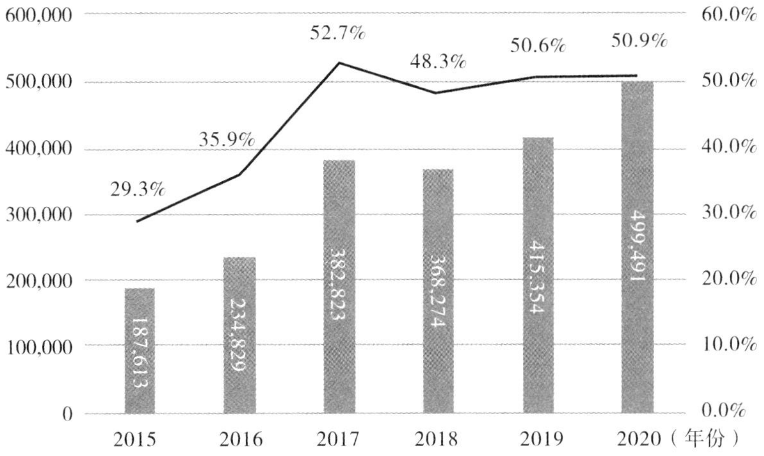

图 7. 12　2015—2020 年消费者服务类投诉数量及占比

数据来源：2015—2020 年《全国消协组织受理投诉情况分析》统计数据整理。

——加强教育领域的市场监管。按照“非营利性”和“营利性”分类管理的政策原则，对各类民办学校的办学条件、教师准入资格等做出明确规定，在课程体系、教学内容、师生比、考核评价等方面设置监管标准，进一步提高各类教育的人才培养质量。

——加强养老服务的市场监管。关键是加快推进养老服务业制度、标准、设施、人才队伍建设，加快建设全国统一的养老服务标准和评价体系。

2. 实现监管体制由综合性监管向综合性与专业性并重转变

（1）监管体制在专业性监管领域力不从心。例如，医药领域的监管需要综合的市场监管部门与专业监管部门的有效配合。没有这种协调配合，有些问题就难以及时发现和解决。

（2）形成综合性监管与专业性监管的统筹机制。本轮市场监管机构改革采取了自下而上的形式，不同层级、不同职能的新机构在管理模式上差异明显，也面临着多个上级主管部门在法律法规、程序规定、职能设置、监管方式等方面的差异。为此，需要通过在有条件的省份建立统一权威的市场监管协调机构，统筹全省监管资源，提升监管效率。

3. 实现监管的方式由传统监管向数字化、智能化、靶向性监管转变

借鉴疫情防控的成功经验，将数字技术广泛应用于市场监管领域，推进市场监管的数字化、智能化转型。例如，整合企业发布信息、信用承诺信息、经营状况等内部信息与工商记录、税务记录、社保记录、司法记录、园区记录、偿贷记录、合同履约记录等外部数据库，利用人工智能、大数据分析等技术，对重点企业实行信用评级，实时对外公布，并将其作为选择事中事后监管对象的主要考虑因素；根据监管信息平台形成的大数据信息，充分利用人工智能等技术，实时动态跟踪企业经营状况，及时掌握企业经营活动的规律和特征；通过对企业数据的风险监测和评估，加强对重点企业行为的引导，及时发现失信线索；对监管数据实行预期管理，对投诉、举报较多的企业进行预期管理，及时发布警示信息。

China’s Consumption

第八章

中国消费：世界经济增长的重大利好

14亿人口、4亿多中等收入群体的全球最大最有潜力的新兴市场，是世界的市场、共享的市场、大家的市场。未来10～15年，消费市场的扩大和开放，不仅能够有效形成我国经济增长的持久动能，也将对世界经济增长产生重要影响；不仅为我国以高水平开放促进深层次市场化改革提供更大空间，也将有利于全球分享我国改革开放的红利；不仅成为推动全球自由贸易进程的重要力量，也将对大国关系的调整及世界经济格局产生积极影响。

习近平主席在2020年第三届中国国际进口博览会开幕式上的主旨演讲中强调，“中国将秉持开放、合作、团结、共赢的信念，坚定不移全面扩大开放，将更有效率地实现内外市场联通、要素资源共享，让中国市场成为世界的市场、共享的市场、大家的市场，为国际社会注入更多正能量”。未来5~10年，14亿人的消费潜力不断释放，不仅成为推动我国经济持续发展的重要动力，也将成为世界经济增长的重大利好。

第一节　全球最大的服务业市场

适应14亿人服务型消费全面快速增长的大趋势，服务业市场开放进程明显加速并成为我国开放的重点领域。从趋势看，我国推进服务业市场全面开放，不仅将带动我国成为全球最大的服务业市场，也将显著拓展世界投资市场，形成疫情冲击下深化全球经贸合作的重大利好。

一、服务业市场扩大开放的重要进展

改革开放以来，我国推进以制造业为主的市场开放，实现了由短缺社会到消费新时代的历史性跨越。当前，我国居民消费结构升级对创新供给结构提出迫切需求，消费结构升级与消费需求规模扩大引导投资结构的变化方向与投资增长的空间。顺应这一趋势，过去几年我国服务业市场加快开放

逐步进入快车道。

1. 教育市场扩大开放

（1）对内开放：简化审批流程、精简审批。例如，将各类民办教育机构的设立、变更和终止审批权下放至省级层面，并取消设立时对财务审计材料的提交要求等。

（2）对外开放：开展独立办学试点并深化合作办学改革。例如，我国允许境外理工农医类高水平大学、职业院校在海南自由贸易港独立办学；同时，在全国层面将推进《中外合作办学条例》及其实施办法的修订工作，适当放宽合作办学主体和办学模式的限制，并通过“项目备案制”“部省联合审批”等降低外资边境后壁垒。

（3）发展环境：政策支持力度加大、办学自主权逐步上升。《中华人民共和国民办教育促进法》及其实施条例在公平准入、平等对待、政策扶持等方面都做出了框架性规定。例如，明确“民办学校与公办学校具有同等的法律地位，国家保障民办学校的办学自主权”“民办学校的设置标准参照同级同类公办学校的设置标准执行”等。

（4）各类教育市场主体快速增长。2015—2019 年，我国民办教育机构数量由 16. 27 万所增长到 19. 15 万所，年均增速 30. 3%，占所有教育机构的比重也由 32. 8%提升至 36. 6%（见图 8. 1）。目前，经教育部批准和备案的各层次中外合作办学机构和项目近 2300 个，是 2002 年的 3 倍①。

2. 医疗健康市场加快开放

（1）对内开放：全面放开准入限制、大幅缩减审批事项。2018 年，我国全面取消养老机构设立许可；2019 年，提出全面放开养老服务市场，自贸试验区内诊所设置审批改为备案制，医师执业不受单一医疗卫生机构执业地点的限制，非公医疗机构提供的医疗服务项目实行市场调节价等。

① 目前我国各层次中外合作办学机构和项目近 2300 个[EB/OL]. 中国教育在线，2020-06-18.

（2）对外开放：取消股比限制、支持合资办医。2013 年，我国率先在上海自贸试验区内探索外商独资办医疗机构试点；自 2015 年至 2019 年，自贸试验区版与全国版外商投资准入负面清单中明确“医疗机构限于合资、合作”；2020 年，取消医疗机构的合作方式，医疗机构举办仅限于合资，同时在养老服务领域内全面落实对外资的国民待遇。

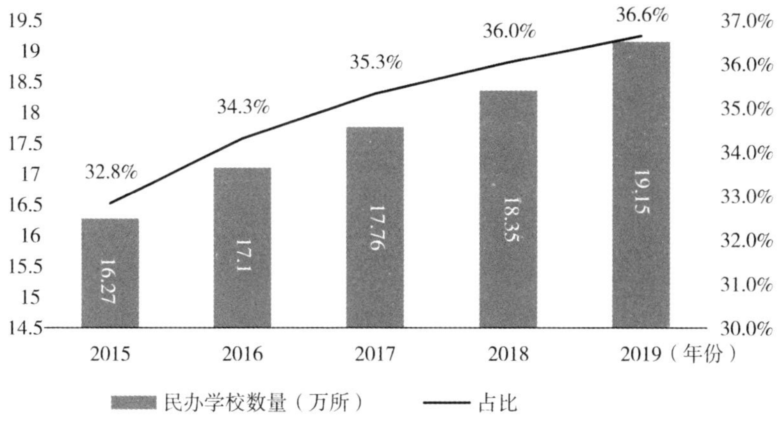

图 8.1　2015—2019 年我国民办教育机构数量及占比

数据来源：2015—2019 年《全国教育事业发展统计公报》统计数据整理。

（3）发展环境：政策支持力度加大。通过扩大用地供给、推广政府购买服务、落实税收优惠政策等方面加大社会办医支持力度，并取消对营利性医疗机构在证照办理、设备购置等方面的不合理限制，取消小型医疗机构环境影响评价，加强对社会资本投资医疗机构的服务。

（4）医疗健康领域各类市场主体快速增长。2010—2019 年，我国民营医院数量增长 2 倍多，并在 2015 年超过公立医院数量。截至 2019 年底，我国民营医院数量达 2. 2 万家，占总量的 65. 3%；2015—2019 年，我国民办养老机构（除事业单位性质的养老机构）由 1. 2 万家增长到 2. 0 万家，年均增长 14. 2%，是各类养老机构整体增速的 2 倍（见图 8. 2）。

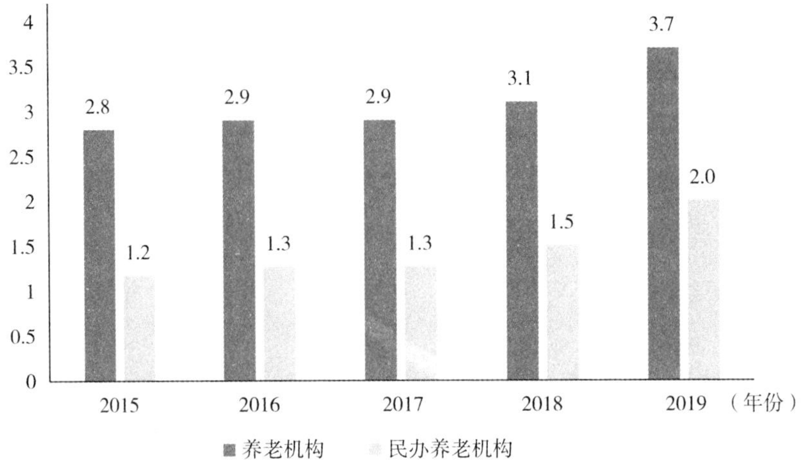

图 8.2　2015—2019 年我国养老机构与民办养老机构数量（单位：万家）

数据来源：2015—2019 年《民政事业统计公报》统计数据整理。

3. 文化娱乐市场全面开放

（1）对内开放：降低准入门槛、深化文化体制改革。主要通过优化审批服务、降低准入门槛、取消不合理的配额限制等方式进行。例如，适应数字化发展趋势，我国已取消互联网文化娱乐产业的总量限制和布局要求、简化审批与论证时限、降低硬件标准准入门槛等。

（2）对外开放：审慎扩大开放。例如，我国取消“电影院建设、经营须由中方控股”“演出经纪机构须由中方控股”两项限制内容。同时，就“文艺表演团体”开放在自贸试验区内开展探索试验。

（3）发展环境：以提升供给质量为目标强化监管。由于国内外经济形势的变化和发展方式的转变，文化产业超越传统发展模式、进入自主创新发展新阶段。一方面，加强文化娱乐领域市场监管，扩大优质文化产品供给，并促进文化娱乐产业与金融、教育、医疗、旅游等产业的融合；另一方面，推进文化娱乐产业和数字经济融合发展，着力提升文化娱乐产业的数字化、网络化、智能化发展水平。

（4）文化市场实现较快发展。例如，私人控股文化服务业企业在文化服务供给中的第一主体地位进一步强化。2013—2019年，我国私人控股文化服务业企业年均增速为16.1%，占所有规模以上文化服务业企业数量的比重由58.2%增长至70.9%；营业收入占比由34.1%提升至44.4%，是国有控股文化服务业企业的2倍，成为第一大主体；外资控股规模以上文化服务业企业营业收入年均增速为27.9%，成为各类市场主体中增速最快的主体（见表8.1）。

表8.1　2013—2019年规模以上文化服务业企业基本情况

年份	所有企业		私人控股		外资控股（含港澳台）	
	法人单位数（个）	营业收入（万亿元）	法人单位数（个）	营业收入（万亿元）	法人单位数（个）	营业收入（万亿元）
2013	15658	1.35	9109	0.46	1065	0.26
2014	18231	1.68	10958	0.6	1083	0.33
2015	20657	2.06	12763	0.74	1171	0.44
2016	24763	2.53	16200	0.97	1161	0.53
2017	30709	3.19	21222	1.3	1195	0.73
2018	30013	3.66	20926	1.58	1157	0.87
2019	31486	4.35	22325	1.93	1234	1.14
年均增速	12.3%	21.5%	16.1%	27.0%	2.5%	27.9%

数据来源：2014—2020年《中国文化及相关产业统计年鉴》统计数据整理。

4. 金融市场开放进程提速

（1）金融业对外开放进入加速期。2018年4月10日，习近平主席在博鳌亚洲论坛上宣布了放宽外资股比限制及设立限制、扩大外资金融机构在华业务范围等一系列金融开放举措。4月11日，中国人民银行行长宣布了进一步扩大金融业对外开放的时间表和11项金融开放具体措施。此后，我国金融开放政策密集出台并加速落地，开放内容涉及金融业开放、资本项目开放、人民币国际化和汇率形成机制改革等。麦肯锡《中国金融开放新机遇》研究报告认为，与2001年加入WTO后的开放相比，此轮始于

2018 年的金融对外开放，无论在金融牌照开放广度、业务资质开放深度还是开放速度上都超过了上一轮①。

（2）金融业全面开放助推服务业要素流动。2018 年取消相关汇兑限制；2019 年 9 月全面取消合格境外投资者投资额度限制。今后，具备相应资格的境外机构投资者只需进行登记就可以自主汇入资金参与境内金融市场。2020 年 10 月，允许同一境外主体 QFII/RQFII（合格境外机构投资者/人民币合格境外机构投资者）和直接入市渠道下的债券进行非交易过户，进一步提高境外机构投资者入市投资的便利性；2020 年 11 月，进一步放开 QFII/RQFII 的交易品种和方式，允许其投资新三板挂牌股票、私募投资基金、金融期货、商品期货、期权，还可以参与债券回购、证券交易所融资融券、转融通证券出借交易。

（3）金融业全面开放推动居民金融消费的快速增长。以保险业为例，2017—2020 年，我国原保险保费收入由 3.66 万亿元增长至 4.53 万亿元（见图 8.3），已成为全球第二大保险市场。2011—2019 年，我国保费收入年均增速为 15%。预计到 2025 年，我国保险市场规模将达 7.5 万亿元左右。

二、服务业市场全面开放带来巨大投资空间

适应服务型消费快速增长的现实需求，我国服务业市场开放正进入加速期，不仅加快形成适应消费结构升级趋势的有效供给体系，也将释放巨大的投资空间。

1. 服务业领域开放趋势下资本投资空间不断扩大

（1）服务业领域社会资本投资占比有 30 个百分点左右的提升空间。2019 年，我国制造业领域私人控股企业固定资产投资占该行业的比重为 75.8%，国有与集体控股企业占比仅为 9.1%；但服务业领域私人控股企业

① 麦肯锡中国区金融研究中心．中国金融开放新机遇[R]. 2020.10.

固定资产投资占比仅为36.1%（见图8.4），扣除房地产业外占比更低，距离制造业的开放程度还有30个百分点左右的空间。

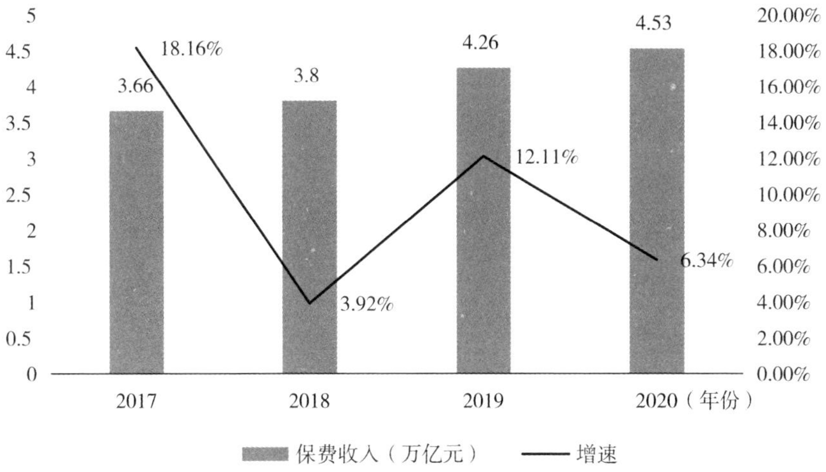

图8.3　2017—2020年我国保险业保费收入及增速

数据来源：中国银行保险监督管理委员会网站公开数据整理。

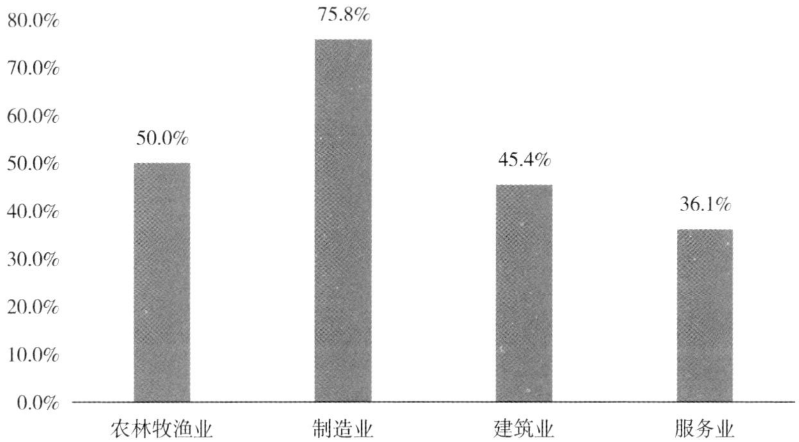

图8.4　2019年私人控股企业固定资产投资占比

数据来源：国家统计局．中国统计年鉴2020［M］．北京：中国统计出版社，2020.9.

（2）教育、交通、卫生、金融等领域社会资本投资仍有较大提升空间。分行业看，批发零售、住宿餐饮等领域社会资本投资占比为70%左右，基本到了制造业开放水平，但在教育、交通、卫生、金融等领域社会资本投资占比分别仅为 18.2%、12.4%、28.5%、28.3%（见图 8.5）。

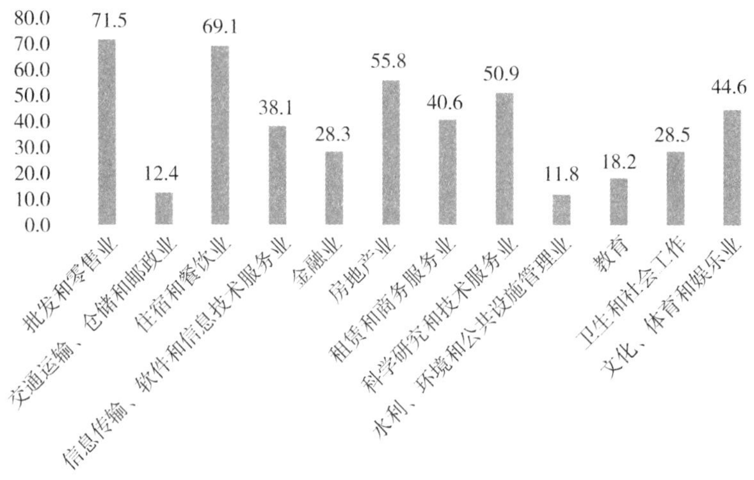

图 8.5　2019 年分行业服务业社会资本投资占比（单位：%）

数据来源：国家统计局．中国统计年鉴 2020［M］．北京：中国统计出版社，2020.9.

（3）服务业领域外商直接投资占比还有较大提升空间。2019 年，我国服务业领域外商直接投资额为 9771 亿元人民币，占服务业固定资产投资比重仅为 2.4%，不仅低于所有行业 3.6%的平均水平，也远低于制造业 7%左右的水平[①]。随着服务业对外开放进程的加快，我国服务业领域外商直接投资有望明显提升，并将超过制造业领域占比。

2. 服务型消费与服务业市场开放共同提速资本投资

服务业市场开放为各类资本自由便利进入服务业市场提供基础性条件。近年来，在服务型消费需求与服务业市场开放双重驱动下，社会资本加速进入服务业领域。从固定资产投资增速看，2019 年金融，教育，卫生，文化、体育和娱乐业四个领域的私人控股固定资产投资额分别同比增长 14.5%、30.7%、5.3%、19.6%，明显大于该领域的其他投资增速（见图 8.6）。从趋势看，随着消费对投资引领作用的增强，与消费升级相关的

① 国家统计局．中国统计年鉴 2020［M］．北京：中国统计出版社，2020.9.

行业各类投资仍将保持较快增长态势，并促进产业机构升级和创新消费供给，逐步培育形成有效的供给体系。

3. 服务业市场开放有望释放数十万亿级投资空间

（1）2025 年，服务业私人控股投资占比将达 45%左右。若服务业市场开放取得重要突破，“十四五”时期，服务业领域私人控股投资占固定资产投资的比重有条件年均提升 3 个百分点左右，到 2025 年由目前的 36%提升至 45%左右；由此将释放 15.5 万亿元的新增投资需求，年均投资额高达 3 万亿元。

（2）2030 年，服务业私人控股投资占比将达 60%左右。2026—2030 年，若服务业领域私人投资占固定资产投资的比重年均提升 2 个百分点，到 2030 年由 2025 年的 45%提升至 60%左右，由此将再次释放 13.3 万亿元的新增投资需求。

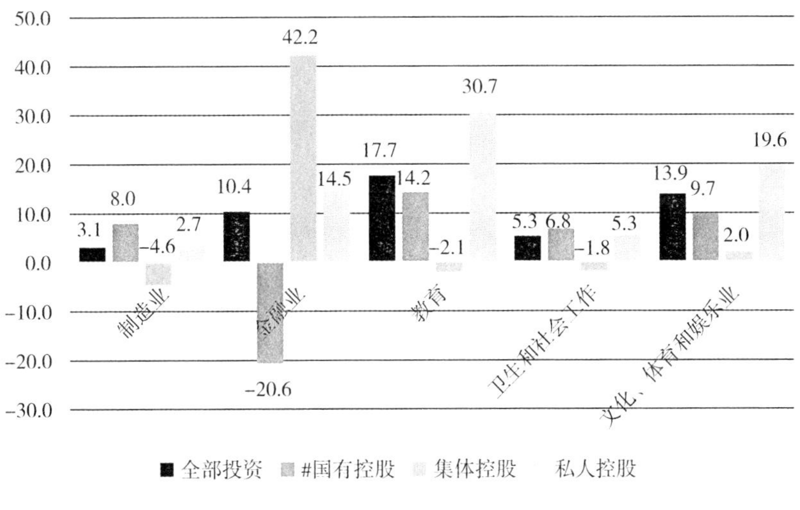

图 8.6　2019 年服务业部分行业各类固定资产投资增速（单位:%）

数据来源：国家统计局．中国统计年鉴 2020［M］．北京：中国统计出版社，2020.9.

（3）2035 年，服务业私人控股投资占比将达制造业水平。2030—2035 年，若服务业领域私人投资占固定资产投资的比重年均提升 2 个百分点，到 2035 年占比提升至 75%左右，与制造业开放水平相当，将释放 16.2 万亿元的投资空间。

（4）2035 年，服务业外商投资占比将达制造业水平。随着市场准入限制强度的降低及经营范围限制的下降，2020—2035 年，若服务业对外开放度达制造业水平，实现服务业外商投资占当年固定资产投资的比重达 6.4%，将累计新增 4 万亿元外商投资空间。

三、我国将成为全球最大的服务业市场

服务型消费的快速增长与服务业市场全面开放，将释放巨大增长潜力，推动我国由制造业大国走向服务业大国。

1. 快速成为全球服务业第二大国

（1）我国成为全球服务业增速最快的国家。2000—2019 年，我国服务业增加值年均增长 15.8%，是同期世界平均增速的 3.8 倍，分别是美国、德国、英国、日本的 4.2、14.4、7.9、26.3 倍。从占比看，我国服务业增加值在全球服务业发展格局中的比重和地位快速提升。2000—2019 年，我国服务业增加值占世界的比重由 2.1%上升至 12.7%，年均提升 0.56 个百分点。我国服务业增加值增速不仅高于世界平均水平，还远高于世界主要经济体。

（2）2013 年开始成为全球服务业第二大国。由工业主导转向服务业主导是一个客观规律。随着我国经济的发展，在制造业市场空间逐步减小的背景下，服务业规模快速增长成为一个突出特征，并迅速成为全球服务业第二大国。2000 年，我国服务业增加值仅相当于日本的 15%、德国的 35%、英国的 38%。2009 年、2010 年、2013 年，我国服务业增加值分别超过英国、德国、日本，跃升为全球服务业第二大国。此后，我国与日本、德国、英国的服务业增加值差距逐步扩大。2019 年，我国服务业增加值达 7.73 万亿元，分别是日本、德国、英国的 2.2、2.8、3.3 倍，稳居全球服务业第二大国（见图 8.7）。

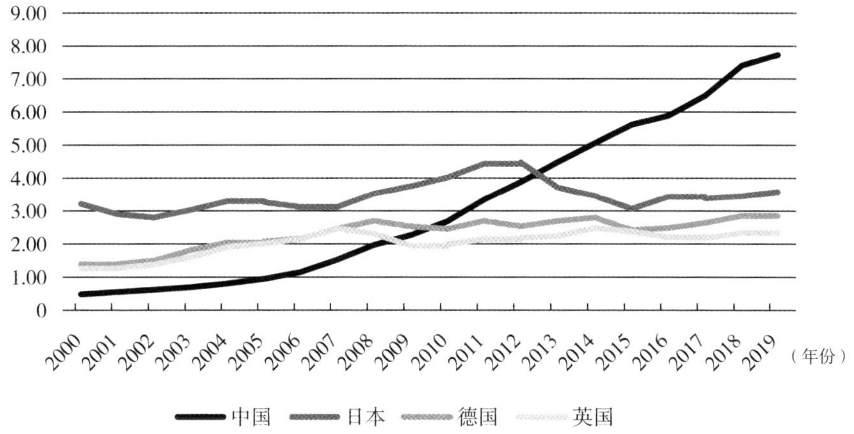

图 8.7　2000—2019 年中、日、德、英服务业增加值（单位：万亿美元）

数据来源：世界银行数据库。

（3）与美国服务业增加值的差距逐步缩小。2000—2019 年，我国服务业增加值年均增长 15.8%，是同期美国服务业增加值年均增速的 4.2 倍；中、美服务业增加值的比值由 1∶16.25 大幅下降至 1∶2.25（见图 8.8）。

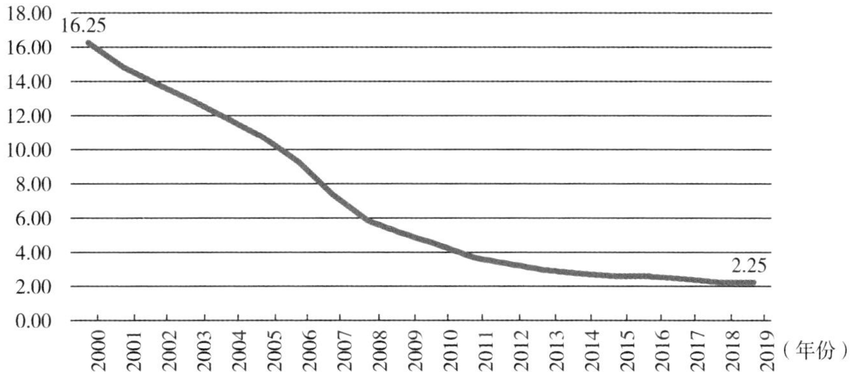

图 8.8　2000—2019 年中美服务业增加值比值

数据来源：世界银行数据库。

2. 将成为全球最大服务业市场

（1）情形一：2010—2019 年，按美元计我国服务业年均名义增长 12.5%，美国服务业年均名义增长 4.3%。以此为依据，我国服务业年均名义增速按11%、美国按4.3%计算，到2032年，我国服务业增加值将达美国当年的水平，成为全球最大服务业市场。

（2）情形二：2014—2019年，按美元计我国服务业年均名义增长8.9%，美国服务业年均名义增长4%左右。若按我国服务业年均名义增长9%、美国4.3%计算，到2036年我国服务业增加值将超过美国，成为全球第一大服务业市场。若考虑到汇率因素，这个时间节点还将有可能提前。

第二节　全球最大的服务贸易国

随着经济服务化进程的加快及城乡居民服务型消费潜力的不断释放，我国服务贸易仍具有巨大发展潜力。我国有条件成为全球最大的服务贸易国，这不仅对国内经济转型产生重要推动作用，也将对世界经济贸易格局与全球化进程带来重大利好。

一、服务贸易发展趋势

近年来，我国不断适应消费结构升级的趋势，服务贸易快速增长，与服务型消费相关的旅行、文化娱乐、信息、金融等服务贸易成为拉动我国服务贸易增长的重要动力。

1. 消费结构升级拉动服务贸易快速增长

（1）服务型消费拉动服务贸易快速增长。近年来，我国服务贸易进入快速发展期，服务贸易规模迅速扩大，服务贸易占对外贸易总额的比重上升趋势明显。2010—2019年，我国服务贸易额由3717.4亿美元增长至7850.0亿美元；占外贸总额的比重由11.1%提高至14.6%，提高了3.5个百分点（见图8.9）。2020年，在疫情冲击下，全球服务贸易预计将下降

20%以上①，我国服务贸易下降15.7%。随着疫情的好转，服务贸易额有可能恢复并将实现快速增长。

（2）传统服务贸易快速增长。在城乡居民服务型消费增长的推动下，旅行、文化娱乐、信息金融等服务贸易快速发展。例如，2010—2018年，旅行服务贸易年均增长17.3%，对服务贸易增长的贡献率达54%②，占服务贸易总额的比重由24.0%上升至40.1%。2019年，我国旅行服务贸易额虽有所下降，但占比仍高达37.9%（见图8.10）。2015—2019年，个人文化娱乐服务进出口、金融服务进出口年均增速分别为33.5%、18.5%。这表明我国城乡居民对国际优质服务有强劲需求。

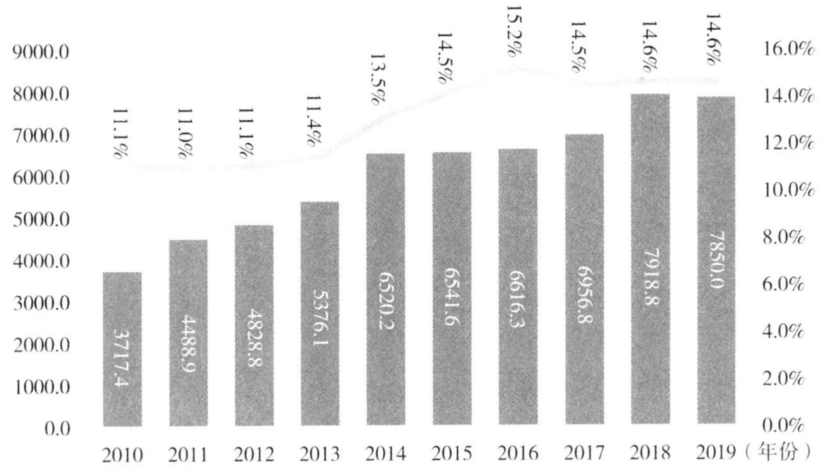

图8.9　2010—2019年中国服务贸易额及占比

数据来源：国家统计局．中国统计年鉴2020［M］．北京：中国统计出版社，2020.9.

（3）新兴服务贸易成为新亮点。近年来，我国充分利用数字经济发展优势，在数字服务贸易上有比较突出的亮点。例如，2019年全球云计算服务外包规模达788亿美元，同比增长31.3%。2015—2019年，我国云计算

① 世贸组织发布服务贸易统计数据 全球服务贸易尚未复苏［EB/OL］．国际在线，2021.1.

② 根据WTO统计数据计算得出，贡献率计算方式为二者差额之比。

服务外包规模从 47.2 亿元增长至 494.5 亿元，增长近 9.5 倍，年均增速高达 79.9%[①]。

2. 消费结构升级助推服务贸易结构优化

（1）传统服务贸易占比逐步下降。2019 年，我国传统服务贸易额为 4731.3 亿美元，比 2018 年下降 5.8%。受疫情冲击严重，2020 年 1—9 月，我国传统服务贸易额为 2489 亿美元，同比下降 21.1%，其中旅行服务进出口下降 46.3%。从占比看，2015—2019 年，我国传统服务贸易额占服务贸易总额的比重由 68.1%下降至 60.4%，下降了 7.7 个百分点（见图 8.11）。2020 年 1—9 月，传统服务贸易额占比下降 10.3 个百分点至 50.7%。

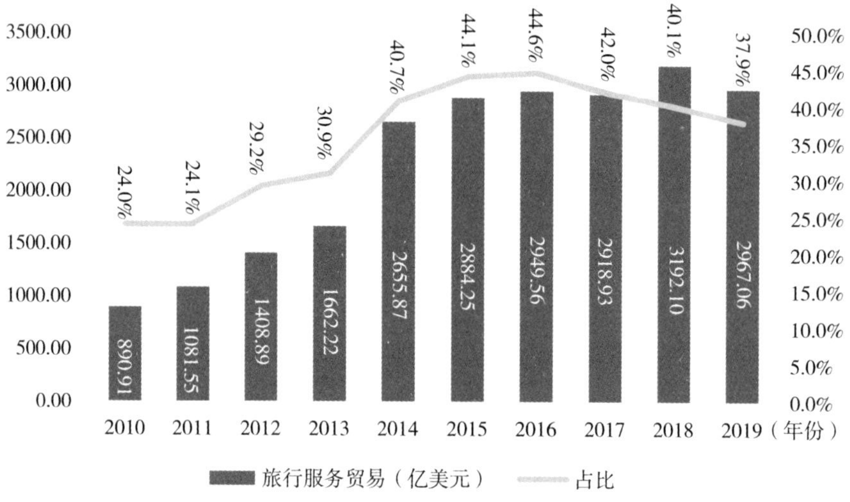

图 8.10　2010—2019 年中国旅行服务贸易额及占比

数据来源：WTO 数据库。

（2）高端服务贸易占比快速增长。2015—2019 年，我国知识密集型服务进出口额由 1794.4 亿美元增长至 2718.11 亿美元，年均增长 10.9%，是服务贸易额整体增速的 2.4 倍；占服务贸易额的比重由 27.4%上升至 34.7%，提升了 7.3 个百分点（见图 8.12）。其中，个人文化娱乐服务进

① 商务部．中国服务外包发展报告 2019［R］. 2021-01-07.

出口、金融服务进出口年均增速分别为 33.5%、18.5%，这从另一个方面说明了我国服务型消费对国际优质服务的需求更为强烈。

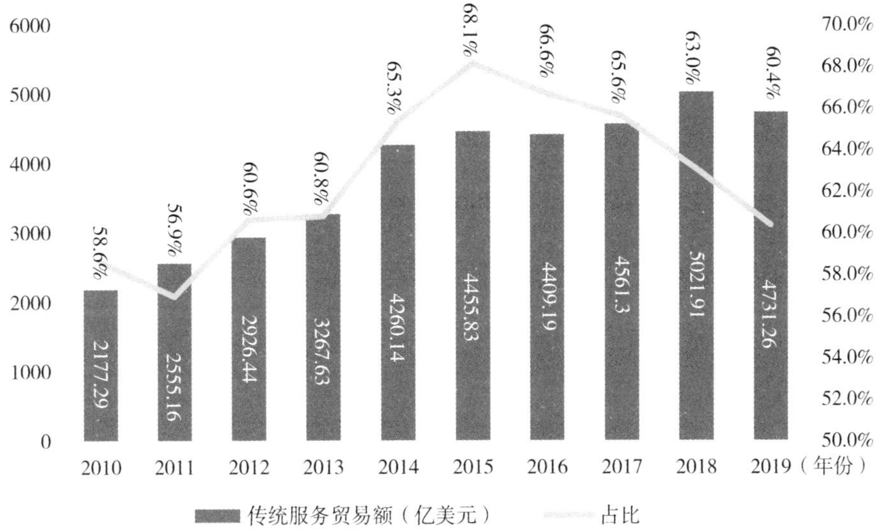

图 8.11　2010—2019 年中国传统服务贸易额及占比

数据来源：WTO 数据库。

（3）疫情冲击提速我国服务贸易结构优化进程。2020 年 1—9 月，我国知识密集型服务出口额为 7795.3 亿元，同比增长 8.6%，与服务整体出口增速-1.5%的水平形成鲜明对比；占服务出口额的比重进一步提升至 55.7%[①]，知识密集型服务出口在服务出口中的主导地位进一步明显。

① 商务部．中国对外贸易形势报告（2020 年秋季）［R］．2020.12.

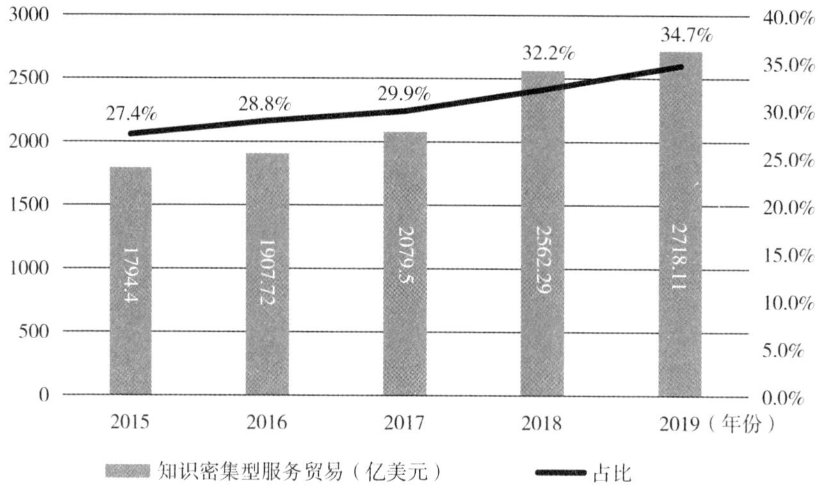

图 8. 12　2015—2019 年中国知识密集型服务贸易额及占比

数据来源：WTO 数据库。

3. 信息消费加速服务贸易数字化转型

（1）消费潜力释放助推跨境电商快速发展。近年来，依托巨大的市场规模优势及数字经济发展优势，我国跨境电商高速发展。2014—2019 年，我国跨境电商交易额由 4. 2 万亿元增长至 10. 5 万亿元，年均增长 20. 1%，远高于我国货物及服务贸易平均增速；占我国贸易总额的比重由 15. 9%上升至 33. 3%（见图 8. 13）。其中，跨境电商零售进出口更为显著，同期由 360. 2 亿元增长到 1862. 1 亿元，年均增长 49. 5%。

（2）数字化交付服务贸易快速增长。近年来，随着一系列技术的快速突破，国人不出国门就可通过互联网技术享受国际化服务，并带动远程服务贸易快速发展。2015—2019 年，我国数字化交付服务贸易规模从 1794 亿美元增长到 2718 亿美元，年均增长 10. 9%，高于服务贸易整体增速 1. 5 个百分点；占服务贸易额的比重由 27. 4%上升至 34. 7%，提高了 7. 3 个百分点①。

① 何伟. 我国数字经济发展综述[J]. 信息通信技术与政策，2021（02）.

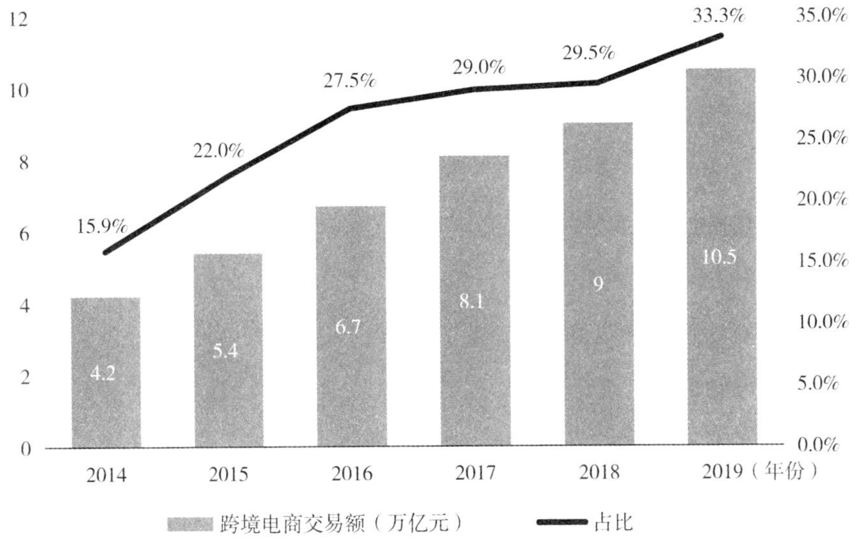

图 8.13　2014—2019 年中国跨境电商规模

数据来源：商务部电子商务和信息化司．中国电子商务报告 2019［M］．北京：中国商务出版社，2020.7.

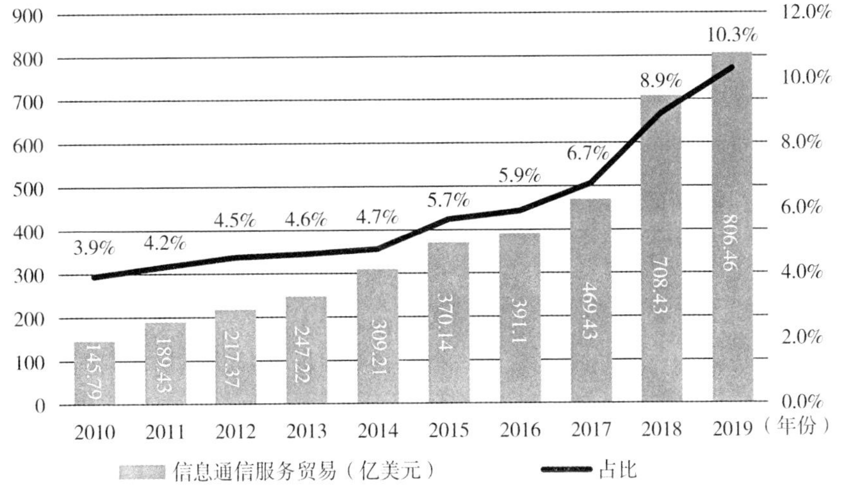

图 8.14　2010—2019 年中国信息通信服务贸易额及占比

数据来源：WTO 数据库。

（3）信息消费助推信息通信服务贸易高速增长。2010—2019 年，我国信息通信服务贸易额由 145.79 亿美元增长到 806.46 亿美元，年均增长 20.9%，高于服务贸易整体增速 12.3 个百分点；占服务贸易额的比重由 3.9%提升至 10.3%，提高了 6.4 个百分点（见图 8.14）。其中，信息通信服务出口额由 104.8 亿美元增长至 537.9 亿美元，年均增长 23.2%，我国信息通信服务顺差规模快速扩大。

（4）疫情冲击提速远程服务贸易发展。2020 年，自疫情暴发以来，航班停飞、边境管制、旅行限制等措施对境外消费、自然人流动等服务的提供模式产生了显著影响，但对远程服务贸易提供了发展的契机。从出口看，2020 年 1—9 月保险服务、电信计算机和信息服务分别增长 28.8%、20.3%、14.7%；从进口看，金融服务、保险服务、电信计算机和信息服务分别增长 29.5%、23.7%、23.1%①。

二、服务贸易的优质发展

我国城乡居民服务型消费的快速增长，对来自世界各地更加多样化、高品质的产品、技术、服务形成了更多需求。在疫情严重冲击全球经济增长的背景下，我国主动扩大优质服务进口，并拓展服务出口空间，对激发全球市场有效需求、推动共享我国优质服务都具有重要影响。

1. 扩大优质服务进口满足城乡居民高端服务需求

（1）适应消费升级趋势主动扩大进口。习近平主席在首届中国国际进口博览会开幕式的主旨演讲中提出，“预计未来 15 年，我国进口商品和服务将分别超过 30 万亿美元和 10 万亿美元”。② 当前，在消费结构快速升级的趋势下，需要扩大服务进口，在缓解“有需求、缺供给”突出矛盾的同时，倒逼国内服务业企业转型升级。

---

① 商务部．中国对外贸易形势报告（2020 年秋季）[R].2020.12.

② 习近平．共建创新包容的开放型世界经济——在首届中国国际进口博览会开幕式上的主旨演讲[N].人民日报，2018-11-06.

（2）形成1万亿美元的优质服务进口空间。党的十八大以来，我国累计服务进口额为3.4万亿美元，年均增长9.2%，高于全球同期3.7%的平均水平，对全球服务进口增长的贡献率达17.1%，居全球首位。其中，生活性服务进口空间高达1万亿美元。2010—2019年，我国旅行服务（含教育、医疗、旅游等服务）进口额由548.8亿美元增长至2507.4亿美元，年均增长18.4%，是同期全球旅行服务进口增速的3.5倍（见图8.15）。“十四五”期间，综合考虑疫情防控等因素，我国平均每年旅行服务进口额约为1800亿美元，到2025年，我国累计旅行服务进口额将达1万亿美元。

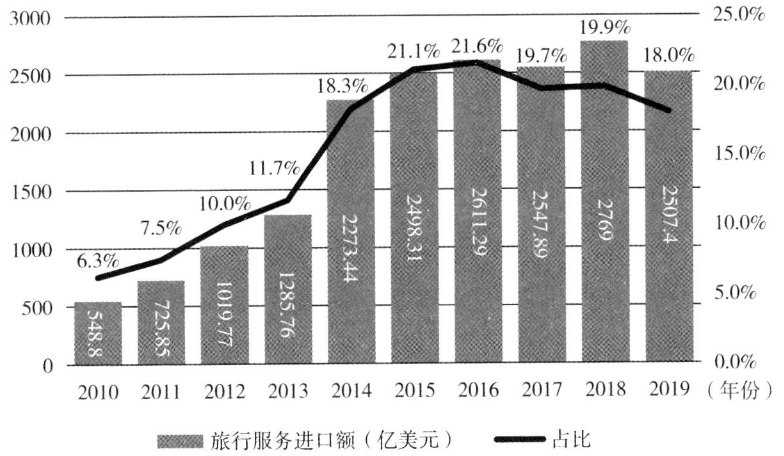

图8.15　2010—2019年中国旅行服务进口额及占比

数据来源：WTO数据库。

（3）扩大服务进口中带动优质商品进口。2000—2018年，我国消费品进口额由210亿美元增长至2807亿美元，年均增长15.5%，占进口商品的比重由9.4%上升至13%（见图8.16）。从横向对比来看，我国消费品进口占比不仅远低于美国（36.8%）、英国（40.39%）等国家，与世界平均水平（30.92%）也有较大差距，这意味着我国还有巨大提升空间和增长潜力。

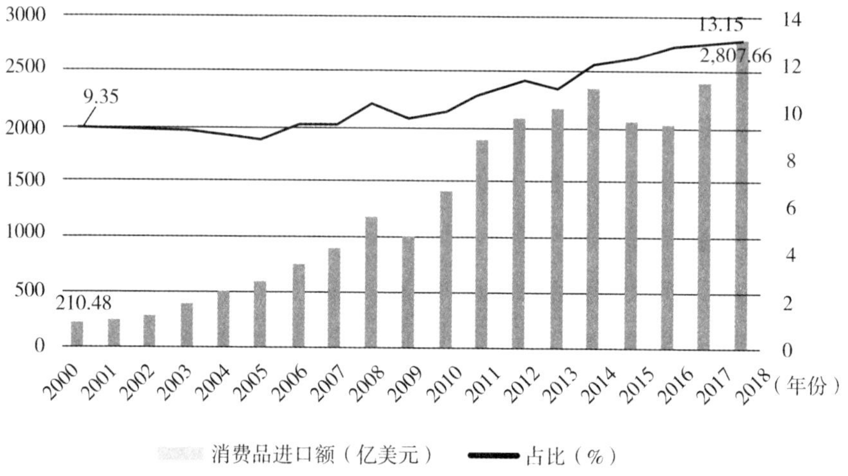

图 8.16　2000—2018 年中国消费品进口额及占比

数据来源：WITS 网站。

2. 加大优质服务出口使世界分享优质“中国服务”

（1）扩大数字服务出口，分享我国数字化红利。近年来，我国电信与计算机信息服务经历了由起步到迈向价值链中高端的历史跨越。2010—2019 年，我国电信与计算机信息服务出口额由 104.76 亿美元增长至 537.85 亿美元，年均增长 19.9%，占服务出口额的比重由 5.9% 提升至 19.0%，实现服务贸易顺差由 63.7 亿美元增长至 269.2 亿美元（见图 8.17）。未来几年，在软件出口促进政策红利不断释放、“一带一路”信息基础设施互联互通等有利因素的促进下，我国电信与计算机信息服务出口将仍保持快速增长态势。

（2）扩大特色医疗健康服务出口，分享传统中医服务。2019 年，我国中医药贸易总额为 61.74 亿美元，同比增长 7.05%。其中，出口额为 40.19 亿美元，同比增长 2.82%；进口额为 21.55 亿美元，同比增长 15.93%①。随着“一带一路”建设的推进，我国与“一带一路”沿线国家和地区在中医药服务领域的合作日益强化。2019 年，我国已建立 49 个中医药海外中心，

① 柳燕，于志斌．2019 中药商品外贸平稳增长[N]．医药经济报，2020-04-12.

截至2018年，共为38万位外籍患者提供了中医药服务；以见习、实习、授课等形式，培养各层次学生1万余人，成为卫生与健康领域国际交流合作的新亮点。

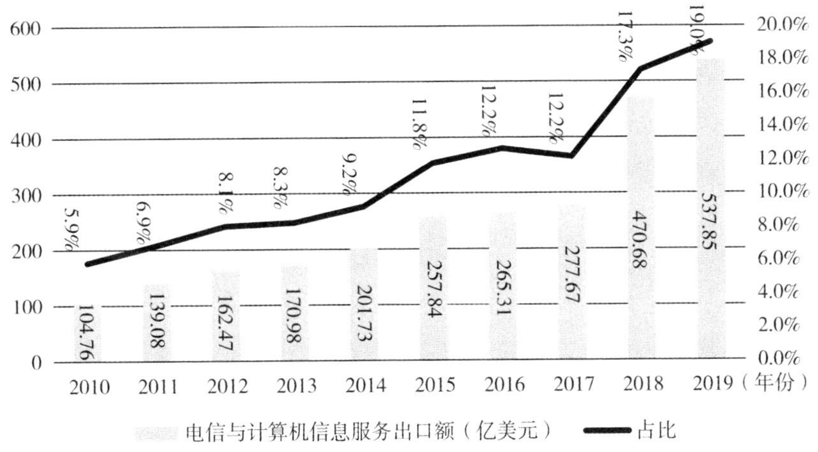

图8.17　2010—2019年中国电信与计算机信息服务出口额及占比

数据来源：WTO数据库。

（3）扩大来华留学规模，分享中国优质教育服务。2018年，共有来自196个国家和地区的49万名各类外国留学人员在全国31个省（区、市）的1004所高等院校学习，比2017年增加了3013人，增长0.62%。按洲别统计，亚洲和非洲学生总数为37.7万人，占比76.52%[①]。亚洲和非洲发展中国家学生来华接受高等教育，在促进科技人文交流等方面发挥了重要作用。目前，我国继续保持全球第三大留学目的地国位置，且有望超过英国成为全球第二大留学目的地国。来华留学生的专业结构不断优化，学习工科、管理、理科等专业的学生数量增长明显，“留学中国”品牌逐步建立。

3. 推进中国与世界的服务对接融合

（1）以扩大进口倒逼国内服务业市场主体转型升级。与发达国家相

① 教育部．2018年来华留学统计[EB/OL]．教育部网站，2019-04-12.

比，我国服务业整体竞争力不足的矛盾依然突出。以文化娱乐业为例，2013—2019 年，我国私人控股规模以上文化服务业企业营业收入由 0.46 万亿元增长到 1.93 万亿元，年均增长 27%①。但 2019 年其营业利润仅为 0.14 万亿元，是外资控股企业的 55.7%，营业利润率为 7.3%，仅为外资控股企业的 1/3（见图 8.18）。这就需要在扩大优质服务进口中倒逼国内服务业企业改善服务质量，提高相关技术，加速转型升级。

（2）在加大优质服务出口中提高服务业国际竞争力。我国在电信计算机服务、商品相关服务、其他商业服务、建筑服务、维护与维修服务等领域具有一定的比较优势和国际竞争力。2019 年，我国在上述领域服务贸易顺差分别为 269.2 亿美元、257.3 亿美元、234.7 亿美元、186.9 亿美元、65.1 亿美元，且仍呈扩大趋势。其中，电信计算机服务和建筑服务优势更加明显，其顺差额分别是 2010 年的 4 倍与 2 倍。未来几年，积极支持优势服务业企业“走出去”，参与更广泛的国际合作与竞争，可以进一步提升自身竞争优势。

三、我国将成为全球最大的服务贸易国

随着经济服务化进程加快及城乡居民服务型消费潜力不断释放，我国服务贸易仍具有巨大发展潜力。“十四五”期间，在服务型消费需求快速释放、服务业市场加快开放的双重推动下，我国服务贸易规模将持续扩大，服务贸易占比将持续提升，并为服务贸易高质量发展奠定重要基础。

1. 2025 年奠定最大服务贸易国的重要基础

（1）服务贸易规模将达 1 万亿美元以上。2010—2019 年，我国服务贸易额年均增长 8.7%。“十四五”期间，按以下三种情形估计：

情形一：若我国面临的外部环境有所改善，服务业市场开放取得重大进展，服务贸易有条件保持 9%的增速，到 2025 年服务贸易额将达 1.3 万亿美元。

---

① 根据 2014—2020 年《中国文化及相关产业统计年鉴》统计数据整理得出。

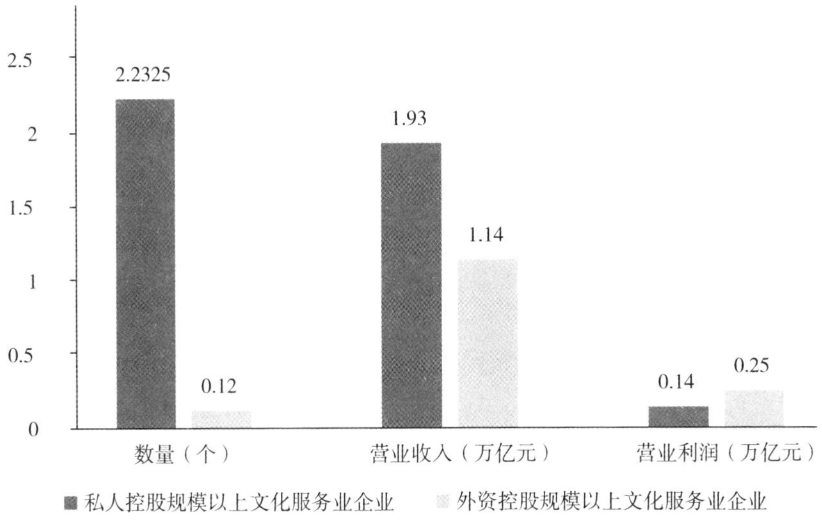

图 8.18　2019 年中国规模以上文化服务业企业营业收入情况

数据来源：国家统计局社会科技和文化产业统计司，中宣部文化体制改革和发展办公室．2020 中国文化及相关产业统计年鉴[M]．北京：中国统计出版社，2020.12.

情形二：若我国面临的外部情况保持不变或有所恶化，服务贸易保持7%的年均增速，到 2025 年服务贸易额将达 1.2 万亿美元。

情形三：若我国面临的外部不利因素明显增多，服务贸易保持 5%左右的增速，到 2025 年服务贸易额将达 1.1 万亿美元，占外贸总额的比重为 18%～20%，接近世界平均水平（见图 8.19）。

（2）成为全球最大的服务进口国。2010—2019 年，我国服务进口额由 1934 亿美元增加至 5007 亿美元，年均增长 11.1%，远高于美国同期 3.4%的平均增速。其中，旅行服务进口额由 548.8 亿美元增长至 2507.4 亿美元，年均增长 18.4%[①]。受疫情冲击，我国旅行服务进口大幅下滑，但随着全球疫情防控形势的好转，旅行服务贸易很可能会快速恢复并增长。“十四五”期间，若我国服务进口保持 6%的年均增速，到 2025 年将达 7100 亿美元，届时将超过美国成为世界第一大服务进口国。

① 根据 WTO 统计数据计算得出。

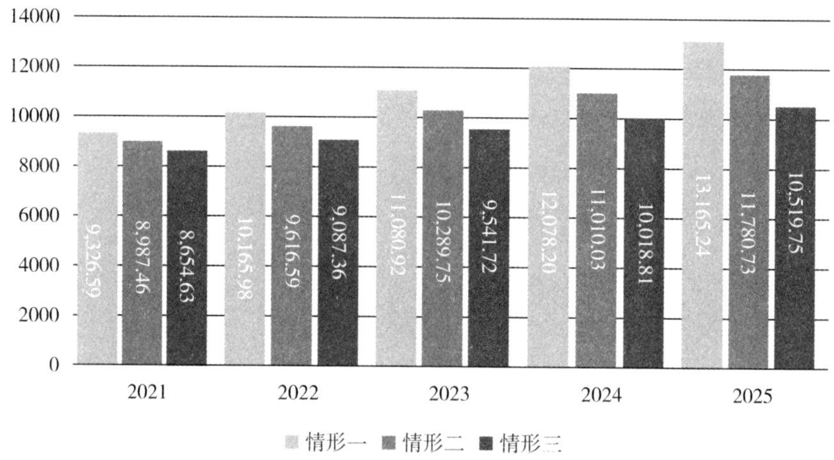

图 8.19　2025 年不同情形下服务贸易规模预测（单位：亿美元）

数据来源：WTO 数据库。

（3）成为全球最大的电信、计算机与信息服务出口国。预计到 2025 年，我国电信与计算机信息服务出口将增长到 1000 亿美元，超过美国，成为全球最大的电信、计算机与信息服务出口国。

（4）服务贸易国际竞争力明显提升。总的来看，我国大部分服务业国际竞争力不高的矛盾突出，服务贸易逆差依然较大。2010—2016 年，我国服务贸易逆差由 150.62 亿美元快速增加到 2425.68 亿美元，占服务贸易额的比重由 4.1%上升至 36.7%。此后，我国服务贸易逆差在波动中逐步下降。2019 年，我国服务贸易逆差为 2174.88 亿美元，占服务贸易总额的比重为 27.7%（见图 8.20）。通过鼓励内外资投资、提升有效供给等方式，争取到“十四五”末期，服务贸易逆差占服务贸易额的比重下降至 15%以内。

2. 2035 年成为全球最大服务贸易国

2010—2019 年，我国服务贸易额年均增长 8.7%，是美国服务贸易年均增速的 2 倍以上①。充分考虑我国服务型消费增长空间、服务业市场开

① 根据 WTO 统计数据计算得出。

放空间等因素，2020—2035 年，我国服务贸易有条件实现年均 8%左右的增速；到 2035 年，我国服务贸易额将达 2.7 万亿美元，成为全球第一大服务贸易国，占世界服务贸易总额的比重达 12%左右。

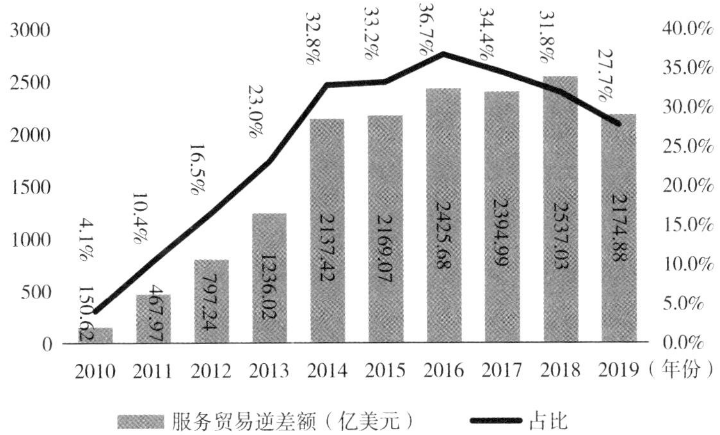

图 8.20　2010—2019 年中国服务贸易逆差额及占比

数据来源：WTO 数据库。

第三节　海南自贸港：打造全球最大的免税购物基地

在我国服务型消费全面增长的大趋势下，海南自由贸易港开始成为重要的消费回流目的地。尤其是中国国际消费品博览会落户海南，为海南打造国内国际双循环的重要枢纽提供了历史契机。

一、以打造全球最大的免税购物基地为重要目标

抓住 RCEP 协定签署落实的重大历史机遇，依托 14 亿人的消费大市场，充分用好自由贸易港的政策与制度，海南经过若干年努力有望打造全

球最大的免税购物基地。

1. 海南离岛免税政策的逐步调整

（1）海南离岛免税政策始于建设国际旅游岛。为支持海南建设成为国际购物中心和具有国际竞争力的旅游胜地，2011 年 3 月 24 日，财政部会同商务部、海关总署、国家税务总局发布了《关于开展海南离岛旅客免税购物政策试点的公告》。2011 年 4 月 20 日起，海南离岛旅客免税购物政策试点正式执行。海南成为继日本冲绳岛、韩国济州岛和中国台湾马祖、金门之后，第四个实施该政策的区域。此后，海南离岛免税政策数次调整。

（2）自由贸易港建设背景下的离岛免税新政。2020 年 6 月 29 日，财政部、海关总署、税务总局联合发布《关于海南离岛旅客免税购物政策的公告》，从 7 月 1 日起，海南离岛免税购物额度从每年每人 3 万元提高至 10 万元，且不限次数；离岛免税商品品种由 38 种增至 45 种，手机等电子消费类产品纳入其中；同时取消了单件商品 8000 元免税限额规定（见表 8.2）。

表 8.2　2020 年海南免税政策调整前后对比

	调整之前	调整之后
免税购物额度	3 万元	10 万元
商品品种	38 种	45 种
单件商品税额	不超过 8000 元，超过需缴纳行邮税	取消超过 8000 元商品的行邮税
单次购买商品数量	化妆品：12 件 手表：6 件 服装服饰：6 件 小皮件：6 件 玩具（含童车）：5 件 医疗器械：2 件	化妆品：30 件 手机：4 件 酒类：1500ml 其他所有类型商品均取消购买件数限制

数据来源：财政部，海关总署，税务总局．关于海南离岛旅客免税购物政策的公告[EB/OL]．中国政府网，2020-06-29.

2. 2020 年：疫情下海南免税购物爆发式增长

（1）离岛免税新政实施前的稳步增长。统计数据显示，海南免税年购物人数由 2011 年的 48.36 万人次增长到 2019 年的 384 万人次，年销售额由 2011 年的 9.86 亿元稳步增长至 2019 年的 136 亿元。2019 年，海南离岛免税品销售件数和销售金额均创历史新高，同比增长均超三成①。

（2）离岛免税新政实施后的爆发式增长。自 2020 年 7 月 1 日海南离岛免税政策实施第六次调整后，加之受疫情影响，大量海外消费回流，至 12 月 31 日，海南离岛免税店日均销售额超 1.2 亿元，同比增长 2 倍多②。其中，购买免税品的人数占离岛人数的比重由之前的 12%提高至 30%，离岛免税店共实现销售额 235.6 亿元，同比增长 216%；购物人数 304.4 万人次，同比增长 62%。2020 年海南离岛免税全年总销售额 276.7 亿元，同比增长 106.6%；免税购物实际人次 530.9 万人次，同比增长 37.52%；免税购物件数同比增长 63.24%。随着海南 5 家离岛免税店的新开业，全岛运营门店总数为 9 家，旅客承载能力大幅增强。数据显示，2021 年前两个月，海南 9 家离岛免税店实现免税销售额 84.9 亿元，同比增长 359%；购物人数 152.9 万人次，同比增长 191%；购物件数 807.85 万件，同比增长 216%③。

3. 海南有条件建成全球最大的免税购物基地

（1）海南背靠 14 亿人的消费大市场。在同等免税购物条件下，由于人流、物流更加便捷，与中国香港、新加坡和迪拜等相比，海南更有条件吸引国内居民旅游和购物。疫情条件下国内居民海外消费回流，相当一部分会转移到海南。如果海南将免税购物、国际医疗和留学海南这三大品牌做好，海南免税购物的发展潜力会更大。

（2）海南的免税购物政策优势明显。以内地居民购物为例，国家给到海南的免税额度为每年 10 万元，相当于 20 次香港购物的额度。同时，海

---

① 离岛免税购物政策 1600 万人次受惠[N]. 人民日报，2020-06-20.

② 再增两家 海南离岛免税店增加至 9 家[EB/OL]. 新华网，2021-02-01.

③ 最关键最核心的七大政策落地怎么样？——省委深改办召开座谈会介绍自贸港建设最新进展及成效[N]. 海南日报，2021-03-09.

南拥有比香港更加优越的旅游业资源。

（3）“十四五”海南免税购物将快速增长。

——在完善全岛免税销售网络，实现国外商品和国内购买力充分对接的条件下，海南有望吸引免税购物回流 3000 亿元①。

——通过延伸相关产业链，将免税购物与旅游业其他要素相结合，带动免税购物规模的快速提升。

——依托机场扩容和新建、琼州海峡优化、广湛港高铁建设等，海南游客接待能力未来 3~5 年有望增加 50%~100%②，并由此带动免税购物蛋糕做大。

二、中国国际消费品博览会：全球分享中国 14 亿人消费的新平台

《海南自由贸易港建设总体方案》提出，举办中国国际消费品博览会，国家级展会境外展品在展期内进口和销售享受免税政策。消博会是我国继进博会后举办的又一个国家级展会，不仅对海南自由贸易港建设有重要促进作用，而且将打造成为全球分享中国消费一个重要的新平台。

1. 消博会助力国际旅游消费中心建设

中国国际消费品博览会以“开放中国，海南先行”为主题，围绕建设海南国际旅游消费中心定位，集聚全球消费领域资源。消博会的目标定位是聚焦“高、新、优、特”消费精品，对标国际专业会展运营规则，汇聚全球高端优质消费精品资源，力争打造成国际消费精品全球展示交易的重要平台。既为各国消费精品进入中国市场提供展示、交易机会，也为中国各地和各国消费精品销往世界各地创造商机。同时，发挥海南自贸港独特的免税政策优

① 海南计划“十四五”吸引免税购物回流 3000 亿元[EB/OL]. 中国新闻网，2021-01-24.

② 中国国际消费品博览会临近 海南相关概念站上风口[EB/OL]. 证券时报网，2021-03-12.

势，适当开展展会期间的现场销售，助力海南成为全球免税购物中心和时尚消费中心。

2. 各方高度关注首届消博会

首届消博会将于2021年5月7日至10日在海南国际会展中心举行。瑞士将担任首届消博会主宾国，届时众多“瑞士制造”将为消博会增光添彩。日本、法国、韩国、加拿大、爱尔兰、泰国、阿塞拜疆等10余个国家和地区将组团参展。全国31个省（自治区、直辖市）和新疆生产建设兵团将组团参展，集中展示本地区的消费精品和中华老字号。

目前，已有超过200个全球头部品牌确认参展，其中境外品牌参展面积占比接近80%，10余个国家和地区将组团参展，这对推动海南消费市场与国际对接、吸引国际化产品与服务供给主体等都具有重要作用。中免集团、王府井集团、深免集团、中服免税、苏宁国际、京东集团、华润万象城、太古集团等境内外免税经营企业、高端零售商贸企业、大型实体商超、商业地产企业、头部电商和奢侈品电商将组团参会，并举办形式多样的采购对接活动。

专栏8.1

首届消博会招展特点

从参展筹备总体情况看，呈现出以下几个特点：

一是全球头部品牌集聚。已有法国的开云集团、欧莱雅、人头马君度、保乐力加，瑞士的历峰集团、瑞表集团，德国的汉斯游艇，日本的资生堂、芳珂、欧姆龙，美国的强生、戴尔以及西班牙敖司堡、澳洲澳佳宝等超过200个全球头部品牌确认参展。

二是国际化程度高。本届消博会境外品牌参展面积占比约75%。瑞士将担任首届消博会主宾国，日本、法国、韩国、爱尔兰、中国香港等10余个国家和地区将组团参展，参展的境外企业、境外品牌覆盖20多个国家和地区。

三是全国省区市齐聚。全国31个省（自治区、直辖市）和新疆生产建设兵团（不含台港澳地区）都将组团赴海南参展，集中展示本地区的消费精品和中华老字号。海南也正积极谋划海南馆的组织工作。

四是首发首展比重较高。不少国内外知名品牌都明确表示，将在本届消博会上发布最新产品和最新款式。例如，一些珠宝和手表国际知名厂家将推出消博会定制款，德国汉斯最新款的帆船式游艇已确认亮相首届消博会。

五是突出专业化水平。国际展区按专业化布局。邀请了中国珠宝玉石首饰行业协会、中国食品土畜进出口商会、中国检科院燕窝诚信联盟等专业机构负责珠宝、酒类和燕窝的组展工作，并将在展区内设立鉴定专区，对每件参展产品进行严格审核鉴定。

资料来源：首届中国国际消费品博览会 .200 余个全球头部品牌确认参展[N]. 海南日报，2021-01-27.

3. 推动消博会品牌化，放大消博会效应

（1）进一步放大自贸港政策效应。例如，随着海南自由贸易港货物自由化便利化政策，尤其是“零关税”政策的全面实施，国外产品进入海南将更加自由便利，国际化产品在海南的销售成本将有明显的下降，使得国人在海南不出国门就可以“买全球”；同时，海南自贸港资金、人员、航运等自由便利流动政策的实施，使得国际消费品供应商在海南可以“卖全球”。抓住未来5~10 年 14 亿人国际化产品和服务消费需求快速释放的时间窗口期，充分利用消博会的国家级平台作用，海南有条件成为面向亚太、覆盖东南亚的区域性购物中心，并在分享中国消费大市场中扮演重要角色。

（2）助推消费潜力释放，引领消费结构升级。一方面，消博会促进我国与各参展国以及参展企业之间实现资源和市场信息的共享，能够提高信息交流的扩散效应；另一方面，消费者对高质量产品的选择面也将明显拓宽，可以在全球范围内挑选优质产品和服务，并刺激我国消费者对这些产品和服务需求的增长。借助消博会平台，国内企业家和经销商可以更有针对性地寻找国际合作伙伴，也可以与其他国家的企业共同开发第三国市场。由此，在供给和需求两端形成促进消费潜力释放、引领消费结构升级的重要动力。

（3）倒逼国内消费产品与服务供给提质升级。消博会通过促进我国消费产品和服务在数量、质量、品种等方面的实质性提升，能够有效提高我国企业的生产能力和全球竞争力。消博会的本质是促进消费产品与服务、消费技术、消费资本、消费管理等要素自由流动，更好地推动消费规模扩大和我国经济发展，倒逼企业改善产品质量，提高供给质量，进而提高我国企业竞争力。尤其是对医疗健康、文化娱乐等国内需求强烈、供给缺口较大的领域，通过以消博会为平台引进国外先进的生产技术、生产标准和管理经验，有效促进国内企业深度参与全球价值链分工和全球创新网络，加快国内新兴产业的成长和产业升级的步伐。

（4）促进新产品和新技术的交流合作。从消博会筹备情况看，各国或者企业来消博会参展的产品，除一些传统的体现民族特色的产品，还有很多是最新产品、高科技产品。这些产品的展出将给参会各方提供一个了解某一行业或者某一类产品最新发展动态的机会。参展商不仅可以系统交流消费领域的产品性能、服务标准、生产技术，互相学习和吸收，进而促进整个行业的发展，而且有助于参展各方寻找更多的合作机会，包括寻找更优质的产品、更广阔的市场以及更好的投资机会，促进对外投资的发展，促进人才、资金、技术等各种资源在全球范围内的重新配置，以及全球价值链的延伸。

三、以消博会为契机完善免税购物服务体系

近年来，我国居民以旅游消费为重点的服务型消费需求全面快速增长。海南要抓住未来5~10年我国居民旅游消费需求快速释放的时间窗口期，尽快实现国际旅游消费中心建设的突破，形成吸引消费回流的重要基地。

1. 提升免税购物消费供给能力

（1）加快扩大免税购物经营主体和区域范围。封关前，积极争取提高免税购物额度，拓展免税商品品种等免税政策，在严格监管和市场准入的

情况下，探索特许经营等方式，允许更多有实力、有条件的企业进入海南免税市场；进一步拓展免税购物区域，提升海南离岛免税竞争优势。封关后，推动“离岛免税”升级为“全岛免税”；逐步取消岛内免税特许经营，继续保留离境口岸内免税店。

（2）加快实现免税品的品种、品牌、价格与国际“三同步”。鼓励和引导免税品经营企业在现有品种类别下增加品牌数量，在景区、酒店等开设展示店，加大促销力度，扩大免税商品网络销售规模。会同旅游部门在机场、码头、酒店、景区等重点区域，大力宣传免税购物政策，探索免税购物和航空业务深度融合。

（3）进一步推动免税购物便利化。全面实施离岛免税“邮寄送达”“本岛居民返岛提取”等措施。探索免税购物新模式，争取实现离岛免税商品网上“回头购”。封关后，取消设在机场、火车站、海港码头的免税品提货点，实行“即买即提或邮寄送达，海关验放”的提货方式。

2. 打造离岛免税产业链与配套供应链

（1）加快推动免税购物与其他产业业态的深度融合。对清单内高端消费品出入境实行诚信申报制，对于申报无疫的出入境消费品给予放行便利，打造高度便利自由、辐射全国的国际高端消费品保税集货中心。

（2）推动落实保税展示政策。对海南举办的展会实施进口展品保税展示，展览期间销售的进口展品免征关税、进口环节增值税和消费税，推动海南会展产业发展。已销售进口展品离岛进入内地时，实施正面清单管理，对一定品种和额度内免税，清单外品种和超出额度商品照章征税。

（3）积极推动与香港等地携手打造免税产业链。例如，建立琼港、琼澳服务业合作园区，重点合作开展免税消费品保税物流、保税展示、免税消费品制造、加工和维修业务；划定特定区域打造免税购物示范区，探索与新加坡及中国香港、澳门等国家和地区建立委托经营、独资经营、整体项目进入、外包服务等多种形式的合作机制，全面引进优质资本以及先进的经营管理人才，提升海南免税购物产业的国际化水平，并由此带动海南文化娱乐、金融保险、物流等相关服务业转型升级。

3. 加快发展日用消费品免税市场

（1）积极推动日用消费品免税政策落地实施。推动岛内居民消费的“零关税”进境商品政策在2021年出台落地实施，放大自贸港免税政策效应。加大日用消费品免税经营主体的招商引资力度，引入国内外跨境电商领军企业、品牌连锁便利店及国际知名零售企业。

（2）做好日用消费品免税商业网点的规划布局。根据各市县人口规模合理布局进境日用消费免税商业网点，并出台网点建设标准和规范；出台岛内居民消费的“零关税”进境商品管理办法，争取2021年底将日用消费品免税店覆盖全岛。

（3）加快建设日用消费品免税公共服务平台。发挥“海南一码通”引领消费业态、新模式作用，以旅客申报数据和社管平台的居民数据为基础，整合离岛免税、跨境电商系统，建设零关税日消品公共服务平台。在国际贸易“单一窗口”框架下，通过购买服务的方式，引入更多有实力的企业参与建设。

第四节　消费导向转型下的制度型开放

无论是释放消费潜力，还是推进服务业市场开放与服务贸易快速发展，都对制度型开放提出现实需求。当前，我国正加快推进规则、规制、标准等与国际对接，服务业市场开放、竞争政策基础性地位、知识产权保护等关键性、基础性深层次体制机制改革正在深化。

一、推进高水平制度型开放进程

服务业市场开放不仅要求市场准入限制的逐步放开，也包括准入后的监管等制度性、结构性安排。当前，我国服务业对外开放越来越重视对接国际通行规则，并在一定程度上促进了服务业市场化改革措施的有效性。

1. 负面清单管理制度的确立与实施

（1）积极探索并完善准入“前国民待遇+负面清单”管理制度。2013年，上海自贸试验区设立并率先探索准入“前国民待遇+负面清单”管理模式；同年9月，上海自贸试验区正式发布我国首份外商投资准入特别管理措施（负面清单）。在自贸试验区实践的基础上，2018年推出《外商投资准入负面清单》并明确提出，负面清单之外的领域按照内外资一致原则实施管理。2020年，服务业领域限制措施数量减少至23项，比2013年减少了72项（见表8.3）。

表8.3　2013年、2020年自由贸易试验区外商投资准入负面清单对比（单位：个）

行业	2013年	2020年	缩减数量
农、林、牧、渔业	7	3	4
采矿业	16	1	15
制造业	63	2	61
电力、热力、燃气及水生产和供应业	5	1	4
建筑业	4	无此项	4
批发和零售业	13	1	12
交通运输、仓储和邮政业	21	4	17
住宿餐饮业		无此项	—
信息传输、软件和信息技术服务业	8	2	6
金融业	5	无此项	5
房地产业	4	无此项	4
租赁和商务服务业	13	3	10
科学研究和技术服务业	12	3	9
水利、环境和公共设施管理业	3	无此项	3

续表

行业	2013 年	2020 年	缩减数量
居民服务、修理和其他服务业	—	无此项	—
教育	3	2	1
卫生和社会工作	1	1	0
文化、体育和娱乐业	12	7	5
禁止准入类		无此项	—
其他行业		无此项	—
总计	190	30	160
其中：服务业	95	23	72

数据来源：《中国（上海）自由贸易试验区外商投资准入特别管理措施（负面清单）（2013 年）》《自由贸易试验区外商投资准入特别管理措施（负面清单）（2020 年版）》统计数据整理。

（2）全面实行市场准入负面清单管理制度。2016 年 3 月，我国制定《市场准入负面清单草案（试点版）》，在天津、上海、福建、广东等省市先行试点。2018 年，在试点基础上市场准入负面清单管理制度在全国全面推开实施。截至目前，负面清单已经过 3 次修订，限制或禁止措施数量由 2016 年的 328 项缩减至 123 项；其中，服务业领域的限制措施由 151 项缩减至 66 项，缩减比例为 56.3%（见表 8.4）。

表 8.4　2016—2020 年市场准入负面清单分行业限制措施数量（单位：项）

行　业	类型	2016年(试点)	2018 年	2019 年	2020 年
批发零售业	限制	15	11	7	7
	禁止	2	5	5	5
交通运输业	限制	18	12	7	7
	禁止	3	4	4	4
住宿和餐饮业	限制	2	1	1	1
	禁止	0	1	1	2
信息传输和软件服务业	限制	10	5	5	5
	禁止	0	9	9	9

续表

行 业	类型	2016年(试点)	2018年	2019年	2020年
金融业	限制	17	10	10	10
	禁止	2	2	1	2
房地产业	限制	1	1	1	1
	禁止	0	0	—	0
租赁和商务服务业	限制	22	7	7	6
	禁止	2	0	—	—
科学研究和技术服务业	限制	11	8	8	8
	禁止	3	5	6	6
居民服务、修理和其他服务业	限制	2	2	2	2
	禁止	3	4	3	3
教育	限制	1	3	2	2
	禁止	1	2	4	5
卫生和社会工作	限制	10	6	4	4
	禁止	1	2	2	2
文化、体育和娱乐业	限制	18	11	8	7
	禁止	4	9	10	10
公共管理、社会保障和社会组织	限制	2	—	—	—
	禁止	—	—	—	—
水利、环境和公共设施管理业	限制	22	9	7	6
	禁止	11	57	61	66
政府核准	—	8	8	7	8
互联网禁止准入	—	—	6	7	7

数据来源：2016 年、2018 年、2019 年、2020 年《市场准入负面清单》。

2. 事中事后监管制度逐步建立

为了与负面清单管理制度相适应，我国积极探索服务业事中事后监管制度，在构建部门协同监管机制、扩大智能监管覆盖、规范重点领域监管流程等方面取得了明显进展。以“双随机、一公开”监管为基本手段、以重点监管为补充、以信用监管为基础的新型监管机制逐步健全。同时，信用监管实行守信联合激励和失信联合惩戒机制，让市场主体“一处违法、处处受限”，增强了对市场主体的威慑力，市场环境更加公平有序。但同时，我国事中事后监管制度仍有待进一步完善，事中事后监管理念尚未完全确立，事中事后监管体制仍有进一步改进空间。

3. 知识产权保护力度不断强化

随着经济结构调整和高质量发展深入推进，我国对知识产权使用等生产性服务需求快速增长，与知识产权相关的服务进口大幅提升。为进一步加强知识产权保护，确立知识产权“严保护”的政策导向，2019 年我国出台《关于强化知识产权保护的意见》，在强化制度约束、加强社会监督共治、优化协作衔接机制、健全涉外沟通机制等方面提出多项创新举措，为加强对中外企业知识产权的一视同仁和同等保护创造了良好环境。同时，借鉴国际经验，进一步完善海外知识产权纠纷预警防范机制，建立国外知识产权法律修改变化动态跟踪机制，健全协调和信息获取机制、涉外执法协作机制，积极推动改善我国企业海外知识产权保护环境。

4. 开放法律法规制度的逐步完善

2019 年，我国制定了统一的《外商投资法》，实现了《外资企业法》《中外合资经营企业法》《中外合作经营企业法》三法合一，为新形势下进一步扩大服务业开放、积极有效利用外资提供有力的法治保障。另外，2019 年我国还公布了《优化营商环境条例》，将近年来改善营商环境的经验做法以法规制度的形式加以固化，确立了对内外资企业一视同仁的营商环境基本制度规范，针对现阶段营商环境的突出短板和市场主体反映强烈的问题，也从完善体制机制层面作出相关规定。

二、消费导向转型倒逼制度型开放

无论是以服务业市场开放完善供给体系，还是以促进服务贸易发展分享我国服务型消费大市场，都对制度型开放提出了迫切需求。

1. 提升服务型消费供给质量的迫切要求

（1）对内开放：规则、规制、管理、标准等不完善的矛盾与挑战突出。总的来看，我国服务业领域标准化、制度化建设仍处在探索起步阶段，无论是规则、规制、标准还是管理能力建设，都在一定程度上滞后于对内开放与产业变革进程，并成为增大企业制度性交易成本的重要因素。

（2）对外开放：规则、规制、管理、标准与国际不对接制约开放效果。例如，由于我国尚未建立与国际接轨的服务业各类人才认可制度，使得以降低外资准入限制、拓展外资经营范围等方式的对外开放难以充分发挥效应。这也是多年来我国医疗、健康、会计、法律、金融等专业服务行业限制指数居高不下、国际上认为我国服务业开放度不高的重要原因。

（3）综合看来，规则、规制、管理、标准不完善增大开放的风险。以金融为例，在当前我国金融监管体制尚未完全理顺、金融监管标准与规则仍未完善、部分标准缺失导致监管真空的情况下，外资银行利用自身优势和漏洞开展对应交易的风险将会上升。再如，信息技术在金融行业各环节的广泛运用也给金融系统稳定带来了隐患，直接的包括技术和系统漏洞以及客户信息的泄露、盗取和被误用，间接的包括金融科技带来的金融组织形式变更可能引起的监管套利以及数字货币、电子支付与互联网金融可能对传统货币体系和支付结算体系造成的冲击。

2. 促进服务贸易自由化便利化的现实需求

（1）全球服务贸易规则加速重构大趋势。当前，《服务贸易总协定》以正面清单为主，而 CPTPP、EPA 以及 USMCA 在服务贸易和投资领域均采用了负面清单模式，并在服务业部门实行准入前国民待遇；内容除涉及跨境服务贸易外，还以专门章节就金融、电信、电子商务、专业服务、自然人流动等做出明确规定；更多涉及成员方国内管理体制的“监管一致性”，如知识产权、政府采购、竞争中性等议题，不断提高标准或被纳入规则体系；同时，实现了对区域外其他国家的歧视。

（2）规则、规制、管理、标准对接成为降低服务贸易壁垒的关键所在。商业存在、跨境支付、自然人移动、境外消费等服务贸易发展模式都需要境内外相关规则、规制、管理、标准的对接。例如，医疗、教育、文化娱乐、法律、会计等领域的开放度不仅取决于市场开放度，也取决于人才流动壁垒的消除。目前，由于缺少国际职业资质互认制度，很大程度上限制了我国利用国际化人才提供专业服务的有效性。即使在粤港澳大湾区也仅是在建筑、商业银行等少数行业实现了资质互认，而较为重要的专业服务领域，如法律、会计、医疗、兽医、专利代理等，港澳专业人士必须通过内地相关资格考试后，才能进入内地执业。这就需要加快在医疗健康、文化娱乐、研发设计、旅游等领域确立职业资格互认制度。

三、以制度型开放推动消费导向转型的重大任务

以海南自由贸易港、自由贸易试验区、粤港澳大湾区为重点打造对外开放新高地，在加快实现高水平开放重要突破的同时，规范影响贸易投资自由便利的国内规制，并在我国参与全球新一轮经贸规则重构中发挥了特殊作用。

1. 对标世界最高水平开放形态推进海南自贸港建设

（1）对标世界最高水平开放形态。一是按照“境内关外”的基本要求，对标香港、新加坡等国际自由贸易港，在海南实行高水平贸易和投资自由化便利化政策。二是对标世界最高水平的经贸规则，借鉴并率先实施国际最新投资贸易协定的相关条款，尽快开展电信、环保、劳工、政府采购等领域的先行先试。三是对标国际一流营商环境标准，全面实施自由企业制度，建立严格的产权保护与知识产权保护制度，构建与国际接轨的多元化纠纷解决机制，为全世界投资者、创业者打造开放层次更高、营商环境更优、辐射作用更强的开放新高地。

（2）以制度型开放为重要举措的制度集成创新。大幅减少经营许可事项，实施市场准入承诺即入制；在法律范围内和有效监管下，保障市场主体自主注册、自主经营、自主变更、自主注销，最大限度提高企业的自主权。以扩大金融开放为重点推进跨境资金自由便利制度创新，对外资金融机构准入实行与内资同等标准、审批程序与期限，加快形成以外资、社会

资本为主体的金融体系。以加快开放的人才政策为重点推进人员进出自由便利的制度创新，实行严格的工作签证分类管理，制定与发达国家相衔接的职业资格单向认可制度。以洋浦港为重点，加快建设具有较强服务功能和辐射能力的国际航运枢纽，不断提高全球航运资源配置能力，加强与新加坡、中国香港等国家和地区的合作，发展多样化的船舶租赁、航运保险、航运衍生品等航运金融业务。

（3）在制度型开放中构建面向东南亚的服务贸易大网络。

——构建数字服务贸易大网络。例如，在海南自由贸易港合作共建数字自由贸易区，共同推动数字经济领域的开放进程；以企业为主体共同建立“跨境电商自由贸易园区”“数字经济合作园区”“智能制造合作园区”“飞地数字产业园”等。

——构建旅游服务与免税购物大网络。适应疫后东南亚经济复苏的现实需求，以邮轮旅游为重点共同建立岛屿旅游合作体，实现客源共享和互送、邮轮航线的联合营销、邮轮旅游危机管理合作、人员入境相互免签；积极与新加坡、中国香港等国家和地区共同打造区域性免税购物供应链和产业链。

——构建医疗健康与教育培训服务贸易大网络。例如，利用海南自由贸易港医疗健康开放政策建设区域性抗疫物资生产、储备、研发的合作基地，强化与东盟在高端医疗技术及药品器械研发、试验、技术交流、抗疫物资、应急响应、出入境检验、大数据等方面的协调合作；以博鳌乐城医疗旅游先行区为平台，加快建设面向东南亚国家的区域医疗健康服务中心。扩大国际科技教育合作，支持各类高校、科研院所与东南亚国家和地区开展合作研究、学术互访、研究人员交流等活动。

——构建商务服务贸易大网络。例如，共建国际数据交易所，开展数字版权确权、估价、交易、结算交付、安全保障、数据资产管理等服务功能；共建知识产权交易所，立足各自创新发展需求，推进区域内知识产权交易；建设热带农产品现货期货交易所，为区域内国家和地区提供农产品交易、定价、价格指数发布及金融保险等服务。

2. 推进自贸试验区转型升级

（1）打造制度型开放“新高地”的基本要求。面对内外发展环境变化，推进制度型、结构性开放成为我国新阶段开放的重大任务。这需要发挥自由贸易试验区的重要作用。一方面，加强同国际通行市场规则对接。例如，全面实施企业自主登记制度与简易注销制度，取消企业一般投资项目备案制，尽快开展负面清单外无审批试点等，真正实现内外资企业“自由生、自主营、自由死”。另一方面，尽快将上海自贸试验区跨境服务贸易负面清单推广至全国其他自贸试验区；大幅缩减跨境服务贸易负面清单数量，进一步细化跨境服务贸易负面清单限制性措施，增强透明度与可操作性。

（2）差异化制度型开放探索的重大任务。按照“持续深化差别化探索”的基本思路，形成多层次的探索经验。例如，抓住上海自贸试验区扩容的契机，率先对标国际金融中心与 CPTPP 等高水平经贸规则；广东自贸试验区可以把成熟的经验尽快在粤港澳大湾区中的珠三角推开。对不具备全面开放的自贸试验区根据自身特点实行产业项下的自由贸易政策。例如，辽宁自贸试验区重点推进装备制造业和先进制造业产业项下的自由贸易政策；陕西自贸试验区重点推进文化项下的自由贸易政策。根据各自贸试验区承载的“一带一路”建设的重大任务和自身特点，实行基础设施项下、产能项下、服务贸易项下、海洋项下的自由贸易政策。

（3）规范引领国内开放规制的重大举措。2019 年，我国东部地区外贸依存度达 50%，而中部、西部、东北地区普遍低于 20%[①]。目前，我国已设立 21 个自贸试验区，形成了覆盖东西南北中的全方位开放新格局，具备带动优化区域布局的基本条件。这需要在中央层面明确自贸试验区开放底线的前提下，允许自贸试验区根据所承载的国家战略、自身区域特点实行

---

① 国家统计局．中国统计摘要 2020［M］．北京：中国统计出版社，2020. 5.

差异化开放策略；这就需要赋予其在改革上更大的自主权，使不同的自贸试验区根据不同的定位，在不同的领域加快探索，实行差异化的负面清单；并允许先行实施各自优势产业项下的自由贸易政策。

3. 加快粤港澳大湾区服务贸易一体化建设

（1）推进粤港澳大湾区一体化的现实需求。在粤港澳区域经济合作过程中，广东与港澳地区在教育、卫生、科技、文化等方面的资质认证和评估标准差别较大，出现实施合作程序多、实施步骤不同步、效率低下等问题。据香港理工大学反映，其深圳研究院只能使用工业用电，运作成本较高。这就需要加快实现三地管理标准与规则的有效衔接，降低三地资源要素流动的制度性壁垒。

（2）服务贸易领域规则标准衔接的重大任务。适应粤港澳服务业市场开放的趋势，需要针对与港澳市场监管执法标准差异问题，制定与港澳市场经营行为差异化责任豁免目录。也需要借鉴港澳服务行业协会管理机制，探索把服务相关行业的管理职能交由社会组织承担，强化行业自律，探索与港澳的行业管理标准和规范衔接。进一步发挥香港中介组织的桥梁作用，加强两地合作，拓展服务范围，为广东企业提供包括产品开发、研究咨询、人才培训、检验检测、金融等服务，有效推动广东服务业标准与国际接轨。

（3）在经贸规则标准对接中释放粤港澳服务贸易一体化的巨大潜力。2019 年，广东 9 市服务业占比为 57.1%，而 2018 年香港和澳门分别为 93.1%和 95.8%①，广东 9 市明显偏低。2019 年，大湾区整体人均 GDP 水平达 16.15 万元人民币，仅香港、澳门、深圳、珠海高于此平均线。可以预见，如果粤港澳服务贸易一体化取得突破性进展，未来 2~3 年粤港澳大湾区的地区生产总值有望超过东京湾区，成为世界第一大湾区。

---

① 广东 9 市数据来源为《广东统计年鉴 2020》；澳门数据来源为《澳门统计年鉴 2019》；香港数据来源为《香港统计年刊 2019》。

四、以制度型开放推动中国市场与世界市场的深度融合

规则等制度型开放意味着我国开放领域从“边境开放”转向“边境后开放”，开放层次由政策向制度延伸和深化。随着边境后规则、规制、管理、标准等实现国际对接，我国市场将与世界市场进一步深度融合。

1. 在市场管理标准的对接中促进双向投资

随着准入“前国民待遇+负面清单”管理制度的确立，标志着在准入环节实现了市场管理体系的对接。同时，自贸试验区在准入后的市场管理体系方面加快探索，与负面清单管理制度相适应，目前自贸试验区对负面清单以外领域的外商投资项目核准和企业合同章程审批改为备案制。以广东自贸试验区为例，目前广东自贸试验区内，对外商投资实行备案管理的项目数量占企业投资项目总数的比例达 90%。其中，区内 99%的新设外商投资企业通过备案设立，办理注册时间由 10 多个工作日减少到最快 2 个工作日；同时在自贸试验区内企业对境外投资一般项目率先实行备案制，初步实现了“自由生”的管理制度体系。未来，随着制度集成创新成果的全国推广，将对我国行政审批制度改革及监管体制改革等产生重大影响。

2. 在市场标准的对接中促进要素双向流动

总的来看，我国服务业领域的规则、规制、管理标准仍然很少，健康管理、数字经济等服务标准刚刚起步。现行国家标准、行业标准、地方标准中仅名称相同的就有近 2000 项，有些标准技术指标不一致，甚至冲突，既造成企业执行标准困难，也造成政府部门制定标准的资源浪费和执法尺度不一。加快在国际对接中完善相关行业的规则、规制、管理和标准，已经成为一个务实的举措。当前，服务业规则、规制、管理、标准的国际对接工作正在起步。2020 年 11 月，国家标准化管理委员会印发了《国家标准采用国际标准工作指南（2020 年版）》，瞄准国际标准提高水平，加快推进中国标准与国际标准之间的转化运用。从趋势看，未来我国将很可能在医疗、健康、养老、旅游等领域率先对标国际服务业管理标准，并逐步

拓展行业范围，最终实现内外服务业标准体系的全面对接。

3. 在市场规则对接中实现互利共赢

竞争中性原则的相关内容逐步成为全球新一轮经贸规则的基本要求与高标准市场经济体系的重要规则。当前，无论是从我国自身发展需求来讲，还是推进制度型开放的需求而言，营造公平竞争的市场环境十分迫切。当前，我国正加大强化竞争政策基础性地位力度，逐步清理妨碍公平竞争的相关政策，并积极推进多双边自由贸易协定竞争政策等议题谈判，加强竞争领域多双边合作交流。未来，随着竞争中性原则的确立、营商环境的逐步优化，将对改革形成更大倒逼压力，有可能使得服务业领域行政垄断等多年来未得到有效解决的体制机制问题得到集中解决，实现各类所有制企业公平竞争的基本格局。

第五节　中国消费是世界经济增长的重大利好

14 亿人的消费大市场是“世界的市场、共享的市场、大家的市场”。消费潜力的释放与市场的开放，不仅为我国实现高质量发展提供更大空间，也将为促进世界经济恢复并持续增长提供重大利好；不仅对改善和发展大国关系产生重大影响，也将对经济全球化注入更多正能量。

一、中国消费成为全球经济增长的重要推动力

14 亿人的消费释放和消费升级，不仅是疫情后推动全球经济复苏的重要力量，而且对扩大全球中长期有效需求具有重要作用。在消费结构升级引领供给体系升级的趋势下，中国消费将为全球经济增长做出更大贡献。

1. 中国消费释放成为全球经济增长的重要推动力

（1）为全球经济复苏和增长注入新动力。我国消费结构升级与全球市

场的对接，将为全球经济增长注入强大的正能量。根据《经济学人》和波士顿咨询公司预测，到 2021 年，中国消费市场为 6.1 万亿美元的规模；2016—2021 年中国消费增长量达 1.8 万亿美元，相当于 2021 年英国的消费市场规模①。也就是说，我国这 5 年的消费增量将相当于一个英国市场。随着 RCEP 的签署、中欧投资协定谈判如期完成，未来几年我国 14 亿人强大消费市场潜力的释放，将为贸易伙伴的经济增长带来新的机遇和发展空间。根据相关机构的预测，RCEP 协定的全面实施将使成员方每年 GDP 增长 0.5%，出口额增长 5.5%，并带动全球经济增长 0.2%，相当于 CPTPP 收益的两倍②。

（2）进博会打造共享中国市场的平台。举办中国国际进口博览会，是我国着眼于推动新一轮高水平对外开放作出的重大决策，是主动扩大进口、推进高水平经贸合作的重大举措。从参展国家角度来看，首届进博会共吸引了 172 个国家、地区和国际组织参会；第二届进博会吸引力和国际影响力持续提升，共有 181 个国家、地区和国际组织参会；尽管受疫情影响，第三届进博会还是有 172 个国家、地区和国际组织参会。从交易金额来看，第一届进博会累计意向成交 578.3 亿美元；第二届进博会累计意向成交达 711.3 亿美元；第三届进博会尽管受疫情冲击影响，但累计意向成交仍然实现正增长，达 726.2 亿美元（见图 8.21）。

从实际效果来看，进博会促进进口的效应持续释放。例如，从第一届进博会的情况来看，参加进博会的 12 个主宾国 2018 年对华总出口同比增长了 22.5%（以美元计，下同），远快于我国整体进口增长水平（15.8%）。2019 年这种效应仍在发挥作用，12 国对华出口尽管与 2018 年近乎持平，但仍好于中国整体进口情况（-2.7%）。参加第二届进博会的主宾国也表现出类似情况。2019 年参加进博会的 15 个主宾国对华出口同

---

① 台媒称大陆消费市场未来井喷：五年增量相当于一个英国[N]. 参考消息，2017-06-30.

② RCEP 为全球自由贸易注入了一针强心剂[EB/OL]. 每日经济新闻，2020-11-16.

比增长 4.5%，远好于同期我国整体的进口增速（-2.7%）。其中，约旦、希腊等国对华出口实现大幅增长，马来西亚、哈萨克斯坦、捷克、柬埔寨等国对华出口也保持了较快增速。

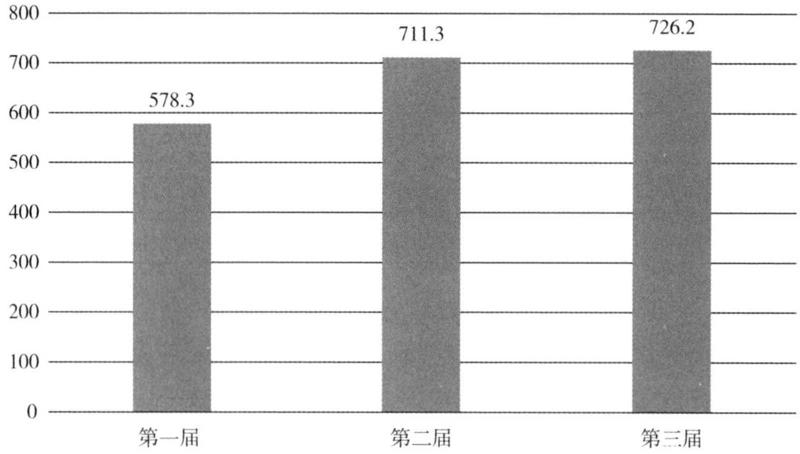

图 8.21　三届进博会交易金额（单位：亿美元）

数据来源：商务部网站。

2. 中国消费结构升级带动全球产业链和价值链升级

（1）消费升级为全球产业升级带来新机遇。据麦肯锡公司预测，到 2030 年，中国城市居民将推动全球 91%的消费增长；全国 700 个城市将累计为全球城市消费增长贡献 7 万亿美元，贡献率达 30%①。我国居民消费升级将为全球产业升级带来新机遇，不仅推动传统服务业增长，还将为各类产业转型升级创造巨大的增长空间。同时，通过投入产出关联、促进技术进步、有序合作竞争，促进全球服务业转移与结构升级，带动全球供应链价值链升级。

（2）消费升级促进全球和区域价值链发展。消费升级刺激技术创新需求，促进产业的研发投入不断增大，促进全球价值链深化发展。在消费升级的趋势下，产业结构升级加速产业转移，将带动更多发展中国家和地区

① 外媒：中国城市消费为何拉动全球经济增长？[EB/OL]. 新华网，2016-09-09.

进入全球产业链和价值链，分享全球化的红利。

（3）数字消费重塑全球产业链和价值链。随着数字经济快速发展，近年来我国 B2C 电子商务快速增长，在全球消费市场中的比重不断提升。据统计，2018 年，我国成为全球 B2C 电子商务最大市场，销售额达 1.36 万亿美元；同期，我国线上购物人数达 6.1 亿人，是线上购物人数最多的国家[①]。我国数字消费大军的崛起将改变全球化模式，推动更加平等和普惠的全球贸易，使更多的发展中国家、中小企业和农村劳动力能参与到经济全球化中，重塑全球产业链和价值链。

3. 消费潜力释放提升我国对全球经济增长的贡献率

（1）我国对世界经济增长的贡献率连续 14 年全球排名第一。数据显示，1961—1978 年，我国对世界经济增长的年均贡献率仅为 1.1%；1979—2012 年，我国对世界经济增长的年均贡献率为 15.9%，仅次于美国，位居世界第二；2013—2018 年，我国对世界经济增长的年均贡献率为 28.1%，位居世界第一；2018 年，我国对世界经济增长的贡献率为 27.5%。2006 年以来，我国对世界经济增长的贡献率连续 14 年全球排名第一，2019 年、2020 年连续两年超过 30%[②]。

（2）我国对全球经济增长的贡献率仍有望保持在 25%～30%。初步测算，百万亿元级别的新增内需规模将为未来 15 年我国实现 5%左右的经济增长打下重要基础，并且将在推进世界经济增长中发挥重要作用。2020 年，我国经济在遭遇冲击的情况下快速复苏，成为世界经济的突出亮点。经合组织的预测报告指出，2021 年，我国经济增长对世界经济增长的贡献率将超过三分之一。预计未来 5～10 年，我国对全球经济增长的贡献率仍

---

① 贸发会议报告：2018 年中国成全球 B2C 电商最大市场[N]. 经济参考报，2020-04-29.

② 国际地位显著提高 国际影响力持续增强——新中国成立 70 周年经济社会发展成就系列报告之二十三[EB/OL]. 国家统计局网站，2019-08-29.

有望保持在 25%~30%[①]，仍是拉动全球经济增长的“主引擎”。

二、中国消费将助推全球消费市场复苏

中国消费的快速增长，不仅推动我国成长为全球最大消费市场，也将带来巨大的新增市场空间，成为全球有效需求明显不足情况下的一个重大利好。

1. 带动全球消费市场恢复并增长

（1）全球市场面临有效需求不足的挑战。2009—2019 年，全球居民最终消费支出年均增长仅为 3.53%，远低于 2000—2008 年 7.69%的年均增速。其中，以欧洲、日本等经济体表现最为明显。2000—2008 年，欧洲、日本居民最终消费支出年均增长分别为 9.92%、0.89%，2009—2019 年这两大经济体均由正转负（见图 8.22）。

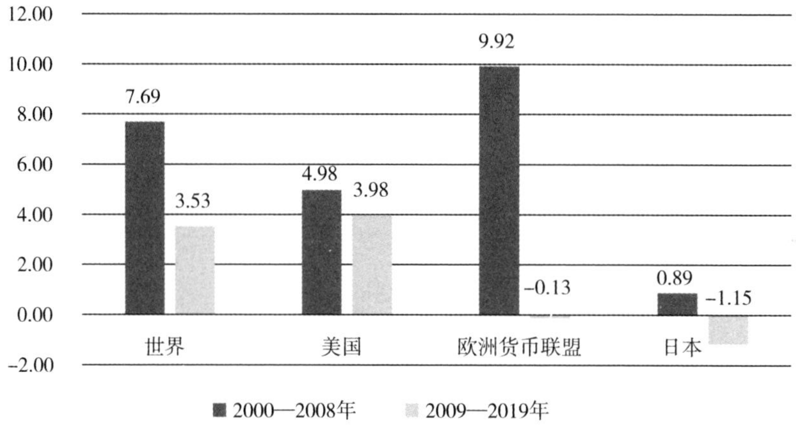

图 8.22　全球及部分经济体居民最终消费支出增速（单位:%）

数据来源：世界银行数据库。

① 专家：未来 5~10 年中国对全球经济增长贡献率仍有望保持在 25%~30%[EB/OL].中国新闻网，2020-11-29.

（2）我国消费增长成为全球消费市场的突出亮点。无论是国际金融危机前，还是国际金融危机后，我国消费市场始终保持了中高速增长。2000—2008年，我国居民最终消费支出年均增长14.1%，是同期世界的1.8倍，是同期美国的2.8倍。2009—2019年，我国居民最终消费支出年均增长12.0%，是同期世界的3.4倍，是同期美国的3.4倍。

（3）我国服务型消费有效缓解世界需求不足。以旅游为例，2019年，我国居民出境人数达1.69亿人次，比20年前增长17倍。另据世界银行的统计，2018年，我国居民国际旅游支出达2773亿美元，占世界旅游总支出的18%①，成为全球第一大国际旅游支出国。麦肯锡调研数据显示，中国民众对境外旅游的渴望不降反增。2021年1月，受访者更加渴望出境旅游的人数占比为43%，比2020年8月提升了12个百分点②。随着全球疫苗接种率的提升，健康护照等逐步推广，甚至乐观估计防控疫情的措施将逐步取消，我国居民国际旅游消费将呈快速增长态势，推动全球旅游需求扩大。

2. 世界市场对我国消费的依赖性逐步提升

（1）我国消费对世界经济增长的贡献度持续上升。近年来，我国消费对世界消费市场的贡献度明显上升。2000—2008年，我国居民最终消费对世界消费市场的贡献度仅为6.5%；2009—2019年，这一指标大幅上升至25.9%，上升了19.4个百分点，成为仅次于美国的世界第二大贡献国。同期，欧盟、日本都有较大幅度的下滑（见图8.23）。

（2）2035年：我国消费对世界消费市场的贡献度将提升至30%。近年来，随着我国消费规模的快速增长及服务业市场开放，我国已成为部分商品的最大进口国及旅行的最大服务进口国。随着我国服务型消费规模的快速增长，对世界消费市场的贡献度将进一步提升，有望由目前的25.9%提

---

① 2019年中国入出境旅游总人数3亿人次 同比增长3.1%[EB/OL]. 中国新闻网，2020-03-10.

② 麦肯锡公司. 2021中国旅游市场展望：于非线性复苏中觅新机[R]. 2021.2.

升到2035年的30%，成为全球消费市场最大贡献者。

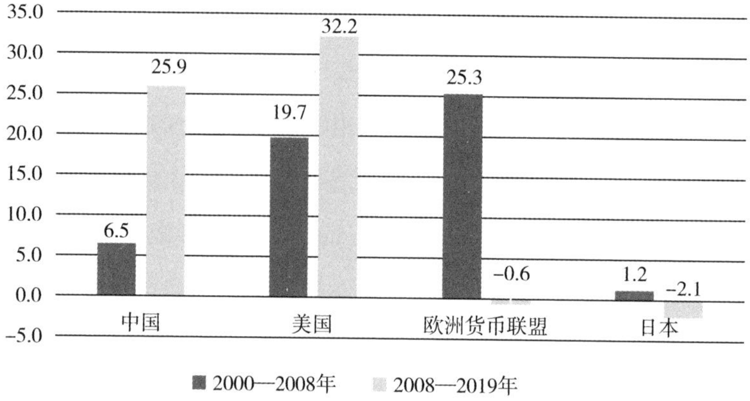

图8.23　中国消费对世界消费市场的贡献度（单位：%）

数据来源：世界银行数据库。

（3）世界对我国消费的依赖性逐步增强。麦肯锡编制的“MGI中国—世界经济依存度指数”显示，世界对中国经济依存度相对上升，依存指数从2000年的0.4增至2017年的1.2，而中国对世界经济的依存度则相对下降，依存度指数在2007年到了最大值0.9，到2017年则下滑至0.6①。

三、服务贸易市场蕴含全球经贸合作新机遇

满足城乡居民不断升级的消费需求以及国内产业结构升级带来的中间消费需求，既要依靠国内市场和国内资源，也要充分用好国际市场和国际资源。由此，进入消费新时代，我国对国际投资具有更大的需求。

1. 带动全球服务业发展与产业变革进程

（1）2035年：我国服务业增加值占世界比重将达25%。近年来，我国服务业规模快速扩大，使其在世界服务业发展格局中的地位和作用明显提升。2010—2019年，我国服务业增加值占全球服务业增加值的比重由

① 麦肯锡全球研究院．中国与世界：理解变化中的经济联系[R].2019.7.

5.9%提升至12.7%[①]，年均提高0.7个百分点。未来，在需求与供给双重驱动下，中国服务业增加值占世界的比重将进一步提升。预计到2035年，我国服务业增加值占比将由目前的12.7%提升至25%~30%。

从对世界服务业增长的贡献率角度看，2010—2019年，我国成为全球服务业第二大国，对世界服务业增长的贡献率与作为服务业第一大国的美国相当，均为33%左右。未来，我国服务业增速仍将明显快于世界平均水平，且服务业占比不断提升，其对世界服务业增长的贡献率也将进一步提升。2020—2035年，即便按照8%~9%的增速预测，我国服务业对世界服务业增长的贡献率也将超过40%。

（2）将成为推动全球服务贸易发展的重要引擎。2010—2019年，全球服务贸易额年均增长4.8%，低于我国同期平均增速3.9个百分点；我国服务贸易额占全球服务贸易总额的比重由4.7%提升至6.5%，提高了1.8个百分点[②]。2020年，全球服务贸易额预计下降20%以上[③]，但我国仍实现了2.8%的正增长。目前，我国服务贸易对全球服务贸易增长的贡献率为10%左右。2020—2035年，我国服务贸易仍将持续快速增长，对全球服务贸易增长的贡献度将达20%，成为推动全球服务贸易发展的重要引擎。

（3）将引领全球智慧型服务业发展。我国的服务业大市场与数字技术的融合，将形成化学效应并释放巨大增长潜能。例如，2015—2019年，中国智慧医疗年均复合增长率28.3%[④]。按当前的增速保守估计，2025年中国智慧医疗市场规模将突破5000亿元大关。未来，我国有望在文化娱乐、教育研发、智慧养老、智慧金融等多个领域形成产业变革的突出优势，带动并引领全球智慧型服务业的快速发展。

---

① 根据世界银行统计数据整理得出。

② 根据WTO统计数据整理得出。

③ 世贸组织发布服务贸易统计数据 全球服务贸易尚未复苏[EB/OL]. 国际在线，2021-01-27.

④ 中国智慧医疗2021十大发展趋势[EB/OL]. 中国网，2020-12-15.

（4）以服务贸易推动世界经济再平衡。由于各国发展水平与发展阶段不同，在国际分工中所处的地位也不同。一方面，欧美等发达国家凭借科技、金融、知识产权、专利等服务领域的优势，始终保持服务贸易顺差地位；另一方面，其在货物贸易方面始终面临着逆差，且服务贸易顺差均小于货物贸易逆差，成为其外部不平衡的突出表现。2019 年，发达国家服务贸易顺差为 6280.6 亿美元，货物贸易逆差额为 8217.7 亿美元，整体逆差额为 1937.1 亿美元（见图 8.24）。我国主动扩大服务进口，有利于改善其外贸长期逆差的局面，促进其外部再平衡。

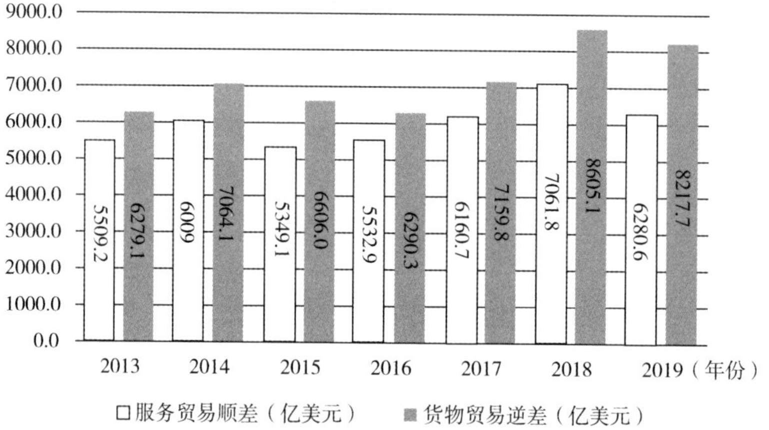

图 8.24　2013—2019 年发达国家服务贸易与货物贸易平衡状况

数据来源：联合国贸易和发展会议数据库。

2. 为全球带来巨大投资市场

（1）服务业双向投资减缓国际投资下滑。当前，我国已成为拉动国际投资增长的重要动力。2016—2019 年，在全球外商直接投资下降 22%的情况下，我国仍保持了 2.3%的正增长，占全球外商直接投资的比重由 6.4%提升至 9.0%[①]。联合国贸易和发展会议报告显示，2020 年美国吸引外商投资金额为 1340 亿美元，降幅为 49%；中国吸引外商直接投资为 1630 亿美

① 根据《2020 世界投资报告》统计数据整理得出。

元，增长4%，首次超过美国成为全球第一大外商投资目的国①。初步估算，若未来我国服务业实际使用外资年均增长7个百分点，将拉动全球外商直接投资增长0.5个百分点左右。

（2）为全球服务业增长与就业做出重要贡献。目前，我国已成为全球第二大对外直接投资流量国，占世界的比重连续4年超过10%。其中，服务业是我国对外直接投资的主体。2019年，我国境外企业向投资所在国缴纳的各种税金总额达560亿美元，雇用外方员工226.6万人，占境外企业员工总数的60.5%②。即使在疫情严重冲击世界经济增长与投资的情况下，我国对外直接投资同比仍然增长3.3%。其中，流向租赁和商务服务业、批发和零售业、电力生产和供应、科学研究和技术服务的投资增幅都在10%以上③。“中国投资”成为稳定世界投资的重要力量。

（3）发达经济体成为受益的主要群体。从流入侧看，2019年我国前十位投资来源国（地区）实际投入额为1285.6亿美元，占我国实际使用外商直接投资的91.0%，均为发达国家（地区）。从流出侧看，2019年我国对外直接投资流量前十位的国家（地区）合计为1211亿美元，占比88.3%，除印度尼西亚和越南外，8个是发达国家（地区）（见表8.5）。未来，一方面，发达国家在现代服务业方面具有明显优势；另一方面，我国居民对高品质的服务型消费需求将更加强烈。在此背景下，发达国家（地区）将分享我国更多服务业市场开放的红利。

---

① 中国吸收外资逆势增长 成为2020年全球最大外资流入国[EB/OL]. 财政部网站，2021-01-25.

② 商务部，国家统计局，国家外汇管理局. 2019年度中国对外直接投资统计公报[M]. 北京：中国商务出版社，2020.9.

③ 商务部：2020年我国对外直接投资同比增长3.3%[EB/OL]. 央广网，2021-01-22.

表 8.5　2019 年我国前十大外商直接投资流量与对外直接投资流量国或地区

外商直接投资流量			对外直接投资流量		
国家（地区）	实际投入金额（亿美元）	比重（%）	国家（地区）	对外投资额（亿美元）	比重（%）
中国香港	963.0	68.2	中国香港	905.5	66.1
新加坡	75.9	5.4	英属维尔京群岛	86.8	6.3
韩国	55.4	3.9	新加坡	48.3	3.5
英属维尔京群岛	49.6	3.5	荷兰	38.9	2.8
日本	37.2	2.6	美国	38.1	2.8
美国	26.9	1.9	印度尼西亚	22.2	1.6
开曼群岛	25.6	1.8	澳大利亚	20.9	1.5
荷兰	18.0	1.3	瑞典	19.2	1.4
中国澳门	17.4	1.2	越南	16.5	1.2
德国	16.6	1.2	德国	14.6	1.1

数据来源：商务部，国家统计局，国家外汇管理局.2019 年度中国对外直接投资统计公报[M]. 北京：中国商务出版社，2020.9；商务部. 中国外资统计公报[R].2020-11-05.

3. 全球分享中国巨大的服务业市场红利

（1）分享千亿级医疗健康投资市场红利。从供给端看，2019 年我国卫生领域港澳台及外商直接投资额仅为 107 亿元，占该领域固定资产投资的比重仅为 1.3%。若 2025 年该占比提升至 10%，将新增 1000 亿元以上的投资空间①。从需求端看，若 2025 年外资医疗健康机构在我国 5 万亿~10 万亿元的市场缺口中所占市场份额达 20%，将新增 1 万亿~2 万亿元的业务收入。

（2）分享千亿级教育培训投资市场红利。从供给端看，2019 年，我国教育领域港澳台及外商直接投资额仅为 28 亿元，占该领域固定资产投资的

① 卫生领域固定资产投资年均增速按 6%计算，2019 年增速为 6.8%。

比重仅为0.2%。若2025年该比重提升至5%，将新增1200亿元的投资空间①。从需求端看，若2025年外资教育培训机构在我国1.4万亿元的教育市场缺口中所占市场份额在10%左右，将新增1400亿元的业务收入。若将非学历教育培训市场纳入在内，其投资空间与业务增长空间更大。

（3）分享千亿级文化、体育娱乐投资市场红利。从供给端看，2019年我国文化体育娱乐业134亿元，占该领域固定资产投资的比重仅为1.1%。若2025年该占比提升至5%~10%，将新增950亿~1900亿元的投资空间②。从需求端看，若2025年外资医疗健康机构在我国4.4万亿元的市场缺口中所占市场份额在10%左右，将新增4400亿元的业务收入。

（4）分享万亿级的金融投资市场红利。以银行业为例，2019年，外资银行总资产为4.5万亿元，占我国银行业总资产的比重仅为1.22%，与美国、欧盟、韩国及部分金砖国家15%左右的水平差距巨大。若未来5年，随着我国金融业的全面开放与居民金融消费的快速增长，外资银行总资产占比提升至3%，将新增5万亿元的资产总额，外资银行总资产将实现翻番。

四、14亿人消费与数字技术融合释放巨大创新动能

相比全球其他国家，一个快速增长的14亿人服务型消费大市场不仅为中国企业提供了广阔的创新空间，也为全球创新型企业提供了巨大的成果产业化土壤。

1. 快速成长为全球第二大科技消费大国

（1）仅次于美国的专利布局目标市场。随着加速经济转型升级与市场开放度的提升，我国对知识产权等创新成果的需求全面快速增长。2010—2019年，我国知识产权使用费由130.4亿美元增长至343.7亿美元，年均

① 教育领域固定资产投资年均增速按10%计算，2019年增速为17.7%。

② 卫生领域固定资产投资年均增速按8%计算，2019年增速为13.9%。

增长11.4%（见图8.25）；成为仅次于美国的全球第二大知识产权支付国，我国知识产权使用费由美国的42%提升至80%[①]。按此增速预测，“十四五”期间，我国知识产权使用费将超过美国，成为全球第一大知识产权支付国。

（2）服务业市场开放与拓展创新成果的应用市场空间。当前，无论是医疗健康、教育、文化娱乐等生活性服务业，还是金融、原发、电信、软件等生产性服务业领域，都蕴藏着巨大的专利需求。例如，我国80%的规划软件、50%的制作软件、95%的效劳软件都被外企垄断；在放疗设备等高端产品领域，80%以上产品依赖进口，此类产品的核心技术、材料或核心部件多数被国外公司垄断[②]。随着我国服务业市场逐渐开放，不仅为国外优质服务业企业提供巨大的投资空间，也将带来广阔的高新技术应用空间。

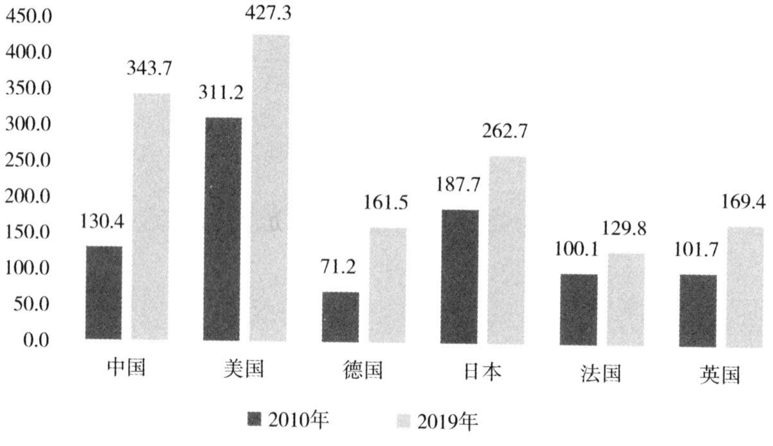

图8.25　2010年与2019年主要国家知识产权使用费（单位：亿美元）

数据来源：世界银行数据库。

（3）补齐国内需求缺口并催生新需求。随着高新技术产业化，不仅会

① 根据世界银行统计数据整理得出。

② “两会”或将聚焦国产医疗设备自主创新，2021年行业仍将处于“黄金发展期”[EB/OL].和讯网，2021-03-03.

满足我国14亿人服务型消费需求，也将在医疗健康、文化娱乐等领域形成高品质的新型供给，并以此引领和催生新需求、新消费。

2. 快速成长为全球最大的数字技术应用大市场

（1）生活性服务业仍有80%的数字化空间。近年来，服务业数字化成为我国产业变革的突出特征，并在零售、支付等领域取得了突出优势。2016—2019年，我国服务业数字经济占行业增加值的比重由29.6%提升至37.8%（见图8.26），接近发达国家水平。但从结构看，我国生活性服务业数字化水平依然较低。2012—2018年，我国生活性服务业在线交易规模从4295亿元增长至36291亿元，年均增速约53%，但在生活性服务总市场的渗透率仍不足18%，这意味着我国生活性服务业仍有80%的空间。

（2）“十四五”是生活性服务业数字化快速增长期。从消费市场看，应用的爆发式增长迟滞于网络的规模建设和用户的规模增长。例如，3G时期我国运营商2009年开始大规模建网，2010年微信应用在市场上出现，到2012年微信才规模爆发、日活跃用户上亿；4G时期我国运营商从2014年开始规模建网，到2016年短视频业务才进入大众视野，而到2018年短视频应用开始规模爆发、抖音用户超过1.5亿。当前，我国5G基础设施加快推进，VR/AR等新型终端加快普及，预计具有5G特性的消费级创新应用可能在2022—2023年实现规模增长。

（3）数字技术应用的重点领域。

——智慧医疗。随着5G网络的普及，“5G+医疗健康”将深刻改变医疗健康产业发展形态，并通过实现远程会诊、远程超声、远程手术、应急救援、远程示教、远程监护、智慧导诊、移动医护、智慧院区管理、AI辅助诊断等多种方式催生巨大消费需求。2020年，我国智慧医疗行业投资规模达1049亿元（见图8.27），预计到2025年将达2100亿元[①]。

——车联网。2020年，我国车联网行业规模达2010亿元。未来5年，

① 互联网医疗健康产业联盟. 5G时代智慧医疗健康白皮书[R]. 2019.7.

我国车联网仍将保持36.57%的年均增速，2025年这一规模将接近万亿元①。

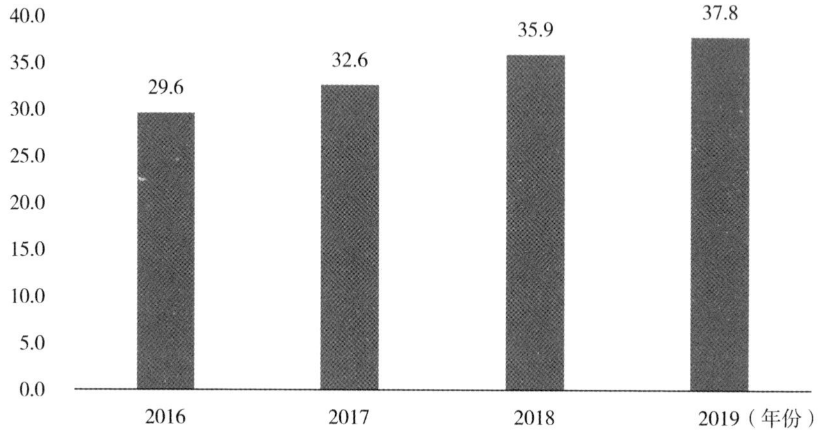

图8.26　2016—2019年我国服务业数字化率（单位：%）

数据来源：中国信息通信研究院．中国数字经济发展白皮书（2020年）[R].2020.7.

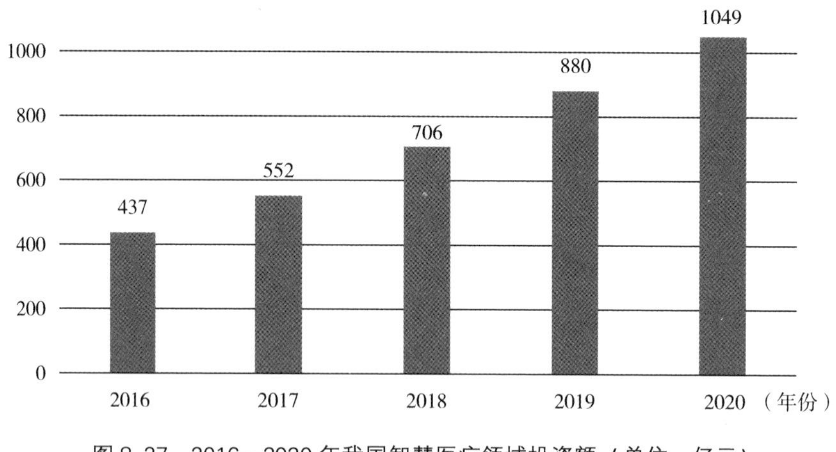

图8.27　2016—2020年我国智慧医疗领域投资额（单位：亿元）

数据来源：互联网医疗健康产业联盟．5G时代智慧医疗健康白皮书[R].2019.7.

——企业云服务。2019年，以云计算、大数据技术为基础的平台类运

① 中国信息通信研究院．车联网白皮书（网联自动驾驶分册）[R].2020.12.

营技术服务收入达 21965 亿元，同比增长 31.2%，占信息技术服务比重为 50.4%，较上年提高 5.8 个百分点。其中，典型云服务和大数据服务收入达 3284 亿元，同比增长 49.8%，提供服务的企业达 2977 家[①]。

3. 成为以消费者为中心的全球“创新温室”

当前，数据成为关键生产要素和战略性资源，科技创新和生产对数据的依赖程度将越来越高，数据驱动的技术研发和应用创新能力将直接影响企业的长期竞争优势。从我国情况看，一方面，数据资源优势明显，基于 16 亿移动电话用户、2 亿固定电话用户、3 亿固定宽带用户，运营商每天可收集 PB 级的数据；另一方面，基础设施优势突出，高速的网络带宽、全面的网络覆盖和高效的网络运维为以消费者为中心的数字化应用提供重要保障。也就是说，中国服务业开放大市场能够为企业创新提供更广阔的空间和更具包容性的环境。全球消费领域的应用创新和技术创新与中国大市场相结合，将形成海量数据并支撑其不断改进，这成为消费领域数字型企业赢得竞争优势的务实选择。

五、中国消费：改善大国经贸关系与推动区域经贸合作的重大利好

在世界有效需求明显不足，单边主义、贸易保护主义势头增强，全球经济不确定性、不稳定性明显上升的背景下，我国消费潜力的释放与市场的开放，将形成与各国、各地区合作共赢的巨大市场空间，成为发展和改善大国经贸关系、推进区域一体化的重要条件。

1. 中国消费对改善中美经贸关系产生重要积极影响

（1）中国成为全球最大消费市场，将对中美经贸关系产生重要影响。分享我国超大规模的消费市场，将对改善中美经贸关系产生重要影响。美中贸易全国委员会（USCBC）委托英国牛津经济研究院的研究报告显示，

---

① 中国信息通信研究院．大数据白皮书（2020 年）[R]. 2020. 12.

如果双方逐步取消加征关税政策并推动双边贸易发展，到2025年，中美贸易将为美国新增14.5万个就业岗位。2021年2月17日，美国商会发布的报告显示，美中全面脱钩将给美国带来数千亿美元的巨大损失，航空、半导体、化工、医疗器械等行业将遭受重创①。

（2）中国成为全球最大服务业市场，将对中美经贸关系产生深远影响。我国是全球最大的物流市场、旅游市场、电影市场、在线教育市场、金融科技市场，并有望成为全球最大的医疗服务市场、养老服务市场、理财服务市场、艺术品交易市场。我国服务业市场开放蕴含着中美经贸合作的新机遇。未来5~10年，中美服务业市场将由双向互惠开放逐步过渡到对等开放，在共同营造非歧视的公平竞争环境上相向而行，是重塑中美经贸关系的战略选择。

（3）中国成为全球最大的服务贸易大国，将对中美经贸关系产生积极的影响。我国服务贸易发展拓宽了中美经贸合作空间。据中方统计，在中美经贸摩擦前，中美服务贸易额从2006年的274亿美元增至2018年的1253亿美元，增长3.6倍。据美方统计，2007—2017年，美国对华服务出口额由131.4亿美元扩大到576.3亿美元，增长3.4倍，超过同期美国对其他国家和地区的服务出口额增长（1.8倍），美国对华服务贸易年度顺差扩大30倍。总的来看，美国处于全球产业链、价值链、创新链的高端，中国产业发展总体仍处于中低端，中美经贸合作的互利共赢空间和潜力巨大。如果中美以更加务实的态度推进以服务贸易为重点的经贸合作，促进两国贸易自由化便利化进程，将有力推动两国经济持续发展和经贸均衡。

2. 中国消费将对深化中欧经贸关系产生积极影响

（1）中国消费成为中欧经贸合作的重要动力。2000—2019年，我国货物和服务出口额由1900.39亿美元提高至26433.77亿美元，年均增长14.86%；欧盟货物和服务出口额由25739.90亿美元提高至77279.98亿美

① 美财长称现阶段将维持对华加征关税 外交部回应[EB/OL]. 光明网，2021-02-19.

元，年均增长 5.96%[①]。未来 5~10 年，我国 14 亿人的服务型消费至少有 10~15 个百分点的提升空间。我国服务型消费的巨大潜力与欧盟的研发、金融、医疗、职业教育等优势服务业相对应，欧盟企业在华市场空间将明显变大。

（2）中国服务贸易发展开拓中欧经贸合作空间。服务贸易是中欧经贸合作的最大潜力所在。2019 年，我国服务贸易在对外贸易中的占比为 14.6%，比全球平均水平 23.8%低 9.2 个百分点。2010 年以来，我国是欧盟服务出口增速最快的市场。目前，中欧服务贸易占中欧贸易总额的比重只有 14%左右。如果中欧服务贸易占比为当前 23.8%的全球平均水平，中欧服务贸易规模将达 1678 亿美元；如果占比为 30%，规模将达 2115 亿美元，是当前的一倍多。

（3）中国数字经济快速增长将成为中欧经贸合作的新动力。有数据表明，2030 年，我国数字贸易将达 37 万亿元人民币，是目前的 11 倍。我国与欧盟打造数字合作伙伴关系，共同加快数字经济市场开放，共同建设全球性、区域性数字经济联盟，将成为中欧合作的新动力。

3. 中国消费将对推动区域经贸关系产生积极影响

（1）中国消费利好 RCEP 尽快落地实施。长期以来，我国一直是东盟地区最重要的经贸伙伴，中国消费与中国市场为东盟地区的发展注入了重要动力。我国从东盟国家进口的商品规模，从 2000 年的 221.81 亿美元增长到 2020 年的 3008.76 亿美元，年均增长高达 13.92%[②]。我国是东盟最大贸易伙伴，中国市场成为东盟国家增长的重要动力。2020 年 11 月，RCEP 成功签署。随着我国消费规模的进一步扩大和开放程度的不断推进，我国将在 RCEP 中发挥更加重要的作用，成为 RCEP 重要的增长引擎。

（2）中国消费利好中日韩自贸区建设。近年来，以服务贸易为重点的

① 根据世界银行统计数据得出。
② 根据东方财富 Choice 统计数据计算得出。

中日韩经贸合作进程不断深化。2014—2019 年，日本对中国服务出口由 164. 5 亿美元增长至 289. 1 亿美元，年均增长 11. 9%，是日本服务出口整体增速的 2. 5 倍，占日本服务出口额的比重由 10. 0%提升至 13. 9%；虽然韩国对我国服务出口有所下降，但我国仍是韩国最大服务出口目的国，占韩国服务出口的比重达 18. 9%[①]。随着我国居民服务型消费的快速增长与产业结构升级，中日韩在服务贸易领域的互补性将进一步增强。

① 根据 OECD 统计数据计算得出。